2012

中国税收发展报告

——中国国际税收发展战略研究

Annual China Tax Report
— Research on China International
Tax Strategy

汤贡亮　主编

中国税务出版社

图书在版编目（CIP）数据

中国税收发展报告．2012，中国国际税收发展战略研究 / 汤贡亮主编．-- 北京：中国税务出版社，2013.3
ISBN 978-7-80235-937-6

Ⅰ．①中… Ⅱ．①汤… Ⅲ．①税收管理—研究报告—中国—2012 ②国际税收—研究—中国 Ⅳ．①F812.423

中国版本图书馆 CIP 数据核字（2013）第 039334 号

书　　名：2012 中国税收发展报告——中国国际税收发展战略研究
作　　者：汤贡亮 主编
责任编辑：朱承斌
责任校对：于　玲
技术设计：刘冬珂
出版发行：中国税务出版社
北京市西城区木樨地北里甲 11 号国宏大厦 B 座 18 层
邮编：100038
http: //www.taxation.cn
E-mail: swcb@taxation.cn
发行中心电话：（010）63908889 / 90 / 91
邮购直销电话：（010）63908837　传真：（010）63908835
经　　销：各地新华书店
印　　刷：北京天宇星印刷厂
规　　格：787 × 1092　1/16
印　　张：28.5
字　　数：542000 字
版　　次：2013 年 3 月第 1 版　2013 年 3 月第 1 次印刷
书　　号：ISBN 978-7-80235-937-6
定　　价：69.00 元

报告编写组

顾　　问　张志勇　郝昭成　龚祖英　李俊生

主　　编　汤贡亮

副 主 编　杨志清　刘　桓　樊　勇　曹明星

执　　笔

第一部分　背景分析与战略设计

第一章　汤贡亮　曹明星

第二章　曹明星

第三章　杨志清　何　杨

第二部分　职能解析与发展规划

第四章　何　杨

第五章　冯立增　郭维真

第六章　黄素华　黄　云　王良穆

第三部分　重点关注与制度建设

第七章　王晓悦　蔡　昌

第八章　付树林　汪　昊

第九章　王增明　张京萍　张云华

附录　协同创新学术平台建设

曹明星

总　　纂　汤贡亮　曹明星　何　杨

前言

2012是世界换届之年。是年，法俄美中日先后更换自己的领导层，如此大规模同步的政府换届选举吸引了全世界人民的目光。

2012也是世界变局之年。以2008年金融危机爆发和不断深化为标志，世界经济的全球化发展正在经历深刻转型的历史阵痛。

从经济规律与发展格局来看，经济全球化带来了全球大市场，从而第一次在世界范围内实现真正意义上的全球经济大循环，推动现代社会化大生产达到历史新高峰。但是，全球化中资本与劳动的分离放大了资本逐利天性的危害，造成道德贫困和财富分化。全球化催生了一种“区域竞合”的世界经济新格局，各主要经济体都把推动区域经济一体化作为争取竞争优势的战略工具。

全球税收经济的发展与税收制度的改革无疑是这种宏观经济变革趋势的一个具体缩影。就税制理念及其演进趋势而言，世界经济和税收体制出现“区域竞合性趋同”趋势，通过区域一体化，协调各国税收制度，既可以提高效率、扩大税源，又可以合作反避税，保护本区域税源。

全球经济发展格局与世界税制变革趋势深刻地影响着各国国际税收发展的战略设计。各国围绕税源国际化，维护国家税收权益的竞争日趋激烈。为适应新形势对国际税收管理工作提出的挑战，2012年4月，国家税务总局发布了《关于加强国际税收管理体系建设的意见》，提出“十二五”时期我国将实施更加积极主动的互利共赢的开放战略，实现吸收外资和对外投资并重的对外开放格局，在加强国内税收管理的同时，着力加强国际税收管理的总体部署，切实维护好我国税收权益；提出了加强国际税收管理体系建设的总体思路、基本原则和主要目标，明确了国际税收管理工作任务，要求分别完善反避税工作机制、完善非居民税收管理机制、完善“走出去”税收服务与管理机制、完善国际税收征管协作机制、强化国际税收制度保障、信息保障和人才保障机制，推进国际税收管理科学发展。一个完整、清晰的中国国际税收发展战略已经呈现在我们面前。

就中国而言，面对吸收外资和对外投资并重的对外开放新格局，我们必须坚持社会主义、市场经济、发展中国家、改革开放的税收发展与税制改革路线，实施更加积极主动的互利共赢的开放战略，围绕强化跨境税源管理、维护国家税收权益的主线，规范职责体系，健全机构设置，完善管理机制，理顺主权运用与国际协调的关系，推进国际税收管理科学发展。如此，一方面可以强化国家主权能动介入类型的国际税收制度的建设，建立更加严密的反避税制度、更加强大的非居民管理制度和更加有力的"走出去"支持制度；另一方面可以梳理国际税收管理客观经济规律决定的工作环节，设计税源管理与中国国际税收竞争策略、税收协定与中国国际税收协调发展、征管互助与中国国际税收合作推进等体系，从而通过这两个方面工作的紧密结合，共同推进国际税收管理工作的深入发展，保护国家税源，强化政府调控经济能力。

转型与巨变时期，面对复杂的经济现实，国际税收呼唤协同创新。值得欣喜的是，至少在学术层面，我们已经开始了这样的一种尝试。2011年，在国家税务总局的关怀下，以税务学院为依托，中央财经大学组建国际税务研究中心，期望通过实施政治与经济、理论与实务、国际与国内的"三结合"的发展战略，形成跨学科、跨机构、跨业界、跨国界的协同创新的发展机制，打造一个集信息搜集、策略研究与人才培养于一体的立体的国际税收学术平台。尤为重要的是，教育部"高等学校创新能力提升计划"（简称"2011计划"）于2012年开始启动实施，在财政部等部门的大力支持下，中央财经大学成立了中国财政发展协同创新中心，以期推进中国财政科学全面深入发展。本期发展报告就是协同创新的学术成果。

我们期盼借这份中国国际税收发展战略研究报告，梳理近年来我国国际税收的工作经验，探寻我国国际税收工作的发展规律，谋划中国国际税收工作发展的新思路，为实施国家税务总局加强国际税收管理体系建设的总战略服务。这是中国首次完成系统的国际税收发展战略的研究报告，也是中央财经大学税务学院第一次大规模、系统地与国家税务主管机关的学术合作。感谢国家税务总局张志勇总经济师、中国国际税收研究会原会长郝昭成先生、中国国际税收研究会副会长、国家税务总局国际司龚祖英司长和中国国际税收研究会副会长李俊生教授的大力支持、热情指导和担任本期《中国税收发展报告》的顾问；感谢国家税务总局国际司及各业务处诸位同仁的积极参与、热情配合。这种合作加强了专业的沟通与联系，提升了研究的宽度和深度，架起了协调创新的学术平台，成功实现管理实践与科研理论的典范对接。

本报告是年度《中国税收发展报告》的第三集。需要指出的是，从2010年起，中央财经大学税务学院发起的年度《中国税收发展报告》已经成为学界和行业的一个标志性成果。本报告一如既往地得到了中央财经大学党委书记胡树祥教授、校长王广谦教授、副校长李俊生教授、副校长赵丽芬教授和中国税务出版社社长张铁勋、副总编辑朱承斌编审的热情关怀、指导与鼎力支持，在此表示衷心的感谢！我们也期望一如既往地得到全国税收理论与实务界各位领导、专家以及各兄弟院校税务专业同行们的指导和帮助，共同建设我们的学术家园，为中国的税收改革与事业发展作出贡献。

汤贡亮

二〇一二年十二月八日

目　录

第一部分
背景分析与战略设计

第三章 国际税收治理机制与中国国际税收管理体系规划

第二部分
职能解析与发展规划

第四章 税源竞争与中国国际税收竞争策略创新

第五章 税收协定与中国国际税收协调发展

第三部分

重点关注与制度建设

第七章　中国国际反避税制度整合

附录 国际税务协同创新学术平台建设：中央财经大学国际税务研究中心发展规划

CONTENTS

Part One

Background Analysis and Strategy Design

Chapter 1: Global Economy Cycle and World Economy Pattern

Chapter 2: World Tax Development Trends and China Tax Reform Strategy

Chapter 3: Framework of International Tax Governance and Mechanism of China international Tax Administration

Part Two

Organs Decoding and Development Planning

Chapter 4: International tax competition and the innovation of China strategy

Chapter 5: Tax Treaties and the Coordinated Development of International Tax

Chapter 6: Propulsion of the cooperation of international tax collection and China's response

Part Three

Special Focus and System Construction

Chapter 7: Integration of China International Anti-avoidance System

Chapter 8: System Innovation in China Non-resident Enterprise Tax Administration

Chapter 9: China International Tax System Design for "Goingout" Enterprises

Attachment: Collaborative Innovation Platform Construction: China International Tax Center

第一部分

背景分析与战略设计

第一章

全球经济大循环历程回顾
与世界经济发展新格局

前瞻

现代国际税收是经济全球化的产物，作为现代国家的经济枢纽的税收问题，尤其是国际税收问题，必须放在全球经济大循环中，以历史的大视野和现实的大思路进行解析，才能准确理解当前的世界经济现象，把握深层的国际经济规律，做好本国的未来发展规划。

本章首先从全球化与金融危机下的世界经济循环回顾中，分析了全球化对全球经济大循环的扩张以及金融危机对全球经济大循环的阻滞；接着在多级化与区域竞合中的全球经济循环前瞻部分，剖析多极化的全球经济发展新格局，并尝试提出全球经济大循环的“区域竞合”的调试模式。

一、全球化进程与金融危机冲击下的全球经济循环回顾

自冷战结束开始，新一轮的经济全球化浪潮极大地加快并深化了全球经济大循环的扩张，创造了有史以来难得的世界经济辉煌；然而，由于作为此次全球化主导力量的资本主义本身的历史局限性，全球化也给世界经济带来许多问题，并最终导致史无前例的金融危机的爆发，形成对全球经济大循环的历史性阻滞。

（一）全球化：全球经济大循环的扩张[①]

总体来看，全球化（globalization）是20世纪80年代以来在世界范围内日益凸显的新现象，是当今时代的基本特征。全球化是一个以经济全球化为核心、包含各国各地区各民族在政治、文化、科技、军事、安全、意识形态、生活方式、价值观念等多层次、多领域的相互联系、影响、制约的多元概念。经济全球化，有利于资源和生产要素在全球的合理配置，有利于资本和产品的全球性流动，有利于科技的全球性扩张，有利于促进不发达地区经济的发展，是人类发展进步的表现，是世界经济发展的必然结果。但它对每个国家来说，都是一柄双刃剑，既是机遇，也是挑战。特别是经济实力薄弱和科学技术比较落后的发展中国家，面对全球性的激烈竞争，所遇到的风险、挑战将更加严峻。目前，经济全球化中亟待解决的问题是建立公平合理的新的经济秩序，以保证竞争的公平性和有效性。

① 周穗明：《不要拒绝全球化——新时代全球化的性质、特点、核心问题及对策》，《经济社会体制比较》，2001年第1期。

1. 新时代全球化的性质与特点

冷战以后，全球化进程迅猛发展，研究全球化及其核心理论，是社会科学各门类都无法回避的世纪性话题，这也为我们的学术探讨和对策研究提供了新的宏观思考背景。在此，我们讨论全球化的性质、特点、它所提出的核心问题及其对策，以期引起对全球化问题更深入的探讨。

（1）新时代全球化的性质：资本主义的后现代化

20 世纪 90 年代以来骤然加速的全球化进程，有其现实的动因，但更是长期历史趋势作用的结果。

从近因看，冷战的结束无疑是新时代全球化的催化剂。一方面，冷战后苏联阵营的瓦解结束了“二战”后两大阵营对峙的局面，使分割为两大板块的世界市场重新归并；另一方面，冷战的结束促使 90 年代末以来西方启动的新自由主义经济政治结构改革进入了一个新阶段，由此引发信息产业革命跃升到一个崭新的平台，从而推动并形成了新的全球化热潮。因此，新的全球化是在冷战结束这一因素的催动下，西方现代化发展的内外部原因共同作用的产物。换言之，冷战结束是新时代全球化的直接动因。

然而，90 年代全球化的真正动因，还要从长时段的客观进程进行观察。我们不妨将新时代的全球化与资本主义全球时代的历史、与全球主义近百年来的发展联系起来看。

众所周知，资本主义现代化开辟了人类历史的全球时代，结束了以往全球分裂的历史。“大工业建立了由美洲的发现所准备的世界市场。世界市场使商业、航海业和陆路交通得到了巨大的发展。这种发展又反过来促进了工业的扩展，……”“资产阶级，由于开拓了世界市场，使一切国家的生产和消费都成为世界性的了。”

资本主义现代化是世界近 500 年发展中贯穿始终的历史运动，90 年代的全球化不过是这一长期历史进程的最新发展成果。我们看到，在信息产业革命的推动下，马克思当年所说的过程又一次在新的历史条件下重演，不同的只是在新的现代化进程中全球“化”的内容更新，发展程度更深，范围更广，影响更大。网络信息的技术力量极大地提高了生产要素流动、资本流动的速度和效率，扩张了全球的市场空间，使一个国家和地区的经济发展能够对世界其他地区的经济社会发展产生深远的影响。如果说哥伦布首航美洲大陆给西方早期现代化带来了世界第一次物理统一，那么以工业化、资本主义和民族国家为特征的现代化经过 20 世纪的发展已得到全球扩张，并已步入新的阶段。

仅就资本主义现代化在 20 世纪的发展来看，90 年代的全球化也是西方现代化百年发展的一个合理的延续。19世纪末20世纪初，资本主义的现代化由于美国取代昔日霸主英国成为世界头号工业强国而获得了一个加速度，全球化达到前所未有的程度。但是，由于两次世界大战的爆发，这一进程中断。与此同时，苏联的社会主义现代化异军突起，成就斐然。“二战”后，在民族解放运动的冲击下，非西方线索的、不发达国家的现代化一度成为关注焦点。联合国“两个发展十年”体现了国际社会在这个方面的努力。西方国家的现代化进程在“二战”后重新启动，在社会福利国家的框架中获得了近30年经济发展的“黄金时代”，并孕育了新的信息产业革命，从而使西方开始步入后工业社会。70年代起西方经济陷入长期滞胀，使现代化线索再次中断。此间，西方的新运动新思潮开始了对工业化、现代性的全面反思。70年代末信息产业革命的崛起和西方经济政治结构的全面调整，使西方社会再度中兴，并全面进入后现代化新阶段，即新一轮的全球化。

回顾西方现代化的历史进程，我们不难看出，新时代全球化的性质即资本主义的后现代化。这一全球化运动既是对百年西方资本主义现代化主流线索的历史性衔接，也是对资本主义全球化长期进程的一次历史性提升。

（2）新时代全球化的特点：新自由主义的全球时代

新时代的全球化作为现代化长程发展的新成果，是全球主义普遍历史逻辑的崭新再现，但是，由于新一轮全球化的基础、动力、规模和性质都发生了新的变化，从而引发了经济、政治、国际关系和文化理念等诸方面的一系列变化。这些变化赋予新时代的全球化以新质，使全球主义在新的实践层面上展开，获得了新时代的发展特点与内涵。

与历史上世界现代化运动的任何一个发展阶段一样，新一轮全球化的动力依然是技术进步和（市场）自由化。但是，技术进步和市场自由化的内容却有了时代性的改变。

众所周知，当代信息技术的急剧发展在20世纪70年代末以来引起了世界范围的信息产业革命，90年代勃发的网络技术再次把信息产业的发展提升到一个新阶段。信息产业革命作为新的技术创新和生产力革命，目前正以高于、快于工业革命的速度发展，迅速地改变着整个世界的面貌。对于信息产业的未来发展前景及其经济社会效应，人们有理由抱有充分乐观的估计。信息作为新质的生产力，再一次充当了经济发展的技术杠杆和根本动力。

几乎同时，70年代末以来西方新自由主义重新启动了市场自由化浪潮，多年来受到凯恩斯主义打压的自由市场力量在经济中重现活力。此后30多年中，市场理念在全世界得到了空前的扩张和广泛的认同，不仅西方工业化国家普遍进行了以新自由主义为主导的市场自由化改革，东方的发展中国家、社会主义国家也纷纷选择了以市场为导向的经济结构改革。尤为引人注目的是，冷战的结束打破了东西方集团对峙的两极架构，重新统一了世界市场，为全球自由贸易提供了新的空间。以往资本主义的全球化追求实际上只局限于基督教世界，基督教世界之外的国家和地区只是作为西方现代化的附属物（殖民地—资本主义生产的原料供应地和产品倾销地）而被纳入世界体系；“二战”后在两大集团冷战的局面下，全球市场事实上被分割为东西两大块，不存在完整的世界市场。因此，只有90年代的全球化进程才第一次在地域上将市场连成一片，开创了历史上最为广阔的世界市场。自由市场的规模和范围空前扩张，为网络生产力在冷战后突飞猛进的发展提供了社会条件。而网络信息技术为资本全球化、金融全球化提供了史无前例的强大推动，其全球渗透力、覆盖率也从一个角度折射出当今市场自由化的深度与广度。

由此可见，新时代全球化的动力基础已产生了以往不存在的新质，从而使新一轮的全球化区别于以往任何一次全球化浪潮。在网络信息技术和新的市场自由化推动下，新时代的全球化呈现出全方位的变化：

在经济上，新时代全球化的主要特点表现为跨国公司的能力大大增强。跨国公司这种经济组织形式基于新技术基础，可以通过建立生产、贸易和金融的跨国网络从事“无国界”经济活动，其范围超越了传统的国家领土和民族国家能力可以控制的范围。跨国公司有能力对抗和逃避民族国家的管理，可以在全球生产体系中寻求最佳投资地、生产地、纳税地和居住地，享受最好的文明设施和尽可能低的税收；而国家和政府则缺乏对跨国公司在全球的生产、贸易、金融、纳税等经济活动进行监管的能力和手段，相反还动辄受到跨国公司声言撤资或要求进一步增加优惠条件的要挟。

在政治上，新时代全球化的重要特点表现为全球治理的要求日趋强烈。全球化在推动经济快速变革的同时，也形成了全球经济社会秩序的大规模变动更新。作为对经济跨国关系的政治反应，当代全球化也向国家和政府的权力、作用和权威形成挑战，要求新的治理形式。从全球生态体系到国际金融体系等复杂的全球系统，均不属于领土国家主管的领域。在全球信息互联和交通设施的支持下形成的许多全球性的经济社会组织新形式，超越了国家边界，也是国家主权所无法约束的。当代全球经济、技术、军事、政治和文化的流动形式在历史上前所未有，传统的民族国家被迫面对国际事务和国内事务、外部事务与内部事务相互交错、难以区分的现实。国家权力亟待重组和重构，全球治理已上升为客观需要。

在国际关系上，新时代全球化的特点则表现在高于单一国家利益（安全）的全人类利益（安全）日渐凸显。当代全球化由于其广度和深度，不仅具有推动全球经济社会发展的正面作用，也具有引发全球危机的负面效应。环境危机、生态毁灭、国际毒品交易、国际恐怖主义活动、核武器扩散等，都是近30年来出现的新问题，它们共同构成了当代全球问题的主体。其中每一项的恶性发展都可能引发全球性危机，威胁全人类的安全。人类生存在一个相互依存程度极高的世界上，经济安全、金融安全、信息安全、生态安全、军事安全、国家安全、核安全等都已不仅是一个国家和民族的事务，而是与全人类的生存和利益息息相关。

在文化上，新时代全球化的特点则表现为全人类的共同价值和共同意识日益增长，带有超地域、超民族、超国家意识的全球主义观念空前普及。90年代以来人类的生态关怀、环境意识、和平要求都打上了全球时代的烙印，具有"后现代"的取向。全球主义的普及是当代人类在文化理念上的进步，体现了人类对传统的民族国家观念的反思，表达了人类对自身命运和未来的深切关怀。

跨国公司的能力超越国家能力；全球治理的要求突破国家权威；全人类的安全有重于单一民族和国家安全的倾向；全人类意识和共同价值空前上升；……这些新的经济、政治、国际关系、文化诸因素，代表了新时代全球化区别于历史上现代化全球进程的崭新特征。由于这些新现象的出现，当代全球主义理念表现出对以往传统全球主义的全面更新与超越。人类的全球观已比以往任何时代都更具备现实基础。

2. 新时代全球化的核心问题与应对策略

（1）新时代全球化的核心问题：全球化中的国家主权

从当代全球化的诸方面新质和特点着眼，我们不难看出，全球化与国家主权的关系已凸显为当代全球化进程的核心理论问题。

国家主权是现代民族国家的象征。民族国家在历史上是资本主义现代化全球进程的产物。民族国家的建立结束了四分五裂的封建割据状态，通过确立对个人和领土的主权，建立和保护了统一的国内市场。这在当时打破了封建领主制下的贸易壁垒，促进了世界贸易的发展和流通中市场竞争规则的确立，从而大大推动了市场经济的发展。民族国家的建立对于资本主义现代化的发展曾经起过非常重要的作用。然而，当下在我们面前似乎正在发生一场相反方向的变革：当代全球化的浪潮正在以前所未有的规模和速度漫过国家的领土，突破国家主权的控制，一再表现出对国家主权限度的质疑。从根本上说，新时代的全球化作为后现代化性质的进程，它所面对的是处理工业化的后果和控制新的信息产业革命的方向与效应这两方面的问题。这将全方位地涉及从经济、政治、社会、生态到人性发展的广泛领域，关系到人类社会与全球自然生态的可持续发展。显然，这些问题的研究与解决无一不突破了单一国家主权所能控制的界限和范围。

新的全球化现实迫使我们不得不思考一系列重大的理论问题，例如，在当代全球化的背景下，国家主权是否已经失去意义？国家主权和作用是否已发生变化？国家主权是否具有相对性，可让渡性？国家主权在当代应如何定位？

面对这些新问题，新自由主义的思想家认为，当代全球化标志着单一全球市场的出现，经济全球化通过建立跨国网络和全球竞争规则，实现经济的“非国家化”（denationalization），传统的民族国家已经过时，最终被新型的社会组织取代；传统的左派则说，一切都没有超过19世纪末的经济整合水平，没有出现经济上完全整合的全球市场，不存在新的全球化，当代经济高水平的国际化只是加剧了全球的经济政治不平等现状，因此不可低估民族国家管制国际经济活动的持久能力，要加强国家政府的作用。我们认为，既不能无视国家主权的变化，坚持“一切都没有改变”；也不能认同新自由主义的“国家主权过时论”的逻辑，而应当看清现实，坚持原则，求新应变。

首先，应当正视全球化冲击下国家主权弱化的现实。

眼下发生的第一个事实是：人类的社会、经济、政治活动跨越了国家边界，观念、信息、产品、资本、人口乃至标志、符号的流动在地域空间中加大了数量，而且，全球化的发展借助当代信息和交通基础设施获得了新的立体网络时空，表现为“全球网络的广度、全球相互联系的强度、全球流动的速度、全球相互联系的影响”四个维度的全方位发展，这些新的社会空间客观上超越了国家主权能够统摄的范围。第二个事实是：新的全球化不仅带来了好处，使劳动生产率、收入、资本存量的水平都大幅提高，也加大了对全球生态的破坏和掠夺，从文化到犯罪的所有社会领域都有向全球扩展的趋势，超出了国家权威的支配能力。第三个事实是：全球领域还出现了许多新的、非领土化的经济政治组织形式，如多国公司、跨国社会运动、国际管制机构等，使部分原先属于国家的权力分散到这些全球层次的公共或私人组织手中。尤其是金融危机的爆发从反面向人们提示了当今金融风险的全球震撼力。网络信息时代的金融危机绝不是一个国家、一个地区的事，它意味着全球金融系统的崩溃。拯救危机的国际合作则表明，国际干预的力量超出了弱国政府的主宰能力。对国家主权在当代的时空变化、内容变化视而不见，不承认市场挑战国家的客观现实，无异于鸵鸟钻沙堆。

其次，应当有条件地承认当代国家主权的相对性。

由于当代已经出现了一系列显然是民族国家解决不了的问题，国家主权的行使发生了时空变化和内容变化，其相对的一面已经展示在世人面前。根据传统观念，国家主权的绝对意义在于，国家具有在有限的地域即领土范围内实施统治的权力。与之相联系的是国家的自主性，即民族国家拥有独立表达和实现政策的实际权力。国家主权对内体现具有合法性基础的权威，对外代表国家利益和形象，维护人民和领土的安全，确立世界市场中的国家边界和交换的基础条件。然而在今天，民族国家不可能不受跨国力量及其作用的限制，其实现既定目标的能力下降。单一民族国家不仅在经济上无法避开新的全球劳动分工货币体系，干预和管理自己国家经济的难度加大，在政治上也无法拒绝各种国际组织和机构（如国际政府组织、形形色色的国际非政府组织、世界银行、国际货币基金组织、国际刑警组织、国际反恐怖主义联盟，等等）的影响，难于完全控制自己领土内发生的事情；而且在国际关系和文化上也摆脱不了诸如各种国际法、媒体、互联网以及全球环境问题的挑战。尤其是欧盟这类超国家机构，甚至有权制定可以施加于其成员国的法律，有权使其成员国向欧盟权力中心让渡一部分主权内容。欧盟成员国的完整国家主权已被分割，在欧盟范围内原有的国家主权观念，即在一国领土之内实行统治的绝对权力的观念已经过时。在单一民族国家的主权结构受到相互关系变化的影响，民族国家的自主性已经发生变化的情况下，国家主权不可能保持原有的完整性。这表明全球化正在使各种力量和限制的模式产生变化，限制了国家主权实施的能力和范围。事实上，国家主权在地区和国际体制中的部分分割和让渡，是民族国家获取新的发展空间的置换条件，有助于民族国家在全球化背景下的生存和发展。如欧盟这一形式提高了欧洲民族国家在全球化中的国际竞争力。从这个意义上说，主权的让渡也是主权的实现形式。否认国家主权具有相对性，固守国家具有无限的、不可分割、不可让渡的公共权力的理念，显然不符合今天的现实。因此，重要的原则问题不在于坚持国家主权的绝对性，而在于明确当代国家主权的成分中哪些可以让渡和放弃，哪些必须坚守、寸土不让。

最后，应当对当代国家主权、地位和作用进行准确定位。

民族国家时代作为历史上全球进程的产物，是当时推进资本主义现代化的需要，我们今天所经历的相反方向的调整，是对民族国家在新时代的全球化条件下的重新定位，同样是推进全球化历史进程的客观需要。第一，民族国家仍然是当今世界的基本现实。国家自主性的变化不等于国家主权的丧失，国家主权的部分分割和让渡不等于主权的全面转移，国家主权状况的调整并不意味着主权的颠覆。第二，国家主权仍然是国际关系合法化的重要基础。当代国际关系合法化的基础在于它是民族国家体系，以承认民族国家主权平等为前提。随着近年来全球化进程的深化，各国在为处理新的跨国问题制定政策的过程中产生了全球治理的愿望。但是，这一愿望要变成现实，首先需要寻求全球治理这一新的国际关系的合法化基础。国家主权作为原有的国际关系基础不可能轻言放弃，否则会引起极大的混乱。第三，民族国家还未完成历史使命。民族国家不会万岁，也不会立刻退出历史舞台。当代国家主权及其构成可以有变化，但是民族国家还要长期存在。由于在全球化中国际经济政治秩序面临全面调整，新的国际关系的规范与原则制定的过程实际上是国与国之间重新全面更新契约的过程，民族国家及其主权还需要在形成新的国际关系准则和基础的协商中发挥作用，成为一种全面讨价还价的机制。诚如主权的让渡是主权实现的形式一样，讨价还价的斗争也是当代全球化进程中主权实现的重要形式。

（2）中国应对新时代全球化的理念、原则与对策

新时代的全球化早已发生在我们身边。面对这一新浪潮，世界各国都在采取自己的应对措施。欧洲的政治经济对策是建立欧洲联盟和欧洲单一货币；社会民主党人的对策是“第三条道路”。同理，处于社会主义现代化建设进程中的中国需要一个明确的总体战略。否则，理论上的滞后和不彻底将导致实践上的动摇和失误，给中国的长期发展造成损害。总体战略的制定需要充分的思考和科学的决策，非朝夕之功。但是，为了制定中国特色的社会主义在全球化问题上的应对策略，我们可以提出一些必要的理念和相应的原则。

首先，我们必须明确三个基本理念，即全球化是客观进程不可阻挡；全球化将推动人类社会的全面进步；全球化的过程不仅是统一的过程，也是斗争的过程。

认识全球化进程的客观必然性是我们思考总体战略与具体对策的前提。作为客观经济进程，全球化无所谓好坏，我们没有必要对客观进程进行道德褒贬，一般地谈论“双刃剑”没有意义。面对世界历史发展必然进程的全球化，我们只有主动加入，迎接挑战，才可能在这一进程中发挥作用，赢得先机。反之，我们则可能被甩出世界文明发展的轨道。

认识全球化的积极社会意义有助于我们全面把握全球化的本质。立足于信息革命基础之上的全球化，如同历史上的工业革命一样，将改变整个世界，给全人类带来福祉。工业革命200多年给人类带来的物质文化成果超过了封建社会几千年。尽管在一种生产力革命发生时，会改变旧的分工和社会格局，给世界造成变化和动荡，但是它在总体上将提高整个社会的文明程度，推动人类社会的全面进步。因此，当代全球化是否由西方主导并不重要，重要的是在承认它属于西方后现代化进程的基础上，抓住机遇，发展自己。因为，新一轮的全球化不是第一次，也不会是最后一次，它只是世界现代化历史的一个发展阶段；而且，它不会永远沿着一个方向，即西方资本主义现代化的方向前进。正如在工业化的过程中形成了资本主义的世界体系，也产生了社会主义的理论和实践，可以预见，新一轮全球化的历史逻辑必然同样如此。

同时，我们也要认识到，全球化带来的福祉不会自然降临，全球化的过程充满斗争。新时代的全球化在进行全球市场资源再分配的同时，改变了原有的国际经济政治秩序，造成各国竞争条件的改变，也形成新的全球分层。国际关系中的不平等状况依然存在。发展中国家是世界现代化进程中的后来者，处于不平等的竞争起点和地位，是全球化中的劣势集团。新自由主义的市场扩张要求国家从经济中撤退，消除全球市场运行的一切障碍。发展中国家不能遵从这一逻辑，而要在新的国际关系体系中建立平等秩序，在全球化中维护自己的权益，争取自己的发展空间和份额。也就是说，抵制和斗争也是参与全球化的手段。只有通过与国际资本的斗争，抵制国际资本独霸全球市场的企图，发展中国家才能改变自己的处境，获得真正的发展。

从这个意义上说，反对一切形式的剥削与压迫、要求实现人类平等和公正的社会主义价值理想永远不会过时。

此外，正如西方一些左翼学者提请发展中国家特别注意的那样，我们还要避免在全球化问题上的认识陷阱，确立一些必要的原则，认清把全球化等同于相互依存、整合、普世主义以及趋同这些概念的危险性。

其一，全球化不是简单的相互依存。全球化使各个国家、各个地区、各个民族之间的交往程度加深，使人类的相互依存空前紧密。但是，这种相互依存并不意味着全人类利益的完全统一，人类在全球生态危机面前产生的相互依存的共同命运感并没有消弭全球的经济社会政治文化鸿沟。全球化不仅保留了旧有的不平等的经济政治模式和等级制，而且造成新的排斥和包容模式，形成新的、不平衡的全球分层，产生新的赢家和输家。谈论一体化的全球文明，为时尚早。

其二，全球化不是一般意义上的整合。“整合也有非常专门的意思，因为它指的是经济和政治统一过程，在这个过程中出现了共同体感、共同的命运以及共同的治理制度。把全球化理解为一个单一世界或者共同体形态是完全错误的。”新自由主义迷恋全球市场的理想模式，把全球化描绘成完全整合的单一全球市场。事实上，全球化是一个动态的、不平衡的历史进程，不是一种终极的固定模式；全球化也是高度分化的过程，表现在社会活动所有关键领域，不是一种单一状态。全球化对不同的国家、民族、阶级、种族、团体都产生着不同的影响，不存在全球整合的共同体。

其三，全球化不代表普世主义。全球不是宇宙，当代全球化只是世界现代化的一个特定阶段，不应把全球化和普世主义相联系。对于所有国家和民族或地区共同体来说，他们所经历的全球相互联系的程度不同、方式不同，对全球化的理解也不同，有各自特殊的立场、体验和认识。因此，全球化并不产生放之四海而皆准的普世原则。发展中国家在接受全球化的过程中，不必认同西方宣扬的普世原则。在西方世界主义普世伦理的背后，往往潜藏着西方谋求全球霸权合法性的自私自利的特殊意图。

其四，全球化也不是趋同。在全球化进程中世界各地确实出现了相似的经济、社会、文化现象，但是这并不意味着同质化，也不意味着民族、国家、共同体之间的和谐不断增强。“全球化对于社会产生了两种完全相反的作用：在分裂的同时也在推动着整合，在产生合作的同时也引发着冲突，在实现普世化的同时也在推动特殊化”。全球化中相互联系的不断增多与其说是合作所引起的，不如说是强烈冲突、共同忧虑和深刻敌意所造成的。发展中国家如果被表面的趋同说法所诱惑，放弃自身应有的权利，无异于饮鸩止渴。

总之，在制定中国的全球化战略和对策的过程中，我们既要反对新自由主义的极端市场主义，也要防止极端民族主义。我们不要拒绝全球化，我们的战略目的应当是：在国内重构积极的主权，为中国的现代化事业营造和构筑足够的发展空间；

在国际社会中发挥积极健康的作用，维护中国和其他发展中国家和人民的公正权益，与全球的正义力量一道，重建21世纪新的国际经济政治秩序。

（二）金融危机：全球经济大循环的阻滞

由美国次贷危机蔓延至全球的国际金融危机，给世界开放经济和全球经济大循环造成了巨大冲击。这场国际金融危机的直接原因，是20世纪80年代末到90年代初东欧剧变、苏联解体后，以美国为首的西方世界主导的以新自由主义为主要推力的新一轮经济全球化。进一步分析，这场国际金融危机的根本原因仍是生产社会化乃至全球化与生产资料私人占有之间的矛盾、生产无限扩张与社会有限需求之间的矛盾在经济全球化条件下深入发展的必然结果。当前世界性的金融危机仍未见底，美国式资本主义模式和美国世界霸主地位从根本上得到动摇，也必然会引发全球经济秩序的深刻变化和全球政治格局的深刻变动。

1. 当前金融危机的形成原因

2008年以来，由美国次贷危机引发的金融危机迅速向世界范围扩散，首先在发达国家之间，再由发达国家传导至新兴市场国家，并从金融领域扩散到实体经济领域。这场国际金融危机波及范围之广、影响程度之大和冲击力之强，甚至超过20世纪30年代的经济危机。但是，这场危机的性质如何、根源何在？对此仍需深入进行分析。

（1）当前金融危机形成的直接原因：虚拟资本过剩与过度投机

对当前国际金融危机的具体成因，国内外经济学者及各界人士给出了多种解释，如华尔街金融大鳄的贪婪、美国的超前消费模式、放松的金融监管体制、过度发展的金融市场以及差距过大的收入分配等。虽然众说纷纭，但不可否认的一点是，金融危机本身就是金融产品价格泡沫的破裂。而金融泡沫源于那些建立在资本虚拟化基础上的过度投机和赌博，这是马克思所分析的金融危机的实质[①]。因此，考察资本虚拟化的当代发展，能够更科学地揭示危机的症结所在。

① 马克思根据金融危机的表现形式将其分为两种类型：第一类是作为生产和商业危机先导阶段的金融危机，第二类是发生在金融系统内部的独立的金融危机。对第一类金融危机，马克思阐明了金融危机与经济危机的关系，把金融危机的爆发建立在经济危机可能性和现实性的基础上，从而金融危机的爆发就成为资本主义制度内在矛盾发展的必然结果，也是资本主义制度内部矛盾各方强制统一的一种方式。对于第二类金融危机，马克思概括了作为资本市场核心的虚拟资本的独立运动规律以及资本市场赌博投机的本质特征。在当时所处的时代，马克思已经注意到虚拟资本发展所带来的潜在的资本扩张力量，以及这类金融危机对于生产危机和商业危机所带来的放大作用。参见张彤玉、李强：《当前国际金融危机的成因、性质和趋势》，《中国人民大学学报》2009年第4期第16–19页。

首先，资本虚拟化带来金融产品规模的急剧膨胀，创造了金融危机产生的基础。作为资本虚拟化的初级形式，股票、债券等有价证券还体现着一定数量的货币资金的借贷和权益关系，在很大程度上受到社会实体经济运行和发展的制约，因而其价格水平和流通数量必然存在一定的限度。

但是，作为资本虚拟化的高级形式，那些由初级形式的金融工具派生而来的金融衍生品则与实体经济失去了直接的联系，因此，其规模在很大程度上并不依赖于实体经济的发展，甚至也不受那些初级形式金融工具的制约，而是可以依据市场需求而随时创造出来，资本虚拟化具有近乎无限的空间。以美国住房抵押贷款证券化为例，我们可以清楚地认识到这一点。美国住房抵押贷款分为优级、ALTA 级和次级三类，其中，次级贷款是针对无法满足贷款机构一般住房抵押贷款条件的人群设计的。他们一般没有固定工作，收入低且变化较大，信用记录差或者缺失，月还贷额与收入比高，平均达到 84%，有的甚至高达 90% 以上。

传统上，放贷银行一般把住房贷款作为一项长期资产留在银行内部，并承担相应的信用风险。但在资本虚拟化发展至高级阶段后，这些放贷银行在中介机构的协助下，把数量众多的次级住房贷款债权转换成证券，通过资本市场发售给各类大型投资机构。这些大型投资机构再利用“证券化”技术，将其打包、分割、组合，变身成新的有价证券，出售给对冲基金、保险公司以及个人投资者等，并且其中绝大部分被外国（尤其是发展中国家）机构购买，从而形成了美国人消费而别国买单的局面。据美国经济分析局的调查，美国次贷总额为 15 万亿美元，在这个基础上发行了近 2 万亿美元的住房抵押贷款支持债券（MBS），进而衍生出超万亿美元的担保债务凭证（CDO）和数十万亿美元的信贷违约掉期（CDS）。

其次，资本虚拟化放大了系统性金融风险，使得金融危机的爆发成为可能。从表面上看，资本虚拟化的发展满足了各方参与者的需求：第一，放贷银行可以通过打包出售债权的方式提前收回资金，保证自身的流动性，提高资金周转速度，增强营利能力。也正因为如此，放贷银行可以降低放贷条件，使得很多以前无法获得贷款的购房者能以极低的首付款甚至零首付获得房产。第二，提供证券化服务的金融中介可以在不承担风险的情况下赚取大量的服务费。由证券化派生出的各类金融创新产品，可以满足市场上众多投资者组合投资的需要。资本虚拟化本来可以起到分散投资风险、实现资本高效流通和优化配置的作用，但是，由于虚拟化的多次叠加以及债权债务关系的重新组合，不仅加长了资本交易的链条，也使得各种金融产品变得越来越复杂，以至于投资者无法分辨这些金融产品真正的基础是什么，也不了解其中所蕴涵的巨大风险。整个资本市场就是一个建立在次级贷款基础上的多米诺骨牌系统，起初 1 元钱的贷款被逐级放大为几元、十几元甚至几十元的金融衍生品，金融风险也随之被急剧放大，这就使得金融危机的爆发成为可能。一旦作为第一张骨牌的次级贷款出现问题，就将产生多米诺骨牌效应，金融危机就变成了现实。

最后，资本对利润的贪婪追逐与金融自由化环境的结合，构成虚拟资本持续膨胀的内在动力，使得资本虚拟化不断突破各种合理的限制而过度发展。资本过度虚拟化导致实体经济部门与虚拟经济部门发展比例严重失调，虚拟资本价格泡沫破裂，金融危机的爆发成为现实。因此，这场由美国次贷危机引发的国际金融危机绝非偶然现象，而是资本虚拟化无限制发展的必然结果。同时，我们应该注意到，以美元为主导的国际货币体系已经让美国成为世界资本市场最大的庄家。凭借对美元供给的掌握以及国际市场对美元的依赖，美国可以操纵各种虚拟资本的价格，从而通过资本市场对其他国家进行肆意的掠夺和盘剥。这种缺乏有效制衡的国际货币金融体系，具有爆发更大金融危机的可能性。

资本虚拟化的累积发展是金融危机爆发最直接的原因。资本虚拟化建立在资本价值形态独立化的基础上，而资本市场的发展又使得资本的价值运动与资本的实体形态运动相分离，成为一个以钱生钱的高度独立化的虚拟经济部门。与投资于实体经济部门相比较，参与虚拟经济部门的投资具有低门槛、低成本和高流动性等特征，结果导致大量货币资金流向虚拟经济部门，并造成了社会整体经济普遍繁荣的假象：虚拟资本价格不断攀升，交易规模不断扩大，政府税收不断提高，企业融资更为方便，居民个人虚拟财富也会因价格的上升而不断增加，消费信心上升，整个社会弥漫着一种乐观的情绪。这就进一步刺激人们对虚拟经济部门的投资，资金需求持续增加，银行信贷过度增长，虚拟资本价格不断膨胀而形成经济泡沫。在这个过程中，大量资金被投入投机性交易中，实体经济部门的投资会出现萎缩。由于虚拟资本本身只是财富的价值符号，虚拟资本交易并不能创造出新的价值，因此，当两个部门的比例失调超过一定限度时，人们对资本市场的预期就会发生逆转，从而经济泡沫破裂，虚拟资本价格迅速跌落，大量投机的企业、机构和个人的资产迅速缩水并破产，银行不良债务迅速增加，整个金融系统陷于困境，这就是金融危机的爆发。在金融危机爆发的初期，其危害主要集中在虚拟经济部门，如大量金融机构亏损甚至倒闭，大批金融从业人员失业等，人们对整个金融系统的信心被摧毁，货币流通和信用机制遭到严重破坏。随着时间的推移，这种危害会向实体经济部门以及全世界扩散，从而对整个国家的经济和全球经济产生严重的负面影响。

（2）当前金融危机发生的制度环境：新自由主义经济政策及美元霸权

马克思的金融危机理论深刻地揭示了资本主义的制度性缺陷，而这种缺陷在当代最明显的两个表现是新自由主义经济模式和美元霸权。

20 世纪 80 年代以来，以美国为代表的资本主义国家普遍推行的新自由主义经济政策以及以美元为主导的国际货币体系构成了这场危机赖以发生的制度环境，可以说，正是这种适宜的制度环境为虚拟资本的过度发展和资本市场的疯狂投机提供了沃土，最终导致这次金融危机不可避免地爆发。

从第二次世界大战以后到20世纪70年代中期以前，以美国为代表的主要资本主义国家实施以凯恩斯主义为导向的经济政策，对金融系统、国际贸易以及资本的国际流动采取了较为严格的管制。以美国为例，这一期间的金融市场相当稳定，没有发生过大的金融危机，也没有大型金融机构破产，经济整体持续高速增长，被称为战后的“黄金时期”。其他资本主义国家与其类似。但是，随后发生的石油危机以及美元的大幅贬值，将主要资本主义国家推入滞胀的痛苦中，从而宣告了凯恩斯主义政策的失败。为了走出“滞胀”危机，主要资本主义国家的政策取向发生重要转变，以弗里德曼、哈耶克等人为代表的新自由主义理论受到政府的青睐，以企业私有化、金融自由化和市场调节至上为核心的新自由主义经济政策得以推行。马萨诸塞州立大学教授大卫·科茨对此做了精练的总结：（1）放松对经济和金融的管制，允许自由市场的存在；（2）政府不再对宏观经济进行积极调控，追求低通胀率而非低失业率；（3）社会福利急剧减少；（4）大型企业和政府打击、削弱工会力量，劳动市场格局改变，资方完全控制劳方；（5）自由、残酷的竞争取代了有节制的竞争；（6）商品、服务和资本在不同国家之间相对自由的流动。

新自由主义经济政策的推行，的确给美国等主要资本主义国家带来了好处，适应了国际垄断资本全球扩张的需要，将几乎所有的国家都卷入资本主义生产模式和生产过程之中，为这些发达国家在全球范围内进行金融控制和价值掠夺创造了条件。但是，发达资本主义国家所获得的经济利益是以发展中国家的损失以及自身的金融动荡为代价的，是牺牲全球经济的长期利益而换取短期的经济繁荣。20世纪90年代以来，随着新自由主义在世界范围内的扩张，区域性的金融危机可谓此起彼伏。如1994年、1999年和2001年的拉美地区金融危机，1997年的亚洲金融危机，使这些地区的经济倒退了10年以上。上述金融危机的发生，固然与这些国家或地区自身较弱的经济基础、高额外债以及大量利用外资存在紧密的联系，但以美国为主的国际金融投机大鳄在国际货币及资本市场上疯狂的投机赌博行为难辞其咎。同时，美国及其控制的国际货币基金组织往往乘人之危，以提供贷款援助为要挟，进一步强制推行新自由主义政策。另外，以美国为代表的发达国家本身也是金融危机频发，如1987年美国股市的黑色星期一，2000年纳斯达克新经济的崩盘以及1985年日本房地产泡沫破裂等。以上这些不断发生的金融危机，被新自由主义理论家和实践者以种种理由予以解释，如把过错推给发展中国家等，对现实经济已经发出的警告毫不顾忌，依然坚持把新自由主义政策向全世界推销，最终酿成了当前这场重大的世界性金融危机。

美国之所以能够在全世界推行其新自由主义的价值观和经济政策，一方面是由于这种价值观和经济政策被披上了公平、正义和效率的外衣，并迎合了这些国家大资本所有者的需要；另一方面，美国一贯采取“美元 + 大棒”的殖民主义强硬态度，迫使发展中国家接受新自由主义模式。作为经济殖民主义利器的美元，其威力建立在以美元为核心的不合理的国际货币体系上。美元的核心地位来自于第二次世界大战结束时世界各国联合构建的“布雷顿森林体系”，该货币体系以黄金为基础，以美元作为最主要的国际储备货币。

美元直接与黄金挂钩，各国货币则与美元挂钩，并可按 35 美元 1 盎司的官价向美国兑换黄金。在布雷顿森林体系之下，美元实际上已经取得了与黄金同样的地位，成为凌驾于其他货币之上的超级主权货币。在两次世界大战之间的 20 年中，国际货币体系由几个相互竞争的货币集团构成，各集团为解决自身的国际收支和就业问题，经常不顾其他国家的利益而进行汇率调整，导致货币竞相贬值，极大地阻碍了国际经贸往来的正常进行。

布雷顿森林体系的建立结束了这种动荡不羁的局面，促进了战后资本主义经济的恢复和发展，扩大了各国间的经济交往，尤其是在 20 世纪五六十年代的部分时间里，布雷顿森林体系运行良好，对稳定国际金融和发展世界经济确实起到巨大的作用。但是，该体系以一国主权货币作为主要的储备资产具有天生的内在不稳定性，即所谓“特里芬”难题。一方面，美元作为国际支付手段与国际储备手段，要求币值稳定，这就需要美国的国际收支必须保持顺差；另一方面，全世界要获得充足的外汇储备，又要求美国的国际收支保持大量逆差，否则全世界就会面临外汇储备和国际支付手段短缺、商品国际流通受阻的局面。但二者实际上是难以兼顾的。因此，随着世界经济的发展以及美国经济地位的衰落，美国的贸易逆差不断增大，美元的黄金保证不断减少，最终导致布雷顿森林体系的崩溃。以 1973 年美国宣布停止用黄金兑换美元为标志，货币被彻底虚拟化了。

实际上，布雷顿森林体系只是表面上崩溃了，由于缺乏替代性的制度安排，以美元为核心的国际货币体系并没有发生本质的改变，美元依旧是国际结算和国际储备的最主要货币。现在美元完全脱离了黄金的束缚，从理论上讲，美元的发行量没有任何限制，这就为美国的垄断资本无所顾忌地利用美元的霸权地位进行世界范围的掠夺、欺诈和投机铺平了道路。凭借美元的霸权地位，美国可以向全世界收取铸币税和通货膨胀税，并形成了特有的“美国经济循环方式”。这种方式本质上是一种掠夺性的经济模式，一方面，美国通过持续的贸易逆差向境外输送大量的美元，换回的则是其他国家的生产资源、廉价的消费品和劳务；另一方面，美国的各类金融机构通过创造大量的虚拟资本商品，并将其在全世界销售，换取美元的回流。这两个方面形成了互相促进、繁荣共生的关系，美国国内消费得越多，美元输出的数量就越大，而美国销售给世界的虚拟资本商品就愈加膨胀。过度消费以及虚拟资本市场的过度发展是以美元为核心的国际货币体系缺乏有效制衡的必然结果，而二者的不断累积已经为世界性金融危机的爆发做好了准备。

此次国际金融危机就是在上述制度环境下爆发的，表明了新自由主义经济政策的失败以及当前国际货币体系的严重缺陷，重建世界经济秩序的时刻已经到了。

2. 当前金融危机的性质和趋势

（1）当前金融危机的性质

以罗斯福新政为代表的凯恩斯主义政策因20世纪70年代的“滞胀危机”而宣告失败，而以撒切尔夫人和里根执政为标志的新自由主义经济政策，同样没能让资本主义国家摆脱金融危机的困扰。表面上看，前者的危机与后者的困境似乎具有完全不同的性质，前者属于典型的由石油问题引发的商品生产过剩危机，应该归入马克思所论证的第一类金融危机；而后者则是放松金融监管、赌博投机与美元霸权共同作用产生的虚拟资本商品过剩危机，应该首先归入马克思所论证的第二类金融危机。但如果我们从更广阔的视野来观察，就会发现二者并无本质的差别，即都是资本主义生产过剩的规律在起作用。对于20世纪70年代的滞胀危机来说，生产过剩表现在战后资本主义国家经历了恢复性的高速增长的20年，生产能力已经远远超出了国内及国际市场的需求；而对于2007年开始的金融危机来说，生产过剩则表现为依靠资本主义社会虚拟资本膨胀所支撑的过度消费和透支消费难以为继。因此，此次危机的性质在初期表现为第二类金融危机，而随着虚拟资本价格泡沫的破裂，整个资本主义国家的社会消费能力和支付能力受到严重打击，生产过剩的矛盾就凸显出来，危机的性质因此就不可避免地转化为第一类金融危机。这就是此次金融危机的性质。或者我们也可以说，第二类危机引发了第一类危机，而第一类危机才是最具破坏性的。2008年下半年以来不断出现的企业裁员、破产以及进出口贸易额的大幅下降已经证明了这一点。

凯恩斯主义经济政策和新自由主义经济政策作为截然相反的两种政策，都无法使资本主义世界摆脱金融危机的困扰，原因在于这种危机深植于资本主义基本经济制度之中，这也正是马克思“资本论”所揭示的资本主义不可避免的生产过剩危机。而生产过剩本质上是由资本主义制度固有的剩余价值生产规律决定的，因而任何基于资本主义性质允许范围内的经济政策都无法改变生产过剩这一事实。

（2）当前金融危机的发展趋势

此次金融危机的未来发展及其所带来的变化，存在以下几种可能性，其中不少特征目前已经有所显露：①以美国为代表的发达资本主义国家以及部分新兴资本主义国家的经济衰退不可避免，其实体经济要走出困境可能需要至少3~5年的时间。同时，由于近20年来经济全球化的飞速发展，大部分发展中国家也不可避免地卷入资本主义世界性的生产体系之中，以出口加工贸易为导向，因而面临着出口需求萎缩的局面。②与布雷顿森林体系的崩溃相比较，可能爆发更严重的美元危机。目前美元占据国际储备货币的64%，而美国的GDP只占世界GDP的30%，以30%的实体经济来支撑60%以上的世界货币的功能，存在明显的比例失衡，最终将导致美元的进一步贬值，直至美元占比符合美国实体经济的状况。③发达国家的经济可能发生由新自由主义模式到利益相关者资本主义模式的转变，与鼓励私有化、市场化和自由化相比较，各国将更加注重政府对经济的管理和调节，重视经济的稳定和收入分配的平等，提高国有化的比例，强调企业的社会责任等。如果以美国为代表的发达资本主义国家继续推行所谓的新自由主义经济政策，将会导致社会生产与消费之间的矛盾冲突以及虚拟经济与实体经济的比例失调更加严重，金融危机就可能转化为全面的世界性经济危机。因此，资本主义经济的转向已经不可避免。

延伸阅读

>>>>>> 欧债危机

一、欧债危机背景与进程

欧洲债务危机即欧洲主权的债务危机，是指在2008年金融危机发生后，希腊等欧盟国家所发生的债务危机。

欧洲主权债务危机爆发的主要引线或导火索可以说是希腊。即希腊在2001年达到了欧盟的财赤率要求，同年加入欧元区。但是，这一过程对希腊国家而言，所付出的代价也是相当巨大的。具体而言，希腊为了尽可能缩减自身外币债务，与高盛签订了一个货币互换协议。这样，希腊就通过货币互换协议减少了自身的外币债务，达到足够的财赤率加入欧元区。但通过与高盛所签订的协议，希腊就必须在未来很长一段时间内支付给对方高于市价的高额回报。随着时间的推移，希腊的赤字率显然会走入低迷状态，进而导致了2009年的主权债务危机形成。2009年12月8日，惠誉将希腊信贷评级由A-下调至BBB+，前景展望为负面。

2011年11月28日，穆迪称，欧洲的债务危机正在威胁全部欧洲主权国家的信贷情况，意味着即使AAA评级的德国、法国、奥地利和荷兰也都有危险。

二、危机生成内外部原因

（一）外部原因：金融危机中政府加杠杆化使债务负担加重

金融危机使得各国政府纷纷推出刺激经济增长的宽松政策，高福利、低盈余的希腊无法通过公共财政盈余来支撑过度的举债消费。全球金融危机推动私人企业去杠杆化、政府增加杠杆。希腊政府的财政原本处于一种弱平衡的境地，由于国际宏观经济的冲击，恶化了其国家集群产业的盈利能力，公共财政现金流呈现出趋于枯竭的恶性循环，债务负担成为不能承受之重。

（二）内部原因：产业结构、人口结构、福利制度、救援动力

1．产业结构不平衡：实体经济空心化，经济发展脆弱

以旅游业和航运业为支柱产业的希腊经济难以抵御危机的冲击；以出口加工制造业和房地产业拉动经济的意大利在危机面前显得力不从心；依靠房地产和建筑业投资拉动的西班牙和爱尔兰经济本身存在致命缺陷；工业基础薄弱，而主要依靠服务业推动经济发展的葡萄牙经济基础比较脆弱。

总体来看，PIIGS 五国属于欧元区中相对落后的国家，他们的经济更多依赖于劳动密集型制造业出口和旅游业。随着全球贸易一体化的深入，新兴市场的劳动力成本优势吸引全球制造业逐步向新兴市场转移，南欧国家的劳动力优势不复存在。而这些国家又不能及时调整产业结构，使得经济在危机冲击下显得异常脆弱。

2．人口结构不平衡：逐步进入老龄化

人口老龄化是社会人口结构中老年人口占总人口的比例不断上升的一种发展趋势。随着工化和城市化步伐的加快，欧洲大多数国家人口结构开始步入快速老龄化主要有三个方面：长期低出生率和生育率、平均预期寿命的延长、生育潮人口大规模步入老龄化。

3．刚性的社会福利制度

对于欧盟内部来说，既有日耳曼罗马帝国（西欧地区）与拜占庭帝国（东欧地区）之间的问题（同属希腊罗马基督教文化，但政治制度不同导致经济发展道路不同），也存在南欧和北欧之间的问题。对于欧元区来讲，主要的矛盾体现在南北欧问题上。北欧人比南欧人更严谨有序，加上地理和气候因素，把这两种文化的人群捆绑在同一个货币体系下，必然会带来以下南北欧格局：北欧制造，南欧消费；北欧储蓄，南欧借贷；北欧出口，南欧进口；北欧经常账户盈余，南欧赤字；北欧人追求财富，南欧人追求享受。南欧消费格局得以维持必须有较高保障和福利为支撑，金融危机背景下的财政赤字使得这种状况难以为继。

表1–1 欧盟区各国储蓄消费的差异

	人均储蓄（欧元）	进口（百万欧元）	人均消费（欧元）	出口（百万欧元）	经常账户盈余（百万欧元）
丹　麦	2400	20300	118540	106158.9	12381.1
芬　兰	1800	17500	72643	70298	2345
瑞　典	4200	17500	173287.3	152336.8	20950.5
冰　岛	–4400	14600	5320.1	4267.3	952.8
挪　威	12100	26300	130787.6	8927	952.8
爱尔兰	400	16100	17673	127900.9	29772.1
希　腊	–2400	15300	48879.9	69057.1	–22994
西班牙	300	13900	279001	301995	–22994
意大利	–300	15600	414728.4	442162.8	–27434.4
葡萄牙	–1400	10900	53462.3	65828	–12365.7
法　国	1000	16700	9153	537498	–45345
德　国	2400	16500	1159800	102450	135450

资料来源：欧盟统计局。

4．法德等国在救援上的分歧令危机处于胶着状态

法国坚决支持救援，德国在救援问题上的左右摇摆使得欧债危机长期处于胶着状态。是否要对身陷危机的国家施以援手主要取决于德国和法国的态度。法国是坚决支持对危机国实施救援的，因为法国银行持有相当数量的欧元区债券，如果这些国家违约的话，法国的损失将会非常惨重。德国是欧元区第一大经济体，其经济发展强劲很大程度上得益于严格的成本控制。德国多年忍受着福利削减，工资长期不上涨的痛苦，现在却要让他们去拯救那些享受高福利高工资的国家，本国民众显然会心有不甘。因此，德国正面临艰难的选择，欧债危机如何演绎一定程度上取决于德国的态度。

三、解决方案与未来走向

（一）解决方案探索

目前，欧盟内部对应对欧债危机方案仍存在分歧，尤其是德法两国之间的歧见令市场充满不确定性，同时加剧了传言对市场的影响力。不过有消息称，欧盟可能将欧洲金融稳定基金（EFSF）及欧洲稳定机制（ESM）

合二为一，并从中释放大量救助资金，以恢复市场信心。另外，在欧盟领导人举行会晤之际，欧盟外长也召开了会议。为避免未来发生危机以及各成员国更好地做到财政监管，外长们就是否并且如何修改欧盟协议进行了商议。欧盟与欧元区领导人举行峰会，力图弥合各方在应对欧洲主权债务危机上的分歧，争取就稳定欧洲银行业、扩大欧洲金融稳定基金规模等问题达成共识。但就欧盟委员会提出的欧元债券方案，名为“引入稳定债券可行性绿皮书”的草案尚未出炉就遭到了欧元区“龙头”德国的强烈反对。

（二）未来走向预测

未来欧元区债务危机的发展主要有三个大体的方向：

第一，向危机国家提供救助，延缓危机的爆发。在市场持续波动和各种政治压力的情况下，各国以及欧洲央行不断地协商和妥协，并不断地推出零散的、短期的、针对具体问题的救助方案。如果情况渐渐稳定，各国逐渐携手建立一种长效稳定机制。

第二，希腊等危机国家退出，成立核心欧元区。这是最悲观的一种结局。主要的选择是将希腊等不能满足欧元区条件的国家逐出欧元区，或者由德国、法国及西北欧一些财政状况较好的国家组成一个核心欧元区。通常认为这种可能性不大。

第三，欧元区协同作出强有力的承诺，通过发行“欧元共同债券”共同担负起相关债务，并着手建立有共同货币、统一财政机制的联邦制。这是最乐观的一种可能，但希望依然渺茫。这样做的好处是各国能够从此协调货币和财政政策；投资者的信心可以得到恢复；各种问题可以从最根本的机制上得到解决。这一方向也代表了欧洲政治家们长期以来的理想和愿望。这种情况在短期内发生的可能性也较小。

二、多极化格局与区域竞合模式下的全球经济循环展望

新一轮全球化的内在矛盾导致史无前例的金融危机，将全球经济大循环逼入了一种新的再平衡的历史进程中；这个过程是对多极化世界发展格局的再发现，也迫使各大经济体反思其在新自由主义思潮引导下的经济全球化过程中的利弊得失，以因应区域竞合的全球经济大循环新形势，做好有利于本国和本区域经济发展的战略

规划。

（一）多极化：世界经济发展的新格局

全球化与多极化是对当今国际社会发展趋势和特点的科学概括。近年来，对这个概括有详尽分析和广泛认同，但对全球化与多极化之间关系的探讨，还有待深入。

总体而言，全球化的核心性内涵是指经济生活的社会化、国际化不断发展的进程；多极化一般指的是国际政治力量分化组合呈现均势的结构特点。探讨全球化和多极化的关系，实际上是对当代世界经济与世界政治相互作用下国际经济市场化与国际政治权力结构演变的相关性的说明，以及在这两大趋势相互作用下的世界走势的说明。

1. 全球化中的多极化现象

多极化所表征的是世界各国在国际关系中的实力与地位，表现了由各国综合国力及其对比关系所形成的国际格局和反映这种格局的国际秩序。因此，战略家们常常把这种关系称为“世界政治多极化”。其实，正如所谓“经济全球化”不单单是经济一样，所谓“政治多极化”也绝不只限于政治。它们的内涵要丰富得多。从总体上看，全球化萌芽于多极化之中，并且是多极化发展的归宿；而多极化则是全球化的基础，是全球化在局部中的体现。

政治多极化与经济全球化不是两种同时发生而且不相干的过程，从冷战结束后到现在的实际发展过程看，可以归纳出以下几条线索：

（1）美国的支配地位

以美国为首的西方发达国家在迄今为止的经济全球化过程中一直处于主导和支配的地位。它们在资金、技术和管理方面都拥有绝对优势。世界贸易组织及其前身关贸总协定、国际货币基金组织、世界银行等主要国际经济机构是被它们操纵的，国际经济方面的“游戏规则”是由它们制定的。毫无疑问，它们要利用这些优势为自己的利益服务，美国更要谋求通过经济全球化来加强和扩大经济霸权，推动建立美国统治下的单极世界。事实上，他们也一直是这样做的。他们所建立的旧国际经济秩序是劫贫济富的秩序，非常不公平，往往把只适合某一群甚至某一个发达国家利益的做法视为普遍规律而强加于全世界。例如，现行的国际规则片面强调商品和资金在全球范围内自由流动，打破国家壁垒，而对同为生产要素的技术和劳动力的跨国界自由流动，则听任发达国家设置各种障碍，显然这是不利于发展中国家的。其结果是在相当大的范围里造成了贫者愈贫、富者愈富的现象。但是物极必反，事物常常走向自己的反面。发展中国家卷入经济全球化的程度越深，就越发感觉到保障自身经济利益和经济安全的必要性。如果说，过去殖民地人民的主要斗争目标是争取和巩固政治独立，并且利用冷战的形势为实现这一目标服务，那么冷战以后的发展中国家就已普遍认识到经济发展是第一位的目标，并且利用经济全球化的机遇为这一目标服务。东亚国家是其中的佼佼者。它们抓住了经济全球化的机遇迅速发展，脱颖而出，形成了所谓的“新兴工业经济体”。经济成功助长了东亚国家的自信心，提出了“东亚价值观”，对西方表现出一定的独立性。东南亚金融危机给它们以沉重的打击，暴露了经济全球化的风险，但同时也使它们更为迫切地要求改变旧的国际经济秩序。其他发展中国家也通过自身的经验得出了相同的结论。于是，美国成为千夫所指，国际货币基金组织成为众矢之的。

西方国家和国际经济机构内部高层人士也出现了分裂。要求考虑发展中国家利益已经成为主流的呼声。由于发展中国家坚持自己的利益，不再屈服于美国的压力，再加上欧美之间和美国内部的分歧，世贸组织2011年的西雅图会议中途夭折，不欢而散。这件事说明美国已不能再随意操纵世贸组织。正如总干事穆尔先生所说，今日的世贸组织已不是当年关贸总协定成立初期的富国俱乐部了。相对来说，发展中国家的发言权增加了。旧的经济秩序必须改变已成了大多数人的共识。至于如何改，改多少，还得看斗争的结果，但或多或少总得有所改变。这一趋势是有利于多极化而不利于单极化的。随着时间的推移，这种趋势只会加强。

美国现在已经控制不了联合国，可以预期，将来美国也将控制不了国际经济机构。发展中国家的集体力量也应该看做是政治多极化中的一股重要力量或者一极，虽然这一极的性质与单个的民族国家有所不同，但都是有重要作用的。

（2）区域化趋势加强

在经济全球化迅速发展的过程中，区域经济联合或经济区域化的趋势方兴未艾。有人称之为经济多极化现象。据有关资料，目前全世界各种区域性、次区域性集团化组织已达110个，其中1/3是1990年之后成立的。在西欧，区域内的贸易已占欧盟各国对外贸易的七成。北美地区、亚洲地区、中东地区及前苏联地区的区内贸易在其外贸总额中的比重亦有上升之势。据估算，近年全球区域内部的贸易额占世界贸易额的比重已达一半左右。

可以认为，区域经济联合是经济全球化过程中的一个阶段或者环节。在经济全球化大潮冲击之下，许多国家和地区感到难以独力支撑，难以依靠单干应付新的挑战，因而希望将加强区域合作作为依托，提高自己的生产力和竞争力，从而在日趋激烈的全球化竞争中建立起自己的比较优势，对外界形成更强的谈判地位，以便更好地趋利避害。另外，在同一地区的国家之间，由于历史因缘和地理接近，往往具有相对较多的共同经济利益和相对较近的文化传统。在区域经济集团范围之内，各国的矛盾较易调和和妥协，较易在平等互利、互谅互让的基础上，通过谈判，达成大家都能接受的安排。经济利益的驱动和平等互利的自愿联合是区域经济前进的关键。区域经济发展的结果，一方面，推动了区域内各国经济的发展与联合；另一方面，它在一定程度上延缓了经济全球化的趋同性，也就是说削弱了占有优势的国家在经济领域强制实行单极秩序的能力。

北美、西欧和东亚号称世界经济三大板块，它们各自的国内生产总值规模大致相当，都占世界总额的20%以上，西欧早就组成了欧洲联盟，经过不断扩大，现已成为拥有3.5亿人口的大市场，各成员国之间已取消关税壁垒，对外则实行统一关税。欧洲单一货币已在1999年启动，从而使欧盟成为一体化程度最高的区域经济集团。1992年，美国、加拿大和墨西哥签订北美自由贸易协定，1994年正式生效，成为世界最大的贸易集团，现在正在谈判扩大，有可能形成北起阿拉斯加、南至火地岛，包括美洲所有国家8亿人口的美洲自由贸易区。值得注意的是，在1997年东南亚金融危机之后，东南亚各国深感有必要联合起来共同应付经济全球化风险。从1998年起，包括东盟10国和中日韩3国的10＋3机制不断取得进展，东亚和东南亚区域经济联合出现了加速发展的势头。这三大区域经济集团的产生和加强，都是在近10年中出现的，而且都和全球化的发展有密切的关系。这说明，在经济领域，全球化并没有导致单极化或美国化。

（3）多极参与博弈

一般而言，能成为政治多极化中的一极的国家，除了本身实力强大之外，也都是经济全球化的积极参与者和较大程度的受益者。即使是这些国家中发展程度比较滞后的国家也会随着经济力量的加强而要求不仅“引进来”，还要“走出去”，这又会进一步推动经济全球化的发展。在这个意义上，可以说，全球化和多极化是互相促进的。很难设想一个置身于全球化过程之外的闭关自守的国家能够成为多极化中的一极。因此，多极化的主体国家往往也是国际经济贸易大国，它们互为贸易伙伴。全球化愈发展，它们之间经济上相互依存和相互制约的程度就愈会加深，因而在保持地区和全球安全和稳定上的共同利益也会扩大。它们之间仍然会存在和产生各种矛盾，但一般会避免用战争的办法解决。

美国作为唯一的超级大国，在各极中遥遥领先，但也并非没有挑战。美、欧、日之间的转基因食品战、农业补贴战、钢铁战、国际货币基金总裁人选之争等，矛盾频繁。欧日都在力求发展新经济，希望与美国一争高低。由于冷战后不再存在共同敌人，美欧关系趋于松弛。欧洲反对美国建立国家导弹防御系统（NMD），美国实际上也反对欧洲建立独立防务。美欧之间既是军事同盟又是经济对手的关系将如何演变，还有待于观察。美日关系也存在同样的问题。作为经济全球化的主要推动者，美欧得益较多，但也有脆弱的一面。美国缺少劳动保障机制，而西欧劳动成本过高。

社会走向高龄化、人口减少而又不愿接受外来移民也是一个问题。美欧国内都有人反对全球化，全球化的发展有可能引发美欧内部的社会问题。

发展不平衡的法则仍然起作用。资金和技术的全球流动为一些发展中国家实现经济跃进提供了机遇。除东亚新兴工业体和中国外，印度近10年来连续以较高速度增长并成为软件出口大国，已引起国际社会的注意。不排除将来在拉美、阿拉伯世界或非洲也可能出现利用后发优势实现高速增长的国家或国家集团。想要阻止其他国家发展，不准它们“坐大”的图谋是徒劳的。发展是硬道理，你要发展，我也要发展，谁也阻止不了。对每一个国家来说，别国特别是邻国的发展虽然会带来竞争的威胁，但也会带来合作的机遇。最终各国都将不得不接受多极化的现实，学会在平等的基础上处理同别国又合作、又竞争的辩证关系，力争做到互利或“双赢”。

综上，世界多极化不是同全球化趋势相悖或相异的律动，而是一个统一的相互渗透的过程。多极化的过程也就是全球化逐步实现的过程。因为全球化是人类物质生活和精神生活全面提升的过程，如果全球化不能起到这样的作用，那么它也将不能“化”全球。显然这样高要求的全球化是不能依靠少数先进国家、发达国家用援助的办法来实现的，固然这种援助是极端必要的，它对于发展中国家可以发挥一定的启动的作用。最根本的还是必须依赖于各个民族国家几代人奋发自强的努力。那么，这就必然会出现一个多极的世界，全球化正是这样通过多极化逐步实现的。多极化是全球化必经的道路，没有多极化就不可能有全球化，这是毋庸置疑的。

2. 世界多极化格局的新发展趋势

21世纪以来，尤其是金融危机之后，国际格局的一大变化，就是多极化（多个力量中心），表明世界经济多极化正向广度和深度发展。大国战略互动深刻而频繁，正不断推动国际秩序与制度走向新的变革。

（1）国际格局多极化趋势的主要特征

有学者撰文指出，当前的国际格局多极化趋势呈现以下四个主要特征：

一是力量对比向相对均衡化发展。

冷战结束不到20年的时间里，尤其是进入21世纪以来，巴西、俄罗斯、印度和中国“金砖四国”以及南非、墨西哥等一批发展中国家崛起；美国因发动伊拉克战争、阿富汗战争使实力相对削弱，特别是主导国际事务的能力大幅度下降，导致国际力量对比发生了巨大变化，正朝着相对均衡化方向发展。

二是地缘政治中心从大西洋向太平洋转移。

在19世纪或第二次世界大战前的传统多极格局中，地缘政治的中心都集中在大西洋两岸的欧洲和北美少数几个大国，故称为“大西洋世纪”。新世纪多极格局（或多力量中心）的第二个特征，就是在地缘政治的布局上也发生了巨大变化，即随着中国和印度这两个人口最多的国家的渐渐崛起，亚洲成为经济发展最快、最有活力的地区，地缘政治中心也就开始向太平洋地区转移。

三是相互依存关系空前深化。

经济全球化加快了多极化（或多力量中心）的发展，同时也促进了国家间相互依存关系的深化。这种不断深化的相互依存关系主要体现在经济领域和安全领域。

四是力量中心多元化。

冷战结束以来，特别是进入21世纪以来，各类国际组织如雨后春笋般地迅速发展。据《国际组织年鉴》的统计，1989年，世界上的各类政府间国际组织有4322个，目前已上升到近万个；国际非政府组织已超过3.8万个。更主要的是国际组织的迅速发展加强了国际体系行为主体多样化的趋势。主要表现在以下三个方面：一是联合国和其他一些全球性组织的作用不断加强。二是国际非政府组织在国际事务中的作用日益凸显，而且深入国际安全、防核扩散、反恐、环保、人权、扶贫和社会发展等各个领域。跨国公司也在发挥独特的作用。三是地区组织不仅数量快速增加，据统计目前已达4100个，而且职能也大大加强。欧盟、非洲联盟、东盟、上海合作组织、南方共同体市场等区域组织均呈现强化的势头。

（2）未来多极世界力量中心预测

未来世界格局将会发生重大变化，将会出现多个力量中心。英国伦敦皇家国际问题研究所所长维克托·托马斯认为，2020年可能形成以美国、中国、欧盟、俄罗斯和印度为重要角色的多极世界。在这个多极世界中，中美两支力量最为突出。他对这些重要角色进行了分析。美国现在是世界上唯一的超级大国，到2020年这一地位难以预测。届时，美国的军费仍将遥遥领先，仍将拥有强大的政治力量，依然是世界上经济规模最大的国家。到2020年，欧盟仍将是一个经济超级大国，同时在政治和安全领域又是一个小国。俄罗斯到2020年有成为超级大国的希望，不过希望渺茫。印度是一个地区大国，但不是全球大国，而且肯定不是一个超级大国。中国现在还不是一个超级大国，但这种状况将在今后15年发生变化。第一，到2020年中国无疑将成为世界上最重要的贸易大国；第二，中国将不断提高自己的政治影响力；第三，中国将具有巨大的文化魅力；第四，中国具有成为一个超级大国所必备的自信心。该学者由此得出结论，到2020年，在上述世界重要角色中，中美两国将成为两个中心，世界将受到中美两个超级大国所关注的国际重点的影响。2020年世界将形成6–3–2局面。这一观点指出，大体上看，中国在2020年全面实现小康社会之前，世界格局的主要演变趋势将是，中印崛起将带动整个亚洲发展，整个世界将由此而逐步形成为6–3–2局面，即美、欧、中、日、俄、印六个力量中心，欧、美、亚三角鼎立，以及中、美两大强国并立于世的大格局。

另外，美国乔治·华盛顿大学政治和国际关系学教授沈大伟认为，中美欧逐渐形成新战略三角。他指出，随着中国日益成为重大国际事务的积极参与者，一个中、美、欧各执一边的新战略三角正逐步形成。新战略三角是一个各方都受益的三角，因为所有三方的利益都共同交织在一起，其中两方不会结成针对第三方的战略联盟。中、美、欧三方的关系是一种不稳定的和变化之中的关系，相互立场有时吻合，有时出现分歧。新战略三角应该被看做是一个有效管理世界的对各方都有益的工具。

3. 正确认识当前世界格局的多极化趋势

大国关系在战略上相互借重和相互制约，世界经济不断推进去中心化和全球化重心的位移，是世界格局的多极化的重大趋势，是我们对当前世界格局演变态势的基本评判。它反映了当前国际政治力量对比的现状，也动态地描述了当前世界格局演变的趋势。深刻地从全球化与多极化的关系中挖掘世界经济发展的客观规律，有利于我们确定并体现我国对外战略的价值取向和目标追求。

（1）经济全球化与政治多极化的辩证统一

将全球化与多极化分别作为经济现象和政治现象加以区分只是相对的。全球化与多极化作为对国际社会发展趋势的宏观概括，各自都是经济政治因素交织作用的过程。全球化的经济政治学与多极化的政治经济学的客观存在本身，恰恰反映了国际经济与政治之间密切的交互渗透与作用，包括经济全球化作用于世界政治格局的效应以及多极政治力量的发展对全球化的影响。如果粗略地审视世界格局多极化的经济基础，那么显而易见的结论是，其基础是经济力量的多极化，而世界市场经济则是其制度性环境。在现代世界体系中，市场和国家是控制资源使用的两种基本手段。市场与国家之间密切而复杂的关系构成了将全球化与多极化联结起来的最基本的纽带。

通过对经济全球化的政治效应的分析与国际权力格局走势的考察，我们看到，全球化与多极化之间既有相互支持和促进的一面，也有相互抵触与矛盾的一面。

在世界社会生产力发展和经济全球化进程的不同阶段，国际力量分配和世界格局呈现出不同的特点，其大趋势是越来越倾向于国际关系的民主化与权力中心的分散化和多元化；而国际政治行为主体的多样化与多种政治力量的兴起和发展，也不能不对经济全球化的面貌与特征产生深刻的改造作用，使得经济全球化在一元化发展的同时为多元性、多维性的发展开辟相应的空间。

认为全球化与多极化相互矛盾的最关键的误区，在于将经济全球化完全看成是单一市场法则的一统天下，是资本主义的全球化，是西方发达国家的全面主导与主宰，甚至是资本力量彻底摧毁国家壁垒而实现全球统治。经济全球化的基本内容是市场经济的普遍化，它确实意味着世界经济的某种一元化倾向，表现为各国经济的开放化与市场化、世界经济的自由化以及市场法则的通约化。然而，也要看到，全球化进程中不仅具有导向全球经济一元化的力量，还存在着非市场因素、非资本主义因素、非西方力量，它们制约着全球化的一元性，并使全球化表现出多维度、多元性的特征。特别应该指出的是，主权国家作为构成国际经济政治体系的基本单位和国际政治力量结构多极化的基础，尽管伴随着经济全球化的发展，其权能不断受到冲击和影响，进而不得不做出调整，但是总的来看国家的主权地位是无法和不能在根本上撼动的，因为经济社会化、市场化的发展是逐步实现的，而国家则在其中发挥着不可或缺的作用，对内整合国内市场，对外寻求以有利的方式实现国家经济生活向国际经济空间的进一步拓展。具体来说，表现在：第一，主权国家的确立、权力向国家集中而国际政治权力相当分散的状况，恰恰是经济全球化得以起步的基本政治前提。欧洲君主与商界的联手或者说国家与商贾结盟，对内促进了民族国家国内市场的形成与国家的统一，对外推动了西方资本的扩张与世界经济的形成。第二，在一个经济发展水平存在巨大差距的世界里，国家的存在与国家的干预对经济生活的健康发展是必不可少的。新重商主义早在 19 世纪中期就对不同发展水平国家之间竞争的消极作用进行了有力的论证，反驳古典政治经济学的贸易自由主义理论，并主张通过国家的积极干预保护国内新兴工业，在国内的生产能力得到充分发展以后再加入国际竞争。而 19 世纪末 20 世纪初美国、德国和日本的崛起，不能不说在很大程度上归功于它们自 19 世纪 70 年代以来全面实行新重商主义的政策。第三，对经济落后国家主权地位的保障，给予它们在世界秩序形成和发展中的发言权，有利于遏制市场的消极作用，推动国际公正的发展。总之，国家与市场之间的矛盾关系是长期的，它们之间的对立统一构成了国际经济政治互动的核心内容。它们之间对抗性的发展会导致国际危机甚或战争，但作为一种矛盾机制，它们仍不能完全消灭对方，而只能是在不断地进行相互调适中实现新的超越。

冷战的结束和经济全球化的加速发展，使得国际政治经济相互作用的方式由以军事、意识形态关系为重心，发展为经济因素的作用显著加强，全球化的经济实质或者说世界经济体系的属性，在更大的程度上决定着国际政治的属性与国际权力分配的特点。经济全球化的政治效应是导向全球权力集中化，还是更加支持国际关系民主化、全球多元化与权力分散化和多极化，目前两种因素、两种趋势正处于交错与较量之中，表现为霸权因素与反霸倾向、强权政治与全球合作和民主、西方的全球化战略与发展中世界的反全球西方化运动、美欧金融资本的全球主义与发展中国家的民族主义、市场原教旨主义与对新经济自由主义的抵制和批判、美国综合国力的进一步削弱与多种力量的竞相发展、以美欧标准确定的全球同质性与通过民主、平等的协商程序实现的全球普遍性、一致性等多对矛盾的冲突。积极、有效地参与全球化和在全球议程中努力谋求扩大发言权与决策权，才能不断显示和壮大力量，不断强化多极化的趋势。

（2）把握全球化与多极化的趋势对中国的意义

将全球化和多极化认定为世界经济与政治的发展潮流，并将中国大外交定位于，在继续扩大和深化对外开放的同时防御全球化的负面影响和争取建立国际经济政治新秩序，是我们经过长期观察和不断总结国内、国际经验教训所得出的基本结论。其中，如果说全球化概念本身更大程度地反映了对世界经济发展客观趋势的认识，那么应该说这种对全球化的强调缘于中国所面临的发展经济任务的紧迫性、严峻性以及发展经济所要求的务实精神；而对多极化的肯定与推动则在认识国际政治发展趋势的基础上，进一步表明了中国作为大国的自信，以及矢志促进建立国际经济政治新秩序的决心。在认清国际社会发展与进步潮流的同时力争有所作为，在务实的基础上争取革新，这是中国作为最大的发展中国家和最大的社会主义国家参与国际社会的基本姿态。这种姿态无疑对全球化和多极化的发展具有重要意义。而全球化与多极化在更加积极的意义上实现，也是中国为实现自身发展目标而创造有利的国际环境所必需的。

（二）区域竞合：全球经济大循环的调适

“竞合”是指处于同一产业而又相互独立的企业之间所形成的既竞争又合作的关系，是一种可以实现“双赢”的非零和博弈。在经济全球化时代，国际贸易是经济合作的初级形式和竞争的直接形式，温特尔主义和全球生产网络成为“竞合”运行的中观平台，各区域、跨区域优惠贸易协定及世界贸易组织则成为“竞合”运行的宏观平台，各经济体之间在展开竞争中合作的同时，合作中的竞争也在不断深化。随着“竞合”成为世界经济发展的一种新趋势，中国必须通过加强与其他经济体的分工互补与经济合作，在更深的层次上参与国际竞争，通过“竞合”充分利用世界的各种资源，促进自身的经济发展。

1. “区域竞合”概念与内涵

（1）“区域竞合”概念的产生

①“竞合”的概念

20世纪80年代中期之前，竞争与合作是两个被区别对待、孤立研究的概念或范式。在这样的概念和范式下，竞争的目的是打败竞争对手，追求个体利益最大化，其结果必然是零和博弈。而合作的基本原则是理性地寻求整体利益的最大化。1989年，美国Novell公司时任总裁Raymond Noorda在针对竞争对手微软公司提出的商业战略中，首次提出了“竞合”（Co-opetition，又译合作竞争）的概念。1996年，哈佛大学商学院 Adam M. Brandenburger 教授和耶鲁大学管理学院 Barry J. Nalebuff 教授出版了名为“Co-opetition”的著作，正式将“竞合”引入企业战略管理领域，并强调了这一理念在网络经济时代的重要性。他们指出，商业就是“战争与和平”的并存，“竞合”是一种超越了合作和竞争的已有规则、结合了二者各自优势的方法。他们围绕创造价值和获取价值这一主题，建立了新的“竞合”理论。此后，Bengtsson 和 Kock 缩小了“竞合”的内涵，认为只有生产和营销相同产品的企业才可以被称为竞争者，才能构建出“竞合”关系。

总之，“竞合”是处于同一产业而又相互独立的企业之间所形成的既竞争又合作的关系。这种关系既不是过度竞争所导致的“双输”，也不是无谓的让步所导致的“输—赢”，而是一种可以实现“双赢”的非零和博弈。在这种关系中，竞争者之间从单纯的对抗竞争走向一定程度的合作，在竞争中合作，在合作中竞争，建立起一种正和但可变的博弈结构（positive-but-variable game structure）。

由此，在经济全球化和信息技术迅猛发展的背景下，市场竞争日趋激烈，在产业价值链的增值过程中，供应商、厂商、销售商、消费者及相关利益群体之间的联系愈加紧密。企业从孤立生产、独立发展走向协作经营、互联合作，并形成集群，与相关企业或利益群体建立互利互惠的合作关系，逐渐成为企业发展战略的重中之重。在这一过程中，原本相互分离甚至对立的竞争战略和合作战略逐渐演化为企业经济竞争合作（简称“竞合”），当“竞合”的概念被扩展深化并用于描述基于产业分工的世界经济发展的新格局的时候，就形成了深刻影响着世界经济发展的“区域经济竞合”模式。

② 国际经济关系中“竞合”研究的基础和方法

国际经济关系领域的“竞合”研究是一个多视角、宽领域、跨学科的研究主题，它需要对不同的经济学和管理学的理论及方法进行创造性的综合应用。

管理学领域从企业契约理论、交易成本理论、资源基础理论、组织学习理论等方面展开的针对竞合的研究，为经济学领域的“竞合”研究提供了多重分析视角；迈克尔·波特创立的产业集群理论和国家竞争优势钻石模型为国际经济关系领域的“竞合”研究提供了颇具价值的分析思路；熊彼特的创新理论、罗伯特·索洛的现代经济增长理论为这一领域的“竞合”研究提供了相应的理论内容；而国际贸易、对外直接投资、国际经济一体化等国际经济学理论，则构成了这一领域“竞合”研究的重要理论基础。此外，相对于企业利润最大化的目标而言，经济体宏观经济目标及社会发展目标的广泛性还决定了经济学领域的“竞合”所涵盖的内容、所涉及的因素要比管理学中企业之间的“竞合”更具复杂性。因此，从国际政治经济学的视角展开的剖析也成为经济体之间“竞合”研究的必要组成部分。

管理学界对“竞合”的研究相对滞后于企业对“竞合”的实践运用，数量模型及案例研究方法的应用仍然较少，概念模型或博弈组合的定性分析则成为这一研究领域所使用的主要方法。例如，Adam M. Brandenburger 和 Barry J. Nalebuff 在“Co-opetition”一书中提出了博弈的五项基本要素，即参与者、附加值、规则、策略和范围（Players，Added Value，Rules，Tactics，Scope，PARTS），并借此框架系统地阐释了博弈论在企业“竞合”实践中的应用。这些管理学领域的研究方法对国际经济学、区域经济学等经济学分支学科中的“竞合”研究均有借鉴意义。经济学领域内的贸易引力模型、可计算一般均衡模型、全球贸易分析模型、描述贸易竞争与互补的各种指数计算、计量回归等模型和方法也是国际经济学领域“竞合”研究的重要工具。

（2）“区域竞合”概念的内涵分析

① 国际经济关系中“竞合”的广义与狭义内涵

我们认为，从理论上讲，国际经济关系中的“竞合”具有广义和狭义的双层含义。在广义上，“竞合”是指经济体之间并行存在的普遍的经贸竞争与合作。在狭义上，这一概念则应包括以下三个层面的内容：

首先，竞争与合作在经济体之间的宏观经济关系中客观存在，具有相应的表现形式。经济体之间经贸竞争的主要表现包括争夺国内市场、出口市场、竞相吸引外资和竞争性汇率贬值等；经济体之间经贸合作的主要表现包括双边贸易、相互直接投资、货币金融合作、区域贸易协定或其他经济一体化安排等。

其次，竞争与合作受到微观层面市场力的驱动，都具有其市场基础。经济体之间竞争与合作的市场基础既与其要素禀赋、发展战略、产业结构等促成竞争性与互补性的内部因素密不可分，也受到对外直接投资、区域经济格局、世界经济形势、各国共同诉求等外部环境的影响。“竞合”赖以存在的市场基础作用于竞争和合作，能够确保竞争朝着良性有序的方向发展，使合作得以不断拓展和深化。

最后，竞争与合作在宏微观层面良性互动，能够产生静态和动态效应。经济体之间的经贸竞争与合作应当达到或者趋向于“竞合”相长、有效制衡的力量格局，且“竞合”所在的结构层面呈现出螺旋式上升的积极态势。其静态效应主要由经贸合作带来，主要包括经济增长、贸易投资规模扩大、福利水平提高等；其动态效应主要由经贸竞争带来，主要包括产业结构升级、竞争优势提升、对外竞争力增强等。各经济体之间通过“竞合”，最终达成互利互惠的共赢格局。

综上所述，若两个经济体之间的竞争与合作兼备宏观表现形式、微观市场基础及宏微观互动效应，则可以定义其为“竞合”。

② 国际经济关系中“竞合”的宏观与微观内涵

此外，经济学中对“竞合”的定义既具有微观性，又具有宏观性。二者的一致性体现在两个方面：第一，宏观与微观的“竞合”在本质上异曲同工，内在的含义是一样的，均强调互利与共赢，均以参与者的利益作为相互关系的基础；第二，由于经济体的微观经济主体是企业，经济体之间的“竞合”归根到底与企业之间的微观“竞合”密不可分，换言之，微观是宏观的基础和支撑，两者具有内在的统一性。二者的差异性也体现在两个方面：第一，国际经济关系中微观层面“竞合”的主体是企业，宏观层面“竞合”的主体则是不同的经济体；第二，微观层面的“竞合”是从竞争出发，走向竞争与合作，将“竞合”作为企业的一项竞争战略和提高企业价值的路径，“竞合”更多地服从于竞争；而在宏观经济体之间原本就存在着既竞争又合作的客观表现或主观意愿，竞争促进发展，合作服从于发展，“竞合”最终服务于各经济体自身的经济发展。

2. 经济全球化中的“区域竞合”现象

（1）国际贸易是竞合的初级和直接形式

16~18 世纪，在新航路开辟的推动下，以西欧为中心的国际贸易迅速发展，各国之间通过开展商品贸易互通有无。在以坚船利炮为贸易开路的重商主义时代，人们普遍认为世界财富的总量是既定的。各国政府都致力于利用本国的条件，在争夺财富的零和博弈中实现贸易顺差，从而以竞争保证金银多进少出。商业战争时代的国际贸易尽管充满了残酷的竞争，却也孕育着合作的萌芽。20 世纪 80 年代末 90 年代初以来，随着东西方两大阵营对立的冷战时期走向终结，和平与发展成为时代的主题，经济全球化进程不断推进，交通运输、信息通讯等技术进步迅猛发展，贸易一直是各经济体之间经济合作和竞争的最基本形式。1990~2008 年，全球货物贸易的年均增速为 6 %，而同期以 GDP 衡量的世界产出的年均增速仅为 3.1%。2010 年，全球货物贸易出口增长 14.5%，创下 1950 年有该统计数据以来的最大增幅纪录，4 倍于当年世界 GDP 3.6%的增速。

迅猛发展的国际贸易，一方面显示了竞争的一面，造成了世界经济的失衡：一部分经济体有着巨大的经常账户顺差，而另一部分经济体则出现了巨额的经常账户逆差；另一方面，也在竞争中保证了世界各经济体之间有形商品与无形商品的互通有无、资源的有效配置和财富的重新分配，促使世界经济得以迅速增长，在竞争中显现出了合作的双赢性质。

（2）跨国公司全球生产网络的中观竞合平台

20 世纪后半叶，温特尔主义（Wintelism）新型国际生产方式逐渐形成，成为一种适应经济全球化时代国际竞争形势的生产模式。微软公司 Windows 视窗与 Intel 公司芯片的软硬件结合直接推动了以标准为核心的国际生产方式的诞生。在产品生命周期不断缩短的情况下，跨国公司通过出口、对外直接投资（Foreign Direct Investment, FDI）、技术转移等方式对全球资源进行有效的整合与配置，围绕着产品标准在全球各地进行生产环节的布局，实现标准控制下的零部件、模块生产及产品的最终组合。

在全球生产网络（Global Production Networks, GPNs）的扩张中，零部件、半成品等货物进行跨国交易的次数大大增加，同时，全球FDI持续增长。只有在2001~2003年，以及2007~2009年，全球FDI由于受到世界经济周期性波动的冲击而有所回落。随着全球经济和金融状况的改善，以及投资者信心的逐步增强，2010年全球FDI开始进入复苏轨道，投资额持续上升。参见图1-1。

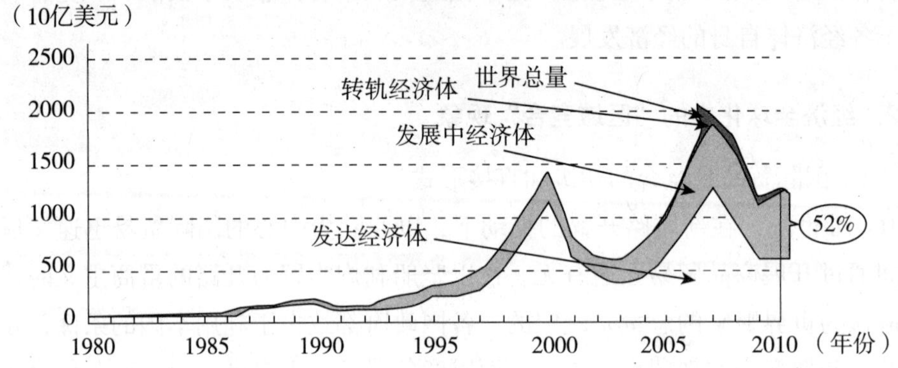

图1　1980~2010年全球及各类经济体FDI流入量（10亿美元）

资料来源：UNCTAD. World Investment Report 2011, P3。

温特尔主义与全球生产网络的出现与发展，是以产业内分工及产品内分工的形式体现出来的。在这一分工过程中，标准制定者与模块生产者达成双赢，市场这只“看不见的手”透过全球生产网络自下而上地推动着经济体之间竞争与合作的发展，形成了真正意义上的“竞合”模式。

（3）区域与全球经济组织的宏观竞合平台

20世纪80年代以来，区域经济一体化成为国际经济中的重要现象。各区域、跨区域优惠贸易协定（Preferential Trade agreements, PTAs）及世界贸易组织（World Trade Organization, WTO）正在成为“竞合”运行的宏观平台。

2003年坎昆会议后，多哈发展回合贸易谈判陷入僵局，区域经济一体化的趋势空前加强，区域、次区域和双边贸易协定成为多边贸易机制的重要补充形式，形成了三大区域合作板块的格局，即欧洲的欧盟，美洲的北美自由贸易区，以及亚洲的亚太经合组织、中国东盟自由贸易区、东盟10＋3会议机制等。在全球化条件下，区域经济合作与经济矛盾同时出现，在追求自身利益最大化的过程中，允许部分经济权利的让渡成为各经济体处理国际经济关系的出发点和归宿点。政府“看得见的手”在自上而下的一体化制度性构建，以及加强经济体之间的经贸联系、避免恶性竞争方面，发挥着积极作用。为应对经济全球化条件下的激烈竞争，各经济体都把推动区域经济一体化作为争取竞争优势的战略工具。

在过去的20年中，部分地由于受到全球生产网络的驱动，PTAs的数量增加了4倍多。截至2010年底，已生效的PTAs多达近300个（参见表1-2），每个WTO成员平均是13个PTAs的缔约方。鉴于近年来平均关税显著下降，关税优惠成为加入PTAs的次要考虑。超越了关税条款的“深层次PTAs”（deep PTAs）正在将广泛的边界内措施（behind-the-border measures）纳入其谈判议程，包括服务贸易、对外投资、知识产权保护、竞争政策、政府采购及产品标准的共同认定等。值得注意的是，一方面，这些“深层次PTAs”促使全球生产网络中的贸易平均增长了近8%；另一方面，在WTO争端解决机制所受理的贸易纠纷案件中，有30%的纠纷却是发生在同一个PTAs的缔约方之间的。

表1-2　2010年根据国家和区域类别划分的已生效PTAs的数目（已备案及未备案的）

	双边	多边	多边，至少有一方是PTA
发达国家之间	6	9	8
发达与发展中国家之间	29	6	41
发展中国家之间	135	36	18
区域内	81	39	26
跨区域	89	12	41

资料来源：WTO Secretariat，World Trade Report 2011，P61。

3. 区域竞合的利益配置与中国的定位

（1）区域竞合模式中的利益配置

经济全球化进程可以概括为两个层面：第一个层面是“统一市场”的逐步形成，即世界范围内各个经济体的经济活动相互交织、相互影响、相互依存，从而形成统一整体的过程。第二个层面是“市场游戏规则”在全球的逐渐形成，即世界范围内规范经济行为的一般规则以及规范经济活动普遍机制的建立。在这样的条件与环境中，由统一市场和统一游戏规则形成的“竞合”利益在全球进行着配置。一般而言，在全球化过程中，谁能够以高新技术为基础，真正控制住全球要素、资源的流向（如重要的自然资源、资金和人才的流向），控制住全球经济产出的流向（如高科技产品的销售流向），并能够掌握产品标准和世界商务游戏规则的制定，谁便能够控制、整合全球的资源为己所用，以游戏规则保证自己在世界经济“竞合”中的根本利益，也才会是“竞合”中最大的利益获得者。无法做到这一点的国家和地区，则要承担较大的因“竞合”产生的风险和成本。

在“竞合”的过程中，发达国家一般侧重于产品标准的制定，关键技术、核心业务的掌握，高端零部件的生产，产品最终价值的全球实现，而发展中国家则主要从事产品的加工和组装。发达国家以标准整合全球资源，形成“竞合”的生产、分配、交换格局，而将其他环节，即部分生产和服务环节，以委托加工等方式转移出去，甚至有较多高科技含量、较高附加值的研发、加工制造和服务环节也从产业内独立外移，形成新型的外包加工。这种“竞合”行为在使得输出者（主要是发达国家）成本优化的同时，也给了接收者（主要是新兴工业化国家和发展中国家）提升产业结构的可能，形成双赢格局。

各经济体之间在展开竞争中合作的同时，合作中的竞争也在不断深化。在加强对话、深化合作、实现共赢成为各国处理国际经济事务主旋律的同时，各经济体之间现实和潜在的竞争并未止息。在某一个领域不断加强合作的两个经济体往往在其他领域甚至同一领域，也是彼此强劲的竞争对手。例如，在清洁能源等新能源领域，中美两国的合作已进入实质性阶段，而在争夺全球新能源市场话语权方面，两国又将形成直接的竞争。

各经济体之间的某些竞争可以归咎于世界经济宏观层面的供求不平衡。例如，世界对全球生产商品的有效需求有限，而各经济体向世界供给商品的能力却趋于无限，东亚出口导向型发展过程中经济体在这方面表现得尤为突出。因此，一方面，产业结构相似的发展中经济体之间，在其共同的出口市场上存在着激烈的竞争；另一方面，各经济体纷纷采取反倾销、反补贴、特殊保障等贸易救济措施对本国产业和市场加强保护，尤其是在发生全球性经济危机、全球贸易萎缩的情况下。又如，世界可供开采利用的能源有限，而各经济体对能源的需求却持续增长，对能源等自然资源的竞逐成为诸多经济冲突乃至领土主权保护等政治争端的动因。

综观全球，为了谋求自身的经济发展，竞争与合作不仅广泛存在于发达经济体之间，而且存在于发达经济体和发展中经济体之间，以及发展中经济体之间。发达经济体与发展中经济体之间的合作之所以能够实现，部分是由于前者更注重获得市场准入权，而后者则更多地是为了学习先进技术和管理经验。发展中经济体之间的竞争之所以存在，是因为它们在经济结构、资源禀赋、要素存量、需求层次、科学技术方面的差异较小，互补、依存的不对称性较弱，这使得中国与其他发展中经济体除了因利益的交叉而存在着合作之外，还存在着在引进外国资金、争取国际援助，尤其是在争夺出口市场等方面的利害冲突和竞争。

（2）中国与其他经济体的“竞合”分析

① 中国与其他经济体在价值链分工基础上的“竞合”

“十一五”期间，中国进出口贸易总额年均增长 15.9%，高于同期世界贸易的增速。与“十五”末期相比，中国出口贸易额由世界第三位跃居首位，占全球份额由 7.3% 上升至 10.4%；进口贸易额由世界第三位升至第二位，有力地推动了世界经济和贸易的复苏[①]。中国与其他经济体的贸易相比，具有明显的特点，即加工贸易占将近一半的比重，这使得中国与其他经济体的“竞合”具有产业链分工的三角贸易表现形式。

在这一形成“竞合”的产业链上，新产品试制和关键零部件的生产掌握在发达国家手中，模块零部件生产散布在如韩国、中国台湾等新兴工业化国家和地区进行，而组装产品这种利润空间小的业务过程则转移到中国进行，以求得在质量不变前提下的成本最低化。销售和售后服务环节也处于发达国家的掌控之下，依赖于品牌效应和服务网络在全球的布局，发达国家获得了价值链中最大的利润部分，而中国则仅仅获得加工组装的利益。

② 中国与其他经济体“竞合”的贸易特点

随着中国对外开放的深化，形成了以跨国公司为载体、以全球价值链（Global Value Chain, GVC）分工为微观形式的新型全球生产网络。在这一网络下，水平型区域分工和贸易突破了传统的雁型模式，得到了迅速的发展。中国从日本、韩国、台湾地区引进资金、技术、机械设备，进口高端零部件和模块零部件，从东南亚各国进口资源性产品、第一产业产品和中间成品，从新加坡和中国香港获得金融、法律和贸易服务，在中国国内进行产品的加工、组装、制造和包装，再将制成品出口至北美和欧洲等国家，或在国内市场满足自身的消费需求。

通过贸易投资网络，中国与其他东亚经济体之间既形成了产业间的分工合作，产业内不同生产环节的分工合作，也存在着在吸引外资方面、同一产业内或同一生产环节上的竞争。无论是竞争还是合作，以及中国在东亚区域生产网络中的加工装配中心地位的获得，都是源于市场力量的自发驱动，这使得中国与其他经济体“竞合”的步伐早于政府主导的制度性构建。

③ 中国与其他经济体“竞合”的互动效应

对于中国的经贸伙伴来说，一方面，就发达经济体而言，中国的人才等高质量要素的流入压低了要素成本，提高了其科技竞争力；中国商品的流入加剧了竞争，刺激了技术进步，减轻了成本压力，提高了产业竞争力；发达经济体的国民通过进口中国商品，获得了大量的经济福利。另一方面，就发展中经济体而言，随着中国城市化进程的加速和居民收入的增加，中国为各经济体的商品和服务提供了巨大的市场。

除了通过国际贸易和投资拉动经贸伙伴的经济增长和福利提升之外，中国还通过竞争促使伙伴国实施刺激人力资本积累的相关政策，积极推进各项内部改革。中国与多个发展中经济体达成的PTAs促进了区域内资本积累的增加及生产效率的提

① 参见中华人民共和国商务部2011年4月22日发布的《中国对外贸易形势报告（2011年春季）》，http://www.gov.cn/gzdt/2011-11/11/content_1990982.htm。

高。以东亚地区为例，中国融入东亚区域生产网络并不会按照零和博弈的逻辑，挤占其他发展中经济体参与国际分工的机会，反而会促进跨国公司在东亚的扩张，增强区域整体的经济活力，通过零部件进口等供应链合作、风险共担以及劳动密集型生产环节及产业的转移，惠及东亚各经济体。

对于中国自身来说，一方面，与发达经济体的“竞合”通过出口促进了就业，推动着中国经济的高速增长，促进了产业结构的调整。同时，随着汽车、平板电脑等行业的国际竞争日趋白热化，越来越多的中国企业逐渐意识到，单靠价格战和一味地模仿难以立足，这激励着企业要进行自主研发和创新，深度细分市场，提高自身的国际竞争力。另一方面，中国通过与其他发展中经济体的合作，扩大对外直接投资，更直接地获得东道国的资源和市场，减少贸易摩擦，缓和引资竞争；通过更深入的一体化，共享发展经验，彼此学习。通过这种“同伴”之间的相互学习而习得的特定知识、方法和经验更加容易采用，而且可以对传统南北合作中所能学到的发展经验加以有效的补充。

（3）中国在全球区域经济竞合格局的发展策略

21世纪以来，世界经济形势和国际经济关系风云变幻，中国的发展成为世界经济发展的有机组成部分。世界各个经济体之间的“竞合”正在成为世界经济发展的新趋势，并将对国际经济与贸易的格局产生深远影响。中国未来对外经济关系的基本取向基本可以概括为：以合作为主流，视摩擦为常态，借“竞合”促发展。

互补性的存在是中国与其他经济体达成“竞合”的前提条件，低成本创新、大规模生产有望成为中国参与国际经济“竞合”的重要基础。中国应顺应国际经济“竞合”的趋势，在尽可能大的范围内参与国际分工与交换，深化与其他经济体的互补与合作，参与国际竞争，最大限度地实现“竞合”的静态及动态效应。在世界经济中适应“竞合”的规律，主动参与国际经济“竞合”过程，以“合作中的竞争、竞争中的合作”促进共同发展，这样的定位符合中国经济的根本利益，也唯有如此，才能使得中国充分利用世界资源，通过“竞合”，促进自身的经济发展。

延伸阅读

>>>>>> TPP与RCEP

● 跨太平洋伙伴协议（TPP）

一、背景

跨太平洋伙伴关系协议（Trans -Pacific Partnership Agreement，TPP）的前身是跨太平洋战略经济伙伴关系协定（Trans-Pacific Strategic

Economic Partnership Agreement，P4），是由亚太经济合作会议成员国中的新西兰、新加坡、智利和文莱四国发起，从2002年开始酝酿的一组多边关系的自由贸易协定，旨在促进亚太地区的贸易自由化。

跨太平洋伙伴关系协议将突破传统的自由贸易协定（FTA）模式，达成包括所有商品和服务在内的综合性自由贸易协议。跨太平洋伙伴关系协议将对亚太经济一体化进程产生重要影响，可能将整合亚太的两大经济区域合作组织，亦即亚洲太平洋经济合作组织和东南亚国家联盟重叠的主要成员国，将发展成为涵盖亚洲太平洋经济合作组织（APEC）大多数成员在内的亚太自由贸易区，成为亚太区域内的小型世界贸易组织（WTO）。

二、组织特点

2009年11月，美国正式提出扩大跨太平洋伙伴关系计划，澳大利亚和秘鲁同意加入。美国借助TPP的已有协议，开始推行自己的贸易议题，全方位主导TPP谈判。自此跨太平洋战略经济伙伴关系协议，更名为跨太平洋伙伴关系协议。美国希望：

1. 通过TPP全面介入亚太区域经济整合进程

第一，阻止亚洲形成统一的贸易集团，维护美国在亚太地区的战略利益。

第二，全面介入东亚区域一体化进程，确保其地缘政治、经济和安全利益。

第三，重塑并主导亚太区域经济整合进程，稀释中、日等国的区域影响力。

2. 开创并主导21世纪贸易协议的新标准

第一，TPP将打破传统FTA模式，达成无例外的综合性自由贸易协议。

第二，贸易协议新标准将更加关注工人和环境问题。

第三，高举自由和公平贸易旗帜，意在维护美国出口利益。

第四，在贸易协议中推行美国的全球价值观。

3. 为“五年出口倍增计划”提供战略保障

美国提出出口五年内翻番，意味着出口年增幅要在15%以上。跨太平洋伙伴关系协议是奥巴马“五年出口倍增计划”四大战略支柱之一。通过TPP谈判将美国未来出口战略的重心锁定在亚太地区。广阔的市场前景为美国出口倍增计划提供了实现的可能。

区域全面经济伙伴关系框架协定（RCEP）

一、历史背景

“区域全面经济伙伴关系”框架协定（Regional Comprehensive Economic Partnership）是由东盟主导的新自由贸易协定形式，东盟与中国以及日本、印度、韩国、澳大利亚和新西兰6国最近发起这项名为“区域全面经济伙伴关系（RCEP）”的协定，是日益加强的经济合作伙伴关系的一部分。如果相关国家谈判达成协议，将会产生东盟、中国、日本、韩国、印度、新西兰和澳大利亚等16个国家参加的30亿人口规模的巨大经济区。

二、组织特点

中国参与发起RCEP是受美国TPP的影响。中国一方面应将TPP当做亚太区域经济整合的重要契机，在适当的时候可以参与TPP谈判，加快与东亚经济体实质性区域经贸合作进程；但另一方面，中国对美国在亚太区域经济一体化进程中的主导权应保持谨慎，在产业层面上做好准备，发展绿色制造业，提升现代服务业，同时，要制定应对劳工标准和绿色环境标准贸易壁垒的预案。

由于TPP由美国主导，力图与不包括中国在内的国家组建贸易关系，以此让中国感受到更多压力以遵循基本国际准则（奥巴马与共和党对手罗姆尼的辩论中声称）。中国参与RCEP是受TPP的推动，中国也倾向于任何没有美国参与的东西。RCEP的目标之一就是在2015年之前减少所涉及地区的贸易障碍，同时加强对地区与贸易问题的磋商。一旦RCEP得以实现，东亚乃至东盟将变得更加充满活力。

中国无意于参加由美国提出的且提出的动机就是将欧盟及印度排除在外的、最终必将由美国主导的TPP，而且中国有一个对冲美国的方案即RCEP。这个方案不但将被TPP排除在外的印度纳入其中，并且具有与欧盟“地中海联盟”计划的最终对接功能，且一旦对接成功就能将欧亚非大陆完整包容进去，届时美国则变成真正的“大陆岛”。

中国拟推RCEP回应美国TPP？

下面不妨简单比较一下中美欧三家各自打造“经济极”的方案的优劣：

一、美国倡导及主导的TPP：由于涉及劳工、环境、政府采购等苛刻条件，且带有强烈的“政治偏见”和意识形态色彩，从其提出至今已经有三年左右，但响应的国家寥寥无几，谈判进程更是非常缓慢。且不说TTP排除了俄罗斯、中国这样的区内大国，而且还排除了南亚的印度。由于TPP直接针对中国、俄罗斯及欧盟，忽视了南亚地区和东非、南非等非洲地区，对区内国家也带有“政治歧视色彩”，所以，因其“树敌过多”，TPP的命运恐怕注定会“胎死腹中”。

二、中国的RCEP：虽然RCEP直到今天才提出，且带有对冲美国主导TPP的动机与意图，但是由于其更具“包容性”、“开放性”、“互补性”，且区内经济更具“活力”，所以可以说RCEP比TPP出生较晚，但前途一定更加光明。

1. 之所以说它更具包容性，因为它不但包括了现存“中国东盟自贸区”的所有国家，而且囊括了除美国、智利、秘鲁以外现在已经参加TPP谈判的其他所有国家，包括日本、澳大利亚、新西兰，并且吸纳了南亚大国印度。从空间范围来说，RCEP已经覆盖了TPP的大部分地区。

2. RCEP所覆盖区域是目前全球经济最具活力的地区。相较于那个“老牛拉破车”，谁加入了注定将成为被美国“经济殖民和奴役”的TPP来说，RCEP更具吸引力，尤其是像日本这一类经济已经长期陷入“衰退期”，急需寻找和加入更具“活力”的组织以摆脱“衰退”的国家来说，RCEP的诱惑力要比TPP大得多。

3. RCEP区内各国的经济互补性更强：由于日本的经济结构与美国具有很大程度的“同质性”，所以加入TPP后与美国的竞争性也更强，日本得到的好处自然也越少，甚至还会不时的被美国“剪羊毛”，但加入RCEP后，日本的产业结构与区内其他国家具有很好的“互补性”而不是“同质性”，所以日本的受益会更大。同样，像澳大利亚这种主要靠供应生产所需原材料、韩国这种主要靠海外消费市场、新加坡这种主要靠提供区内航运物流、金融服务的国家也会受益，而缺少了中国、印度这样巨大市场的TPP的劣势就非常明显了。

4. RCEP更具开放性：从地理空间上讲，RCEP正好介于TPP与“地中海联盟”之间，所以更具“开放性”和“包容性”。向西可以延伸和衔接欧盟、非洲，为欧盟提供规模巨大的产品消费市场，为非洲提供规模巨大的原材料消费市场；向西北可以延伸和衔接中亚、中东，为中亚中东提供规模巨大的能源（油气）消费市场，向东北可以不但可以衔接俄罗斯远东地区，甚至可以将其直接纳入其中，向东南可以衔接南美洲诸国。

可以说，但是RECP的诱惑力无疑是非常惊人的，它不但诱惑了正在加速运行的“中国—东盟自贸区”中的东盟，而且诱惑了南亚的印度，大洋洲的澳大利亚、新西兰，东北亚的韩国、日本；再向外围扩展就是中亚、中东、东非、南非，甚至南美的沿太平洋南岸的国家如智利，这样就直接与欧盟的“理想”对接了。

当然，由于RECP区内的主要大国如印度、日本、澳大利亚及国际组织如东盟彼此存有戒心，尤其是有关该机构未来主导权的争夺以及因为排斥美国而必然招致其千方百计从中作梗，RCEP离真正实施还有很长的路要走，该组织未来的建设进程必将异常艰辛。

第二章

世界税收发展趋势分析与中国税收改革战略设计

一、全球化中的世界税收发展：背景、内容与特点

（一）20世纪80年代以来世界税制改革的背景分析

20 世纪下半叶尤其是 80 年代以来，适应经济发展的要求，世界各国纷纷进行了市场取向的经济体制改革；与此同时，积极改革和完善政府实行宏观调控的政策和手段，以期建立市场机制与政府干预之间的最佳结合方式。在此基础上，新兴“政府市场观”逐渐确立并被各国认同。尽管这一新兴“政府市场观”在不同国家的确立具有不同的背景和历程，但它对各国的税制改革却产生了大致相同的政策效应。长期实行计划经济的前苏联和东欧国家，由于体制僵化、效率低下，最终导致政治经济全面危机，并由此引起社会制度的变革，试图从市场经济中寻求出路；而西方市场经济国家则从实践中深切体验到市场失灵的种种弊端，进而系统提出市场失灵理论，这一理论不但为西方公共财政理论奠定了基石，而且为政府干预经济弥补市场失灵提供了依据。90 年代以来，拉美、亚洲等国债务危机和金融危机的强大冲击波，也使世界各国深感市场机制运行的不确定性和风险性。在上述一系列因素的作用下，各国的“政府市场观”逐渐趋同，认识到处理好政府与市场之间关系的重要意义，一方面要发挥市场机制在资源配置过程中的基础性作用；另一方面要加强和完善政府的宏观调控。在新兴“政府市场观”的引导下，90 年代以来的经济和财政税收理论研究大都围绕同一类主题，如优化税制理论、不确定条件下的税收理论、生态税收理论等，均涉及政府如何有效运用财政税收手段矫正市场失灵，提高资源配置效率。新兴“政府市场观”的适用性和指导意义，还可从美国经济自 1991 年 4 月以来持续数年的扩张中得到诠释。正是克林顿政府奉行的带有凯恩斯主义色彩的、以在市场基础上的适度国家干预为指导原则的经济政策，使美国经济逐渐摆脱巨额财政赤字与债务的困扰，实现了战后近 30 年来第一次预算平衡，并进而实现了财政盈余。1992~1998 年，美国 GDP 年实际增长率达 2.8%，并使美国经济率先从产业经济时代进入知识经济、信息经济时代。

1997 年世界银行的年度发展报告以《变革世界中的政府》（The state in a changing world）为题，系统提出了市场经济中政府功能的基本模式，从而将新兴“政府市场观”上升到理论高度（见表 2-1）。

表2-1 新兴“政府市场观”与财政税收政策

政府功能	范围及方式	公共财政
建立市场	确立产权，维护法律，实行宏观经济管理等	税收、支出、公债等手段
监督市场	限制垄断，促进竞争，行业管制，社会管制等	
引导市场	产业政策，鼓励中小企业贸易政策等	
参与市场	直接从事经营活动，提供公共产品	

从表中可以看出，包括税收在内的财政政策在新兴“政府市场观”中的重要地位。事实上，这种观念在主要发达国家的经济与税收发展中已经产生了具体的表现。

1. 西方国家占主导地位的经济理论和思想观念发生了变化

西方主要发达国家历来存在两种不同的思想观念：崇尚自由放任和市场机制与主张政府对经济实行干预活动来弥补市场失灵和缺陷。历史上，两种思想基本上是对立的，只不过有时崇尚市场机制占上风，有时崇尚政府干预占上风。现在越来越多的经济学家开始寻求两者的均衡点，即市场机制与政府干预的融合。

以美国为代表的税改充分反映了这两种力量的交锋与力量对比。20 世纪 80 年代是崇尚自由放任的观念占了上风。这一经济思想指导下的税收理论，主张减少并尽可能地取消税收对市场运行和经济主体行为的扭曲作用，主张保持税收中性。在这种税收理论指导下的税制改革，主要围绕单方向的减税、降低税率、简化税制来进行。到了 20 世纪 90 年代初，尤其是金融危机以来，西方不少经济学家开始对政府与市场相互关系的基本表现形式进行新的探索和反思，对市场经济与政府干预形成了一种新的认识，认为过分强调国家干预与过分崇尚市场机制都不是理想的经济哲学。相对而言，当时主张政府干预的观念稍占上风，逐步成为美国等工业化国家的主流经济理论，构成了“克林顿经济学”的核心和当前经济改革的重要内容。当今时代的发达国家税收，更强调税收有增有减的双向调节，更注重把税改与其他社会经济目标相结合，更偏向于税收制度的公平性。

2. 美国等工业化国家的经济与税收考量要素发生了变化

经过 20 世纪 80 年代大规模的税制改革，一些长期困扰西方工业化国家的比较严重的税制问题，如实行高税率对经济发展的抑制作用等已经在相当程度上得到了缓解。21 世纪以来，美、欧、日等发达国家关注的焦点问题开始转为巨额财政赤字带来的过重负担。因此，如何削减和控制里根－布什当政期大幅度单向减税形成的巨额财政赤字，成了当时美国的首要经济问题。在这种情况下，美国政府必然把平衡预算放在最为重要的位置。要压缩财政赤字，除了在财政支出上做文章外，就是变革税收政策，实行有增有减的双向调节政策，如对富人增加税收的同时，保留对低收入和中产阶级的适当减税。

可以预见，这种以平衡性调整为特征的“政府市场观”将对21世纪世界性税制改革产生更深远的影响。

（二）20世纪80年代以来世界税制改革的内容梳理

20世纪80年代以来的世界是一个开放的世界，各国经济相互渗透、竞争和融合。在“政府市场观”下，全球经济形成了一个不可分割的整体。纵观世界各国税制改革的历程，具有以下几个方面的内容：

第一，降低个人所得税的实际税负呈扩展趋势。近一二十年来，在各国政府的个人所得税改革中有两个共同特点：一是直接降低边际税率；二是提高个人所得税的扣除额（即免征额），也就是缩小税基。美国、德国、法国、英国、加拿大都降低了个人所得税税率，并减少了税率级距数量，其他国家像澳大利亚、智利等也进行了一定程度的改革，甚至像瑞典、爱尔兰等税率一直较高的国家也降低了最高边际税率。

第二，直接降低公司所得税的税率呈加强趋势。近些年来，尤其是自2000年以来，在世界性经济滑坡的形势下，世界各国尤其西方发达国家政府的经济理念发生了重要转变，认为经济发展的源泉在于企业，而不在政府；要刺激经济繁荣，则必须减轻企业税负。在这种经济理念下，许多国家采取了直接降低公司所得税税率和出售企业减免税收等措施。最有代表性的国家是德国、法国、加拿大等发达国家。

第三，社会保障税的发展引人瞩目。社会保障税是国家为筹集社会保障资金，对工资、薪金所征收的一种特定税收，税款实行专款专用。1935年，美国首创了社会保障税，随后，西方工业发达国家及部分发展中国家纷纷效仿美国的做法。“二战”后，尤其是近一二十年来，随着经济发展水平的不断提高，适应经济波动、失业增多、人口老龄化的形势，开征社会保障税、建立和逐步完善社会保障制度成为一种趋势。从较长时期看，其税率和税收收入额均呈上升趋势。社会保障税的征收及其比重的不断提高为这些国家带来了新的变化：一是使这些国家的直接税收比重不断增大；二是促使这些国家税收规模进一步扩大；三是增强了税收对维护社会稳定、调节个人收入分配的作用。

第四，环境保护税收日益受到重视。随着环境保护观念日益深入人心，越来越多的国家力求在环保市场获得优势，环保产业已成为当前国际竞争的又一热点。税收政策作为政府调控经济运行的有力手段，被各国（尤其是发达国家）政府广泛运用于促进环境与资源保护、促进环保产业发展。纵观这些国家的环保税收，都是依据“谁污染，谁纳税”的原则设置的，涉及大气、水资源、生活环境、城市环境等诸多方面，其课征范围极为广泛，并且都把环保税收取得的收入专项用于环境保护和环保产业发展，使税收在环保和环保产业发展中发挥了巨大的作用。

第五，税收全球化趋势进一步发展。经济全球化进程加速了税收全球化（或者一体化）。主要表现在如下几个方面：一是各国税制趋同。20 世纪 90 年代以来，各国税制结构通过不断调整和完善呈现出不同程度的趋同性倾向。一方面，西方国家普遍遵循“公平简化和经济增长”的原则进行了降低税率、扩大税基为基本的所得税改革，所得税收入在税收收入中的比重有所下降；另一方面，增值税在全球范围内迅速推广，目前实行此税的国家已达 110 多个，而且从税率看，总体呈上升趋势。二是税收协调加强。全球化进程中，区域内税制趋同与区域外税制冲突交织，使国际税收协调日益加强。建立国际税收组织、情报交换、征税协作、构建国际惯例及其他特别项目的合作等已成为 OECD 组织进行国际税收协调的重要措施。国际税收协定网络不断拓展，目前已增加到 2600 多个，并且这种增长趋势仍将继续下去，其中多数是发达国家对外签订的。协定适用的税种逐步从所得税、财产税延伸到社会保障税；协定有关反避税的条款更加充实完善；国家间经营利润和股息分配的重叠课征也比照管辖权的双重征税得到了不同程度的消除和缓和；国家间税务合作进一步加强。这对发展国际经济交往发挥了重大作用。三是税收征管趋同。在欧洲联盟核心国家之间、北美经济圈国家之间，税收征管机构在征收程序、征收方式、征管手段、法律诉讼等方面联系日趋密切，并有广泛的信息网络。随着国际税收协定签订国的增加和协定内容的细化，以及信息联络的加强和征管手段电脑化，都促使税收征管制度向先进科学化方向发展。目前，越来越多的国家和地区普遍实行由社会中介部门代理办税制度。尤其是实行市场经济的国家和地区在税收征管的各个环节，都广泛采用电子计算机。正是由于税收征管的社会化，手段全面电脑化，税收征管效率非常之高。

第六，电子商务带来新的税收挑战。电子商务是一种以数字通信手段为基础、依靠网络来完成产品交易全过程的经营方式，从商品的浏览、选择一直到订货、付款均采用电子手段进行交易。近年来，电子商务以蓬勃之势迅速发展，1998 年全球上网交易额为 430 亿美元，2000 年达 2000 亿美元，预计 2012 年会达到 5000~6000 亿美元。电子商务在全球范围内迅速扩展，得益于它的快捷性、流动性和高隐匿性。然而正是这些特点，使得以传统商务形式为基础的国际税收领域受到强烈冲击，面临严峻挑战：电子商务的税收征管没有票据；税收管辖范围难以界定；征税对象的性质、数量不清；政府税收流失风险大、税收法规不健全；税收征管稽查困难重重。

面对这些新问题，各国都在加紧研究有效的税收对策。

第七，各国涉外税收管理与反避税力度普遍加强。随着跨国贸易的增多，各国普遍加强了对涉外税收的管理与反避税力度。其主要措施包括：一是建立转让定价税制，并积极推行“预约定价制”，以有效控制应税所得向境外转移。二是责令国内企业申报基于国外的所得，此项申报的举证由纳税人负责，并评定申报内容，如有违反，一经查出，予以严惩。三是在避税港采取反避税措施，取消在避税港设立的子公司拖延纳税（不汇回所得利润而拖延纳税）的做法，以遏制资金和财产流入避税港。四是加强对移民的税收管理，许多国家规定，对移民的财产增值，以移居之日为实现之日而征税。五是防止国际税收协定的滥用，以保护本国的税收权益。近年来，在绝大多数国际税收协定中都加上了防止滥用的条款，并列有反避税和防止偷漏税条款，而且具体规定越来越细致、严谨，使漏洞减少，国际偷漏税变得更加困难。

（三）区域竞合性趋同：20世纪80年代以来世界税制改革的特点分析

与世界经济发展趋势和模式类似，世界税收经济与制度演变也表现出强烈的趋同化特征，并由于区域一体化的协调引起区域竞合性税收发展与税制改革趋势。

1. 各国税制结构趋同化

各国在经济全球化背景下的各种经济政策和体制变革，如市场取向改革趋势，新兴“政府市场观”在政府经济决策中的积极作用，应对多边规则进行的各种经济政策的适应性调整等，必然导致各国税制结构的趋同化。就税制与税种的基本结构而言，长期以来，发达国家多以所得税为主体税种（包括个人所得税和公司所得税），发展中国家多以流转税（包括增值税货物与劳务税等）为主体税种。这是由各自不同的经济、社会和文化条件决定的。但随着经济全球化进程的推进，发达国家与发展中国家的税制差异正在缩小。

就主体税种与税制结构的变化而言，如前所述，20 世纪 90 年代以来各国税制经过不断改革和调整，已出现了趋同化倾向。表现在：发达国家在以所得税（个人所得税）为主体的基础上增加了间接税的比重。原因在于：直接税不利于投资储蓄，填报个人所得税的手续过于烦琐等。发展中国家在以间接税（增值税）为主体的基础上引入直接税，发挥其“内在稳定器”等调节功能调节社会收入分配。各国税制不同程度地出现双主体的趋同性，兼重直接税和间接税的聚财与调节功能。目前，增值税已在全球范围推开，已有 100 多个国家实行了增值税。OECD 国家所得税税率平均下降了大约 10 个百分点，其在税收收入中所占比重也有所下降，与此同时，间接税在税收收入总额中的比重则有所上升。OECD 国家开始实行增值税时，各国平均税率为 12.5%， 到 1996 年已上升为 17.5%。 日本 1997 年消费税水平已从 3% 提高到 5%，被认为是税制结构从所得税为主转向以消费税为主的过渡性措施。美国目前也在广泛探讨联邦税收由所得税基向消费税基的转型。

另一个重要趋同点是，社会保障税受到各国的普遍重视，有扩大征收趋势；此外，世界各国还普遍开征了遗产税和赠与税等。随着全球经济可持续发展战略的提出，各国已开始探讨开征有关生态保护的绿色税收。

2. 税收区域化一体化的合作发展

20 世纪 80 年代中期以来世界经济区域集团化有了迅速发展，与之相适应，税收的区域化一体化及国际税收协调也步入了一个新的发展阶段。

（1）税收的区域化协调正在稳步扩展

区域经济一体化虽然不以统一成员国税政、税制为目标，但其一体化的进程往往从关税协调起步，进入高级阶段后也不可避免地要处理集团内外的税制协调问题。如欧共体最初是实现关税同盟，而后确立欧洲货币体系，再逐步实现一系列经济一体化政策。一般区域经济一体化要经历 5 个阶段：自由贸易区—关税同盟—共同市场—经济同盟—完全的经济一体化。继欧共体（现为欧盟）之后，区域性经济组织相继成立，如中美洲共同市场，拉丁美洲自由贸易区，新西兰—澳大利亚自由贸易区，北美自由贸易区，东南亚国家联盟，东非国家共同体，安第斯共同市场等，目前，世界已形成西欧、北美和东亚三大经济区域，充分体现着不同国家集团内部及外部的经济及税收利益矛盾与协调关系，这种日益广泛的税收区域化协调，不仅仅限于关税的削减和关税制度的协调，还开始涉及增值税等国内税的协调。

（2）税收一体化趋势已初见端倪

税收一体化是 20 世纪 90 年代出现的新动向，主要是发生在经济高度一体化的发达国家的区域经济组织中，早在 1958 年成立之初，欧共体就坚持不懈地致力于共同体内部的税制协调，1968 年取消了工业品内部关税，实行统一对外关税；1969 年取消了农产品内部关税，1967~1968 年连续发布有关增值税的 21 个指令，以协调各成员国的增值税；20 世纪 90 年代末增值税的协调工作已基本完成；目前，已开始就与所得税协调有关的股息转让定价企业改组等问题展开协调。

自 1999 年欧盟实现经济货币联盟后，成员国之间资本、商品、人员及其他要素流动的阻碍正逐渐消除，各国税制趋同化倾向进一步增强，成员国之间出现“税收竞争”。显然，如某一成员国税率过高，必然导致资本及人才的流失。据报道，

2000 年 10 月，法国宣布了一项为期 3 年的减税计划（包括削减个人所得税、企业所得税、汽油税等），随即引起欧元区内的强烈反响。德国、意大利、比利时、芬兰等国纷纷提出本国的减税方案，有专家分析认为，这次减税将是欧盟统一税制、实现税收一体化的前期准备。

（3）当前的国际税收协调已显示出多层次性和多模式化的特征

在经济全球化浪潮下，随着国际经贸往来的不断扩大，国家之间在税收利益关系上的矛盾冲突必然增多，需要通过有关国家双边及多边的协商、合作加以解决，目前，国际税收协调可分为 3 种模式：（1）现有的双边税收协定，解决双重征税和国际偷逃税等问题，其合作的基础是《联合国范本》及《经合组织范本》。（2）上述欧盟型区域模式，经多边努力，逐步消除成员国之间税制的差异，使各国的某一税制乃至整个税制大体相同。该模式的特点是：合作的方式为区域性多边形式，涉及有关国家的税制变革；合作要求高、难度较大，有利于生产要素跨国流动。（3）建立国际性多边税收协调组织。鉴于国际税收领域内政策、制度等方面的协调内容日趋复杂，范围日益扩大，已有专家建议成立"世界税收组织"，使其如同世界贸易组织、国际货币基金组织一样发挥功能，就某些"世界性税基"征税，提供某些"世界性公共产品"，并协调各国税制间的差异与运作矛盾。

3. 区域国际税收竞争的协调

经济全球化带动各国税收的一体化和税制在某种程度上的趋同化。但这并不能消除税收竞争。税收竞争可以定义为"为鼓励企业和个人居于其领域，不同税收管辖权主体之间的竞争"。1998 年 4 月，OECD 发表的一篇名为《有害税收竞争：一个全球性新问题》的报告中对其利弊进行了大致概括："全球化已经对税收体系产生了积极影响，促进各国进行包括扩大税基、降低税率等方面的税收改革。然而它也营造了一个繁荣的免税天堂，并且致使各国政府采取有害的优惠税制来吸引流动的商业活动。以有害税收行为模式出现的税收竞争扭曲了贸易和投资模式，动摇了国家的税基，将一部分税负转嫁给流动性不大的劳务和消费上，严重影响了就业，破坏了税制结构的公平。"产生税收竞争的具体原因：（1）各国竞相降低税率，以吸引外国投资。如加拿大于 1975 年取消对支付给外国人利息收入的预提税，结果加拿大公司借款成本迅速下降，而外国人购买加拿大新债券量迅速上升。（2）技术革命和经济全球化对企业和社会产生的后果是：那些拥有低廉劳动力、先进技术和在社会法规及税收方面限制较少的地区，引进了大量资金，从而引发了税收竞争。（3）跨国公司为了减少其在世界范围内的纳税义务，通常将生产经营活动安排在低税率或提供大量税收优惠的国家；而这些国家为了吸引更多的外资，通过立法设置低税率或提供更多的税收优惠，从而也展开了税收竞争。总之，低税负国家比高税负国家更具有吸引力，这一现象反映了各国之间的税收竞争。通过税收优惠侵蚀他国税基，把产业活动引向本国的政策，这就是税收竞争的本质。但是，我们不应一般地反对税收竞争，因为它是伴随商品、劳务、技术跨国流动不可避免的产物，所反对的是恶性的、过度的税收竞争。恶性的税收竞争所带来的后果除上述几点外，还扭曲国际资本流向，有意破坏税收中性，阻碍世界范围内资源的合理配置，同时增加征税成本。为了制止有害的税收竞争行为，1998 年 4 月 OECD 成员国政府提出了《有害优惠税制准则》。这些准则不赞成各国政府继续采用有害的优惠税制，鼓励已采纳此种体制的政府将它废除，但也承认税收竞争在刺激税收体制简化和降低税率方面的积极作用。

二、金融危机下的世界税制改革：影响因素、趋势与中国战略

（一）金融危机下世界税制改革的影响因素

进入 21 世纪以来，世界经济形势出现了许多新特点，如新兴经济体不断崛起、知识经济更加明显，同时，收入差距扩大、环境与资源可持续性弱化等；尤其是 2008 年爆发的国际金融危机，更是加深了这种发展中的矛盾，对新时期的税制改革提出挑战。

1. 新时期世界税制改革的一般影响因素

新时期世界税制改革的影响因素也是经济发展新形势对税收功能与设计的挑战，主要包括以下几个方面：

（1）如何改革现行税制，应对可能日益扩大的收入差距，实现收入再分配目标。按照“库兹涅茨假说”，一国在谋求工业化过程中，将出现不同程度的收入不均衡现象。21 世纪是发展中国家加快工业化进程、发达国家从高度工业化向信息化转变的时代，在这一进程不可避免地带来收入差距扩大问题。而 10 多年来的个人所得税改革加强了横向公平，削弱了纵向公平，相对增加了低收入阶层的税收负担，显然与税收追求社会公平和实现收入再分配这一最基本的目标相悖。估计在未来一段时期内，各国政府可能会根据政策目标的不同偏好，在效率和公平之间不停地摇摆，难以找出一个持久不变的调节收入差距的税收制度。

（2）如何改革和完善税制，协调好税收中性和宏观调控的矛盾。20 世纪 80 年

代以来，世界性税制改革以降低税率、减少优惠、扩大税基、严格管理为共同趋势。但就实践而言，税收绝对中性化，只有在市场的自发配置全面达到帕累托有效时才有意义（何振一、马栓友，1996）。然而根据福利经济学的基本定理帕累托有效是有条件的：存在完全竞争，并以价格作为参数；存在门类齐全的市场；存在完备的信息；一次总付税可以无成本地进行。可是，这些帕累托有效条件事实上是很难具备的。因此，税收中性和宏观调控这对矛盾使得21世纪的税制改革和税收政策设计陷入两难选择：中性化的税制改革和政策设计有助于效率提高和资源配置成本的降低，却很难体现政府的意志和实施公平分配的目标。

（3）如何对现行税制进一步改革，迎接知识经济的挑战。近些年来，世界经济正发生一场影响深远的变革，涉及社会的政治、经济、文化等各个层面，改变着人们的思维方式、生产方式乃至价值观。这就是知识经济在全球的兴起。知识经济对税收的挑战是全面的。首先，对国家经济发展和税收收入增长产生重大影响，要求政府具有比传统市场更为强大的宏观调控能力。其次，现行的税收法律、税收征管制度和方式都是在货物、资本和劳务流动速度比较慢、规模比较小的“显性”经济条件下产生的，而在因特网上的交易是以极快的速度、高额的成交量在“虚拟化”市场上进行的，致使税务机关的税收征管稽查困难重重。最后，知识经济的支柱是高新技术产业，它与传统产业有着明显区别。传统产业是以大量资金、设备、原材料等有形资产的投入带动经济增长，高新技术产业则以知识、智力、技术等无形资产的投入带动经济高速发展。知识、技术创新均需得到财政和税收的支持，但一些国家特别是发展中国家的税制改革在鼓励知识、技术创新方面出现负面影响。如一些发展中国家为了增加财政收入，实行“生产型增值税”，对企业购进的固定资产所含的已征税款和企业引进先进技术的技术性费用所负担的营业税均不能作为进项税额扣除，这是不利于知识和技术创新的（夏杰长，1997）。显然，为了适应知识经济发展的需要，实现增值税类型的转换势在必行，但这又不利于发展中国家取得更多的财政收入。

（4）保持税制的可持续性，满足资源节约与环境保护。广义的税制可持续性是指一个优化的税制应该在环境、生态、资源等方面的保护上作出贡献，为一国的可持续发展创造制度性条件。21世纪面临的资源生态环境问题十分严峻，如何制定有利于保护资源环境的税制尤为重要。课征环境税实际上将环境污染的社会成本内在化，通过市场机制有效地控制环境污染。

目前，世界上一些发达国家和发展中国家已开征环保税。狭义的税制可持续性是指建立的税制在较长一段时期内得以延续。十多年来美国如此频繁的税制改革，无论是实施“拓宽税基、降低税率”的政策，还是再建“力图实现从所得税基向消费税基转换”的方案，都是在既有的税制框架内进行的，旨在建立一个能够持续多年、给予经济充分激励的税制，并增强国内外投资主体的经济预期。

2. 金融危机下世界税制改革的特别影响因素

在金融危机的背景下，世界经济结构失衡日益严重，深刻影响着世界贸易经济格局，突出的表现就是在开放经济条件下，集团式竞争日益突出，贸易摩擦不断加剧。

（1）集团竞争凸显

当前，国际资本市场正面临新一轮调整。无论是发达国家还是发展中国家，为了在未来的发展中抢占先机，都在谋求通过各种方式吸引国际资本，刺激国内投资和需求，拉动经济增长。为增强竞争力，一个明显的趋势就是以抱团组合的方式出击。进入21世纪以来，各种类型的区域化、集团化浪潮席卷全球，无论是美洲、欧洲、大洋洲还是亚洲，都演变成了一个个的经济区域集团，成为世界经济发展的一个明显特征，国际税收竞争也日趋集团化。

（2）贸易摩擦加剧

尤其重要的是，贸易自由化进程在新的历史条件下已经出现了一些新特征。总体来看，在以金融危机为背景的经济全球化进程中，贸易保护主义反复出现并呈不断强化趋势。从一个较长的时期来看，随着绝大多数国家都采用市场经济作为主要的资源配置方式，由于市场经济的基本特征就是有效需求不足，当所有市场化国家都参与了经济全球化进程，市场化与国际化交织的时候，各国有效需求（内需与外需之总和）不足就成为一种国际现象，全球范围内的有效需求不足就成为一种常态。各国始终是在从贸易自由化进程中获利与贸易保护维护国家经济利益两者之间做出权衡，但在更多的条件下，有效需求不足的客观压力往往极易使贸易保护成为各国维护国家经济利益的最主要工具。而从近期的情况看，这次国际金融与经济危机给各国带来的教训也是深刻的。危机过后，各国醒悟虚拟，回归实业，走出泡沫，调整结构，已经在客观上成为潮流。从一定意义上说，虚拟经济中的“去杠杆化”进程与实体经济中的“去全球化”进程（实质是全球化的结构调整进程）是相辅相成的，全球经济结构调整中各国对制造业等实业重要性的重新认识，各国扩张性财政政策中对“调结构”目标的强调与落实，都可能或至少极易引发贸易保护主义新潮。长期以来，人们普遍认为，在经济危机或衰退的特定时期中，贸易保护主义抬头是一种常态与趋势，但就从2008年到现在的情况看，这次国际金融与经济危机后，即使在经济复苏回暖的过程中，伴随着各国对“调结构、归实业”的重视，贸易保护主义抬头也势必成为一个客观过程。总之，不断变化的形势使得内生于自由化进程中的贸易保护越来越成为维护各国利益的重要手段，对此我们要有清醒的认识。

以上述基点出发，我们的初步结论是：我们一方面必须继续坚持贸易自由化与经济全球化的方向、坚持对比较优势的发挥与对国际分工的积极参与；另一方面，要充分认识贸易保护的内生性，认识贸易保护主义抬头的客观性，既反对贸易保护主义，又坚持必要的贸易保护，维护国家经济利益。这是我们面对贸易保护主义思潮的立场，也是我们在此背景下运用税收政策的指导思想。

（二）金融危机下世界税制改革的未来趋势

基于对世界经济发展趋势的理解与判断，各国、各地区对税收制度的设计一方面表现出继续深入消化全球化影响的考虑；另一方面也不断强化因应金融危机新环境挑战的应对策略。

1. 新时期世界税制改革的一般趋势

优化税制结构是通过对税制构成要素的改革、完善，最终实现税制优化的一个过程。完善的税制是税收职能作用正常发挥的基础。根据世界各国税制改革趋势及其经验的总体描述，21 世纪初期税制优化的一般趋势主要包括以下两个方面：

（1）减轻纳税人负担与增加政府财政收入并存，结构性调整成为税制改革的主线

2008 年世界各国的税制改革以税制调整为主，总体来看，降低税率仍是主流，通过降低税率，减轻资本和劳动力的税收负担。有些国家进行收入结构的调整，在降低税率的同时，增加财产性税收或新开征其他税收，用来弥补税收减少的损失。2008 年税制改革的另一个新特点是，有的国家大幅度降低增值税税率，以此减少政府对增值税的依赖。降低所得税的税率仍然是税制改革的主流，例如，意大利企业所得税改革方案开始实施，企业所得税税率从 33% 降到 27.5%；减轻中小企业税收负担，增加就业成为税收调控的目标，例如，新西兰为了降低小企业的税收遵从成本，提高了公司税多个项目的起征点，对于中小型企业，大部分利润将免税；减轻个人的税收负担比较明显，减轻个人的税收负担主要采取提高免税额和降低个人所得税的累进税率，例如，加拿大个人和家庭免税额从 2007 年的 8929 加元增加到 2008 年的 9000 加元，2009 年增加到 10100 加元。

面对世界金融危机，许多国家采取了大量的减税政策。减税必然导致政府入不敷出，引发财政赤字，迫使一些国家寻找新的税源，调整税收政策，增加政府税收收入。由此，虽然减税是主流，但是有些国家进行收入结构的调整，在减税的同时，也提高一些税收。例如，白俄罗斯土地税税率从 60% 提高到 70%，生态税税率由 19% 降到 61 5%，对汽油和柴油燃料的零售不再征收消费税。厄瓜多尔提高高收入者适用的税率，年收入在 7 万 ~ 8 万美元的纳税人适用的税率提高到 35%；对矿产

业征收 70% 的矿产暴利税；增加对奢侈品的征税额；取消长途电话税，并对国民的保健消费和教育经费免税。澳大利亚对豪华小汽车征税的税率由 25% 提高到 33%。哈萨克斯坦将增值税税率由 20% 降到 12%；征收新的销售税和不动产税，以弥补降低增值税税率而减少的税收收入；取消了自由经济区的税收优惠。总体而言，税收结构的调整方兴未艾，将会长期存在。

（2）构建所得税与商品税“双主体税制”，提高消费税税率，重视环境税，形成趋同性税制改革的大势

长期以来，发达国家普遍以所得税为主体税种，发展中国家则往往以产品税和劳务税为主体税种。从 20 世纪 90 年代以来，各国税制结构根据本国经济发展的要求，不断地调整和完善，并呈现不同程度的趋同性。特别是增值税的异军突起，发达国家在经过几十年来对所得税的推崇后，开始重新认识商品税，商品税的地位已大大提高。同时，发展中国家的收入水平和征管水平都在不断提高，客观上为所得税逐步上升到主体税之一的地位提供了基础性条件。因此，无论是发展中国家，还是发达国家，都可能出现所得税和商品税双主体税制。当然，这也不排除各国税制改革和主体税种选择的具体方案会因具体情况不同而各具特色。

消费说的主要功能是抑制或促进特殊商品的消费，为政府提供收入来源。2008 年许多国家都对烟、酒增加征收消费税。由于吸烟有害健康，一些国家提高了香烟的消费税税率，相反，有的国家为了降低居民生活费用而降低了柴油和乙醇汽油的消费税税率。消费税征税范围的变动和税率调整已经成为各国重要的经济调控手段，在实践中结合需要不断使用。

随着自然环境的日益恶化，利用市场机制的手段改善环境日益受到各国政府的重视，越来越多的国家开始征收环境税。征收环境税的主要目的是抑制有害物质的消费，筹集环境治理经费。2008 年环境税收的突出特点是针对温室气体的排放进行征税，而且越来越多的国家开始用二氧化碳排放量作为计税依据。随着环境问题越来越受到重视，征收环境税将会成为大趋势。

2. 金融危机下世界税制改革的特别趋势

（1）全球所得税税率“逐底竞争”将走到尽头

从 20 世纪 80 年代起，降低税率（主要是公司和个人所得税税率）减税成为世界性的趋势和潮流，中国的企业所得税税率也于 2008 年从 33% 降低到了 25%。但是，到了现在，这种以降低所得税税率为主的国际税收竞争即将走到尽头。

首先，所得税收入占发达国家 GDP 的比重正在下降。从 OECD 国家企业所得税和个人所得税占其 GDP 的比重可以看出，所得税的比重正在呈现下降的趋势，其中企业所得税下降的幅度最大。美国企业所得税占 GDP 的比重从 2006 年的 3.4% 下降

到了2010年的2.7%，2009年受金融危机影响，企业所得税占GDP的比重仅为1.7%。英国企业所得税占GDP的比重从2006年的3.9%下降到了2010年的3.1%。日本的企业所得税占GDP的比重也从2007年的4.8%下降到了2.8%。OECD国家企业所得税收入占GDP的平均比重则从3.8%下降到了2010年的2.8%。企业所得税收入重要性的下降一方面是由于长达20年的减税运动，另一方面，各国政府相信，对企业实行低税率更有利于刺激需求和鼓励投资，因此，即使在金融危机后面临弥补高额财政赤字的压力，依然坚持减少企业所得税的比重。具体见表2-2。

表2-2　OECD国家企业所得税收入占GDP比重变化　单位：%

	2003年	2004年	2005年	2006年	2007年	2008年	2009年	2010年
澳大利亚	5.0	5.5	5.8	6.4	6.8	5.9	4.8	—
奥地利	2.2	2.2	2.2	2.2	2.4	2.5	1.7	1.9
比利时	2.9	3.1	3.3	3.5	3.5	3.4	2.5	2.7
加拿大	3.3	3.6	3.5	3.8	3.5	3.4	3.4	3.3
智　利	—	—	—	—	—	—	—	—
捷　克	4.6	4.7	4.5	4.8	5.0	4.2	3.7	3.4
丹　麦	2.9	3.2	3.9	4.3	3.8	3.3	2.4	2.7
爱沙尼亚	1.6	1.7	1.4	1.5	1.6	1.6	1.9	1.4
芬　兰	3.4	3.5	3.3	3.4	3.9	3.5	2.0	2.5
法　国	2.5	2.8	2.4	3.0	3.0	2.9	1.5	2.1
德　国	1.3	1.6	1.8	2.2	2.2	1.9	1.3	1.5
希　腊	2.9	3.0	3.3	2.7	2.5	2.5	2.4	—
匈牙利	2.2	2.2	2.1	2.3	2.8	2.6	2.3	1.2
冰　岛	1.2	1.0	2.0	2.4	2.5	1.9	1.8	1.7
爱尔兰	3.7	3.6	3.4	3.8	3.4	2.8	2.4	2.6
以色列	2.9	3.4	4.0	4.9	4.5	3.5	2.8	2.9
意大利	2.8	2.8	2.8	3.4	3.8	3.7	3.2	2.8
日　本	3.4	3.7	4.3	4.7	4.8	3.9	2.6	2.8
韩　国	3.7	3.3	3.8	3.6	4.0	4.2	3.7	3.5
卢森堡	7.3	5.7	5.8	5.0	5.3	5.1	5.6	5.3
墨西哥	—	—	—	—	—	—	—	—

续表

	2003年	2004年	2005年	2006年	2007年	2008年	2009年	2010年
荷 兰	2.8	3.1	3.8	3.3	3.2	3.2	2.0	—
新西兰	4.6	5.4	6.2	5.7	4.9	4.4	3.5	3.9
挪 威	8.0	9.9	11.7	12.9	11.2	12.4	9.3	9.7
波 兰	1.8	2.2	2.5	2.4	2.8	2.7	2.3	—
葡萄牙	2.8	2.9	2.7	2.9	3.6	3.7	2.9	2.8
斯洛伐克	2.8	2.6	2.7	2.9	3.0	3.1	2.5	2.6
斯洛文尼亚	1.7	1.9	2.8	3.0	3.2	2.5	1.8	1.9
西班牙	3.1	3.4	3.9	4.1	4.7	2.8	2.2	1.8
瑞 典	2.4	3.0	3.7	3.6	3.7	3.0	3.0	3.5
瑞 士	2.5	2.5	2.6	3.1	3.1	3.3	3.2	3.2
伊 朗	2.1	1.7	1.7	1.5	1.6	1.8	1.9	1.9
英 国	2.7	2.8	3.3	3.9	3.4	3.6	2.8	3.1
美 国	2.1	2.5	3.2	3.4	3.0	2.0	1.7	2.7
OECD国家总和	3.1	3.3	3.6	3.8	3.8	3.5	2.8	—

资料来源：OECD税制数据库，2012年7月。

发达国家个人所得税收入占 GDP 的比重高于企业所得税收入占 GDP 的比重，但也普遍呈现下降的趋势。美国个人所得税收入占 GDP 的比重从 2007 年的 10.6% 下降到了 2010 年的 8%，英国个人所得税收入占 GDP 的比重从 2008 年的 10.8% 下降到了 2010 年的 10%，日本则从 2008 年的 5.6% 下降到了 2010 年的 5.2%。OECD 国家个人所得税收入占 GDP 的平均比重从 2003 年的 8.9% 下降到了 2010 年的 8.7%。见表 2-3。

表2-3 OECD国家个人所得税收入占GDP比重变化 单位：%

	2003年	2004年	2005年	2006年	2007年	2008年	2009年	2010年
澳大利亚	11.9	12.1	11.8	11.0	10.8	10.2	9.7	—
奥地利	9.9	9.7	9.2	9.3	9.4	9.9	9.5	9.4
比利时	13.9	13.8	13.0	12.3	12.2	12.6	12.1	12.3

续表

	2003年	2004年	2005年	2006年	2007年	2008年	2009年	2010年
加拿大	11.8	11.8	11.9	11.9	12.3	12.0	11.4	10.8
智利	—	—	—	—	—	—	—	—
捷克	4.9	4.8	4.6	4.2	4.3	3.7	3.6	3.6
丹麦	25.5	24.9	24.9	24.8	25.3	25.2	26.4	24.4
爱沙尼亚	6.5	6.3	5.6	5.6	5.8	6.2	5.7	5.4
芬兰	13.7	13.3	13.5	13.3	13.0	13.2	13.3	12.5
法国	7.6	7.4	8.0	7.8	7.5	7.6	7.3	7.3
德国	8.5	8.0	8.1	8.6	9.0	9.6	9.4	8.9
希腊	4.4	4.5	4.7	4.7	4.9	4.9	5.1	—
匈牙利	7.2	6.7	6.7	6.8	7.4	7.8	7.5	6.8
冰岛	13.9	13.8	14.2	14.0	13.8	13.2	12.8	12.9
爱尔兰	7.6	8.2	8.3	8.7	8.8	8.1	7.7	7.5
以色列	8.9	8.0	7.7	7.9	8.1	7.3	6.3	6.2
意大利	10.5	10.4	10.4	10.7	11.1	11.6	11.7	11.7
日本	4.5	4.7	5.0	5.2	5.5	5.6	5.4	5.2
韩国	3.0	3.2	3.2	3.8	4.4	4.0	3.6	3.6
卢森堡	6.5	6.6	7.1	7.5	7.1	7.7	7.8	7.8
墨西哥	—	—	—	—	—	—	—	—
荷兰	6.6	6.1	6.9	7.3	7.7	7.5	8.7	—
新西兰	14.1	14.2	15.1	14.6	14.7	13.7	12.9	11.7
挪威	10.5	10.3	9.7	9.1	9.7	9.2	10.4	10.2
波兰	4.2	3.7	3.9	4.6	5.2	5.4	4.6	—
葡萄牙	5.3	5.2	5.2	5.3	5.5	5.6	5.7	5.6
斯洛伐克	3.2	2.7	2.6	2.5	2.5	2.7	2.4	2.3
斯洛文尼亚	5.7	5.7	5.5	5.8	5.6	5.9	5.9	5.7
西班牙	6.4	6.1	6.4	6.8	7.4	7.1	6.6	6.9
瑞典	15.2	15.3	15.4	15.4	14.6	13.8	13.5	12.8
瑞士	10.0	10.0	10.4	9.3	9.2	9.1	9.5	9.6

续表

	2003年	2004年	2005年	2006年	2007年	2008年	2009年	2010年
伊　朗	4.1	3.6	3.6	3.8	4.1	4.0	4.0	3.7
英　国	9.9	10.0	10.4	10.5	10.8	10.8	10.5	10.0
美　国	8.9	8.8	9.5	10.1	10.6	10.0	8.1	8.0
OECD国家总和	8.9	8.7	8.8	8.9	9.0	8.9	8.7	—

资料来源：OECD税制数据库，2012年7月。

其次，主要区域的所得税税率趋向平稳。各国所得税税率在持续下降的过程中已经趋于平稳，下降的幅度逐渐减小。2010 年，亚太地区所得税税率下降了 0.82 个百分点，北美地区所得税税率下降了 0.9 个百分点，欧盟地区还出现了略微上升的情况，比 2009 年增加了 0.14 个百分点①。

最后，很多国家把增加税收收入、弥补财政赤字的重任寄托在货物劳务税上，重点增加增值税和消费税的收入。增值税在全球范围内进一步得到推广，已经或准备开征增值税的国家明显增加。部分国家提高增值税税率以弥补政府赤字，如爱尔兰渐进式调高税率，白俄罗斯和西班牙都将税率提高 2 个百分点，匈牙利、希腊、英国、瑞士也调高了税率②。

在美国，甚至有专家提出，要用低税率的消费型税收制度代替目前个人和公司所得税。正如阿兹麦（Armey）所介绍的，这些措施包括零售税和统一税。消费型所得税将是绝好的国内税收政策，也是对于提高国际税收竞争的最好回应。消费型所得税将促进投资和经济增长，并且大大简化联邦税制。而且，在大多数税收改革的目标下，低税率将减少无用的避税和逃税行为。为了替代现在由公司和个人所得税支撑的财政收入，零售税或统一税的税率必须降低到大约 20%。零售税和统一税以消费为基础和属地原则化的特点将取消大多数美国国际税收法规。有关海外子公司的所得、海外税收减免和现行国际税收法规的其他部分的法规都显得不必要。很明显，没有联邦政府施加的税收负担，属地原则化税收制度将提升美国企业在海外市场的竞争力。卡托研究院税收政策中心主任克里斯·爱德华兹预言，随着各国降低对于资本所得课税税率，全球的产出将随着投资的增加而增加，由税收引起的扭曲将减少。就像美国在 20 世纪 80 年代所引起的全球税收改革一样，美国消费型税收制度将在全球引发新一轮的税收改革。

① KPMG，全球企业和直接税调查，2011年。

② 中国国际税收研究会：《2010年世界税收发展研究报告》，中国税务出版社2011年版。

（2）各国对国际税源监控管理日益加强

加强国际税源管理是一种越来越引起各国关注的另类国际税收竞争。它起源于经济全球化下跨国交易税收权益国际划分愈来愈突出的重要地位，起因于美国关于国际税源管理和国际税收收入争夺的加强。20 世纪 80 年代中后期，美国巨额财政赤字和政治因素促使其积极寻找既不激怒选民、又能增加税收收入的新税源。加强国际税源监控管理特别是加强转让定价打击力度成为潜在的新的收入来源。美国相继制定了严厉的转让定价法律法规，对无形资产定价采取了“相应收入”标准，采用了受到 OECD 其他成员国反对的可比利润法来确定正常交易价格等。美国的强有力措施引起了其他国家的高度关注，因为这使得“与美国签订税收协定的许多缔约国发现，纳税人都将所得转移到了美国”。随后，加拿大、德国、日本、澳大利亚、英国、法国、巴西、韩国等相继对转让定价滥用提出了新的更为严格的对策措施，以加强对跨国交易税收权益的竞争，因为“不重视转让定价问题的国家将会发现，由于跨国企业更倾向于实行严厉转让定价政策的管辖权，本国的税基将受到侵蚀。”①

税收管理中的信息不对称问题在国际税收领域表现得也尤为突出。这种信息不对称主要包括：各国政府税务机构之间的信息不对称，税务机构和生产者、消费者之间的信息不对称，跨国纳税人相互在税收信息拥有上的不对称等。这些环节的信息不对称将在不同程度上对国际税收竞争与协调产生影响。

将信息不对称引入对税收问题的研究是在 20 世纪中叶，而 1996 年的诺贝尔经济学奖专门授予了研究不对称信息与现代税收关系的英国经济学家 Mirrlees 和美国经济学家 Vickrey，评奖委员会认为他们为“在不对称信息条件下对经济刺激理论作出了奠基性的贡献”。他们先后从不对称信息条件下税收制度的优化入手，研究如何在不对称信息条件下将对经济行为主体的刺激因素放进税收政策和其他政府决策过程中去，开辟了从不对称信息角度研究税收问题的新思路。

当各国税务机关与跨国纳税人之间存在信息不对称时，各国税务机关难以对跨国生产经营活动加以有效的税务管理，从而引发各种逃避税活动。如在劳动力跨国流动性越来越强的情况下，单个政府缺乏关于流动性居民的足够信息，就会产生居民的跨国避税行为。一般研究认为，相对母国政府而言，居民不仅拥有关于自身技术水平，而且拥有自身在母国工作、居住时间长短和在国外的收入的充分信息。这种出现在政府和居民之间的信息不对称将产生逆向选择和道德风险问题，也就是说，居民为了减少在母国的纳税，存在减少其国内收入申报的动机。

当各主权国家之间存在信息不对称时，也将给各国税收管理造成难题。一方面，主权国家之间只有有限的征管合作，信息交流不够；另一方面，一些避税地国家和

① 《另类有害税收竞争：为什么少数国家税基扩大而大部分国家税基缩小》，查尔斯 · R · 爱里希，王逸译，《税收译丛》2002年第1期。

地区采用低税率，并通过制定各种措施来保护投资者不受母国税务机关的监控。因此，主权国家既要优化国内税制，吸引跨国流动性资本，又要采取措施来防范逃避税，而单一国家的行动往往缺乏有效性。因此，为了加强国际税源管理，要求各国更多地进行国际税收征管方面的合作。

在这一领域，签署税收征管互助公约将是一个非常重要的内容。税收征管互助公约（以下简称“公约”）是一个独立的多边协定文件。它的制定是为了在维护纳税人权益的同时促进国际合作，从而更好地运用各国税收法律法规。该公约是在1988年公开签署通过的，它的修正草案（以下简称“草案”）于2010年5月公开签署通过。该草案从2011年6月起开始生效，而且它修订了1988年的公约以使其中有关出于税收目的的信息交换内容符合国际协定的标准，同时使它对所有国家适用。

签字仪式分别是在2010年5月的经合组织部长级会议和2011年11月在戛纳举行的G20峰会上进行的。当时有34个国家参与起草并签署了该公约，这些国家分别是：阿根廷、澳大利亚、比利时、巴西、加拿大、哥斯达黎加、丹麦、芬兰、法国、格鲁吉亚、德国、希腊、冰岛、印度、印度尼西亚、爱尔兰、意大利、日本、韩国、墨西哥、摩尔多瓦、荷兰、挪威、波兰、葡萄牙、俄罗斯、斯洛文尼亚、南非、西班牙、瑞典、土耳其、乌克兰、英国、美国。由于该公约的签署国有可能不断增加，所以有必要修改它以使其成为运用于国际税收事务合作中的更加全球化的工具。

该公约为其成员国提供了一系列的便利，这些便利条件可以总结如下：

——多边性：它为多边合作提供了统一的法律基础。它也能使其成员国在协议的谈判和批准过程中节省人力物力。

——广泛的适用性：它允许在纳税人权益得到维护的同时，主管当局间多种形式的合作，合作内容包括各类税收和社会保障税。

——应用程序的统一性：该公约规定设立协调机构以保证其一致适用性。

——运用手段灵活性：它允许成员国就具体事宜提出保留条款。例如，征税援助。

公约包含了多种行政互助形式，例如，信息交换（有明文规定的经要求的信息交换，自发和自动的信息交换）、联合税收检查和海外税收检查，协助收回和保全措施，以及提供文件服务。这些协助形式包括了两国之间在税收管理合作中可以采用的最重要形式。

（3）世界进入税收情报交换与财政透明度时代

当前，国际经济结构和国际治理体系正在面临深刻变革。中国加入世界贸易组织已经十年有余，融入世界经济和国际社会的程度和广度都在不断加深和拓展，国际关系和国际治理对中国的影响也在增强。在这方面表现出几个新的重要特征：

一是现有的国际经济组织虽然持续关注税收领域，但均存在着一些局限。其中较为典型的是世界贸易组织（WTO）。WTO在贸易与税收关系协调领域中，是以协调国际经贸关系为主，兼顾“与贸易有关”的税收关系；而在协调与贸易投资有关的税收争端时，主要目的并不是为了提供国际税收关系的规范，而是为了促进国际经贸关系的发展，维护多变贸易体系运转的有效性。具体而言，WTO 体系涉税的重要方面体现为涉税贸易摩擦的增加，体现为摩擦事件在框架内的申诉、调查、争论、仲裁与协调。但是由于过去十年，特别是在多哈回合谈判中没有取得实质性进展的背景下，WTO 对税收的关注是在“框架不变”的前提之一，即仅限于“与贸易投资相关”的税收问题，仍然主要是一种对税收关系的简介协调。另一个在国际税收领域具有影响力的国际组织是经济合作与发展组织（OECD）。但是 OECD 主要代表的是发达国家的利益，一些协定范本的观点等都不能完全代表发展中国家的利益。联合国的税收专家委员会则由于机制和人员的局限，反应相对滞后，在国际税收规则的制定上影响力较为有限。

二是真正意义上管理主权国家之间税收关系的国际税收组织短期内很难出现。这是因为在经济全球化及区域一体化的过程当中，都需要主权国家让渡部分经济主权，而在众多让渡的经济主权中，税收主权是最难让渡的。即使在高度一体化的欧盟，税收主权仍然是掌握在各个主权国家手中。全球金融危机爆发之后，甚至还出现了一些贸易保护主义现象，为了保护本国的税基和经济，各国都更加强调自己的税收管辖权。

三是过渡性国家税收多边合作在努力之中。就目前来看，较有影响力的是那些由国际组织倡导并有主权国家支持的国际税收组织，较有代表性的，一是由世界银行、国际货币基金组织和 OECD 等倡导成立的“国际税收对话机制”（International Tax Dialogue，ITD）；二是由 OECD 在多年反有害税收竞争基础上形成的“税收透明度与情报交换全球论坛”（Global Forum on Transparency and Exchange of Information for Tax Purposes，GF）。这些组织可以被视为真正意义的国际税收治理体系的萌芽。

四是国际税收全面协调的步伐还在加快。在全球化趋势继续前行的基础上，国家间税收关系的协调和规范始终是一个基本发展趋势。近年来，在国际税收领域体现为国际反避税力度加大，在税收情报交换、征管互助、反避税等领域取得了突破性的进展。同时，国际社会还加大了官方和非官方的国际税收交流与讨论，以加强各国税务机构的合作，共同应对金融危机背景下的国际税收挑战。

各国和国际组织近期越来越多地将注意力集中于“税收透明度和情报交换的国际标准”。这一标准载于 OECD 税收协定范本（2005）第 26 条和 2002 年税收情报交换协定（TIEA）中，目的是平衡纳税人的隐私与各国国内税法的执行的关系。

截至 2012 年 6 月，全球税收论坛共有 109 个 OECD 成员与非成员国家或地区参加。从 2006 年开始，全球税收论坛连续出版每年一度的以税收透明度与情报交换为主的“税收合作”评估报告。2010 年 3 月，全球税收论坛启动澳大利亚、巴巴多斯、加拿大、百慕大群岛等18个管辖区税收透明度与情报交换的同行评审工作。迄今为止，全球论坛已实现了重要的目标。关于透明度和个别情报交换的国际标准现已被广泛认可。至今已有超过600个情报交换协议被签署。所有接受全球论坛监督的国家已正式承诺执行国际标准，由OECD 2009年4月发布的原始黑名单也已修订。今天，没有税收管辖区被列入“不合作避税地”名单中。因此，避税地时代似乎已经走到尽头。

随着经济全球化、区域经济一体化的深入发展，国际税收领域的对外交流与合作不断拓展，在国际财经事务中发挥着越来越重要的建设性作用。这方面具有代表性的是“国际税收对话机制（ITD）”。这一机制是由世界银行、国际货币基金组织和OECD于2005年联合组织发起，并得到联合国大力支持的，其后欧盟、泛美开发银行陆续加入成为联合发起人。该机制旨在建立一种畅通的国际税收对话平台和成功经验共享机制，寻求实现完善税收制度和增强税收功能的共同目标，并从发达国家和发展中国家的双重角度出发，建立更好的国际税收利益协调机制。

2009年10月26日，以“金融机构和金融工具——税收的挑战与对策”为主题的第三届国际税收对话机制（ITD）全球大会在北京举行，是目前中国举办的级别最高、规模最大、影响最广的国际税收对话与交流合作会议。这次大会由中国财政部负责召开，国务院副总理李克强出席并发言，世界银行、国际货币基金组织、OECD、亚洲开发银行、欧盟、泛美开发银行等国际组织高级官员，各成员国家或地区的财税高官出席大会。

在此之前，国际税收对话机制（ITD）已举行了两次会议。其中，第一次会议于2005年3月在意大利罗马举行，会议主题为增值税；第二次会议于2007年10月在阿根廷布宜诺斯艾利斯举行，会议主题为中小企业税收政策和管理。中国财政部和国家税务总局派代表参加了前两次会议。2011年12月，第四届大会在印度新德里召开，大会主题定为“税收与不公平问题的解决”（Tax and Inequality），代表着ITD对税收在新时代中全球问题的深入关注。

目前，国家、利益集团和相关国际组织的专家正在协调税收政策，以确保对税基的保护和推动国际合作。由于无法通过“硬法”措施协调税收，加上各国对税收主权的占有式保留，“软法”措施愈发突出。全球税收透明度与情报交换论坛积极证明了，国际组织正在努力发展无约束力的国际政策规范和准则，以协调全球的税收政策。

以税收为目的的财政透明和情报交换，是现今国际议程上的热点话题。已纳入前述国际标准的这两种方式的组合，已成为对抗洗钱、防止避税和偷税的最好的措施。为了能变得更为有效，财政透明和情报交换要求税收管理机构以自发和自愿为基础，进行持续协作，要求对反馈结果进行立法。税收善治超越国界，且需要在国际层面就税收政策的制定加强进行有效协作。从这个角度来讲，善治意味着在国际领域中，立场一致，协作实施有关标准以对抗避税、不透明和无效率的税收制度。

财政透明和情报交换均是国际税收协调和有效征管的重要条件。加强税收公平竞争，进而强化有关税收透明和情报交换的国际标准，有利于落实国际税收的基本原则。这些原则在税收制度中贯彻实行，可能对更大范围的国家修改其本国税收制度的趋势产生影响，从而促进经济复兴并加强税收领域中的国际合作。发展税收公平竞争的思想，能够为税收领域中的跨国活动提供一个公平竞争的平台，利于确保所有纳税人履行其纳税义务。与税收透明和情报交换相结合的税收公平原则，可以使各项国际倡议更加有效，并减少税收事务的扭曲。这一过程可能对资源匮乏和税收治理经验不足的发展中国家造成挑战。只有在这一新的国际税收治理进程中，协调发达国家和发展中国家的需求，提升不同国家税收治理的水平，才能最终在全球范围内实现国际税收的治理目标。

（三）金融危机下中国税收改革发展战略[①]

1. 坚持"四位一体"税收改革方针

毫无疑问，在新的历史条件下把握我国新时期的税收发展并从理论高度予以概括，必须始终把握影响我国税收发展的一些最基本的因素。改革开放以来，尤其是加入 WTO 之后，有四个方面的要素深刻地影响着中国的税制改革：一是在坚持中国特色社会主义的道路上不断取得伟大成就；二是持续不断地进行着现代市场经济与公共财政体系的建设；三是始终对发展中国家的国情有着清醒的认识与把握；四是在加入 WTO 的条件下对经济全球化进程的不断参与。实际上就是反映或体现着影响一国税收发展的四个基本要素：国家的基本政治经济制度（社会主义）、主要的资源配置方式（市场经济）、国家的经济发展水平与阶段（发展中国情）和国家的对外联系程度（对外开放）。有学者专门从这四个方面总结了中国特色社会主义税收体系发展的基本思路[②]。

站在历史新起点上，展现在世人面前的中国特色社会主义税收体系，以及正在建设中的中国特色社会主义市场经济下的税收体系，至少具有或应当具有以下四个方面的特点：

① 本部分主要参考邓力平：《税收发展与税制改革：我国加入WTO十年的思考》，中国税务出版社2012年版。
② 邓力平：《建设中国特色社会主义税收体系的伟大实践》，《中国税务》2009年第10期。

一是始终坚持社会主义税收的本质特征。我们始终坚持税收与国家权力的天然联系，坚持税收“取之于民，用之于民”的重要性质。在理论发展与实践运作中，我们不断把握着社会主义条件下的国家税收观，通过有效组织收入、促进经济发展、实现宏观调控、维护公平公正、保持社会稳定来履行税收职能，为社会主义国家的强盛与发展作出重要贡献。

二是不断反映现代市场经济对税收的基本要求。在新中国税收体系的发展进程中，最重大的事件就是税收体系所依托的主要资源配置方式的转变，就是从计划经济向市场经济的不断转换过程。改革开放 30 多年来，我们坚持税收中性与税收非中性的结合，坚持现代税制“效率、公平、简便”等原则对税制设置的要求，坚持“简税制、宽税基、低税率、严征管”的税制改革方向，逐步建立起一个初步适应市场经济发展的现代税制。与此同时，我们在公共财政的框架下研究与考虑税收问题，既坚持税收的公共性方向（即纳税人的钱主要用于提供公共产品与服务），又在依法治税的前提下，努力构建和谐的税收征纳关系。

三是充分考虑发展中国家基本国情对税收发展的特定要求与可能制约。我国将长期处在社会主义初级阶段，与此同时，我们正在经历中华民族发展腾飞的重要时期，这一现实始终应是我们建设中国特色社会主义税收体系要考虑的基本国情。改革开放 30 年来，税收作为发展财政的重要组成部分，一方面在经济发展起飞进程中不断支持市场为主去配置资源，发挥着税收支持经济发展的重要作用；另一方面，税制改革、税收征管、政策运用和其他税收职能的发挥，都能考虑到发展中国情的可能制约，较好地坚持渐进次优的改革路径，逐步摸索出一条与我国国情相适应的税收发展之路。

四是逐步适应国家对外开放与参与经济全球化进程的基本要求。改革开放 30 年来，特别是加入 WTO 以来，我们一直努力坚持现代的、世界的市场经济对主权国家税收发展的基本要求，坚持主权运用与国际协调在开放经济税收体系建设中的统一。一方面，我们通过有效的税制改革与自主的政策运用来支持国家外向型经济的发展，积极而又适度地参与国际税收竞争，努力提高国家竞争能力；另一方面，我们又在实践中努力把握国际经济贸易规则对主权国家税收发展的制约，积极参与国际税收关系的协调，努力构建一个和谐的国际经济税收关系。简言之，正在建设中的中国特色社会主义税收体系体现着“国家税收、公共税收、发展税收与国际税收”这四种税收基本理念的辩证统一。具体地说，就是以国家税收为基础与核心，注重公共税收与发展税收两者的协调，并在我国不断参与和推进经济全球化进程中更加注重国际税收问题。而我们加入 WTO 十年来的最基本目的，也就是在对外开放的新条件下、在统筹国内国际两个大局中努力构建这样一个税收体系。

2. 贯彻“主权运用”与“国际协调”的财税发展战略

在国家间税收（包括更广义的财政）关系方面，面对不断变化着的国际形势，各国政府普遍加强了对包括财税政策措施在内的宏观政策的运用，我国也不例外。实践表明，在全球经济大循环条件下，我们应关心经济全球化对主权国家财税政策运用产生的影响与制约。有学者提出了这样一个基本观点，即2008年前后出现的国际金融危机及各国的应对表明，经济全球化相互联系与依赖的基本特征，既体现在经济强劲增长顺境中各国的相互拉动，也表现在衰退危机逆境里各国的共同应对；既反映为经济全球化对各国经济发展的影响，又表现为这一进程对各国宏观政策运用的制约。具体在财税政策运用上，主要体现的是政策“主权运用”与“国际协调”的对立统一，归纳起来就是四句话：政策运用是主权，主权运用要协调，协调运作有难度，推进协调促共赢[①]。

（1）财税政策的“主权运用”的实践与特点

2008年以来的国际金融危机及其对国际实体经济的冲击，使得扩张性（积极）财政政策再次走到了各国宏观政策运作的前台。从这次各国应对金融乃至实体经济危机宏观政策的运用来看，包括各国一系列税收政策措施在内的扩张性财政政策是各国应对危机的重要政策手段。总体上看，各国都是从全球化进程与各自国情出发来考虑扩张性财税政策的运用，在实践中体现着主权国家应对挑战的一种有效的“主权运用”。

其一，扩张性财税政策的运用体现了在经济全球化条件下各国对市场与政府关系的把握。2008年发生的这场国际金融与经济危机，一方面考验着各国政府应对危机实行政策调控的能力，另一方面也在检验着各国政府对于市场经济资源配置方式基础作用的认同，可以说，正是这场挑战及其应对给了各国重新认识、理解市场与政府关系的机遇。可以认为，一方面，对某些市场行为的过分放任是美国金融危机产生的重要根源之一，也是当今全球性金融－经济危机传导机制运行的重要条件，而各国对财税政策等宏观手段的运用是当前应对这场冲击的主力，并已经逐步产生积极的效应。另一方面，从长远看，要逐步摆脱危机的影响，让世界经济重新回到均衡发展的轨道上来，最终还要借助在全球化进程中不断深化的世界市场经济的作用，各国还是要继续坚持市场为主配置资源的模式，当政策作用逐步显现与市场回升时，包括财税政策宏观调控应该有所调整，这里既包括“市场问题最终还应该由市场自身来解决”的基本判定，也蕴涵着“财税政策长期运用可能伴随效用递减”的经验总结。显然，这种理念在这次各国扩张性财税政策实践中已有所体现，各国

① 邓力平：《税收发展与税制改革：我国加入WTO十年的思考》，中国税务出版社2012年版。

官方的承诺也很明确。2011年，当世界各国经济出现程度不一的复苏发展态势时，各国政府对于市场机制基础性作用的关注显得更为明确，扩张性财税政策的逐步淡出或者是实质性调整都很明显。对于这样一种发展态势，我们必须始终予以关注。

其二，扩张性财税政策的运用体现着各国参与经济全球化进程的阶段性特点。事实越来越清楚地表明，经济全球化是由相互独立又联系着的实体经济全球化与虚拟经济全球化两个部分构成的，前者指的是贸易自由化与投资全球化等实体经济方面的全球化联系，而后者主要由金融国际化的主要部分构成，是一种既推动金融创新又充满金融风险的进程。实践表明，各国参与全球化的不同形式决定了各自扩张性财税政策的着力点是不同的。以美国等为代表的发达国家，由于同时全面参与了实体经济与虚拟经济的全球化进程，则这次同时受到实体经济危机与虚拟经济危机的冲击，这些国家的经济刺激政策都是两条战线作战，都是既救济实体经济，又助力虚拟经济。而如我国这样的发展中国家，由于主要参与的是实体经济全球化，由于在多年有序推进金融体系市场改革的基础上对金融国际化进程采取了审慎的态度，则这次经济危机的冲击主要在于国内实体经济方面，在于因参与贸易自由化程度较高而导致的外需显著下降。显然，这时的扩张性（积极）财税政策主要是应对实体经济中的供求失衡，主要是要扩大内需与稳定外需，是要促进实体经济的复苏。

其三，扩张性财税政策的运用还体现着对经济全球化进程带来的经济结构新变化的关注。多年积累的全球经济失衡是这次危机的重要原因，而经济全球化的深化加剧了这一失衡。长期以来，人民对此有所担忧，但金融危机却使这种危险变成现实，显然必须加以调整。因此，各国包括扩张性财税政策在内的宏观政策都对此有所注重，调整经济结构、产业结构与发票结构等都已成为各国财税刺激政策中的重要目标与内容。就美国等发达国家而言，调整结构的成分在其经济刺激计划中占据着相当位置，政策的着力点在于基础设施更新，在于支持科技创新，在于增强教育后劲，同时也包括运用财税力量来协助美国传统企业再造重组。2009年美国通用汽车在纳税人的钱的支持下实现了破产重组就是一个结构调整的范例。而我国近年来的积极财政政策与其中的“结构性减税”措施，明确提出了保增长与调结构并重的方针，更是有效地把握了短期经济增长与长期结构调整的关系，注重了“保增长与调结构”的有机联系与紧迫感。我们高兴地看到，两年多来，这种政策组合已经并将继续呈现效果，必须持之以恒。

其四，扩张性财税政策的运用往往都遇到了“财政两难”现实的严峻挑战。所谓“财政两难”或“税收两难”指的是：一方面，各国必须更多地为应对实体经济或虚拟经济的危机“买单”而增税存钱；另一方面，为了救企业、增活力，还必须不断以让渡财税收入、降低税负来刺激经济行为主体，挽救经济。这种既要增收却又不得不减收的境地成为困扰各国财税当局的现实问题。在经济全球化深化的今天，这种两难局面越来越严峻。在应对实体经济全球化挑战方面，各国扩张性财政政策的主要内容都是“增支减税”，从20世纪80年代至今，减税已经越来越成为国际趋势。而在应对虚拟经济全球化的挑战方面，各国（尤其是发达国家）用纳税人的钱去救银行，补窟窿，使得相当部分的金融风险最终转化成为财政风险。由于所谓“金融风险–财政风险”的联动机制越来越明显，则必须筹集更多的财政资金来应对挑战，防范风险。在这种“财政两难”或“税收两难”的现实中，各国出台的许多刺激措施往往都是一种权衡利弊的结果，有时甚至是艰难抉择的产物，基于此，我们应该对扩张性财税政策使用的局限性与可持续性保持一个清醒的认识。

（2）财税政策的“国际协调”的必要性与难题

在经济全球化背景下，主权国家扩张性财税政策运用的“国际协调”，首先要研究的是这种协调存在的必要性与可能的形式。这种国际协调的必要性主要来自两个方面：一是对主权国家的财税刺激政策中会对他国产生不利影响的，会引起贸易与投资保护后主义的倾向进行制约。换言之，凡是可能会产生负外溢性的，都要受到WTO等多边国际规则或惯例的制约，要通过这种制约来求得损害的最小化。从某种意义上说，这种通过规则或惯例制约而达到的国际协调，是一种“被动”的协调。二是主权国家的财税刺激政策可能会对他国乃至全球经济复苏都带来好处，会带来正外溢性的，同样需要在政策的力度、范围与同步性等方面进行必要的协调，以求共赢利益的最大化。相应地，这种国际协调称为“主动”的协调。

其一，通过国际规则制约而形成的被动协调，在经济全球化（特别是贸易自由化与投资全球化）进程中已经越来越重要了。在现代市场经济条件下，有效需求（内需与外需之和）不足是一种长期现象，市场经济的常态就是有效需求不足，在各国都采用市场经济配置资源方式的条件下，各国都存在内需不足，也都难以得到来自他国的外需，经济全球化往往使问题显得更严重，这通常也是贸易保护主义长期存在的重要根源之一。经济危机时，贸易与投资保护主义抬头就成为题中之义。因此，在市场化与全球化已成趋势的今天，各国一方面必须运用扩张性的经济刺激政策来刺激有效需求；另一方面这种政策运用往往极易影响或妨碍别人，引起他国的不满与反对，从而加剧贸易与投资保护主义。为了避免这种现象的恶化与蔓延，就有一个国际制约问题。这种被动式国际协调的主要形式就是多边国际经济组织及其相关规则对主权国家之财税刺激政策运用的限制，以及相关贸易对手国之间的博弈。

在这次各国实施扩张性财税政策的实践中，这种经济刺激措施与贸易投资摩擦之间的因果链有所强化，贸易与投资利益冲突情况屡见不鲜。有的国家因为外需下降而采取财税补贴支持出口措施，往往带来了贸易对手之间的持续争端并诉诸WTO，而出口补贴手段在该组织相关规则下是不允许的，因此这种国际惯例是对各国财税刺激政策运用的外在约束，有其必要性。此外，还有一些刺激需求的财税刺激措施，虽然从国际经济组织规则上说是允许的，但现实操作仍可能导致贸易摩擦。一些出口支持措施虽然是国际惯例，但各国对这种惯例的不同解读往往仍会引发争议。必须指出的是，这些规则的存在，即使存在这样或那样的争议，往往仍会起到一定的约束作用，会引导相关国家在政策运用中有所注意，尽量避免或缓解贸易摩擦现象。

其二，各国对扩张性财税政策的主动协调，其目的是为了全球化条件下使这种政策有效性实现最大化。从国际财税的角度看，在经济全球化条件下，各国扩张性财税政策的合力具有外溢性或正外溢性，这种政策效应本身就是一种国际公共产品。因此，各国实施了扩张性刺激政策，就是参与了对国际公共产品的提供，各国对这种政策的提供（进入）以及在一定时期对这种政策的转向（退出），不但应考虑本国的需要，还应同时考虑可能对他国乃至全球经济发展带来的影响。从这一基点出发，这种主动或直接的协调是十分必要的，简要地说，就是所谓"同进同退"。2011 年，这种刺激政策在退出方面的国际主动协调已经基本上成为各国的共识了。扩张性财税政策主动协调的重要性还特别体现在对待"国际紧缩与国际膨胀"的政策判断中，这在 2009 年以来的应对危机实践中体现得尤为明显。在经济全球化下应对危机，各国都要注重通货紧缩的国际传导机制新特点，都要认识显性通货紧缩趋势与潜在通货膨胀压力的并存，都要注重各国应对现实通货紧缩与防范潜在通货膨胀政策的同步性，并努力在这种协调中用好各自的政策。必须看到，一方面，扩张性财税政策及其联手运用是应对当前紧缩趋势的良药；另一方面，这种政策的广泛运用必然带来潜在的通货膨胀压力。这里的关键是对政策运用效应的判断与权衡，需要的是智慧与协调，需要的是政策运用与转向的同步性。而这种同步，既包括发达国家间政策运用的同步，也包含发达国家与发展中国家之间的同步，还包括国际经济组织与主权国家在政策上的协调。近年来，在多次中美战略与经济对话机制上，双方对两国经济刺激政策运用同步性达成的共识，既有政治与战略上的考虑，也还应该从扩张性财税政策本身协调重要性的角度来加以认识。

扩张胜财税政策的国际协调无疑很有必要，然而，理论与现实都同时启示我们，这种协调从来都是具有相当难度的。无论从理论还是实践上看，经济全球化（包括区域一体化）就是一个主权国家经济主权部分且逐步让渡的过程。相比金融货币而言，财政税收从来都是最难让渡或者最后让渡的那部分国家经济主权，这是因为财政税收从来就是与国家权力联系最紧密的。

从实践上看，无论是历史还是现实都不断地给予世人这样的启示。欧盟经济一体化进程中财政税收一体化进展相对缓慢是一个典型事例。在欧盟发展进程中，金融货币一体化发展的速度最快，区域性货币欧元的出现与统一欧洲中央银行的运作，无一不在表明作为国家经济主权重要部分的货币发行与金融政策运用的部分让渡，相比较而言，包括统一财政赤字标准与增值税协调等财税一体化进程则始终因存在种种矛盾而进展缓慢。在应对经济衰退的过程中，各国在财税政策上有效地实现协调的难度往往会增大，由于各国利益的差异，在现实中难以出现超国家主权的财税当局来运作统一的反危机财税政策。以2009年以来各国协调应对国际金融与经济危机为例，各国在金融货币政策协调上相对容易，而在财税政策上推出共同应对措施则难之又难，其本质就是，谁也不愿意用自己纳税人的钱去救他人的银行或企业。再如，在应对国际金融危机过程中，世界银行曾提出建立一个“超国家应对基金”（即发达国家动用各自财力来构成跨国的、多边组织管理的国家财团或“环球复苏基金”）以应对国际经济挑战，这一动议的出发点是好的，在一定程度上也是在为“政府干预的世界模型”（即财税政策的国际协调）进行探索，但由于各国利益的不同，这类方案付诸实践的可能性仍然相当微小。

（3）辩证认识“主权运用”与“国际协调”

对于扩张性财税政策“主权运用”与“国际协调”之间关系的阐述，对于我们自2009年以来一直实施的积极财政政策的运用，对于在该一揽子计划中不断发挥作用的“结构性减税”政策措施而言，特别是对我们如何在加入WTO之后，受制于各种国际治理体系的重大背景下积极有效地“推进协调促共赢”，应该说是有多方面启示的。

其一，应该在把握经济全球化特点与立足国情的基础上用好积极财税政策。积极财政政策与结构性减税措施成功与否，在很大程度上，突出地表现在我们对经济全球化及我国参与该进程的准确把握，在于我们对于现实中财税政策主权运用与协调关系的把握。

我们要从我国参与经济全球化的特定形式入手，以此来判定积极财税政策的实施重点与运作力度。从目前的情况上看，既然我国主要参与的是实体经济全球化，由此带来的主要是在实体经济方面的冲击，则积极财税政策的着力点当然是扩大内需与稳定外需。同样，从应对可能的国际经济结构（如生产与消费）调整出发，积极财税政策（特别是结构性减税措施）就必须既要保增长，更要为了调结构，要特别加强对促进内外需平衡、扩大需求与促进供给并重、促进消费与储蓄比例协调等方面的工作，要加强财税政策与产业及贸易政策的协调。

我们还要注重积极财税政策短期有效性与长期有效性关系的协调，要在市场化与全球化的进程中，把握好政策短期运用与市场长期配置的关系。要在各国扩张性财税政策可能的协调趋势中，认真研究积极财税政策的可持续性问题。2009年以来应对国际金融危机挑战的实践告诉我们，健全的市场机制与有效的宏观调控都是现代市场经济中不可或缺的重要组成部分。在这两者中，“健全”的市场机制是“有效”宏观调控的前提与基础，这也就是我们应该始终强调市场在资源配置中的基础性作用的原因。因此，财税扩张性手段、结构性税收调整措施，其最终目的或长远立足点都应在于能够激发经济行为主体的内在活力。

其二，应该积极倡导与参与扩张性财税政策的国际协调。基于在经济全球化背景下扩张性财税政策协调的必要性，我们仍然要与各国一起努力推动这一进程，要倡导在经济全球化条件下更需加强财政政策的协调。与此同时，我国在实施积极财税政策时，要始终把握好政策运用与必要协调之间的关系。当各国普遍采用扩张性财政政策手段时，要尽可能同步地、有效地采用符合自己能力与特色的财税刺激手段，并在政策执行过程中充分考虑到与其他国家政策的比较与借鉴，争取相互理解、相互呼应。在世界经济逐步企稳回升、具有一定复苏走势时，就要既保持积极财税政策的连续性，又适当调整刺激政策的力度与重点，这不仅要看国内形势的走向，还要加强对他国财税政策可能调整的关注。应该说，我国自 2009 年以来应对这次国际金融危机挑战的实践已经体现了许多成功的做法，体现了我国对在全球化条件下宏观政策主权运用与国际协调关系的认识。温家宝总理在 2011 年《政府工作报告》中明确做出的“以二十国集团峰会等为主要平台，加强宏观经济政策协调”的表态，就是对这种辩证关系的最好诠释。进而，作为发展中国家，我们在参与财税政策运用国际协调过程中还要努力体现国情特点。我们应该从发展财税与国际财税结合的角度，来理解我国在全球化背景下更实事求是地参与扩张性（积极）财税政策国际协调的问题。这种结合讲的是在参与财税政策国际协调过程中，既要积极参与，又要量力而行，讲的是从发展中国家国情出发对国际财税协调的有限承诺。

其三，应该把握短期积极财税政策与长期平衡财政的辩证关系。在近年来应对国际金融危机的进程中，基于国际财税协调事实上难度较大的现实，我们始终坚持这样一个基本观点，即我们要始终明确短期财政刺激政策运用与长期稳固财政地位的辩证关系，理解“建设一个稳固、平衡、强大的国家财政”在全球化时代的特别重要性。稳固与强大不言而喻，平衡指的是一种辩证关系：一方面，在特定条件下，我们可以使用增支减税的赤字财政政策，同时在市场经济与全球化条件下必须努力用好之；另一方面，在这一运用过程中，我们还要坚持长期的平衡财政观。毫无疑问，两年多来运用积极财政政策是完全必要的，实践证明效果也是不断显现的，我们正在现代开放经济条件下努力提高运用赤字预算政策措施的能力。但同时我们也要看到，正是我们在相当一个时期，在经济高速发展、财税收入显著增加的时候努力夯实财政基础（即在国际金融危机挑战前的年份里，已经逐步将财政赤字占国内生产总值的比重降到 0.7% ~ 0.8%），才能有效地提供运用积极财政政策的空间，才能既充分利用财税刺激手段，又将财政风险把握在可控范围内（2009 年与 2010 年我国财政赤字占 GDP 的比重控制在 2.9%，2011 年更低至 2.0%）。此外，我们还要强调“依法治税、应收尽收”，在结构性减税的同时强调必要的增收节支，始终动态地把握财政发展的良好态势。总之，我们要有一个辩证的财政观，要在赤字财政短期运用与平衡财政长远目标中把握一个平衡点，这同样是研究财税政策“主权运用”与“国际协调”关系的重要启示之一。

3. 后金融危机时代中国税制改革的实施路径

后金融危机时代是中国继续深化社会主义市场经济改革的时代，要求我们重新全面审视我们的经济发展历史路径，同时认真思考未来改革的具体策略。

（1）当前中国税制改革的基本要求

中国正处于社会主义市场经济深化转型的历史时期，社会经济各个领域、各个方面都在经历重大变化，中国的税收制度改革要适应社会主义市场经济的要求。发展社会主义市场经济要求建立统一、公平、法治、开放的税收制度，这是社会主义市场经济的特点决定的。社会主义市场经济对税制的基本要求包括以下方面：

① 市场经济要求统一的税法

社会主义市场经济要求消除地区封锁，建立统一的市场。市场经济的充分发展，才能促进社会生产力的快速增长。如果各自为政，自立章法，擅自作出违反税法的规定，就会阻碍商品流通，破坏市场规则。因此，市场经济要求国家税法必须统一和完整。

② 市场经济要求公平税负

社会主义市场经济是竞争经济，必须有一个公平竞争的市场环境。这就要求在税制建设上必须做到公平税负，促进竞争，提高效率。

③ 市场经济要求税收法治

社会主义市场经济是法制经济，必须用法律手段规范市场。税法是规范市场的主要手段之一，必须坚持依法治税，用税法规范征纳双方的税收行为，规范国家与纳税人之间的分配关系。

④ 市场经济要求开放税制

社会主义市场经济是开放经济，必须开放国内市场，开拓国际市场，使国内经济与国际经济接轨，融入全球化经济之中。在税制建设上要遵循税收国际惯例，建立与国际接轨的现代税制。

总体上讲，税收必须依据市场经济的规则不断改革和完善，这已被各国的实践所证明。在中国建立健全社会主义市场经济体制过程中，必须实现三个方面的基本转变：

第一，由主要向单一的国有、集体经济征税为主向各种经济形式主体征税的转变。

在计划经济模式下，由于经济主体的形式比较单一，主要是国有经济和集体经济，纳税人主要是集体所有制经济，国有经济主要向国家上缴利润。随着社会主义市场经济的发展，三资企业和私营企业逐步壮大，经济领域三分天下的局面基本形成，已经基本实现了由向单一的国有、集体经济征税为主向各种经济形式主体征税的转变，实现了在市场经济环境下的公平竞争、一视同仁。

第二，由主要对生产产品征税向创造价值征税转变。计划经济的生产目的是创造使用价值，因此，社会生产以追求使用价值增加为目的。市场经济是价值经济，伴随着后工业社会和知识经济的到来，实物生产在社会新创造价值中的比重不断降低，信息化社会的到来，对传统征税理念产生极大冲击，必须实现由主要对生产产品征税向创造价值征税的转变。

第三，由主要对经济领域征税向对全社会征税的转变。从中国发展的过程和一般征税理念来讲，传统意义上主要是对经济领域征税，对获得经营收入或纯收入增加征税。伴随着社会主义市场经济的发展，政府职能的转变，服务型政府和公共财政的理念日益深入人心，在政府向社会提供公共服务或公共产品时，有必要由全社会共同为政府提供公共服务或公共产品提供资金支持。因此，必须实现由主要对经济领域征税向对全社会征税的转变。

以上三个方面的转变在中国并行不悖，第一个转变已经基本实现，第二和第三个转变正在实现过程中。三个方面的转变是我们研究和实施新时期中国税制改革的基本前提。

（2）当前中国税制改革的策略选择

考虑金融危机发生后中国税制改革的战略选择问题不仅要考虑税制发展的客观要求，而且要考虑经济和社会发展与税制改革的紧密联系。要在税制改革的基本框架中，在社会主义市场经济基本要求的指导下确定后金融危机时代中国当前和今后一段时期税制改革的战略选择。

第一，宏观税收负担的选择。

宏观税收负担是税收占国内生产总值的比重，合理的宏观税收负担水平是保证国民经济稳定发展和社会稳定的基础。目前，国际公认的发达国家宏观税收负担约在30%~40%，发展中国家宏观税收负担约在20%~30%。尽管近几年的税制改革以减税为主，中国现阶段不含社会保障的宏观税收负担已经约为20%，并有继续上升趋势。按照中央确定的结构性减税的方针，保持现有宏观税收负担水平的稳定并有所下降应是后金融危机时代中国实施税制改革战略的基本指导思想。

第二，促进经济增长的改革。

在世界金融危机的背景下，是否还要继续深化税制改革？这是许多人关心的问题。近些年来，中国的税制改革有序进行，逐步实现了既定目标。企业所得税已经实现了“两税合一”的改革，企业所得税税收政策体系比较完善，但是，落实各项税收优惠政策，特别是实施中小企业的税收优惠政策，仍需要不懈努力。按照“结构性减税”的要求，有必要做好全面实施增值税转型改革的后续工作，研究适当降低增值税税率和进一步提高部分产品退税率最终实现零税率的可能性。另外，增值税转型改革以后，原有增值税和营业税的税负均衡关系已经打破，有必要适当降低营业税的税收负担水平，减少不必要的税收优惠政策，支持第三产业的发展，增加就业机会。

第三，调节社会收入分配的改革。

中国现阶段，收入分配的差距逐步扩大，个人所得税的累退效应明显，既不公平又不简化，中低收入水平的纳税人税收负担相对比较重，矛盾日益严重。为了实现扩大内需的目标，必须尽快推行综合和分类相结合的个人所得税制度，降低税率，扩大税基，税前充分扣除，减少档次，拉大级距，完善个人纳税申报制度。

第四，财产征税制度的改革。

财产征税制度的主要内容是房地产税收制度，中国现行的房地产税收制度既不科学又不合理，税基窄，税率高，不能普遍征收，收入少。在条件具备时，应研究尽快合并房地产税各税种，建立统一的财产税制度。

第五，资源环境税收的改革。

资源环境税收受到国际社会的普遍关注，为了节约资源，提高资源利用效率，有必要调整和完善资源税，扩大征税范围，改革计税依据，加大税收对资源开采和使用的调节力度。为了实现节能减排，更好地保护环境，应积极研究、尽快完善与实施环境税体系。

第六，知识经济时代的税制改革。

知识经济带来了根本性的产业革命，信息化的迅速发展冲击着传统税收理念，电子商务及数字化产品税收问题日益突出。原有的税收理念、税收原则、税制体系、税收管理办法和国际惯例等都面临巨大的挑战，应积极研究知识经济时代的税制体系，提高前瞻性，构建适应时代的新税制。

第三章

国际税收治理机制与中国国际税收管理体系规划

随着全球化的不断深入，国家恪守税收主权、所得税和财产税制度在全球的应用、不断加深的经济国际化，这些因素共同作用，导致了对跨国经济活动的双重征税、各种形式的税收竞争、税收歧视以及国际逃避税等问题的产生。这些问题如果得不到解决，就会引起税收负担的不公平，使税收制度和政策对跨国经济活动产生干扰，从而损害经济效率和社会福利①。因此，在世界范围内建立公平有效的国际税收体系的需求应运而生。国际税收的本质内涵，正是国家之间对跨国税源的分配和协调。比较明确的国际税收规则主要提出于20世纪20年代②，经过近一个世纪的发展，较为系统的国际税收体系已经形成。在一国范围内，涉及国内税法对非居民在本国境内的所得、财产如何征税，以及对本国居民境外所得、财产如何征税的法律法规；在跨国范围内，涉及以国际税收协定为主要框架的一系列解决国际税收争端的规则、惯例和指引，各种国际组织也在其中发挥重要的作用。但是这一套体制主要以英、美等发达国家为主导，体现了发达国家向外资本输出的需要。随着新兴经济体实力的增强，国际资本流动更加多样化，更多的国家提出改变国际税收规则的新诉求，国际税收领域将迎来更加多元、更加多变和更加激烈的新时代。

经过十多年大规模地吸引外资，中国在全球跨国投资流动中的地位正在发生变化。作为外国直接投资东道国的地位相对下降，对外投资迅速增长，与全球经济的融合度更高。面对这些新形势，我国国际税收的政策也应该相应发生改变。在国内，国际税收管理的任务应该从主要盯着外资企业的反避税向着眼于企业跨国投资的有效管理转变。在国际上，中国应该调整国际税收治理的角色定位，在国际税收规则制定中发挥更大的作用。这是国际税收领域关系着中国如何在全球治理中寻求自身的目标、动机、利益和价值，以及在全球治理中承担责任的问题。

一、国际税收治理框架

（一）国际税收管理制度

1. 国际税收的基本规则

国际税收体系所要解决的主要是两个基本问题：（1）对于跨国经济活动所产生的收入应该按照什么合适的水平进行征税？（2）征税所得的收入应该在相关国家

① 杨斌：《国际税收》，复旦大学出版社2003年版。

② Graetz, Oosterhuis：The “Original Intent” of U.S. International Taxation 46 Duke L.J.1021.

之间如何分配？根据国际税法学家们的观点，对这两个问题的回答就是国际税收的两个基本原则①（Avi-Yonah，2007）。第一个原则就是单一课税原则，也就是跨国经济活动所产生的收入应该只被课征一道税，与此相对的就是跨国经济活动的重复征税。避免重复征税是 20 世纪 20 年代到 30 年代提出建立国际税收体系的主要动机。单一课税原则包含的另一层意思是，跨国经济活动所产生的收入应该至少被课征一道税，不应该课税不足或者不课税。第二个原则是受益原则，也就是将对积极所得②的征税权主要给予来源国，将消极所得③ 的征税权主要给予居住国（见图 3-1）。

世界			
居民		非居民	
积极所得	消极所得	积极所得	消极所得
低税	高税	高税	低税

图3-1 国际税收体系结构

资料来源：Reuven S. Avi-Yonah. International Tax as International Law: An Analysis of the International Tax Regime. Cambridge University Press. 2007. p.13.

在这两个原则同时起作用的情况下，实现单一课税主要通过协调来源国对积极所得的征税和居民国对消极所得的征税来实现。也就是说，所有跨国交易的所得，应该至少按照来源国的税率征税，并且不应该超过居住国的税率。由于大多数国家（地区）都同时征收企业所得税和个人所得税，如果跨国所得的征税高于国内所得的征税，那么增加的税收负担会导致投资流向效率较低的国内投资，这也正是为什么一个多世纪以来，国际税收框架的重要目的之一是消除双重征税。同样，如果跨国所得的征税低于国内所得的征税，那么增加的税收负担也会导致投资流向效率较低的国际投资。征税不足造成的福利损失几乎和双重征税造成的福利损失相当。在 20 世纪 20 年代提出境外税收抵免制度的 T.S.Adams 就曾经表示："对于那些为了消除双重征税承受痛苦的国家，只有同样保证个人和财产至少纳一次税才公平。"因此，坚持单一原则，对跨国所得既不双重征税也不过低征税，才能够保证资源的有效配置。

受益原则最早由国际联盟在 20 世纪 20 年代提出，也经历了理论和实践的考验。个人主要获得的是投资所得，企业主要获得的是生产经营所得。对于个人而言，居民国征税为主是比较合理的。首先，个人比较容易区分居民还是非居民；其次，大

① Reuven S. Avi-Yonah, International Tax as International Law: An Analysis of the International Tax Regime, Cambridge University Press, 2007.

② 积极所得，在国际税收中主要指通过生产经营活动取得的收入。

③ 消极所得，在国际税收中主要指投资活动取得的收入。

多数个人都只归属于一个国家，居民国更关心个人的征税权分配问题；更重要的是，个人与居民国的联系，即使旅居海外也不能完全割裂，如海外领事馆为本国居民提供的各种服务和保护等。相反，对于企业而言，来源国征税为主更具有优势。首先，企业的居民身份比较难确认，尽管有注册地、实际管理机构等各种标准，但是这些都能够被人为操纵。典型的例子就是，中国改革开放初期对外资给予大量税收优惠时，出现了很多的“假外资”。对于跨国公司而言，确定其居民身份就更加困难，他们的收入可以归属到多个国家，很难进行准确的分配。其次，跨国公司在来源国使用当地的各种公共服务和设施，就应该像当地居民一样为这些公共服务和设施付费。尤其是吸引外商直接投资的发展中国家，如果不对跨国公司征税，那么这些公共服务和设施的成本就会落到当地居民的身上。最后，从管理的便利来说，来源国对于企业在本国产生的所得享有优先征税的机会。

这两项国际税收基本原则已经成为各个主权国家在划分跨境所得征税权时遵守的国际惯例，但在实施的程度上仍然存在着一些差异。例如，有的国家为了吸引外资，给予外商投资企业免税或低税待遇，有的离岸金融中心对本国居民境外所得免税等。尽管如此，单一原则和受益原则仍然是国与国之间谈判和确定国家税收问题的基本出发点。

2. 国际税收的管辖权

税收管辖权（Jurisdiction to Tax）是一个主权国家自主管理税收的权力，属于国家主权在税收领域中的体现。也就是说，一国政府可以完全独立自主地在不受外来干预的条件下，根据本国的政治经济状况确定税收制度，制定税收政策。一个国家行使税收管辖权主要基于两个基本因素：一个是基于它所管辖的人的范围，包括该国所有的公民或居民（包括自然人和法人），也就是属人管辖权，分为居民税收管辖权和公民税收管辖权；另一个是基于它所管辖的地域范围，包括与本国有经济源泉关系的所得或财产，也就是属地管辖权或来源地税收管辖权。

目前，绝大多数国家都是两种管辖权并用，居住国要求本国的居民纳税人就其从世界范围内获得的所得或拥有的财产承担纳税义务，收入来源国要求从境内获得各种所得或在境内拥有财产的非居民纳税人承担纳税义务。中国即是实行来源国管辖和居民管辖的双重管辖权。只有少数国家只实行来源地税收管辖权（如中国的香港地区、乌拉圭、哥斯达黎加等），规定只对来源于本地区或本国境内的所得或位于本地区、本国境内的财产征税，来源于境外的所得或位于境外的财产不征税。

由于各国可根据税收管辖权自行决定本国的税收制度和政策，客观上也由于国与国之间经济发展水平和文化传统的不同，需要根据本国的具体国情选择不同的税制模式，这就造成了各国税收制度的差异以及税收管辖权实施规则的不同。

如何选择有效的国际税收规则对于商品、资本和劳动力的流动产生重要的影响。在此，经常被提到的是税收中性。更加中性的税收制度，可以让投资流向能够产生最大价值的地方。资本输出中性（CEN）是指如果把投资者的来源国和投资东道国的税款算在一起，本国投资者和外国投资者相同的边际投资额应当面对相同的税率。例如，一家德国公司投资面对40%的税率，而一家中国公司面对25%的税率，那么就会有许多投资“流”向中国。资本输出中性可以按照全球征税法对居民课税，并为已经支付的外国税款提供抵免来消除双重征税。资本输出中性的支持者们认为资本输出中性可以通过把税收因素从投资者的区位决策中剥离掉（投资者可以不考虑税收因素），使全球经济效率最大化。

资本输入中性（CIN）是指无论投资者是哪国居民，他在特定国家将承担相同的税率。这一标准经常被违犯，例如，如果美国公司在中国投资药品承担25%的税率，在本国的相同投资却要承担35%的税率。这种情况的发生是因为在现有法律框架下美国公司除了向中国缴纳税收外，还按照属人原则向美国政府按余下的10%纳税。按照完全属地原则的税制，资本输入中性是可以实现的，其前提是一国居民在海外的投资不会被居民国征税。

对于个人，大多数但不是全部国家采用或多或少带有扩张性的全球课税办法。换句话说，大多数国家对于居民的外国投资所得在一定程度上征税。对于企业，一些国家采用了全球课税办法，但是许多国家却没有。一半以上的OECD国家，例如法国和荷兰，在企业所得税上采用了属地原则，这意味着对于来源于外国的所得是不征税的。全球课税规则的依据主要是资本输出中性原则，它的目标是无论投资在哪里，对于本国居民和企业投资的课税应当是相同的。这种国际税制有利于拓展其对于海外公司的课税，但却容易带来过于复杂的税收规则。现在越来越多的国家开始放弃全球课税办法，采取更倾向于属地原则的国际税制。在这方面走得比较极端的，就是那些避税地国家，有的甚至完全放弃所得税。这种做法当然对美国这样坚持全球课税的国家造成了巨大的挑战。

（二）国际税收治理体系

经过多年的发展，国际税收全球治理机制已经初步形成，其核心是以主权国家为主体的国际税收协调与合作，其基础是双边和多边的国际税收协定，以及来自国际组织、大国、国际会议等正式和非正式机制的影响和制约。可以说，在国际税收的全球治理机制中，主权国家必须在以税收协定为代表的“硬约束”和以国际组织为代表的“软约束”环境下行使自己的税收主权，通过协调与合作，以共同促进税收管辖权的合理分配，税收征管权的有效实施，人员、资本、服务以及知识的自由流动以及全球福利最大化等目标的实现。

1. 多边国际组织

与税收协定所具有的和国内法相当的地位相比，国际组织的约束是一种软约束。各国之所以要遵守这种约束，可以用经济学中的"网络化效应"原理来进行分析。所谓的"网络化效应"，是指使用同种商品或其兼容商品的用户越多，那么，对于单个用户来说，这种商品的价值就越大。"网络化效应"既可能存在于有形的网络（如微软的视窗系统），也可能为无形网络（如语言）所具有①。正像标准化和"网络化效应"能给企业带来各种好处那样，在无形的跨政府组织网络中，国际经济"软法"同样具有一定程度的"网络化效应"，不接受这些统一规则的国家就会被"边缘化"，接受了这些统一规则但不予实施的，同样也享受不到其网络化的好处；而对于那些接受并实施跨政府组织网络中国际经济"软法"的国家，它们给这些国家带来的收益将越来越大，由此，这些国家脱离跨政府组织网络，背弃其中国际经济"软法"的可能性也会越来越小（徐崇利，2006）。

在早期的国际税收竞争中，关税竞争是各国展开国际税收竞争的主要手段之一。由于缺乏协调机构，各国在各种产品关税税率的降低幅度、产品目录的约定等方面都未达成一致，使得各国税收收入遭受很大损失，以吸引资源流入为目的的关税减让并没有有效地达到引进资源的目的。到了20世纪中期以后，随着一些国际性经济组织的成立，各国开始普遍意识到加强国际税收协调的必要性。经过国际社会的普遍努力，"关税与贸易总协定"（General Agreement of Trade and Tariffs， GATT）成立，对于统一国际关税税率，防范各国无限制提高和降低关税提出了指导性原则。1995年1月1日，GATT演变为世界贸易组织（World Trade Organization，WTO），其职能跨越了关税协调的范畴，将国际直接投资、服务贸易等议题都纳入其中，成为全球关税和贸易治理的重要机制之一。

在当前的国际税收竞争中，各种正式或非正式的国际组织发挥着不同的作用，包括全球性政府组织、区域性政府组织、非政府组织和非正式合作组织。Tanzi、Horner等学者都探讨过成立世界税收组织（World Tax Organization）的设想。2001年，联合国一个讨论会提出了成立国际税收组织（International Tax Organization，ITO）的建议，但是当时反全球化呼声高涨，人们对再次成立全球性组织的成本、管理上的弊病等心存疑虑，因此这一提案没有引起重视。

在国际税收治理中，全球性政府组织在制定国际税收规则和一些需要大部分国家参与的国际税收事务中起着指引性的作用，目前主要是经济合作与发展组织和联

① 周鹏：《标准化、网络化效应以及企业组织的演进》，东北财经大学出版社2005年版。

合国。

（1）经济合作与发展组织。下设负责机构为税收政策与管理中心。经合组织一直被人们称为“富人俱乐部”，其30个成员国① 产出的货物和服务占世界总量的60%。为了扩大影响，经合组织也邀请了中国、巴西、俄罗斯等非成员国作为观察员参加会议以及协议的签订，已经汇集了世界上一百多个国家。经合组织为各国政府提供了一个可以交流政策经验，寻求共有问题答案的场所，制定一些指南性文件或约束性协议，并推动这种“软性法律”的实施。

经合组织的税收政策与管理中心可以说是制定国际税收标准的前沿，最为成功的案例包括《OECD税收协定范本》和《跨国公司与税务机关转让定价指南》，并在反对“有害税收竞争”、促进税收信息透明化等领域取得了显著的成效。税收政策与管理中心还搜集分析各国的财政税收数据，发布各种研究报告，为各国的税制改革提供政策依据，并监督评估其成员国的税收政策。税收政策与管理中心每年举办很多税收工作会议、培训项目和出版一系列研究成果，对成员国和非成员国的税收制度、税收管理和国际税收合作都发挥了极其重要的作用。

（2）联合国。下设负责机构为国际税收合作专家委员会（UN Committee of Experts on International Cooperation in Tax Matters）。这个委员会是在原来的联合国国际税收合作特设专家小组的基础上成立的。尽管联合国应发展中国家的需求参与税收协定范本的制定较早，但专门设立国际税收合作机构是在2003年12月23日联合国经济及社会理事会大会提出开展国际税务合作体制框架后才开始的。从2005年开始，每年在日内瓦召开一次5天的会议，商讨相关的国际税收事宜。与经济合作与发展组织相比，联合国国际税收合作专家委员会更加注重发达国家与发展中国家的平衡，其25名成员中12名来自发达国家，13名来自发展中国家。

目前，这个专家委员会主要致力于审定和修改《联合国避免双重征税协定范本》和《双边税收协定谈判手册》、提供对话框架以加强和促进各国税务当局之间的国际税务合作以及发展中国家和经济转型国家的税务能力建设等。但是由于联合国国际税收合作专家委员会的人员组成较松散，会期间隔较长，影响了其作用的有效发挥。

2. 国家间组织

在全球性政府组织之外，不同区域的国家为了应对共同的国际税收挑战也成立了一些区域性政府组织，为区域内的税收合作构建平台。在此列举几个主要的区域

---

① 截至2009年年末，30个成员国包括：澳大利亚、奥地利、比利时、加拿大、捷克、丹麦、芬兰、法国、德国、希腊、匈牙利、冰岛、爱尔兰、意大利、日本、韩国、卢森堡、墨西哥、荷兰、新西兰、挪威、波兰、葡萄牙、斯洛伐克、西班牙、瑞典、瑞士、土耳其、英国、美国。

性政府税收组织。

（1）国际联合反避税信息中心（Joint International Tax Shelter Information Centre，JITSIC）

由英国、美国、加拿大和澳大利亚4国于2004年发起成立，后日本和韩国加入。中国国家税务总局于2010年10月27日经国务院批准加入该组织。目前该组织有9个成员国。

目前，JITSIC在全球有两个办公室：2004年成立的华盛顿办公室和2007年成立的伦敦办公室。成员国均派驻税务代表参与两个办公室的工作。

（2）美洲税收管理组织（The Inter-American Center of Tax Administrations，ICTA）

美洲税收管理组织成立于1967年，到2009年年底有38个成员国，其中包括29个美洲国家①、6个欧洲国家②、2个非洲国家③ 和1个亚洲国家④ 。这个组织每年就一个中心议题召开一次大会，并邀请一些非成员国的税务当局和国际组织作为观察员参加。该组织致力于传播和交流国际税收经验、为税收事宜发布指南以及促使成员国之间税收协定的达成等。

（3）欧洲税收管理组织（The Intra-European Organization of Tax Administrations，IOTA）

欧洲税收管理组织成立于1997年3月1日，迄今为止有43个成员国，主要是在欧洲地区为其成员国政府提供一个论坛来交流经验。该组织设立的目标是要成为一个专业性的地区税收管理组织，寻求最佳的税收管理模式并鼓励此模式的运用等。

（4）英联邦税收管理组织（The Commonwealth Association of Tax Administrators，CATA）

英联邦税收管理组织成立于1977年，目前已经有46个成员，主要活动包括年度学术论坛、对税收官员的高质量培训项目、满足每个成员国具体要求的培训项目、出版季度新闻简报等，目的在于促进各成员国税务机构之间的交流与合作。

（5）亚洲税收管理与研究组织（The Study Group on Asian Tax Administration and Research，SGATAR）

亚洲税收管理与研究组织在菲律宾政府的发起下于1971年成立并举办了第一届会议。目前共有15个成员国，中国于1996年在第26届年会上正式加入。该组织每年组织一次为期一周的年会，在各成员国轮流举办，就国际税收管理与合作的问

① 阿根廷、阿鲁巴、巴巴多斯、百慕大、玻利维亚、巴西、加拿大、智利、哥伦比亚、哥斯达黎加、古巴、多米尼加等。
② 捷克、法国、意大利、波兰、西班牙、荷兰。
③ 南非和肯尼亚。
④ 印度。

题进行讨论，已经召开的年会的议题包括非居民税收问题和不易征管群体的问题、偷税与避税的问题、税收优惠以及培养诚实的税收遵从等。

3. 国际税收组织

由于国际税收具有较强的专业性和技术性，在政府性组织之外还有大量的非政府组织进行国际税收的数据搜集、分析研究、教育培训和决策咨询。这些组织为国际税收全球治理的实现提供了信息、技术、人员的支持。这些组织有较为稳定的管理机构和工作人员，能够开展持续性的活动。在此，仅列举几个具有较大影响力的非政府税收组织，见表 3–1。

表3–1　部分非政府国际税收组织

组织名称	成立时间	成员	主要活动
国际财政文献局	1938年	25个国家的国际税收专家	提供国际税收信息、研究、教育培训和咨询
国际财政协会	1938年	来自100个国家（地区）的12000名会员	研究各种国际税收问题，举办年会、研讨会及出版刊物
亚太税务师协会	1992年	10个税收专业机构	通过合作与论坛提高本地区的国际税收管理能力
亚洲税收论坛	2005年	亚洲各国的高级官员、财税专家和企业代表	年度论坛，传播国际财税领域的经验和分享信息

由于全球治理的复杂性和多变性，一些非正式的合作形式凭借其活动时间和参与成员的灵活性开始逐渐地显现出自己的优势。例如，在全球政治体系中发挥重要作用的七国 / 八国集团（G7/G8）以及应对全球金融危机中受到人们关注的二十国集团（G20）等。

国际金融危机发生后，二十国集团在伦敦峰会上，对加强国际税收合作，反对国际避税活动作出了明确的表态，表示要对拒绝与国际社会进行税收信息交换的避税地国家实行严格的制裁，并采取行动“使得发展中国家更容易地保护它们在新的税收合作环境中的利益，包括信息交换的多边渠道”。在二十国集团的推动和督促下，国际税收情报交换和税收透明化取得了突破性的进展。老牌的避税地百慕大于 2009 年 4 月 17 日和 8 个国家签订了新的税收信息交换协议，开曼群岛于 2009 年 4 月 1 日和 7 个国家签订了新的税收信息交换协议，直布罗陀也于 2009 年 3 月 31 日和美国签订了首个税收信息交换协议，连圣马利诺、马恩岛、泽西岛和根西岛等从未和其他国家（地区）签订双边信息交换协议的国家也都在 2009 年做出行动。这种推动使得 2009 年国际社会在反避税地上取得的成绩超过了过去的十年（见表 3–2 和

表 3–3）。完全接受经合组织税收信息交换国际标准的国家从 2009 年的 40 个迅速地增加到 2010 年 6 月的 74 个，不接受税收信息交换国际标准的国家从 4 个减少到 0。这样的变化与二十国峰会的行动力和影响力有很大的关系。

（三）国际税收治理机制

1. 国际税收与资本流动

随着经济的发展，一国政府赖以生存的税基也在发生变化，从人头、实物、进出口，逐渐形成了以所得、消费、财产为主的现代税基。尤其是进入 20 世纪 20 年代，特别是第二次世界大战以后，经济国际化空前发展，资本的输入和输出日益活跃。为了保护本国贸易和本土企业，许多政府都采取措施，既限制外国投资流入也限制本国居民投资外流。但是，20 世纪 70 年代以来，各国对于外国投资的态度发生了巨大的变化。几乎所有的政府都积极鼓励外国投资流入，因为它们都已经认识到这是经济增长最大化的关键因素。

从 20 世纪 70 年代到 80 年代，由于资本控制的松动和金融市场的不规范，在主要发达经济体中外国投资呈爆炸般的增长。90 年代，同样的事情发生在许多发展中国家。改革主要包括允许与外国货币交换、允许购买外国证券、允许外国购买本国证券以及本国工厂等。与此同时，技术和通信手段的进步加速了资本和劳动力的流动。通过互联网和其他工具，个人和商业对于全球性的投资和劳动力有了更多的选择①。

进入 21 世纪之后，这种跨国的资本流动的规模更大，流向也更加多样。从由发达国家流向其殖民地和半殖民地，变为发达国家之间相互投资，发达国家对发展中国家的投资，甚至发展中国家对发达国家的投资。表 3–2 和表 3–3 描述了这种双向的对外直接投资流动。

表3–2　OECD成员国和新兴经济体外商直接投资流出量

单位：百万美元

国家和地区 \ 年度	2004	2005	2006	2007	2008	2009	2010
澳大利亚	10706	–31058	25411	16785	33455	16260	25788
奥地利	8036	11138	13678	39034	29395	10007	8399

① Chris Edwards and Veronique de Rugy, International Tax Competition: restraints on Government in 21st Century. CATO Institute, Cato Policy Analysis No. 431, 2002.

续表

国家和地区 \ 年度	2004	2005	2006	2007	2008	2009	2010
比利时	34038	32640	50713	80141	220595	3687	48844
加拿大	43341	27540	44404	57719	79752	41728	38583
智　利	1563	2183	2171	2573	8041	8061	8743
捷　克	1014	–19	1469	1621	4322	950	1704
丹　麦	–10369	16195	8438	20624	14134	6882	3150
爱沙尼亚	269	691	1107	1746	1112	1549	133
芬　兰	–1080	4220	4808	7202	9279	4917	10525
法　国	56767	114909	110734	164341	154747	102955	84117
德　国	20559	75848	118767	170650	76992	78205	106961
希　腊	1030	1467	4047	5247	2413	2055	1269
匈牙利	1119	2179	3877	3622	2230	1826	1236
冰　岛	2581	7102	5555	10181	–4206	2286	–2506
爱尔兰	18079	14304	15332	21150	18912	26617	17803
以色列	4533	2946	15462	8604	7210	1695	7960
意大利	19272	41795	42089	90795	66870	21277	21011
日　本	30963	45831	50243	73545	127981	74698	56276
韩　国	5651	6366	11175	19720	20251	17197	19230
卢森堡	6939	9034	7183	73364	11737	7213	15124
墨西哥	4432	6474	5758	8256	1157	7019	13570
荷　兰	37039	122998	71214	55618	68202	26821	49990
新西兰	–456	–1520	182	3702	–239	–308	591
挪　威	5317	21970	21321	13595	25954	28615	12194
波　兰	902	3405	8864	5410	4413	4701	5488
葡萄牙	7457	2110	7143	5494	2736	817	–8377
斯洛伐克	–21	149	512	600	529	432	328
斯洛文尼亚	549	641	862	1802	1438	242	–79
西班牙	60567	41805	104306	137078	74573	9737	21600
瑞　典	22227	27712	26613	38811	31298	26300	31841

续表

年度 国家和地区	2004	2005	2006	2007	2008	2009	2010
瑞士	26282	50994	75863	51036	45312	27867	38263
伊朗	780	1064	924	2106	2549	1554	1464
英国	94375	79995	82808	325473	160425	44424	11016
美国	316222	36236	244922	414039	329080	303605	351350
欧盟27国总和	379718	604508	686543	1252600	962403	386789	436725
OECD国家总和	830686	779342	1187954	1931682	1632647	911890	1003586
巴西	9807	2517	28202	7067	20457	–10084	11500
中国	**1805**	**11306**	**21200**	**17000**	**53500**	**43900**	**60100**
印度	2179	2978	14344	17281	19257	15928	14649
印度尼西亚	3408	3065	2726	4675	5900	2249	2664
俄罗斯	13782	12767	23151	45916	55594	43666	52476
南非	1350	930	6063	2966	–3134	1151	450

表3-3 OECD成员国和新兴经济体外商直接投资流入量

单位：百万美元

年度 国家和地区	2004	2005	2006	2007	2008	2009	2010
澳大利亚	42472	–24184	31070	45392	46633	26036	33435
奥地利	3187	10778	7936	31159	6845	9304	3837
比利时	43583	34351	58926	93448	193575	56023	71960
加拿大	–445	25693	59765	114642	57147	21438	23412
智利	7173	6984	7298	12534	15150	12874	15095
捷克	4975	11654	5465	10446	6449	2929	6788
丹麦	–10447	12873	2715	11815	2228	2966	–340
爱沙尼亚	958	2869	1797	2725	1729	1839	1540
芬兰	2828	4747	7656	12455	–1136	356	6935
法国	32579	84898	71888	96240	64060	34029	33907

续表

国家和地区 \ 年度	2004	2005	2006	2007	2008	2009	2010
德　国	–10195	47411	55657	80223	4063	37629	46136
希　腊	2103	623	5358	2112	4490	2435	2188
匈牙利	4508	7711	7021	5447	6313	1552	1811
冰　岛	737	3086	3858	6822	917	86	476
爱尔兰	–10614	–31670	–5545	24712	–16421	25961	26331
以色列	2947	4819	15296	8798	10877	4438	5153
意大利	16824	19960	39259	40209	–10814	20078	9498
日　本	7818	2778	–6503	22548	24417	11938	–1670
韩　国	9246	6309	3586	1784	3311	2249	–150
卢森堡	5195	5976	31803	–28265	11195	22478	9211
墨西哥	24818	24280	19951	30070	26948	15575	19627
荷　兰	12459	39023	13984	119406	4540	36046	–13526
新西兰	2425	1524	4689	3440	4984	–1293	636
挪　威	2544	5414	6413	5803	10766	14070	11856
波　兰	12898	10299	19599	23582	14833	12936	8861
葡萄牙	1936	3927	10914	3063	4656	2707	1453
斯洛伐克	3033	2427	4700	3583	4685	–50	526
斯洛文尼亚	829	588	644	1515	1944	–653	363
西班牙	24775	25005	30819	64277	76843	9136	24548
瑞　典	12125	11897	28908	27740	37120	10673	6026
瑞　士	933	–949	43740	32446	15137	27484	4342
伊　朗	2785	10031	20185	22047	19504	8409	9258
英　国	57178	177868	156218	200808	91132	71208	44696
美　国	145966	112638	243151	221166	310091	158581	236227
欧盟27国总和	222661	497651	582109	856592	538747	372736	302022
OECD国家总和	460136	661637	1008223	1354191	1054209	661469	650445
巴　西	18146	15066	18822	34585	45058	25949	48459
中　国	**54937**	**117200**	**124100**	**160100**	**175100**	**114200**	**185000**

续表

国家和地区＼年度	2004	2005	2006	2007	2008	2009	2010
印　度	5771	7606	20336	25483	43407	35597	24616
印度尼西亚	1896	8337	4914	6929	9318	4878	13304
俄罗斯	15444	12886	29701	55073	75002	36500	42868
南　非	798	6647	−527	5695	9007	5696	1553

资料来源：根据OECD数据库整理，2012年7月。

为吸引外国投资，各国必须首先拥有基本的经济环境。它们必须建立稳定的货币体系，制定明确的法规来防止对资产侵占，建立可流动的透明的金融市场。在过去20年，拉丁美洲、亚洲和东欧的许多新兴经济体国家和转型国家已经开始拥有基本的经济环境。许多工业化国家进行了持续的市场化改革。作为影响全球投资流动的关键因素的税收政策被提升到了一个重要的地位。换句话说，当非税收因素在国家之间变得更加趋同的情况下，税收因此变得更加重要。

从传统意义上讲，投资海外的重要原因是要获得关键性的资源，例如石油储备。现在，更多的工业变得自由自在，可以建立在任何地方。例如，金融和服务成为海外直接投资增长最快的两大领域。同时，产品价值增加最快的部分来自于无形资产，如知识、商标和专利。来自于无形资产的利润更容易转移到低税收国家。所以，资本对于不同国家税率变得要比以前敏感得多。

资本在各国流动可以分为国际直接投资和国际间接投资两种形式。

（1）税率对国际直接投资的影响

产业组织学认为，国际直接投资受到利用特定商业机遇的愿望的驱动，而影响国际直接投资地理分布的因素是很多的。在20世纪80年代中期爆发世界性降税改革之前，税率差异几乎不被看做是资本国际流动的主要驱动力。但由于企业总是试图使其税后利润最大化，那么国际税收差异对国际直接投资的区域和数量还是发生了一定的影响。20多年来，随着科学技术的突飞猛进和经济全球化进程的加快，多边降税竞争的现实和财政经济学家的经验研究证明，国际直接投资对国家间所得税税率的差异是敏感的。

所得税对国际直接投资的影响可从投资者的东道国和居住国两方面来考察。投资者在海外投资办的企业首先面临着东道国的公司所得税，企业缴纳了东道国的公司所得税后将税后利润作为股息、红利支付给居住国投资者时，东道国还要对这部分分配利润课征股息预提税。所以一国的投资者在东道国要负担公司所得税和股息预提税两笔所得税税款。如果东道国的公司所得税和股息预提税的税率较高，两税的整体税负水平超过了投资者居住国的税负水平，那么在东道国投资的税后净收益率就会低于在居住国的投资，从而影响东道国外国直接投资的流入。对居住国来说，居住国依据居民管辖权仍然要对本国纳税人的海外所得征税，并对两国的重复征税采取措施予以减除，但无论采用何种方法减除，投资者的税后净收益率都不免受到东道国高税率的影响。所以，东道国过高的公司所得税和股息预提税税率会阻碍外国直接投资流入。

Hartman① 首次对税收与外商直接投资的关系作出系统的计量研究。他在 1984 年的一篇文章中，使用了美国 1965~1979 年的年度数据，估计了美国的外国投资者实现的税后收益率、美国资本总体税后收益率以及外国人拥有的美国资本的税率与美国投资者拥有的美国资本的税率之比这几个变量的相关性。其回归分析表明，无论投资资金来源如何，税收对外国直接投资的影响都很强。斯诺伊（Snoy，1975）的研究是对进入欧洲共同体的外国直接投资的税收效应进行的最全面的经济分析和研究。在分析进入欧洲的美国直接投资时，他发现在 1966~1969 年间，假如欧洲东道国的有效公司所得税税率降低 10 个百分点，那么，流入这些国家的美国直接投资的年增长率每年增加近 7 个百分点；在分析比利时、英国、法国和前联邦德国（简称德国）对 14 个西欧国家的对外直接投资时，他发现在 1966~1969 年间，这 4 个国家的对外直接投资与东道国的比较高的实际公司所得税税率呈负的对应关系。例如，如果东道国平均将其有效公司所得税税率提高 10 个百分点，那么德国的对外直接投资与整个东道国制造业投资总额的比率就会下降 2.7 个百分点，而且由德国跨国公司进行的流入特定东道国的全部欧洲投资总额会下降 3.3%。格拉伯特和穆迪（Grubert & Mutti，1989）对美国对外直接投资的研究从涉及的东道国来看是最全面的研究。他们发现东道国的平均有效税率对来自美国的直接投资有很强的负效应，而且初始税率越高，东道国税率提高的负投资效应就越强。朱星俊（Joosung Jun，1994）在研究国际直接投资对税收优惠的敏感度时，收集了美国和其他 10 个发达国家在 1980~1989 年的相关税收和非税收变量方面的数据。其主要研究结果是东道国税率在解释国际直接投资行为中显然起着很重要的作用，尤其是东道国的法定税率对来自实行居住地税制的国家的直接投资有重大的负效应，而同样的变量对来自于实行地域制税制（来源地税制）的国家的直接投资则没有重大效应。

需要注意的是，计量分析本身存在技术障碍和对高度汇总数据的依赖等缺陷使研究可能得出不确定的甚至是相矛盾的结果，但学者们总的结论是，公司所得税税率大多直接影响了国际直接投资，其效应是不容忽视的。

① Hartman, David G. , How tax policy and incentives affect foreign direct investment: a review the world bank policy research working paper No. 2509[C], 2000.

（2）税率对国际间接投资的影响

所得税对国际间接投资的影响也可从东道国和居住国两方面来看。在国际间接投资中，东道国的公司所得税和股息预提税都对股票的国际投资起到了一定的阻碍作用。而对债券的国际投资，由于债券筹资所支付的利息可以计入东道国企业的成本，冲减公司所得税，所以投资者从东道国企业取得的债券利息并没有负担东道国的公司所得税，而只负担东道国对利息支付课征的利息预提税。从居住国方面看，居住国一般不允许抵免本国投资者因股票的跨国间接投资而负担的东道国公司所得税。对于本国投资者负担的东道国利息预提税，各国一般都允许税收抵免，但也有抵免限额的限制。因此，如果东道国的公司所得税、股息预提税和利息预提税的税率过高，就会对国际间接投资流入本国产生抑制作用。

另外有学者认为，公司所得税税率的变动通过影响利率总水平和股票价格，也会对国际间接投资产生重大影响。公司所得税税率的提高，会对资本净输入有相反的影响。比较高的公司所得税税率会降低公司的预期净股息，降低了股票的市价并抑制公司投资。同时，一国的资本净输入（正的或负的）与该国的总投资和总储蓄之间的差额是相等的。股东财富的减少会诱使投资者为恢复其原有的财富水平而增加储蓄，投资下降和增加储蓄的净结果会对国内利率产生向下的压力，这会导致较低的资本输入或较高的资本输出。当然，间接投资也会受到对资本所得征收的个人税的影响，在这里暂不作讨论。

由此可见，国际资本市场的日益完善及日益发达的国际通信网络都在加快国际间接投资的发展，国际投资者们随时比较着各国间税后收益率的差异。各国对国际间接投资税收政策的任何变化（如减免的取消和税率的调整），都会使国际间资本进行再配置以恢复建立在相同税后收益率基础上的新的均衡。虽然税负抵免的提供在某些条件下会缓解这种扭曲效应，但东道国的课税通常成为国际间接投资者的最后税负。有几个国家的例子可以说明以上推断[①]。德国于 1987 年宣布对在德国境内发行的德国债券的利息收入征收 10% 的预提税，而在德国发行的外国债券及在国外发行的德国债券的利息收入予以免税。由于这一税收政策的执行，德国公司转向购买外国债券，使德国的利率水平迅速上升而国内债券的发行数量大量萎缩。在不到两年的时间里，德国被迫取消了这一预提税，而德国的资本市场也逐步恢复到 1987 年以前的水平。美国 1984 年对其预提税政策的变动则极大地影响了整个国际金融市场。作为赤字缩减法案的一个组成部分，美国取消了对美国债务人支付给非居民的利息支付款项课征的 30% 的预提税，结果对国际间接投资造成极大影响。例如，原先在荷兰注册的大量美国债券发行因此而转移到美国境内。迈克鲁尔（Mclure，

① 锡德里克·桑福德，《〈成功税制改革的经验与问题〉第2卷——税制改革的关键问题》，中国人民大学出版社2001年版。

1989）还指出，取消30%的预提税使美国成为了一种特殊意义上的避税地，这种做法对此后十年间大量的拉丁美洲资本外逃到美国起到了很大的作用。

另外，公司所得税税率还会因为对各种所得的税收待遇不同，通过影响跨国公司的融资决策和资本成本继而对国际投资发挥影响，这涉及公司所得税对债务资本和股权资本的不同待遇，以及对保留盈余和分配利润的不同待遇，不同的抵免制度等复杂的背景。

（3）跨国公司的利润转移

20世纪80年代以后，以信息技术为代表的新技术革命成果的商业性应用，提高了企业对分散性经营活动的组织和协调能力；其次，经济自由主义在国家和国际层次的日益盛行，快速推动着全球贸易和投资自由化的进程。这两个因素大大降低了企业开展跨国经营活动的成本。因此，跨国公司成为当今世界经济领域最重要、最具活力的因素。据联合国贸发会议2012年公布的资料显示，全世界跨国公司的数量已经达到63000家，它们在世界上其他国家有超过7万家分支机构，影响着全球25%的产出和8600万劳动力。2011年前100家跨国公司的销售额增长差不多20%[①]。并且，发展中国家的跨国公司正在迅速成长，2010年中国公司海外雇用员工达到了1800万，增长近28%。

对于跨国公司而言，经济全球化的实质是市场营销的全球化、资源配置和研究开发的全球化、生产制造和商业竞争的全球化，是整个企业经营活动的全球化。那么，从税收的角度上说，毫无疑问跨国公司的纳税活动也是全球化的。尽管政府们仍然相信国与国之间的竞争将主要体现在各国企业之间的竞争，从而给予本国大企业大量的研发补贴和税收优惠，但这可能日益成为政府的一厢情愿。跨国公司无国籍化的发展趋势，使企业福利和国家福利的对应关系日益复杂，而跨国公司对母国利益的政治忠诚度也在逐渐减弱——跨国公司就其全球所得在整个企业内部进行纳税筹划，充分利用各国税收差异，降低纳税义务，追求税后收益的最大化，恐怕很少会顾及这种做法会使哪些国家之间的税基发生了转移。

Copithorne（1971）和Horst（1971）提出了跨国公司理论文献中的著名命题：当跨国公司面对不同国家的不同税率时，会潜在地通过内部贸易的商品价格操纵，把利润从高税国向低税国转移。跨国公司利用国家间税收差异进行国际避税是具有其客观合理性的，而以跨国公司在全球经济领域的影响力，其纳税筹划和避税活动极大程度地影响着税基在国家间的转移，而这种影响是通过跨国公司内部实施转让定价将利润从高税国向低税国转移实现的。全球化及其对跨国公司对外投资和利润转移的影响见图3-2。

① UNCTAD, World Investment Report 2012.

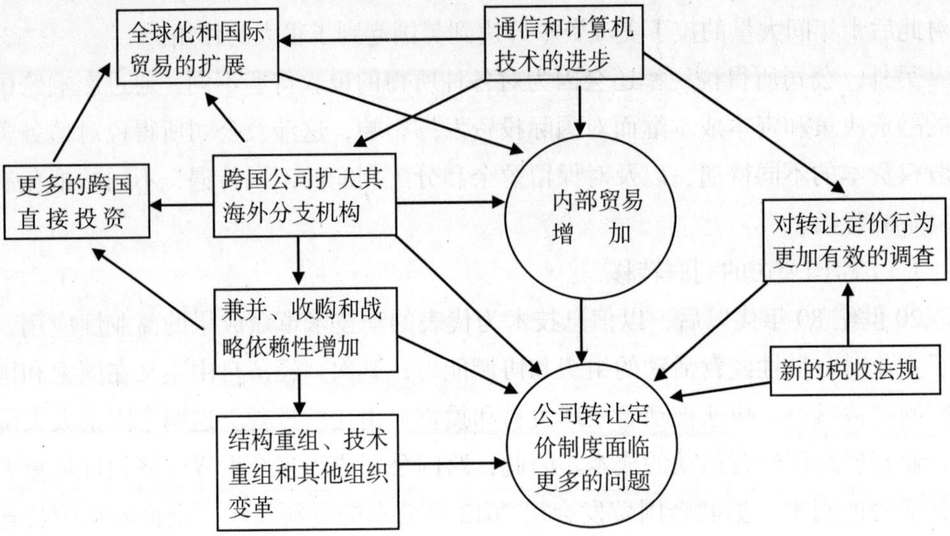

图3-2 全球化及其对跨国公司对外投资和利润转移的影响

跨国公司的转让定价和利润转移。所谓转让定价，是指公司内部机构之间或关联企业之间相互提供产品、劳务或财产而进行的内部交易作价。转让定价可以发生在一国之内，而与各国税收利益密切相关的是发生在国与国之间的国际转让定价。由于转让定价发生在跨国公司集团的内部成员之间，而这些成员由于法律或经济上的原因在经营管理和经济利益方面存在着紧密的联系，因此转让定价并不一定符合市场竞争原则，而是根据公司集团的整体利益人为地加以确定。转让定价的这种特殊性决定了，跨国公司必然利用它操纵内部交易定价从而在公司集团内部人为转移利润。在跨国公司关联企业之间的各项交易中，包括销售产品、提供劳务、发放贷款、技术转让等，通过实施一定的转让定价策略，跨国公司就可以把利润从一个国家的关联公司转移到另一个国家的关联公司的账面上。

尽管转让定价也可以为跨国公司的很多经营目标服务，但国际避税目标仍然是其中重要的一个。在世界各国公司所得税税率高低不等的情况下，跨国公司可以利用自己经营活动全球化的优势，通过转让定价，在不同国家的关联企业之间分配业务收入和费用开支，尽可能地将利润从高税国企业转移到低税国企业，从而导致跨国公司在全球范围内最少纳税、最大获利的目的。

当然，一家跨国公司利用转让定价策略减少的应纳税款可能是很有限的，但对于一个国家来说，由此造成的税基流失情况则可能是十分严重的。有研究数据显示①，美国全部非居民跨国公司因转让定价少缴纳的美国税款已达 110 亿美元。有人将美国居民跨国公司与非居民跨国公司的利润率差异中的 20%~25% 归结为转

① 苏珊·C·鲍克斯基：《发达国家与发展中国家的转让定价问题》，《税收译丛》，1998年第5期，第25页。

让定价因素。美国国会把非居民跨国公司的利润业绩不佳部分归结为转让定价导致的利润转移。也有人认为，美国与非美国跨国公司的利润差异部分是由有关国家税率差异导致的收入转移引起的。虽然，尚未有证据来证实这些推测，但跨国公司利用国家间公司所得税税率的差异，通过转让定价进行利润转移的避税行为，确实导致了税基从高税国流向低税国。实际上，发展中国家由于税收征管和法律制度的漏洞更可能成为跨国公司利润转移的受害者。一些非营利组织通过初步估算发现，每年从发展中国家转移出去的利润高达350亿美元（Cobham，2005）。中国国家税务总局2004年发布的资料也显示，跨国公司每年的避税活动给中国造成的税收损失在300亿元人民币以上①。

2. 国际税收与劳动力流动

与资本流动一样，劳动力流动也受到各国税收制度的影响。技术进步、区域贸易和大量信息获得的便利性正在创造迅速上升的跨国劳动力流动。来自OECD的分析表明，尽管家庭和政治原因仍然是移民的重要因素，但是经济因素成为移民上升的重要原因。一个重要的因素就是个人由于国别而带来的税收支出的不同，尤其是对于高收入者。所得税在大多数国家的边际税率与收入是累进的，所以拥有高收入的熟练工人对于税收竞争有着很强的回应性。

许多因素提升了税收对于国际移民的重要性：

第一，互联网丰富了关于外国机遇的信息，使得企业扩大对于职位的跨国寻找成为可能。

第二，交通和通信成本的降低使工人在境外工作并保持原有的紧密关系变得容易。

第三，原来许多高压政权对于向外移民的限制已经取消。

第四，技术能力的提升使得人们可以工作在外国而居住在任何地方，例如，互联网技术使得软件编写员和其他职业可以通过电子技术在世界任何地方获得工资并保持紧密的联络，他们将选择最有吸引力的税收环境。

第五，区域贸易条约也增加了工人的流动。欧洲联盟允许工人在成员国间完全自由流动，北美自由贸易协定也允许熟练技术工人的流动，由于技术和经理人的跨国流动有助于贸易和投资流动，劳动力流动的增加通常被作为贸易条约所带来影响的一个方面。

第六，一些国家放宽了对于熟练技术工人的向内移民的限制。在美国，H1-B年度工作签证对于熟练技术工人的限制被放宽到了2003年。一些国家，例如，加拿

① 《21世纪经济报道》，2004年9月22日。

大的移民制度向熟练技术工人和投资者进行了倾斜，而且，许多国家签署了关于移民和税收的双边条约，使得移民更加容易，并避免了对劳动所得的双重课税。

移民在高科技部门的成功证明了美国经济的快速增长来自对拥有高技术水平人士移民的鼓励。一项研究发现，来自中国和印度的移民在1998年运转着硅谷24%的高科技企业。另一项研究发现，一些移民群体，包括韩国和中东国家（地区）的，对于新兴企业有着浓厚的兴趣。传递给政策制定者的应当是这样一种信息：应当建立低税率的有吸引力的经济环境，通过熟练技术和向内移民给予经济持续发展的动力①。

毕竟，一旦劳动力移动的成本和限制下降，对于税收支出和获得政府服务不满意的公民可以用脚投票，转移到更为优越的经济环境中去。由于非经济因素在移民中扮演重要角色，我们假定在其他条件相同情况下来观察税收竞争的巨大影响。一个很好的例子就是加拿大的低税率的邻国美国给它带来的巨大的税收竞争的压力。

自从1992年欧盟的内部移民管制放松以后，欧洲人对于国家间税收的差异也变得很敏感。尽管在欧洲内部移民依然存在语言和文化上的障碍，但是由于较多的机会和税收负担轻，特别是在技术和金融领域，年轻人和技术工人涌向了像伦敦这样的城市。伦敦的劳动力23%是外国人，并且他们中的许多人来自于税收负担重的法国。大约有50万法国公民现在居住在英国。法国政府报告表明，每年相当大份额的工程专业毕业生离开了法国，并且已经有4万名法国的高科技从业人士迁往硅谷。

另一个关于税收和移民问题研究的有趣的例子是爱尔兰。多年来，由于英文流利和受过良好的教育，爱尔兰青年会去英国和美国寻找更美好的生活。但是公司税和个人税的消减，倒转了这种爱尔兰式的移民模式。由于在过去的十年中，向内移民的明显增加和向外移民的大幅下降，爱尔兰现在记录的向内移民每年净增加2万人。爱尔兰智力外流现象被减税遏制住了。

2011年12月29日，美国国内收入局公布了《海外账户纳税法案》（FATCA）部分实施细则。根据税法规定，截至2011年12月31日，居住在美国境内、在海外拥有5万美元以上资产或者居住在美国境外、在海外拥有20万美元以上资产的美国公民和持有美国绿卡的外国人，都需要在2012年4月15日前向政府申报；藏匿海外资产拒不申报被视为有意逃税，一经查出会被处以高达5万美元的罚款，严重的还会被判刑。这使得很多在海外拥有各种资产的美国公民紧张不安。实际上，奥巴马政府上台以后，加强了对美国人海外资产的追查，已经三次启动了海外资产主动申报计划，让拥有海外资产的美国人主动坦白交代以获得从宽处理。第一轮主动申报到2009年10月15日结束时，美国国内收入局共收到了1.5万份境外资产申报书，

① 张文春、任强译：《国际税收竞争：政府在21世纪的约束》，《经济资料译丛》，2006年第3期。

涉及 60 多个国家的银行，显然这只是冰山一角，美国政府并不满意，于是发起了第二轮的主动申报计划。以 2010 年的 8 月 31 日为最后的期限，在此之前，瑞士信贷银行因为在一项诉讼中要与美国政府达成和解，从而向美国政府提供了 4000 多个账户的名字，其中有许多是在海外藏匿资产的富豪。2011 年底《海外账户纳税法案》的颁布可能使得这种海外资产申报成为一种常态。

如此加强海外资产申报是否美国独有？有人甚至将此归结为美国金融危机后面临的财政困难使得政府另谋财路。其实不完全如此。首先，美国为什么能够追查其公民的海外资产？这是居民国对其税收管辖权的行使。贸易、资本和人员的全球流动，使得主权国家在原有的国内征税基础上，既要作为来源国征收外国居民在本国获得的所得，也要作为居民国征收本国居民来源于境外的所得。以资本输出为主的欧美等发达国家，在税收上最为强调的就是居民国的征税权力。英国、澳大利亚等国家也都有对海外资产的纳税申报规定。

其次，居民国为什么能够对其居民的境外所得征税？在全球化的今天，企业和个人可以较为自由地来往于不同国境，甚至改变自己的国籍。税收竞争的存在使得各国所得税的税率普遍呈现下降趋势。那么，加强对居民的税收征管是否会降低一国对企业和个人的吸引力呢？或者换句话说，加强海外资产申报是否会让一些人放弃美国国籍？这就要看美国作为居民国能够为其居民提供什么。政治权利、社会保障、教育环境、医疗条件甚至海外的人身安全等公共产品和公共服务都是居民国为其居民所能提供的福利。税收是居民享受这一切所付出的成本。也就是说，一个国家的居民管辖权能够行使到什么程度，不仅在于一国的税收征管水平，也在于一国为其居民所创造的公共福利价值。

确实，在美国当前需要减税以增加私人投资和就业的背景下，国内的任何增税可能都很难推行。对居民的海外资产征税是在不损害国内税收存量的情况下，增加政府财政收入的绝佳选择。但需要看到，这种强化居民管辖权的做法是需要制度基础作为保证的。只有在征税的同时，进一步完善本国为其居民提供的教育、养老、就业、安全服务，才不至于引起纳税人的抵触甚至逃离。在想着纳税人应该为国家做些什么之前，政府也应该想想能够为纳税人做些什么。这是每一个希望加强居民管辖权的国家不应该忽视的问题。

二、中国国际税收管理体系设计

（一）中国经济发展与国际税收管理演进历程

1. 第一阶段（1978–1993）：萌芽和发展

（1）主要背景

“二战”之后，尤其是进入20世纪90年代以来，贸易全球化得到充分发展，投资、生产和金融也逐渐跨越一国边界，实力不断增强的跨国公司成为推动全球化的重要力量。根据联合国贸易与发展会议的资料，1968年全球跨国公司仅有7276家，子公司2.7万家，到了1996年全球跨国公司达到4.45万家，子公司达到28万家。同时，以美国为代表的发达国家在七八十年代经历了经济滞胀，1980年前后美国开始实施货币紧缩政策和增加军事开支的扩张财政政策，尽管通货膨胀得以迅速降低，但是却带来了高失业和美元升值。发达国家对外投资的积极性大为增强。

1978年，我国全面实施改革开放，面临着资金、技术的短缺。为了引进资金、技术促进经济起飞，我国制定了引进外资的基本战略。我国实际利用外资从1979年的3000万美元迅速增加到1997年的452亿美元。随着外资企业越来越多地进入中国，出现了国际税收问题，主要是外资企业和外籍个人在中国取得的所得如何纳税的问题。

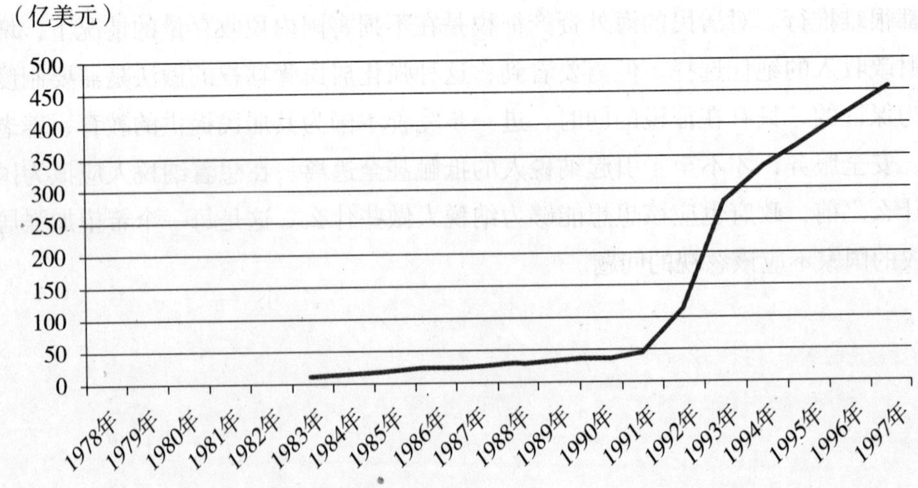

图3-3 我国实际利用外商直接投资金额（1978–1997）

（2）国际税收制度

1980年和1981年，我国陆续颁布《个人所得税》、《中外合资经营所得税法》和《外国企业所得税法》，初步确立了我国涉外税收的法律框架，但内外资所得税分立。企业所得税制中，分别对内资国营企业、集体企业和私营企业征收企业所得税，外资企业适用《外商投资企业和外国企业所得税法》。个人所得税制中，对外国人征收个人所得税、对中国人征收个人收入调节税和个体工商户所得税。

非居民纳税人在我国取得的经营所得按照《外商投资企业和外国企业所得税法》（1991–2008年）应按应纳税所得额计算，税率为30%，地方所得税按应纳税所得额计算，税率为3%。但是由于我国给予外商投资企业和外国企业"两免三减半"的所得税优惠政策，再加上各地的招商引资政策，外商投资企业和外国企业在我国境内产生的经营所得几乎免征企业所得税。1994年我国外商投资企业和外国企业的税收收入仅为48.1亿元。

非居民纳税人在我国境内取得的投资所得，按照《外商投资企业和外国企业所得税法》应当缴纳20%的预提所得税，但外国投资者从外商投资企业取得的利润，为科学研究、开发能源、发展交通事业、农林牧业生产以及开发重要技术提供专有技术所取得的特许权使用费等都免征预提所得税。

居民纳税人取得的境外所得按照《个人所得税法》（1980年）应该向中国税务机关申报纳税，但是由于规模和数额较少，税收征管上几乎处于空白地带。

（3）国际税收征管

随着我国对外开放的发展，为了避免和消除对公司、企业和个人的跨国经营和投资以及从事劳务的所得被重复征税，以有利于国家间的资金流动、劳务交流和国家间的经济技术合作，我国从1981年年初开始对外谈判签订对所得避免双重征税和防止偷漏税的协定，并适应对外谈签工作的需要，制定了对外签订避免双重征税协定的工作文本。由于发展中国家主要是吸收外资、引进技术、与发达国家进行经济技术合作，所产生的营业利润、劳务所得和投资所得，其来源地主要是在发展中国家，我国在这个时期的协定谈签主要强调有利于吸引外资和技术，维护税收利益。到1997年6月，我国同56个国家（地区）签订了国际税收协定，并通过签订单向税收协定、协议或在"海运协定"、"航空运输协定"中列入税收条文等形式，同40多个国家解决了对国际运输企业的互免税收事项。在协定中，中国对于直接或间接来源于缔约国的利息予以免税，对于在相互承认的教育机构从事教学、研究的报酬予以免税，为促进协定国之间的资金流动、贸易往来和科学文化交流提供了便利。

2. 第二阶段（1994–2007）：税制改革与完善

（1）主要背景

亚洲金融危机爆发，东南亚国家的汇市和股市受到巨大冲击，中国履行了人民币不贬值的诺言，实行积极财政政策，成功实现经济平稳着陆。金融危机之后，中国经济持续增长和人民币升值预期等因素，吸引了更多的外商直接投资进入中国。同时，亚洲金融危机也使得盲目建设带来的结构不合理等深层次矛盾凸显、内需不足、出口下降，"走出去"逐渐成为新的国家战略，"鼓励能够发挥我国比较优势的对外投资，更好地利用两个市场、两种资源的战略方针"①。随着 2000 年政府正式确立"走出去"发展战略，2001 年正式加入世贸组织，我国保持了对外商直接投资的较强吸引力，同时对外投资的数量和规模迅速扩大，"引进来"和"走出去"的资本双向流动对我国经济的影响更加显著。2008 年我国实际利用外商直接投资 923.45 亿美元，对外直接投资突破 500 亿美元，达到 521.5 亿美元。

（2）国际税收制度

1994 年我国进行了大规模的税制改革，将对内资企业征收的多种所得税合并为统一的企业所得税，将对外国人征收的个人所得税、对中国人征收的个人收入调节税和个体工商户所得税合并为统一的个人所得税。

国际税收的法律法规进一步规范。1998 年国家税务总局颁布的《关联企业间业务往来税务管理规程（试行）》，2001 年和 2002 年先后公布的《税收征收管理法》及其《实施细则》，是有关转让定价方面业务操作细则的进一步完善。2004 年，国家税务总局公布了《预约定价协议实施细则》，为我国开展这项工作提供了法律依据。《国家税务总局关于进一步加强反避税工作的通知》（国税发〔2004〕70 号）对反避税的基本规范进行了明确，为反避税工作的规范化奠定了基础。

（3）国际税收征管

为了应对涉外税收管理的需要，我国从国家税务总局到各省市地方税务局陆续成立各级涉外税收管理机构，对涉外税收进行特殊管理。2003 年全国涉外税收收入 3487.1 亿元，同比增长 20.9%。但是，外资企业为了充分享受税收优惠，采用多种形式的利润转移方式，出现了大量的"长亏不倒"户，反避税的重要性在国际税收管理中逐渐受到关注。

对涉外企业建立专职机构进行专业化管理。按照国家税务总局征管改革方案的总体要求，大部分省市加快了国际（涉外）税收管理体制的改革进程，建立健全了

① 江泽民：《高举邓小平理论伟大旗帜，把建设有中国特色社会主义事业全面推向二十一世纪——江泽民在中国共产党第十五次全国代表大会上的报告》，《人民日报》，1997年9月12日第一版。

国际（涉外）税收管理机构，并试行了企业税收分类管理机制。

反避税工作逐渐受到关注。跨国公司除了传统的“高进低出”，更多地通过转让定价、资本弱化等手段进行避税。各级税务机关开始加大反避税的力度，在全国范围内开展反避税大户联查工作中，共调整应纳税所得额51.6亿元。

非居民预提税的管理进一步加强。与外管局、交通部等部门联合进行了售付汇税务凭证管理，加强了对预提所得税的专项检查。

为配合“引进来”和“走出去”战略的有效实施，我国在这一阶段与阿曼、尼日利亚、突尼斯、伊朗、巴林、希腊、吉尔吉斯斯坦、摩洛哥、斯里兰卡及特立尼达和多巴哥等10个发展中国家正式签署了避免双重征税协定，并与澳门特别行政区签署了两地对所得避免双重征税的安排。在税收管辖权的行使上，从一味强调来源地管辖权，开始参照《OECD税收协定范本》，逐步强调居民管辖权。

3. 第三阶段（2008年以后）：国际视野下的新阶段

（1）主要背景

2008年国际金融危机爆发后，世界各主要发达国家和发展中国家虽然采取了积极的财政货币政策加以应对，但并未能从根本上抑制金融危机的蔓延，特别是欧洲主权债务危机的爆发，对全球经济的复苏及我国经济的发展带来了更多更大的不确定性。我国尽管保持了较为强劲的经济增长势头，但也面临实体经济下滑与通货膨胀攀升的双重压力，面临转变经济增长方式的挑战。

（2）国际税收制度

《企业所得税法》以及相关法律法规的出台，使我国形成了完整的现代化国际税收法律框架，国际税收管理进一步走向法制化、规范化和国际化。《企业所得税法》统一了以往各自独立的内、外资企业所得税制度，并初步形成了完整的居民企业境外所得税收政策框架体系：一是参照国际上通行做法，引入规范的居民和非居民概念，明确采用纳税人的居住地与所得来源地相结合的税收管辖原则；二是采用资本输出中性原则，用抵免法消除国际重复征税，并首次引入间接抵免方式；三是初步建立和完善了特别纳税调整税制，首次引入受控外国企业管理规则，强化了特别纳税调整手段①。2009年年底，财政部、国家税务总局下发了《关于企业境外所得税收抵免有关问题的通知》②，进一步明确了“走出去”企业境外所得税收抵免的有关计算方法，并通过了《特别纳税调整实施办法（试行）》等加强对跨境投资的关联交易、受控外国公司、资本弱化等方式的管理。企业所得税方面的税收抵免制度基本建立。

---

① 参见《中华人民共和国企业所得税法》。

② 参见《关于企业境外所得税收抵免有关问题的通知》（财税〔2009〕125号）。

在继续坚持必要的来源地管辖权基础上，进一步加强了居民管辖权的行使。取消和规范了非居民经营所得的税收优惠，对非居民的股权转让、财产所得等投资所得的征税更加规范。扩展和细化了居民海外投资所得已纳所得税的抵免规定，出台了一系列支持企业“走出去”的税收政策。2010年6月21日，国家税务总局发出《关于进一步做好“走出去”企业税收服务与管理工作的意见》（国税发〔2010〕59号），以加大对“走出去”企业的税收政策支持力度，进一步做好相关服务和管理工作。按照“摸清底数、完善制度、优化管理”的要求，大部分省市的税务局对“走出去”企业进行了摸底，以完善纳税服务，加强境外税源管理。

（3）国际税收征管

为了适应国际税收专业化管理的需要，2008年，国家税务总局经过机构调整，对国际税务司（海洋石油税务管理局）的工作职责进行了调整（国税函〔2008〕57号）。调整后，国际税务司（海洋石油税务管理局）是国家税务总局主管国际税收、海洋石油税收、国际税务合作交流以及外事工作的职能部门，起草国际税收相关法律、行政法规草案、规章及其他规范性文件；指导国际税收和海洋石油税收的征收管理工作；为中国居民企业在境外投资、输出劳务等提供国际税收服务；协调和处理跨国交易的税收争端问题；承办与国际机构、外国及中国港澳台税务机关的合作与交流工作；管理国家税务总局机关和国税系统外事工作。

国际税收合作取得了突出的成绩。截至2009年12月31日，我国已经与93个国家和地区签订了双边税收协定，其中89个已生效，基本覆盖了我国对外投资的各个地区。国际税收情报交换和征管互助的水平不断提高。

反避税工作的对象从外资向内资扩展，并加强了基础数据库建设、信息化建设、人才队伍建设等体系建设。

中国在国际税收组织的作用日益扩大，广泛参与国际税收协调与合作。

（二）中国国际经济发展新阶段与国际税收管理新战略设计

1. 我国经济发展的新阶段

我国经济不断融入全球经济的过程，意味着我国的税基不再局限在传统的地域范围之内，而是以领土、领海、领空以及居民等为多方位连接点的全球税基。我国未来的国际税收战略着眼的不应仅仅是局部或境内的税收收入，而是在全球经济活动中更加合理地获得税收份额。

表3-4 中国吸收外资与对外投资情况 单位：亿美元

年份	2004	2005	2006	2007	2008	2009	2010	2011
流入	549	791	781	795	841	865	909	929
流出	18	113	178	260	370	480	650	720
差额	531	678	603	535	471	385	259	209

资料来源：Columbia Program on International Investment, "World investment prospects to 2011:Foreign direct investment and the challenge of political risk".

（1）资本流入继续保持增长势头

与其他亚洲国家（地区）相比，中国经济增长与外国直接投资（FDI）的关系更加紧密[①]。1978 年改革开放以来，中国对外商投资从"允许"到"鼓励"（Huang, 2003），尤其是 20 世纪 90 年代中期之后，外资在经济中所起的作用越来越大。1979~2010 年，FDI 占中国 GDP 的比重平均达到了 4.9%。具体见图 3-4。

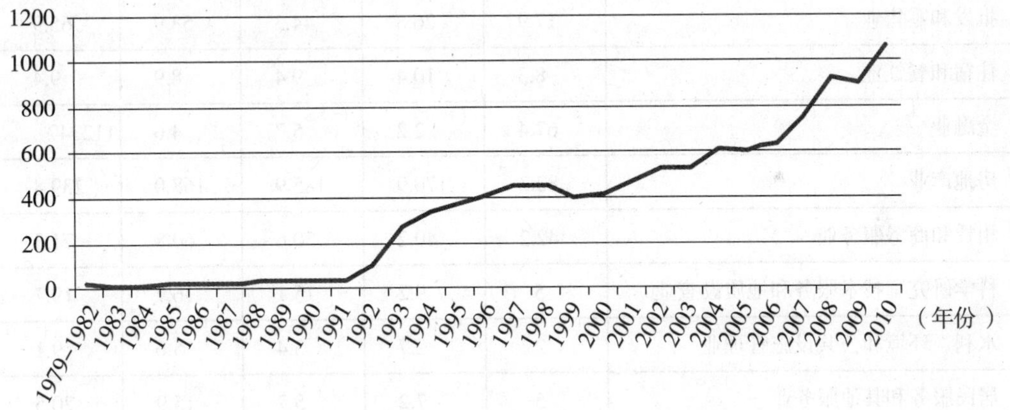

图3-4 1979-2010年中国吸引外商直接投资总量

注：虽然1979年即开始引进外资，但规模较小，直到1983年在国家统计局的公报上才有了确切的数据。
资料来源：国家统计局年度经济社会统计公报（1983-2006）。

根据联合国贸发会议发布的《世界投资报告 2012》，中国继续名列最具吸引力的外商直接投资地区第一位。截至 2010 年，世界 500 强跨国公司中，已有 470 家在中国内地投资。来源于日本、德国、美国和中国香港等国家和地区的跨国公司的投资占 500 强跨国公司对中国内地投资的比重分别为 17%、13%、10%和 10%，累计

① 联合国贸易与发展会议（UNTDC）《世界投资报告（WID）》2002-2007年都提到这一现象，尤其是WID2001。

达到50%。设立的地区总部共40余家，大多集中在北京和上海，主要分布在电子、通信、机械和电器等资本和技术密集型行业，如表3-5所示。

表3-5 中国分行业外商直接投资统计　　单位：亿美元

年度 行业	2006	2007	2008	2009	2010
总　计	694.7	747.7	924.0	900.3	1057.4
农、林、牧、渔业	6	9.2	11.9	14.3	19.1
采矿业	4.6	4.9	5.7	5.0	6.8
制造业	400.8	408.6	498.9	467.7	495.9
电力、燃气及水的生产和供应业	12.8	10.7	17.0	21.1	21.2
建筑业	6.9	4.3	10.9	6.9	14.6
交通运输、仓储和邮政业	19.8	20.1	28.5	25.3	22.4
信息传输、计算机服务和软件业	10.7	14.9	27.7	22.5	24.9
批发和零售业	17.9	26.8	44.3	53.9	65.9
住宿和餐饮业	8.3	10.4	9.4	8.9	9.4
金融业	67.4	2.2	5.7	4.6	112347
房地产业	82.3	170.9	185.9	168.0	239.8
租赁和商务服务业	42.2	40.2	50.6	60.8	71.3
科学研究、技术服务和地质勘查业	5	9.2	15.1	16.7	19.7
水利、环境和公共设施管理业	2	2.7	3.4	5.6	9.1
居民服务和其他服务业	5	7.2	5.7	15.9	20.5
教　育	0.3	0.3	0.4	0.1	0.8
卫生、社会保障和社会福利业	0.2	0.1	0.2	0.4	0.9
文化、体育和娱乐业	2.4	4.5	2.6	3.2	4.4
公共管理和社会组织	0.07	—	—	—	1

资料来源：国家统计局年度经济社会统计公报（2007-2010）。

联合国贸易与发展组织的调查还显示，62%的跨国公司将中国作为其2005~2009年设立海外研发机构的首选地。这些研发中心的母公司来源于北美、欧洲、日韩及中国台湾等几十个国家和地区。跨国公司在华研发中心主要分布在技术密集型行业。从研发中心的数量来看，跨国公司在华研发投资主要集中于电子及通信设备、交通运输设备、医药、化工等制造业。其中电子信息业跨国公司在华设立研发机构的比例高达 41.3%，其他依次为交通运输设备制造业 23.1%、一般消费品 10.3%和化工 3.8%。

（2）对外投资的重要性增强

根据商务部、国家统计局、外汇管理局联合发布的《2010 年度中国对外直接投资统计公报》显示，2010 年我国对外直接投资净额（下称流量）688.1 亿美元，较上一年增长了 21.7%。截至 2010 年年底，我国已经有 13000 多家中国境内投资者在境外设立的对外直接投资企业达到 1.6 万家，分布在全球 178 个国家及地区，对外直接投资累计净额达到 3172.1 亿美元。其中，股本投资 597.3 亿美元，占 18.8%；利润再投资 1207 亿美元，占 38.1%；其他投资 1367.8 亿美元，占 43.1%。2010 年末境外企业资产总额达到 1.5 万亿美元。

投资发展周期理论（Investment Development Cycle）是现代国际贸易理论中的一项重要成果，由英国里丁大学邓宁教授在 1981 年提出①。其核心命题是发展中国家对外直接投资倾向，取决于经济发展阶段以及该国所拥有的所有权优势、内部化优势和区域优势，并将一国吸引外资和对外投资能力与经济发展水平结合起来，认为一国的国际投资地位与人均国民生产总值成正比关系。根据人均国内生产总值，邓宁区分了四个经济发展阶段，如表 3-6 所示。按邓宁的理论，随着人均国民生产总值超过 2500 美元，外资母国的地位显著上升，东道国的地位相对下降；继续往下发展，对外投资增长速度就要大于外资流入的速度，资金净流入额开始下降。

表3-6　不同国民生产总值（GNP）水平条件下，对外投资与吸收外资的关系

阶段	人均GNP水平（美元）	吸收外资	对外投资	净流入
第一阶段	小于400	很少或几乎没有	很少或几乎没有	为零或接近零
第二阶段	400~2500	吸收外资增长超过GDP增长	很少	净对外投资为负，且绝对值扩大
第三阶段	2500~4750	吸收外资减少	开始进行对外投资	净对外投资为负，且绝对值缩小
第四阶段	大于4750	吸收投资增长	对外直接投资增长更快	净对外直接投资额为正值，且呈增长趋势

① Dunning J.H.1981.Explaining The International Direct Investment Position of Countries: Towards a Dynamic or Development Approach, Weltwirtschaftliches Archiv,Vol.89,p.634-647.

邓宁的理论动态地描述了对外投资与经济发展的辩证关系，在一定的经济发展条件下，一国的外国直接投资和其他对外投资是紧密相联系的两个过程[①]。2009 年，我国人均国民生产总值达到 3711 美元，已经迈入了第三个阶段，即对外投资的增长速度开始逐步超过吸引外资的速度。

江小涓（2001，2006）构建了一个预测我国对外投资规模的分析框架，分别对我国“十五”时期和“十一五”时期对外直接投资的决定因素进行分析，预测了可能达到的规模和结构特点。她的研究认为，在未来较长一段时间内，我国对外投资仍将继续较快增长，这是我国经济发展和对外开放到了一个新阶段必然出现的趋势。李辉（2007）扩展了邓宁的投资周期发展理论，并用国际面板数据进行了分析，预测“十一五”期间，我国对外直接投资将达到年均 130 亿美元，到 2010 年，我国对外投资大国的地位将初步确立。根据有关国际机构对 2007~2011 年中国资本流出流入水平的研究，直接投资输出输入也将经历一个重大变化，越来越多的企业将通过对外直接投资来拓展国际市场，实现国际化发展。

这些事实和数据都显示，中国经济正在进入新的发展阶段。资金等要素从单向流动为主向双向流动并重的格局开始形成，企业全球配置资源的能力增强，国内经济与外部经济的互动更加复杂。在这样的背景下，中国的国际税收制度和政策如何适应新的国内国际经济形势，对中国既是机遇也是挑战。

2. 坚持属地管辖为主的国际税收制度

纵观国际税收的发展趋势与中国面临的挑战和机遇，未来的国际税收制度仍然应该坚持以属地管辖为主、恰当行使属人管辖的基本原则，为进一步融入世界经济，提升我国的整体竞争实力而服务。

（1）坚持属地为主的管辖权

坚持属地管辖为主，维护所得来源地的征税权，是由于未来十年到二十年，我国仍将保持对外资的较强吸引力，外资流入对我国经济增长将继续起着重要作用。吸引外资、引进技术，由此产生的营业利润和各项投资所得，其来源地主要是我国。为了维护来源地管辖权，在改善国内公平、透明、稳定的税制环境基础上，一方面应该规范非居民的税收管理，加强反避税的各项制度建设；另一方面在双边国际税收协定中，对于各项投资所得的预提所得税税率继续坚持一般不低于 10% 的限制税率，加快税收情报交换和税收征管互助的发展。

（2）恰当行使属人管辖权

合理行使属人管辖权，促进我国对外投资的发展。一方面，对于中国居民企业

① Dunning J.H.1996.The Investment Development Path Revisited: Some Emerging Issues, In: Narula J.D.A.R.ed. Foreign Direct Investment and Goverments: Catalysts for Economic Restructuring, London:Routledge.

的对外投资应该以鼓励和支持为主，简化和完善境外已纳税款的抵免制度，试行参股免税方法，进一步消除国际双重征税，助力我国"走出去"企业更好地"走下去"。另一方面，加强对中国居民个人对外投资的税收征管，配合个人所得税制的改革，逐步建立个人全球所得的纳税申报制度，加强居民全球所得的税收管理。

为了更好地行使税收管辖权，我国还应该在制度完善的同时，重点国际税收征管能力的建设。在国家层面，依据国内法，制定明确的、统一的税收规范，规范税收收入的征收、稽查和处罚。在国际层面，建立一个有效的税收协定网络，加强与其他国家（地区）政府间的合作，拓展国际税收征管互助。

3. 参与国际税收治理增强国际税收话语权

一直以来，国际税收规则制定、修改的主动权都掌握在发达国家手中。因此，要在国际税收规则制定上获得突破还需要中国积极主动的努力。无论是理论界还是实务界都应该开展对国际税收全球治理组织或者制度以及机制的具体研究。只有掌握大量的信息，才会在国际舞台上享有充分的发言权，才会在制定"规则"时发挥更好的作用。

积极参与国际税收方面活动，借助国际平台，积极参与制定"规则"，是中国在新的经济发展阶段参与全球治理的必然要求。近年来，中国主动参加多种国际会议，包括反避税、反有害税收竞争和信息情报交换等，特别是在税收协定（包括其注释）条款拟订方面，发挥了积极作用。2003 年，中国成为经合组织的观察国，开始出席和参与经合组织关于国际税收的大部分会议和讨论。2009 年，中国成为全球税收论坛的副主席国，并于 2012 年顺利通过了情报交换和税收透明度的同行审议。

加强与其他国家政府间的合作，有利于减少跨国活动中的税收障碍。我国应该积极参与联合国、世界银行、国际货币基金组织、G20、OECD 等国际组织的国际税收活动，加入包括税收征管互助公约在内的国际税收合作组织，拓展地区性和国际性的国际税收合作，在国际税收规则制定中发挥更大的影响力。遵从税收透明和情报交换的国际标准，加强税收公平竞争，进一步改善我国税收制度的公平、透明，促进经济与税收的良好循环，在国际税收的全球治理中发挥更大的影响力和领导力。

附：相关文件

国家税务总局
关于加强国际税收管理体系建设的意见

2012 年 4 月 27 日　国税发〔2012〕41 号

各省、自治区、直辖市和计划单列市国家税务局、地方税务局：

“十二五”时期，我国将实施更加积极主动的互利共赢的开放战略，实现吸收外资和对外投资并重的对外开放新格局；经济全球化趋势不断深入发展，各国围绕税源国际化、维护国家税收权益的竞争日趋激烈。为适应新形势对国际税收管理工作提出的挑战，落实税务总局党组关于按照统筹国内国际两个大局的要求，在加强国内税收管理的同时，着力加强国际税收管理的总体部署，切实维护好我国税收权益，现就加强国际税收管理体系建设提出以下意见：

一、加强国际税收管理体系建设的总体思路、基本原则和主要目标

（一）加强国际税收管理体系建设的总体思路。国际税收管理体系建设的总体思路是：以邓小平理论和“三个代表”重要思想为指导，深入贯彻落实科学发展观，围绕强化跨境税源管理、维护国家税收权益的主线，规范职责体系，健全机构设置，完善反避税工作、非居民税收管理、“走出去”税收服务与管理、国际税收征管协作机制，强化国际税收法律制度保障、信息保障和人才保障机制，推进国际税收管理科学发展。

（二）加强国际税收管理体系建设的基本原则。

——坚持服从服务于对外开放大局。完善和落实吸引外商投资的税收政策，更加重视加强“走出去”企业税收服务和管理工作，充分发挥国际税收在维护我国税收主权和跨境纳税人合法权益方面的职能作用，为提高我国开放型经济水平作出新的贡献。

——坚持依法行政。建立健全国际税收法律制度，规范完善国际税收管理程序，坚持公正、规范、合理执法，提高执法透明度，确保国际税收法律制度得到有效遵从，为跨境纳税人提供良好的税收法治环境。

——坚持改革创新。适应新形势，树立世界眼光，加强战略思维，借鉴国际先进经验，探索国际税收管理内在规律，破解影响国际税收管理科学发展的体制机制障碍，创新管理理念、工作方法，提升国际税收管理效能、服务水平。

——坚持统筹兼顾。统筹国内税收与国际税收关系，确保国际税收业务融入税收整体专业化信息化管理；统筹组织税收收入与维护国家税收权益关系，防范跨境税源流失风险；统筹对内协调与对外合作，拓宽跨境税源信息获取渠道，提高国际税收合作水平。

（三）加强国际税收管理体系建设的主要目标。

——国家税收主权得到维护。对非居民企业及个人准确行使来源地税收管辖权，对“走出去”企业及个人完整行使居民税收管辖权，加强反避税管理，防范我国税基受到侵蚀和

属于我国的税源流失境外。

——国际税收管理质量和效率明显提升。要按照依法行政的要求，落实组织收入原则，实行分类分级管理机制，使国际税收法律制度执行的随意性明显减少，税收收入流失的风险明显下降，国际税收纳税人的遵从度进一步提高。

——服务跨境纳税人的水平不断提高。要增强国际税收法律制度的透明度，加大税法宣传辅导和咨询力度，强化预约定价管理和双（多）边磋商，为跨境纳税人提供税收确定性，避免和消除国际重复征税；保护好跨境纳税人合法税收权益，纳税人满意度明显提高。

——增强在世界税收领域的影响力。要进一步加强国际税收交流与合作，积极对外宣传我国税收工作成果，主动参与国际税收规则的制定，增强我国在世界税收领域的话语权。

二、明确国际税收管理工作任务

为保持国际税收管理的完整性，更好地发挥国际税收管理职能，需要明确各级税务机关国际税收管理工作任务。各级税务机关国际税收主管部门和各有关部门要密切配合，共同努力，确保工作任务落到实处。

（一）总局国际税收管理的主要任务。制定或参与制定国际税收法律制度，主要是负责税收协定（含税收安排，下同）和税收情报交换协定的谈签和修订，反避税、非居民企业及个人所得税和“走出去”企业及个人境外所得等税收政策的修订与完善；组织实施对非居民企业及个人、“走出去”企业及个人的税收服务与管理；组织实施反避税调查、开展预约定价和双（多）边磋商、国际税收征管协作、国际税收交流与合作、港澳台涉税协调管理。

（二）省（含自治区、直辖市和计划单列市，下同）级税务机关国际税收管理的主要任务。除承办总局部署的国际税务管理工作外，组织实施对本辖区内非居民企业及个人、“走出去”企业及个人的税收服务与管理、税收协定执行、国际税收征管协作和港澳台涉税事务协调管理，组织实施或直接负责反避税和重大跨境税源的税收管理。

省级税务机关应根据国际税收管理工作的任务，结合当地实际，明确市（含地、州、盟）级和县（含区）级税务机关国际税收管理的主要任务。

三、完善反避税工作机制

（一）管理服务调查并重，创建反避税防控体系。坚持防查并举，建立管理、服务、调查三位一体、统一规范的反避税防控体系。着重强化关联申报审核、同期资料管理和跟踪管理，督促企业自觉遵循独立交易原则，主动提高利润水平；扩大反避税宣传和纳税辅导，开展预约定价和双（多）边磋商，增强企业经营的确定性，避免国际双重征税；加大反避税调查和联查力度，发挥威慑作用，带动行业整体利润水平的提高。完善反避税综合考核指标体系，从管理、服务、调查三个环节全面反映反避税工作对税收征管工作的贡献。

（二）推行专家会审制度，完善反避税工作运行机制。全面实施案件调查和磋商的专家小组会审制度，每一案件必须经过集体会审程序，并通过税务总局的案件监控管理系统报税务总局审核，促进反避税工作全国统一规范，并以此强化税务机关内控机制建设，降低反避税工作执法风险。

（三）拓展业务领域，促进反避税工作向纵深发展。进一步拓展反避税工作领域，着力在企业、行业、交易、区域和措施五个方面实现拓展：从外资企业向内资企业特别是“走出去”企业拓展；从加工制造业向金融、贸易等第三产业拓展；从关联购销交易向关联股权、无形资产转让和融资等交易拓展；从东南沿海地区向中西部地区拓展；从转让定价和预约定价管理向成本分摊、受控外国企业管理、资本弱化和一般反避税等新措施拓展，着重研究解决企业分摊境外成本、利用融资结构、多层控股模式及避税港无经济实质企业进行税收筹划等问题。

（四）推广应用定量分析方法，建立经济分析师团队。进一步加强经济分析方法的研究，注重在调查和对外磋商中的应用。重点研究解决无形资产和股权计价、市场溢价、价值链分析、成本节约、超额利润分割等反避税难点问题，提高案件审核质量和对外谈判的说服力。有条件的地方要建立经济分析师小组，为反避税案件的量化分析提供技术支持。

（五）探索行业避税规律，培养行业专家。继续加强行业联查和集团跨区域联查，实现案件调查的全国联动，深入分析不同行业的避税规律，有针对性地采取措施，挤压避税筹划空间，规范商业运作。税务总局将尝试分地区部署重点行业研究，探索并逐步形成分地区的行业专家组，在全国建立重点行业分析团队，着手建立全国反避税行业专家库。加大在实际工作中锻炼并培养反避税专业人才的力度，培养行业专家和行业反避税领军人物，指导全国在该行业的案件审核。

四、完善非居民税收管理机制

围绕遵从收入来源地税收管辖权原则、全面加强对取得来源于我国境内所得的非居民企业和个人的税收管理要求，完善非居民税收管理机制。

（一）实行专业管理。非居民税源具有相对集中又广泛分布的特征。为防范非居民税收流失，各级税务机关应设立非居民税收管理岗位，配备专职或兼职人员，实行全员培训，对全体税务人员特别是一线税务人员普及非居民税收知识。

（二）加强与居民企业税收管理协作。非居民税源绝大多数植根于居民企业之中，非居民承包工程和提供劳务的发包方、非居民企业所得税源泉扣缴义务人大都是我国的居民企业，要充分利用居民企业税收管理成果，善于从居民企业发现非居民税源。

（三）实施分类和风险管理。非居民税源流动性和隐蔽性较强，需要及时识别并控制税收风险。一是把设立机构场所的非居民企业分为常规纳税人（如分公司、代表处）和临时纳税人（如临时来华承包工程和提供劳务的纳税人），对于常规纳税人，重在税基管理和归属所得管理，对于临时纳税人则重在抓好登记备案等税源监控；二是对未设立机构场所的非居民企业，分别就其取得的股息、利息、特许权使用费、租金和财产收益，分析其潜在的税收风险，采取相应的税源监控手段，加强源泉扣缴管理。

（四）抓好税收协定执行。一是按照非居民享受协定待遇规程要求，抓好对备案类和审批类的管理，确保非居民企业和个人及时准确享受税收协定待遇；二是落实协定条款，特别是加强对股息、利息和特许权使用费的受益所有人身份的判定，防范非居民滥用税收协定逃避税。

五、完善“走出去”税收服务与管理机制

按照“摸清底数、完善政策、优化服务、加强管理”的要求抓好“走出去”税收服务与管理。全面掌握我国居民企业及个人境外投资经营、境外取得所得和纳税等情况，建立“走出去”企业和个人的涉税档案；积极研究并落实好促进企业“走出去”的各项税收政策，对国家鼓励的对外投资项目研究落实支持政策，进一步研究完善企业境外所得的确认和征税、境外税收的抵免、境外投资或贸易出口退税等方面的政策；以税收协定为依托，充分利用国际税收交流与合作平台，帮助“走出去”企业和个人了解投资国的税收制度，为境外投资的企业和个人提供税收法律保障及税收服务，保证我国居民企业和个人在境外应享受到的各项优惠待遇及时得以落实，重视税收协定相互协商程序的利用，化解我国居民境外投资风险。探索有效方法，把“走出去”企业的税收管理工作落到实处；规范和加强境外注册中资控股企业依据实际管理机构标准认定为居民企业的所得税管理。

六、完善国际税收征管协作机制

认真履行税收协定所规定的义务，做好税收情报交换工作，集中力量核查重要案件，特别是发挥征管协作在防止纳税人利用转让定价、税收协定滥用、不合理列支成本费用等逃避税收方面的作用；结合当地经济发展水平，加强对情报的增值利用，继续做好外来情报核查、对外提出情报请求、对外提供自动和自发情报工作；有选择性地研究授权代表访问、同期税务检查、行业情报交换和税款征收协助，配合反避税、非居民税收管理和税收协定执行管理措施，加强境外居民身份、境外经济实质等内容的核查工作；逐渐从当前单一情报交换过渡到以情报交换为主、税款征收协助为辅的国际税收征管协作格局；接受税收透明度和情报交换全球论坛同行审议小组对中国情报交换工作的审议和评估。

七、强化保障机制

（一）强化国际税收法律制度保障。要有针对性地开展税收协定谈签与修订工作，加大与我国企业境外投资较多国家税收协定谈签力度，全面审视并有选择地修订已签税收协定，重点修订易被滥用的协定及相关条款；加快与低税、避税地税收情报交换协定谈签进程，逐步更新已有税收协定情报交换条款。完善国内程序法、实体法涉及的国际税收内容，积极参与税收征管法和个人所得税法的修订工作，强化跨境税源监控手段，增补反避税条款，扩充反避税立法范围，进一步完善各项反避税措施的操作办法；进一步完善非居民及个人税收政策和管理规范。实现国际税收工作的法律化和制度化。

（二）强化国际税收信息保障。要通过整合内部资源、加强部门合作和国际税收征管协助、采集纳税人财务数据，充分利用报刊、杂志、电视、网络等媒体以及境内外上市公司信息，拓宽信息获取渠道，为国际税收管理提供基础信息，并遵循总局CTAIS和金税工程三期建设统一要求，规范和完善业务需求，形成日常管理和决策分析功能齐备的国际税收信息管理体系，实现国际税收管理的规范化和信息化。

（三）强化国际税收专业人才保障。一是配备必要数量的国际税收管理人员。结合聘任制和专业技术类公务员试点工作，税务总局国际税务司应加强反避税人才队伍建设，全国税务系统到2013年底形成一支反避税专业队伍，分成若干团队，分别负责不同行业的反避税调查、对外磋商和国际联合反避税信息中心的后台支持；在全国外向型经济较发达的部分地区设立反避税小组，负责周边地区的反避税管理和重大的反避税调查工作，并协助税务总局开展区域和行业联查、行业分析及行业避税规律探索以及创新方法研究；在跨境税源较为集中的省、地两级税务机关可采取适当倾斜的政策为国际税收管理机构配备满足工作需要的专业人员；把精通国际税收业务的人才或经过境内外培训的专业人员配备到上级或同级国际税务管理机构或岗位；除职务晋升外，一般情况下不对国际税收人才轮岗或交流。二是塑造一支高素质的国际税收管理专业人才队伍。要按照总局税务人才培养战略，制定国际税收管理人才培训规划，培养和造就一支政治过硬、业务熟练、管理专业、作风优良、廉洁奉公的高素质的国际税收人才队伍。加大业务培训力度，有条件的地区可依托高校或国际组织举办中长期培训，有计划地向发达国家派送一定数量的有培养前途的中青年税务干部，进行理论与实践相结合的中长期培训和工作实习；注重专业技能的培训和岗位练兵，加强案例分析、交流和推广，在实践中不断创新工作方法，积极锻炼和培养人才；建立健全国际税收管理人才管理机制，分类建立人才库，对经过境内外各层级培训的人才实施跟踪管理，注重人才的培养效果。三是加强国际税收管理专业团队建设。为充分发挥国际税收管理专业人才潜能，省、地级税务机关可以组建一支国际税收管理专业团队，专业人才由上级或同级国际税务管理部门集中统一调配使用，最大限度地在跨境税源管理的案例实践中锻炼、培养、使用干部。

八、协同管理，提高整体效应

（一）强化内部协调。加强税务系统内部协调是确保国际税收管理规范性和一致性的重要保障。一是形成各级税务机关纵向联动的协调机制。各级税务机关在履行好国际税收管理权限和职责的基础上，上级税务机关要加强对下级税务机关国际税收业务的指导，下级税务机关要把工作中处理的重大国际税收管理事项或发现的不属于本级管理的国际税收事项及时报告上级税务机关，形成上下级税务机关信息互通、结果共享的局面。二是形成同级间税务机关横向互动的协调机制。各级税务机关在处理同一笔国际税收业务中发现涉及异地税务机关权限和职责的，应主动向异地税务机关通报，并形成一致性的处理意见，意见不一致的应报告其共同的上级税务机关处理。

（二）加强部门配合。加强国地税合作，形成国税机关和地税机关紧密合作的协调机制。国税机关和地税机关在处理同一跨境纳税人税收事项时，发现涉及对方管理权限和职责的，应主动向对方税务机关通报，确保处理结论的一致性，意见不一致的应报告税务总局处理。加强与外汇管理部门合作，抓好对外支付出具税务证明管理；积极探索与工商、银行、海关、外汇、公安、商务、文化、建设等部门在企业资金账户、股权交易、境外投资、经济合作、出入境、境外团体演出、非居民承包工程和提供劳务等方面的信息共享，努力获取第三方信息，为监控跨境税源提供必要信息；充分发挥涉税中介机构的积极作用，防范恶意税收筹划。

九、加强领导，强化质量考核

（一）加强领导。加强国际税收管理，事关国家税收权益，不仅具有经济意义，而且具有政治意义。各地要充分认识国际税收管理的重要性和紧迫性，各级税务机关领导特别是一把手要进一步加强对国际税收管理工作的领导，把加强国际税收管理体系建设作为税收专业化管理工作的重要任务，协调各方关系，切实抓出成效。

（二）强化质量考核。各地要注重加强对国际税收管理质量的考核，结合当地实际，细化对反避税、非居民税收管理、“走出去”税收管理和服务、税收协定执行、国际税收征管协作等工作的考核指标，纳入年度工作目标考核内容，防止仅以税收收入规模考核国际税收管理工作导致对跨境税源管理不到位的现象。

第二部分

职能解析与发展规划

第四章

税源竞争与中国国际税收竞争策略

创新

2012年是中国和世界经济艰难前行的一年，各国纷纷降低经济增长预期，中国政府也将注意力从保增长更多地转向经济结构的调整，国际经济社会生活正在发生显著变化。事实上，2008年从发达国家引爆的全球金融危机中，已经暴露出原有"全球化"模式的种种弊端，尽管各主要发达国家和发展中国家采取积极的财政或货币政策措施加以应对，但未从根本上消除此次金融危机带来的负面影响，并为国际国内经济带来了诸多不确定因素。

与此同时，跨国资本流动也改变了原有从发达国家到发展中国家的单向模式，呈现出更加多样化的特征。联合国贸易与发展大会最新发布的《2012年世界投资报告》① 显示，2012年全球直接投资将会放缓，跨国并购和绿地投资都有所下降，流入发达国家、发展中国家和转型国家的资本增长速度转向平稳。中国虽然仍然居于外国直接投资首选投资地点，资本流入增长了8%，但相邻东南亚国家的竞争力正在上升，如泰国和印度尼西亚。报告还显示，跨国公司持有的现金量达到历史最高点，为未来跨国投资的增长埋下了伏笔，谁能够在这些新投资中获益取决于各国所采取的"新一代"投资战略。

在这个过程中，国际税收竞争已经从竞争税率的"有害税收竞争"转变为以同行审议为特征的"透明度"建设，引导各国从单纯地降低税率到规范和完善本国税制，为跨国贸易和投资创造更加确定、有序、友好的环境。这也促使各国政府将税收竞争的注意力更多地放在完善税制和加强征管上。如何积极应对新一轮的国际贸易政策调整和国际税收竞争，在保护中国合理税基享受全球化收益的同时，促进资本自由流动，带动经济可持续增长，是我国国际税收新战略中需要直面的挑战。

一、国际税收竞争的演进及启示

（一）国际税收竞争的内涵与特征

国际税收竞争的很重要原因，就在于资本和劳动力的流动性，高税率将导致资本和劳动力外逃，也就会使得国内生产、工资和所得减少。两个世纪以前，亚当·斯密在《国民财富的性质和原因的研究》中就阐述过，对"股票"或者资本，课以重税，对于工人和经济将产生损失：

……第二，土地是不可流动的，而牛却可以轻而易举的流动。土地的所有者必

① 联合国贸易与发展大会：《2012年世界投资报告》，纽约，2012年。

须是特定国家的公民，他的阶层依附于此；而牛的所有者却是一个世界公民，他不必依附于任何特定的国家。如果股票的所有者在某国遭到了目的在于增加税收负担的令其不愉快的待遇，他将抛弃这个国家；他会带着牛来到另一个国家继续从事自己的职业，尽情享受自己的财富。他抛弃的国家原来由股票支撑的行业由于牛的离去也画上了句号。牛来耕地、牛需要劳动力等。无论对于君主还是社会，一种有着把牛赶出这个国家的税最终使得税源干涸。不仅牛的利润，连土地的租金和劳动力的工资都随着牛的移动或多或少流失了。……

从广义的角度，税收竞争可以看做是对别的国家有影响的税收政策。如果邻国由于低税率而日渐繁荣，那么本国的居民和政策专家可以要求自己的政府采取同样的政策。有关税收竞争影响最大的国际性文本是 OECD 的 1998 年报告①，谷口和繁在解读该报告时提出：“目前视为问题所在的国际间减税竞争——税收竞争指的是为了把国际间的流动资本吸引到本国，各国均对这种资本实施减税措施，从而引发了减税竞争。税收竞争中包含一般避税地国家和地区所见的所得税减免税，也包括以特定产业、特定交易形式为对象的税收优惠措施。”②

在客观现实中，国际税收竞争的现象纷繁复杂，从不同的角度可以划分不同的类型。按照竞争客体的不同，国际税收竞争可划分为：（1）争夺税基的竞争，即各国政府之间为防止税基外流、吸引投资等经济活动而展开的多边税收竞争，竞争的客体是潜在的和实在的税基（即投资和利润）。这类竞争是间接的。各个政府在进行争夺税基的竞争时从表象上看往往表现出竞相减税，向纳税人让与税收收入。（2）划分税权的竞争，即跨国投资的东道国与居住国就跨国所得的税收权益展开的竞争。如果排除跨国公司避税的因素，这种竞争是两个国家之间非此即彼的直接竞争。对于东道国来说，成功引进的外国投资能否为本国的经济发展和财政收入带来预期的好处；对于居住国来说，本国的税务当局能否保证对输出资本海外利润的税收控制。这些都取决于两国在划分税权的竞争中的博弈。从表象上看，这类竞争表现为国与国之间税收收入的争夺。

在经济全球化的背景下，一国需要同时面对争夺税基的竞争和划分税权的竞争，这两方面的问题具有紧密的内在联系，只有同时兼顾，才能了解到国际税收竞争的全貌。

争夺税基的税收竞争绝不能被简单地描述为减税竞争或降低税率的竞争或税收优惠的竞争。减税指的是整个辖区纳税人税收负担的减轻；降低税率往往指通过立法程序改变法定税率，如果伴随着税基（征税范围）的扩大，则税负水平的改变不能被一概而论；而税收优惠政策是一种特殊而具体的直接减免税措施或通过缩小税

① OECD：《Harmful Tax Competition：An Emerging Global Issue》，Paris，1998.

② 谷口和繁：《国际间的税收竞争与OECD的实施对策》，《税收译丛》，1999年第1期，第38页。

基而减少税收。这些看似置财政利益于不顾，竞相让与收入的措施都是税收竞争的现象而非实质。这种竞争的实质是优化整体税制的竞争，它涉及一个政府的整个税制体系更具吸引力和竞争力的问题。同时，竞相减税实际上意味着各辖区政府必须就提供公共物品的效率展开竞争，因为政府必须用尽可能少的税收来提供尽可能好的公共服务。如果一国政府的公共支出不能更加科学、有效率，那么减税措施就难以为继。

划分税权的竞争则反映了在国际税收关系中，各主权国家的财政利益最大化的倾向——每个国家（地区）都对本国的税收管辖权尽可能地加以维护和延伸。在经济全球化背景下，这种竞争实质上是各个政府管理国际税收事务的能力的竞争。这里的管理是广义的管理，它涵盖了一国研究制定国际税收政策等立法性事务和实施税收管辖等行政性事务。

因此，看似矛盾的两类税收竞争的表象——让与收入和争夺收入——实则反映了相同的本质，即税收竞争的本质是各个政府的财政管理效率的竞争，具体表现为优化税制问题和国际税收管理问题。

（二）有害税收竞争与国际社会的应对

各国通过利用降低税率和“特殊（优惠）税制”而进行的税收竞争，已经开始并正在进行公司所得税“竞相逐低”（run to the bottom）的赛跑。2000~2011 年，KPMG 所调查的 80 多个国家的公司所得税平均税率从 29.03% 下降到了 22.96%，其中亚太地区的公司所得税平均税率从 2010 年的 23.96% 下降到了 2011 年的 22.78%。

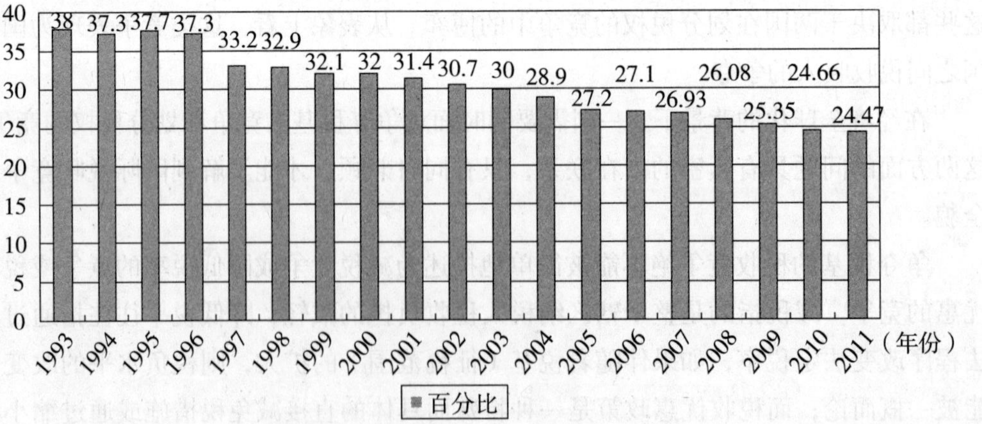

图4-1 全球企业所得税平均税率变化

资料来源：KPMG全球所得税调查（1994-2012）。

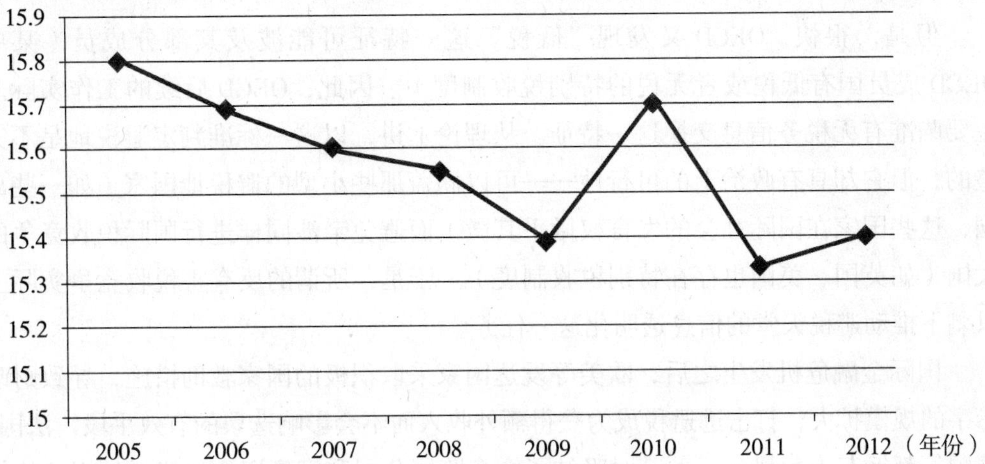

图4–2 全球个人所得税税率变化

资料来源：KPMG全球所得税调查（1994–2012）。

在这个过程中，涌现了一些采取较为激进措施吸引投资的避税地和离岸金融中心，它们对所得低税或无税，对高税国的税基造成了明显的影响。因为，面对不同的税收结构，跨国公司可以通过迁移公司总部、制造工厂和研究机构等机构或者通过转让定价等内部交易，将利润在全球不同管辖区内进行转移。

理论研究表明，以降低税率为主的国际税收竞争增加了小国的福利，而大国则是这种税收竞争的受损者。因为大国是国际资本市场的主要需求者，其税率的变动将在很大程度上影响整个国际资本市场的税后回报率。如果大国试图降低税率，国际资本市场的税后回报率将因此而大幅度提高，相应的资金成本也会提高，这样，就抵消了资本向大国流动的税收效应。小国由于无法影响资本的税后回报率，当它们降低税率时可以大大降低资本的资金成本，达到吸引外国资本流入的目的。这些高税国主要集中在美国、德国、英国等发达国家，代表发达国家利益的 OECD 在 20 世纪 90 年代开始提出反“反有害税收竞争”。

大国为了减少福利损失，必须通过自己的各种影响力来避免小国进行这种税收竞争。1998 年，被称为富人俱乐部的 OECD 首次发布“有害税收竞争报告”，使得避税天堂开始被冠以“制造有害税收竞争”的罪名而受到谴责。当时，OECD 主要基于四个标准来判定避税地：“无税或低税”、“没有有效的关于情报交换的制度”、“缺乏透明度”和“为企业在该地区设立无实质存在的分支机构提供便利”。按照这几项标准，OECD 确定了属于避税天堂的 47 个国家和地区。这个数字排除了“有害税收竞争报告”公布前向 OECD 做出合作承诺的国家或地区，包括在法律上不再允许豁免公司或国际贸易公司进行注册的国家或地区。这使得前述第四个标准之后很少被提及。

但是，很快，OECD又发现“低税”这一特征可能波及其部分成员（某些OECD成员国有低税或者无税的特别税收制度）。因此，OECD后续的工作实际上主要瞄准有无税务信息交换这一特征。从理论上讲，以这一标准判定避税地是不完整的，但它却具有政治上的可行性——可以涵盖那些小型的避税地国家（如一些岛国，这些国家在国际社会的发言权微乎其微）而避免牵涉同样进行国际税收竞争的大国（如英国、美国也存在特别税收制度）。于是，所谓的反有害税收竞争实际上只剩下推动避税天堂的信息透明化这一任务。

国际金融危机发生之后，欧美等发达国家采取积极的国家救助措施，导致财政赤字的规模扩大，打击逃避税成为获得额外收入而不会影响选票的有效手段。法国、德国等都掀起查税风暴，尤其对吸纳了众多跨国公司和富豪资金的避税地银行施加压力。瑞士、卢森堡、比利时等拥有悠久账户保密传统的国家不得不纷纷让步。在2009年的二十国集团（G20）伦敦峰会上，以美国为首的大国号召向避税天堂宣战，表示要对拒绝与国际社会进行税务信息交换的避税天堂实行严格的制裁。这使得一度陷入尴尬境地的反有害税收竞争运动重获生机。OECD的高官坦诚，2009年在反避税斗争中取得的成绩超过了过去十年。

一直以来，是否作出情报交换和信息透明的承诺并采取实质行动是OECD划分避税天堂的主要标准。到了2011年，绝大部分国家已经满足这一条件，如果按照原有标准，“避税天堂”可以说基本被“消灭”了。但是，如果回归避税天堂的实质，即通过特殊制度和配套服务降低企业和个人税收负担以吸引国际资金的地区，那么，避税天堂并没有被消灭，仅仅是判定标准发生了变化。

自2000年以来，由OECD成员国和部分非成员国组成的全球论坛就致力于建立一个税收透明和有效信息交换的国际标准（国际税收标准）。信息交换在《OECD税收协定范本》第二十六条已经进行了明确，但协定范本只要求双方根据请求进行必要的信息交换，主要用于反偷漏税、反税收欺诈等目的。国际税收标准则对基于税收目的的信息交换做出了更加明确的要求。按照OECD对全球税收标准的倡议，如果“避税天堂”缔结了足够的税收情报交换协议，就可以被认定为是充分执行了国际税收标准的管辖区（白名单），或者是对国际税收标准作出承诺但未充分执行的管辖区（灰名单）。

2009年4月2日，在G20伦敦金融峰会上，OECD发布了一份税收表现评估报告。根据这份报告，全球有40个国家和地区被认为实质履行了国际税收标准，进入“白名单”；38个国家和地区则被认为已承诺在银行保密制度和税务信息交换方面做出努力，但尚未付诸实施，进入“灰名单”；另有菲律宾、马来西亚、哥斯达黎加和乌拉圭等4个国家因拒绝履行国际税收标准而被列入“黑名单”。很快，这4个国家不得不改变态度，承诺在一定限期内按 OECD 的标准调整本国税制，并将在 2009 年内提出相关法案，消除在执行国际税收标准方面的障碍，将国际税收标准纳入现有法律和条约。因此，OECD 将它们从“黑名单”转入“灰名单”。

同时，按照 OECD 规定，一个国家或地区如果与其他国家或地区签订了 12 个双边税收情报交换协议，即被认为是实质履行国际税收标准的国家，可以进入“白名单”。为了避免在 2010 年 5 月（G20 规定的最后期限）后遭受严厉制裁，陆续有避税地国家因满足 OECD 标准而进入“白名单”。OECD 于 2010 年 6 月公布的进度报告中，“白名单”包含的国家和地区已由 40 个增加为 74 个，“灰名单”中包含的国家和地区已由 38 个减少为 14 个，黑名单则清空为零。爱沙尼亚、斯洛文尼亚等并没有出现在 2009 年名单中的国家也进入了 OECD 的“白名单”。尽管 OECD 评估报告没有特别说明，但可以猜测进入“白名单”已经成为一些国家在税收透明度上获得国际认可的一种方式。到了 2012 年，OECD 避税地“灰名单”也基本清空，已有超过 600 个情报交换协议被签署，所有接受全球论坛监督的国家已正式承诺执行国际标准。

因此，随着大部分国家满足了信息交换和国际税收标准的要求，原有的避税天堂判定标准实际上已经无法适用。有学者提出，应该按照新的标准判定“避税天堂”。这新的标准包括：（1）避税天堂的税率偏低（不高于 15% 的公司所得税或者不对来源于国外的所得征税）；（2）避税天堂必须同其他国家缔结了税收协定（至少有一个已经生效或签订）；（3）避税天堂必须执行了国际税收标准或者已经对其作出承诺。

按照这一标准，避税天堂的数量将比按照 OECD 标准判定的增加约一倍，有大约 82 个国家和地区将被判定为避税天堂。并且，与 OECD 标准不同的是，这些避税天堂不仅在公司所得税税率和税收制度上存在优势，更由于加入了税收协定、遵循了国际税收标准而更容易获得国际社会的认可①。

（三）对国际税收竞争的评价及启示

关于税收竞争的争论从最初的混沌状态到由发达国家俱乐部发起的“反有害税收竞争运动”再到现在更加强调参与和相互约束，国际税收竞争似乎已经从硝烟四起的时代转为更加理性的时代。理论界和政策制定者对于国际税收竞争的认识也在不断加强。

1. 关于宏观税负减轻和倾向税收中性。全球范围内资本流动性的增强也促进了

① 何杨：《保密时代终结，避税天堂依旧》，《涉外税务》2011年第3期。

资本和金融市场的发展，并鼓励各国削弱对资本流动的税收壁垒和加强税制体系的现代化以适应上述发展。这些都说明了使税制体系适应全新的世界环境的必要性。经济全球化成为世界范围内以扩大税基、降低税率为主的税制改革的推动力，从而使税收导致的扭曲最小化。此外，各国还从以适合增进吸引投资的“财政气候”的角度不断审视评估自己的税制和公共支出。这些进展都因资源得到更有效率的配置而提高了世界范围的福利和生活水平。另外，美国的著名财政学家阿托·埃克斯坦（Eckstein）以美国的经验数据为基础，分析证明了在总税负水平不变的情况下，公司所得税税率的降低和实施税收优惠政策能够提高经济增长率，这反映了税收竞争带来的有益影响。

2. 关于扭曲投资和贸易格局。人为的税收竞争有可能导致各地区税前收益率与税后收益率脱节，从而扭曲投资和贸易的格局，将资源配置到低效率的地区，这将导致世界范围的福利损失。这种情况在跨国公司对各国的税收差异越发敏感的背景下是可能存在的。

3. 关于侵蚀他国税基。采取 OECD 判定的有害税收活动从理论上讲会对他国税基造成侵蚀性影响。但税基从高税国流向低税国这一客观现象是市场主体自由选择的结果，这反映了在竞争性的环境里各国政府的财政效率受到的压力。另外，避税地管辖权的存在加大了跨国公司从国家间税收竞争中渔利的可能，从为国际避税提供空间的角度上讲，这种管辖权确实对他国的税基造成侵蚀性影响。

4. 关于破坏税制公平性。这一问题来源于对流动性不同的要素的税负不公，但这种税收本身具有的局限性早已存在。在经济全球化促使要素流动性增强的情况下，这一问题被凸显出来并上升到国与国之间财政关系的高度。

5. 关于增加税收当局的管理成本和纳税人的遵从负担。各国为阻止纳税人利用经济全球化带来的逃避税收的机会而采取的措施，增加了该国税法的复杂程度，也就为税务当局实施管理和纳税人遵从税法带来了更多的成本。但是，从某种程度上这也反映了全球化进程的必然结果。

避税地的银行保密时代或许终结了，OECD 的黑名单也变得空荡荡了，但是避税天堂并没有被消灭。国际社会的努力对于促进避税天堂的信息透明，减少不合法收入的流动具有积极的意义，但是国家之间的不对称和税收制度差异才是避税天堂存在的根本原因。信息透明化将减少洗钱和非法避税活动，同时促进避税天堂对外签订税收协定和情报交换协议，这些都有助于提高避税天堂的国际认可度，从而有利于避税天堂的长远发展。

首先，签订更多的税收协定有利于通过避税天堂进行合法的税收筹划。税收协定通过来源国和居住国之间的税收管辖权划分和税收收入分配减少对同一收入的双重征税。如果一个国家希望能够便利纳税人进行国际税收筹划，它与其他国家（地区）

之间应当存在一个良好的税收协定网络。税收协定可以为企业和个人提供更低的预提所得税、防止双重征税的更好条件以及更少的反规避法规。一个国家庞大的税收协定网络象征着这个国家及其税收系统在国际上有着良好的接受度。在国际压力下，如果仅仅依靠避税天堂单方面的信息保密措施来进行避税已经难以奏效，也使纳税人可能面临更大的税收风险。避税天堂与其他国家签订的税收协定的增加，使得在避税天堂的跨国纳税人可以坦然地享受协定赋予的税收优惠待遇。在 OECD 采取对抗有害税收竞争举措的十年间，各国与避税天堂签订的税收协定数量的迅速增长表明，避税天堂不仅没有失去它们的吸引力，反而赢得了更多人的兴趣。

其次，对非法资金说“不”有利于提高避税天堂的国际认可度。拒绝情报交换，坚持银行保密制度，是很多非法资金选择避税天堂的重要原因。这也是避税天堂难以辩驳的“罪行”之一。现在，所有列于避税天堂名单中的国家，都已经至少被划归为对国际税收标准作出承诺的管辖区，情报交换对于避税天堂来说不再是问题了。根据 2010 年 6 月 3 日 OECD 全球论坛发布的国际税收标准执行进度报告，已有包括中国在内的 74 个国家和地区（包括避税地国家和离岸金融中心）开始实质性地执行税收情报交换。并且，所有国家都表示接受税务信息交换标准，一些没有完全执行的国家也签署了一些双边信息交换协定，早先避税地有关税收逃避和规避的负面形象也或多或少地消失了。这使得国际社会很难再有理由对避税天堂进行打击。

最后，信息透明并非是避税天堂吸引投资的唯一因素。正如 OECD 作出将信息交换作为改造避税天堂的次优选择是基于多种因素的考虑，避税天堂能够在吸引国际资本中胜出也并不是主要依靠信息保密措施。对于哪些国家能够成为避税天堂进行的实证研究表明：人口少于 100 万的富裕小国成为避税天堂的可能性最大，也最为成功。同时，政府管理水平对于国家能否成为避税天堂至关重要。在管理良好的国家实行低税率能够对境外投资产生巨大的吸引力。

因此，对于中国，在更多参与国际税收竞争和国际税收规则的制定过程中，有一些值得重视的启示和经验。

1. 寻求 OECD 和其他国际组织的认同，维护我国在国际经济舞台上负责任的大国形象。我国作为发展中国家，坚持改革开放和经济发展需要同世界各国发展良好的经贸关系，因此我国吸引外资的税收政策及国际税收原则应尽量采用国际通行的规则，而不应开展被公认为是有害的税收活动。这就需要对国际税收领域的动态保持密切关注，加强对这一领域的问题的跟踪了解和研究，根据其识别国际税收竞争的方向标，参与国际组织就国际税收问题的研讨。目前我国作为全球税收论坛的副主席国家，积极参与同行审议，并顺利通过了对我国的同行审议，为进一步加强国际税收领域的影响力奠定了基础。

2. 国际税收竞争和税收合作、协调的现实说明，一国税制的建设与完善应该放眼国际，紧密结合世界经济发展的实际，使本国税制与当前日益扩大的国际经贸往来相适应，与不断发展的国际准则相适应，与更有效地参与国际竞争相适应。一国税制是否对资本具有吸引力越来越重要。这一方面是因为各国对资本能够带来经济繁荣存在共识；另一方面也说明了经济全球化的背景下，税收在国际经济活动中的作用日益增强。因此，一国政府对优化税制、提升税制的竞争力、加强税制的国际化建设等问题应增强紧迫感，给予更高度的重视，放到重要的议事日程上来。

3. 应完善本国居民国外所得的征税制度。从发达国家国际税收竞争政策制定来看，无论是对于外国居民源于本国的所得还是对本国居民源于外国的所得，都有十分详细的规定。而我国所得税法的国际方面主要规范是外国居民源于中国的所得，对中国居民源于外国的所得征税政策还存在许多空白，导致国际税源的流失，因而亟须加强。其中，对于企业海外投资应该以鼓励为主，对个人海外所得的征税应该更加加强。

二、国际税收竞争的解析与我国“富有竞争性的税制”的构建

国际税收竞争是经济全球化时代的国家间税收关系的重要表现形式。面对金融危机后国际税收竞争新局势，我们需要解决以下两个问题：一是如何在经济全球化进程不断强化、我国已全面参与该进程的背景下加深对国际税收竞争现象的理解；二是如何在国际税收竞争这种外部制约条件下考虑主权国家税制建设问题，重点要研究构建“富有竞争性的税制”（A Tax System with Competitiveness）或提升主权国家“税制（税收）竞争力”（Tax Competitiveness）的问题，主要阐述对这些国际税收竞争新现象的基本观点。

（一）国际税收竞争与“富有竞争性的税制”的战略解析

1. 国际税收竞争的内涵解析

站在2012年这个时点上，应该说，国内税收理论界对于国际税收竞争这种经济现象，已经从较为陌生发展到相当熟悉了。经过多年的观察与讨论，学者们都赞

同这样一个基本观点，即国际税收竞争是经济全球化条件下税收跨国外部效应的产物，是当前国际税收关系中国家主权运用与国际必要协调这对矛盾的主要表现形式；同时，就已经加入 WTO 并全面参与经济全球化进程的我国而言，对于国际税收竞争的基本态度应是：全面把握、完善税制、适度参与、促进协调。

要全面系统地研究国际税收竞争问题，就必须把握国际税收竞争这一经济社会现象的本质与属性，并在此基础上了解国际税收竞争的历史发展、现实形式与未来趋势，而要做到这一点，首先必须有一个能全面把握国际税收竞争基本实质与表现形式的分析框架。这一框架的基本出发点是，应该从现代市场经济条件下“竞争”这样一种特殊经济现象的性质与特征入手来把握国际税收竞争，来理解体现在经济全球化进程中不变与变的统一。具体来说，国际税收竞争作为一种经济社会现象，至少应该包括以下内容：首先，国际税收竞争是一种“竞争”行为；其次，这种竞争同市场经济条件下经济行为主体的竞争行为不同，它是一种政府作为竞争主体的行为，是一种“政府间的竞争”；再次，政府竞争可以有多种形式，可以运用多种政策工具，而国际税收竞争是一种政府“运用税收手段的竞争”；再其次，国际税收竞争是在开放的经济条件下，政府运用税收手段在国际范围内、在国际经济贸易关系格局中的一种竞争，即“税收在国际范围内的竞争”；最后，前面四个层次所说的税收竞争从国内逐步拓展到国际范围的发展过程，讲的是一种“税收关系的发展”（从国内税收关系到国际税收关系），而国际税收竞争作为政府运用税收手段在国际范围内的竞争必然要受到不同时代背景与体制条件的制约，这种背景的主要内容就是一种“经济关系的发展”（从国内经济关系到国际经济关系），这种背景既包括一国参与国际税收竞争所面临的特定国际经济贸易发展背景，也包括国际税收竞争时代条件对一国经济体制改革（包括税收制度改革）与经济政策运用（包括税收政策运用）的影响。可以看出，对国际税收竞争的分析，应该从这一基本判定出发，对上述五个依次递进的层次进行认真的分析，从而把握国际税收竞争的本质属性与表现形式，为分析当今世界错综复杂的国际税收竞争现象与表现形式提供一个坚实的起点。有学者将这种同时围绕“税收关系的发展”与“经济关系的发展”而展开分析的思路称之为“双主线”分析框架，并在此分析框架内从不同侧面对上述五个层次进行了较全面的分析与阐述①。

一般来说，国际税收竞争指的是主权国家通过税收手段对资本与人员等流动性要素进行竞争的行为。学者们给出并不断完善关于国际税收竞争的定义，开始给出的定义是，“通常意义上的税收竞争一般包括两个层次，一是以特定产业、特定交易形式为对象的一般主权国家的税收优惠措施，二是将税收优惠发展到极致的避税

① 邓力平：《税收发展与税制改革：我国加入WTO十年的思考》，中国税务出版社2012年4月版。

地税制”；随后将这一定义规范为“国际税收竞争是指主权国家通过减税或利用各种优惠税收政策等政策工具来吸引别国税基的行为”，最后进一步将这一定义更系统地表述为“国际税收竞争是指主权国家或地区通过减税、降低税负、利用各种税收优惠政策乃至提供避税港等制度性或政策性行为来吸引别国或地区具有较强流动性的税基，从而提高自己国家竞争力的一种行为”①。这种对国际税收竞争内涵的把握，是国际经济组织与国外大部分财税学者比较公认的主流观点，其核心就是讨论税收对外部经济资源或各种流动性要素的竞争能力或吸引能力，主要讨论的是以所得税等境内税的减免优惠手段来吸引跨国公司与对外直接投资，从而增加本国税基的一种国家行为。

近年来，国内有些学者试图对国际税收竞争的理念进行拓展，主要是将与一国对外贸易活动相关的税收行为也纳入国际税收竞争的范畴。例如，程永昌与李万甫（2006）认为，“税收竞争是政府运用税收手段以更多地吸引经济资源和促进产品出口的一种经济行为”。显然，相比较于主流观点，该定义做了一些延伸，即认为税收竞争的目的不仅应该包括对流动性要素或税基的“吸引”，还应扩展到贸易领域，即将“促进出口”也纳入税收竞争的范畴。靳东升等（2008）也提出了类似的观点，认为从微观的层面上看，税收竞争是一国政府为提高本国企业“产品”的价格竞争力的重要手段，而从这个角度看国际税收竞争，关税政策与出口退税政策的运用也就可以归入这一范畴，一国参与国际税收竞争的目的也就包括了以适当的优惠税负来提升本国产品的竞争能力。罗秦（2011）继续了这方面的探索，在坚持税收竞争应该将促进出口（货物贸易）包括在内的同时，还力图将一国运用税收政策促进本国服务贸易发展的做法也纳入税收竞争的范畴，从而提出了所谓“国际贸易中的税收竞争”理念。

从实践看，将国际税收竞争外延作这样的扩大，或者说一种广义的理解，有其一定的道理，因为将税收同贸易自由化与投资全球化一并加以考虑来看待，从运用税收手段来提高国家竞争力的角度来看待，主要好处在于涵盖了一国税收制度设置与税收政策运用的主要方面，涉及整体税制的竞争力问题。但也存在一些问题，主要是如果将货物贸易乃至服务贸易都包含进国际税收竞争的范畴内，必然涉及前面讨论的涉税贸易摩擦问题。对于任何一个主权国家而言，是避免涉税摩擦还是主动参与国际税收竞争，这需要有一个把握与权衡。没有必要随意扩大国际税收竞争的涵盖范围，尤其没有必要将与国际贸易相关的范畴纳入国际税收竞争的概念中，以免产生或加剧不必要的涉税贸易摩擦。

① 国内研究国际税收竞争的其他学者也给出了类似的定义。例如，靳东升（2003）认为，“税收竞争是政府通过税收手段吸引经济资源到自己的管辖范围，促进本地区经济发展的一种自利行为”。

2.“富有竞争性的税制”的辩证把握

对内涵与外延的全面把握涉及国际税收竞争的一个重要领域，即“富有竞争性的税制”或“税制竞争力”的理论与实践，以及主要基于这些理念而形成的对于主权国家与地区税收（税制）竞争力的排行榜问题。21 世纪以来，一方面，越来越多的主权国家（地区）加强了对国家（地区）间税制的国际比较，认真探讨或检验了本国（地区）税制竞争力在国际范围内的地位，力图通过各种方式来提高本国（地区）的税制竞争力；另一方面，一批中介机构、学术团体或媒体杂志逐步重视了对主权国家与地区税制竞争力的研究，开始热衷于编制各种类型的国家间税制竞争力排行榜，试图通过这种排行榜来比较论证各国与地区税制的竞争能力。应该说，21 世纪以来，国际上重视提高税制竞争力的思潮或倾向在很大程度上也影响到了我国，这里既包括对我国税制在符合我国国情条件下不断改革与完善的促进，也包括税收理论界对从税制竞争力角度来看待我国税制改革研究的深化，同时还包括我国针对国外某些媒体对我国税制竞争能力一些不实之词的有力回应。如何看待在过去不断发展的这一国际税收竞争新潮流，值得我们从国际经济政治发展大势和坚持国际税收竞争辩证观等角度进行实事求是的分析。

基于以上，我们认为，必须全面辩证地理解对于国际税收领域中的提高税制竞争力潮流及其表现形式，才能深刻把握上述理论与实践的现实与启示意义，从而最终对优化我国税制，提高税制的竞争能力会有所帮助。为此，我们需要注意以下四个问题：

其一，正确认识提高“税制竞争力”或构建“富有竞争性的税制”的理念。这一概念的核心是“竞争力”。应该说，竞争力的定义是很广泛的，有企业的竞争力，产业集群的竞争力，国家内地区的竞争力，而最高的表现形式就是国家的竞争力。世界经济论坛和瑞士洛桑国际管理学院等联合发布的《全球竞争力报告》讨论的就是国家的竞争力问题。而将“竞争力”引申与运用到税制中来，并同税收竞争相对应，虽有一定道理，但在使用中需值得注意。我们认为，一个“富有竞争性的税制”的内涵主要有三个方面：一是要设计一个符合现代税收原则的税制，从符合原则、降低税负的角度看问题，最能符合现代税制效率、公平与简便等原则的税制就是最具有竞争力的税制；同理，税负最轻的税制应该就是最有竞争力的税制。二是还要能够把握税收中性与非中性的有机结合，既然“无税就是最大的竞争力”的观点没有其现实性，则妥善运用给定税制来提高国家、地区或企业竞争力的实践是完全必需的。三是要特别适应经济全球化与对外开放形势的要求，特别要强调避免因倡导或提高税制竞争力而形成或加剧经济贸易摩擦。实际上，学者们在多年来关于涉外税制的研究中就已经多次表达了对构建“富有竞争性的税制”与提高税制竞争能力的观点。在开放经济条件下，主权国家的税制设置可以并且必须体现税收中性与非中性的结合，必须在应对国际贸易摩擦与促进本国竞争力中寻找平衡点。要在加强对有效国际税收竞争与缓解贸易摩擦之间恰当地进行把握，探索运用财税政策来提升国家经济竞争力。在加入 WTO 十年后的今天再来审视这些问题，再来把握国际上不断兴起的提高税制竞争能力的浪潮，应该说，对“富有竞争性的税制”的这种三层次理解还是经得起时代检验的，而且，从缓解与应对经济贸易摩擦的角度看问题，相比较而言，我们倾向使用构建“富有竞争性的税制”这种提法，因为提高“税制竞争力”的提法较易引发不同程度的涉税经济贸易摩擦，应该尽量少用。换言之，提高国家税制竞争能力的努力一定要有度的把握，有政策层面上的把握，这对于当前我国税制改革与政策运用尤为重要。

其二，基于对“富有竞争性的税制”的这一理解，应该高度关注各国（地区）为提高本国（地区）税制竞争能力而做的各种努力，可以从中得到必要的启示。例如，加拿大与澳大利亚等主权国家，之所以能实事求是地编排各种相关的排行榜，能够看到自身税制在一些方面存在的不足，就是不愿意看到本国税制在激烈的国际税收竞争中丧失必要的竞争能力，这种“居安思危”的理念与“实事求是”的实践值得我们借鉴。在这方面，我国香港特区政府所做的一些努力值得重视。应该说，在各种税制竞争力排行榜中，我国香港因为历史与政策的原因而长期形成的低税现实从来都能得到较好的评价，但特区政府仍然高度重视香港税制的竞争力问题，高度关注其他（特别是周边）国家（地区）税制改革的情况，力图保持香港地区在税制上的比较优势。例如，2002 年新加坡的减税改革就引发了中国香港特区政府的高度重视，他们认真研究新加坡减税对中国香港税制相对优势地位的影响，并采取积极措施尽量保持中国香港税制的竞争力。

其三，必须认识到倡导构建“富有竞争性的税制”是当代国际税收竞争的一种特殊表现形式。这里有两层含义：一是各国都在提高自己税制竞争力的过程就必然构成事实上的国家间税收竞争，在很多情况下还会导致税收导向的经济贸易摩擦，可称为“国际税收实际竞争”；二是当各种国际组织与媒体所编制的各种税制排行榜（正面的或者反面的）形成一种国际比较时，就会形成一种压力，一种竞争，可称为“国际税收舆论竞争”，这是一种特殊的国际税收竞争形式，对此既要正确对待，还要有平常心。事实上，即使是对于《福布斯》杂志“税收痛苦指数”这样在科学性上有重大缺陷的排行榜，我们也应该将其视为国际税收竞争的一种表现形式，应该能从其提供的一些信息中把握到国际税收竞争的新动向，尽可能地探寻能对我国税制改革优化有所启示的内容。例如，我们一方面严肃地指出，该排行榜将各种最高边际税率简单相加而得出的税收痛苦指数有其重大缺陷，税率不能简单相加，税率也不等同于税负；但另一方面，我们也要看到，我国现行主体税种的最高边际税率相对较高，虽然这些税率的应税经济行为主体数目并不大，但税率过高这一事实显然不利于我国吸引国际资本与国际优秀人才资源，像《福布斯》杂志这样的世界重要媒体的影响力又加剧了这种不利因素的扩散，因此，我们也应该从中得到必要的启示，尽可能地降低相关税种的最高边际税率，提高我国税制的优化水平。

其四，必须高度重视各类税制竞争力比较（排名）后面所反映的国际政治因素或背景问题。我们既要看到这些排行榜后面所反映的国家间税收发展的正常趋势，如各国为提高税制竞争力的努力、国际税收竞争作为经济全球化下国家间税收关系的重要表现形式等现实，同时也绝不能忘记国际税收竞争与国际复杂政治经济关系之间的相关性，必须看到在某些排行榜后面（或在对待这些排行榜的态度后面）所反映出的国际政治力量对比变化等重要现实。例如，《福布斯》杂志的“税收痛苦指数”，排名也是提高“税制竞争力”的众多排行榜之一，但为何会产生那么多的震动呢？应该说，除了该杂志历史上形成的较大影响力之外，这里事实上反映着长期以来（而在近年来表现更为突出）西方国家对中国“和平崛起”的担心、防备与攻击的现实。随着我国在世界上经济政治地位的提高，一些西方国家与势力始终想在各个方面打击与制约中国，近年来在人权、知识产权、汇率、环境保护等领域中的许多事实都说明了这一点。因此，这里要强调的是，现在税负问题也被赋予了相似的功能，西方势力希望在税负问题上非难中国，这是一个不争的事实，需要引起我们高度警觉。正是基于此，国家税务总局局长肖捷于2010年10月在《中国改革》上亲自撰文回应《福布斯》杂志，反驳该排行榜攻击我国是世界上税负“第二痛苦”之国的不实之词，这并不是小题大做，而是在基于国际政治经济大势与我国税制健康发展需要大背景下的一种必要表态，效果是显著的。在国际政治经济局势日趋复杂化的今天，此类事件今后还有可能出现，我国对此应当保持清醒的头脑。

（二）我国现行的国际税收制度框架与完善对策

1. 我国现行的国际税收制度框架

在此，以2008年我国企业所得税改革之后的税制来分析我国目前的国际税收制度。这里的国际税收制度严格按照国际税收所要解决的主要问题来界定，也就是对于非居民境内所得如何征税，以及居民境外所得如何征税。

（1）居民和非居民的界定

①居民企业

居民企业，是指依法在中国境内成立，或者依照外国（地区）法律成立但实际管理机构在中国境内的企业。这里的企业包括国有企业、集体企业、私营企业、联营企业、股份制企业、外商投资企业、外国企业以及有生产、经营所得和其他所得的其他组织。其中，有生产、经营所得和其他所得的其他组织，是指经国家有关部门批准，依法注册、登记的事业单位、社会团体等组织。其中，实际管理机构，是指对企业的生产经营、人员、账务、财产等实施实质性全面管理和控制的机构。

② 非居民企业

非居民企业，是指依照外国（地区）法律成立且实际管理机构不在中国境内，但在中国境内设立机构、场所，或者在中国境内未设立机构、场所，但有来源于中国境内所得的企业。

上述所称机构、场所，是指在中国境内从事生产经营活动的机构、场所，包括：

- 管理机构、营业机构、办事机构；
- 工厂、农场、开采自然资源的场所；
- 提供劳务的场所；
- 从事建筑、安装、装配、修理、勘探等工程作业的场所；
- 其他从事生产经营活动的机构场所。

非居民企业委托营业代理人在中国境内从事生产经营活动的，包括委托单位或者个人经常代其签订合同，或者储存、交付货物等，该营业代理人视为非居民企业在中国境内设立的机构、场所。

③ 权利和义务

居民企业应就来源于中国境内、境外的所得作为征税对象。所得，包括销售货物所得、提供劳务所得、转让财产所得、股息红利等权益性投资所得、利息所得、租金所得、特许权使用费所得、接受捐赠所得和其他所得。

非居民企业在中国境内设立机构、场所的，应当就其所设机构、场所取得的来源于中国境内的所得，以及发生在中国境外但与其所设机构、场所有实际联系的所得，缴纳企业所得税。非居民企业在中国境内未设立机构、场所的，或者虽设立机构、场所但取得的所得与其所设机构、场所没有实际联系的，应当就其来源于中国境内的所得缴纳企业所得税。[①]

居民企业适用 25% 的基本税率。

在中国境内设有机构、场所且所得与机构、场所有关联的非居民企业适用 25% 的基本税率；在中国境内未设立机构、场所，或者虽设立机构、场所但取得的所得与其所设机构、场所没有实际联系的非居民企业适用 20% 的低税率，在实际征税时适用 10% 的税率。

① 参见《企业所得税法》第三条。

④ 个人居民和个人非居民

我国个人所得税制自1994年改革至今16年来，除了工资薪金等所得项目的费用扣除标准进行了三次调整外[①]，征收制度基本未作根本性变革。不仅从个人所得税调节收入分配功能角度考察，现行的个人所得税分类课征制及其费用扣除办法和标准、税率结构和水平等一整套征收制度，与我国目前的社会经济发展、个人收入分配状况以及教育、医疗、住房、社保等体制改革对其实现公平税负等的客观要求不相适应，个人所得税制改革迫在眉睫；而且从与国际税收规则协调的角度考察，我国的个人所得税法规也已显落后，需要在修订时予以调整和补充。这里仅从与国际税收规则协调的角度，对修订我国《个人所得税法》及其实施条例以及相关法规提几点建议。

（2）居民个人和非居民个人的界定

我国《个人所得税法》第一条第一款规定，“在中国境内有住所，或者无住所而在境内居住满一年的个人，从中国境内和境外取得的所得，依照本法规定缴纳个人所得税。”第一条第二款规定，“在中国境内无住所又不居住或者无住所而在境内居住不满一年的个人，从中国境内取得的所得，依照本法规定缴纳个人所得税。”实际上，第一条第一款所指纳税人就是“居民纳税人”，第二款所指纳税人就是“非居民纳税人”。

（3）所得的分类及来源界定

界定和划分境内所得和境外所得，对于居民企业来讲，关系到境外来源所得和外国纳税义务的正确核算、外国税收抵免限额的计算以及外国税收的抵免；对于非居民企业来讲，关系到是否发生境内来源所得以及是否该缴纳我国企业所得税；对于国家来讲，关系到是否能够准确行使居民税收管辖权和来源地税收管辖权，保护国内税基，保证国家征税权益。因此，正确合理地界定和划分境内所得和境外所得，具有十分重要的意义。

我国《企业所得税法》借鉴《OECD税收协定范本》和《联合国税收协定范本》所得来源地标准、各国间的双边税收协定规定，以及国际上通行的常设机构标准和原则，最大限度地保证了我国的税收权益，规定的所得及来源的界定如下：

① 销售货物所得，按照交易活动发生地确定；

② 提供劳务所得，按照劳务发生地确定；

③ 财产转让所得，采用国际通行做法，规定不动产转让所得按照不动产所在地确定，动产转让所得按照转让动产的企业或机构、场所所在地确定，权益性投资资产转让所得按照被投资企业所在地确定；

---

① 2006年1月1日从800元/月提高至1600元/月、2008年3月1日从1600元/月提高至2000元/月、2011年9月1日从2000元/月提高至3500元/月。

④ 股息、红利等权益性投资所得，按照分配所得的企业所在地确定；

⑤ 利息所得、租金所得、特许权使用费所得，按照负担、支付所得的企业或者机构、场所所在地确定，或者按照负担、支付所得的个人的住所地确定；

⑥ 其他所得，由国务院财政、税务主管部门确定。[①]

对于非居民企业的境内所得，我国《企业所得税法》采用国际上通行的“实际联系”原则，即对于非居民企业通过其在中国境内设立的机构、场所拥有据以取得所得的股权、债权，以及拥有、管理、控制据以取得所得的财产而产生的所得，即使该项所得发生在境外，都应认定为来源于我国，征收企业所得税。

我国《个人所得税法实施条例》第五条对纳税人“来源于中国境内的所得”根据所得的性质不同分别作了规定，包括非独立劳务所得、财产的出租或转让所得、特许权使用费所得、利息、股息、红利所得。

（4）跨国双重征税的消除

我国消除国际双重征税的方法主要有抵免法和抵扣法两种，方法的适用范围不同，因此纳税人不能自由选择[②]。居民企业和非居民企业取得的应税所得已在境外缴纳的所得税款，以及居民企业从其直接或间接控制的外国企业分得的来源于我国境外的股息、红利等权益性投资收益所负担的外国企业在境外实际缴纳的所得税税额部分，适用抵免法，在抵免限额内从其当期应纳税额中抵免；对非居民企业在我国境内设立的机构、场所，就其分摊的境外总机构发生地能够提供必要证明文件的费用适用扣除法。

我国采用的分国抵免限额法按其适用对象不同分为直接抵免法和间接抵免法。直接抵免法适用于同一纳税主体缴纳的外国税收，即境内总公司从其应纳税总额中抵免其境外分支机构已缴纳的外国所得税。间接抵免法适用于不同纳税主体，即境内母公司将其境外子公司在子公司居住国缴纳的所得税中应由母公司分得股息承担的那部分税额来抵免母公司所得税。

在我国对外签订的双边税收协定中都有直接抵免的规定，其中多数双边税收协定中也包括间接抵免的规定，间接抵免的条件一般是境内母公司对境外子公司的持股比例不低于10%。在我国原内、外两个企业所得税法中，只允许直接抵免[③]，不允许间接抵免。新《企业所得税法》在保留直接抵免方法的同时，引入了间接抵免的方法，规定居民企业从其直接或者间接控制的外国企业分得的来源于中国境外的股息、红利等权益性投资收益，外国企业在境外实际缴纳的所得税税额中属于该项所得负担的部分，可以作为该居民企业的可抵免境外所得税额，在规定的抵免限额

① 参见《企业所得税法实施条例》第七条。

② 伦玉君：《借鉴国外经验完善我国外国税收抵免制度》，《涉外税务》2008年第6期，第43页。

③ 参见原《外商投资企业和外国企业所得税法》第十二条。

内抵免。从国际惯例来看，实行间接抵免一般都要求以居民企业对国外公司有实质性股权参与为前提，美国、加拿大、英国、澳大利亚、墨西哥等国规定，本国公司直接或间接拥有外国公司10%以上有表决权的股票的，实行间接抵免；日本、西班牙规定的比例为25%以上。我国税法中是首次引入间接抵免办法，参考其他国家的做法，将这一控股比例规定为20%。间接抵免法的引入弥补了国内税制与我国对外税收协定的差距，考虑到近年来我国企业境外投资形式多以设立子公司或跨国控股并购为主的实际情况，更大限度上消除国际重复征税，有利于鼓励中国企业“走出去”投资，增强其国际竞争力。

为使我国企业境外所得税收抵免制度更具有可操作性，财政部、国家税务总局对《企业所得税法》及其实施条例中有关外国税收抵免的条款作了细化和解释，明确可抵免的下属外国企业的层级为三层①。而在我国对外签订的包含有间接抵免的双边税收协定中，一般未明确间接抵免的层级，因此，这一规定也为今后我国对外税收协定的修订和执行打下了基础。不过，对“居民企业直接或间接持有外国企业20%以上的股份”的间接抵免条件等问题，仍需进一步明确。

同样，我国《个人所得税法》第七条规定，“纳税义务人从中国境外取得的所得，准予其在应纳税额中扣除已在境外缴纳的个人所得税税额。但扣除额不得超过该纳税义务人境外所得依照本法规定计算的应纳税额。”

（5）国际税收协定

税收协定是缔约国政府间签署的具有法律约束力的协议，旨在促进缔约国之间的经济合作与人员交流。它可使跨国纳税人的投资、经营、劳务等所得避免双重征税、消除税收歧视，并适当降低税收负担；此外，还可以有效防范跨国纳税人偷漏税行为的发生，促进形成健康的国际税收秩序。

随着我国对外投资的日益增多，我国“走出去”的企业和个人也会越来越多地希望通过税收协定保护其合法税收权益。中国自1981年与日本首开避免双重征税协定谈判以来，截至2011年6月底已与96个国家签订了双边避免双重征税和防止偷漏税协定，与我国香港、澳门特别行政区签署了避免双重征税和防止偷漏税安排。另外，还与巴哈马和英属维尔京群岛签署了税收情报交换的协议。

（6）各类所得的征税原则

① 营业利润。国内法基本采用机构、场所的标准，税收协定一律采用常设机构标准。对企业直接投资取得的利润，即营业利润，在没有签订避免双重征税协定的情况下，企业的法人居民所在国和收入来源国都拥有征税权。避免双重征税协定对营业利润的征税原则是：缔约国一方企业的利润，缔约国另一方不得征税，除非该

① 参见财政部、国家税务总局《关于企业境外所得税收抵免有关问题的通知》。

企业在缔约国另一方设有常设机构进行营业。也就是说，对于缔约国一方居民跨境经营，只要其不按照另一国法律组成该另一国企业法人，其在另一国的征免税待遇，应以其是否构成常设机构为准。如缔约国另一方企业在中国境内从事的经营活动，倘若不构成常设机构，其营业利润可以不在中国缴纳所得税。同样，对于中国企业，在缔约国另一方从事经营活动取得的利润，倘若不构成常设机构，也不在该另一国缴纳所得税。所谓“常设机构”一语，是指企业进行全部或者部分营业的固定场所。如管理场所、分支机构、办事处、工厂、作业场所、矿场、油井或者气井、采石场或者其他开采自然资源的场所等。对于建筑工地、建筑、装配或者安装工程等，以及为工程项目提供劳务等，协定通常限定一定的期限构成常设机构。期限一般定为6个月、12个月、24个月不等。对于专为本企业营业从事准备性或者辅助性活动所设的场所，一般不视为构成常设机构。对于构成常设机构企业的征税原则，协定规定应以归属于该常设机构的利润为限。为合理计算常设机构的营业利润，应把常设机构作为一个独立的实体看待，按照独立企业原则进行盈亏计算，允许其扣除进行营业发生的各项费用，并合理分摊总分机构之间的费用、合理分配总分机构之间的利润等。

② 投资所得。对投资所得，采用支付者居住地标准。由于投资所得不同于直接经营所得，属于间接所得，并且这种所得的支付者有固定的机构场所，而其取得者比较分散，各国普遍采取源泉控制征收预提税的做法。对于跨国投资所得，一般实行居住地税收管辖权和所得来源地税收管辖权相结合的原则，即对本国居民公司和外国公司设立的常设机构取得的投资所得并入营业利润征收企业所得税；对外国公司没有设立常设机构而取得来源于该国境内的投资所得征收预提税。税收协定对投资所得的协调征税原则是，通过对来源地国家实行限制税率，来兼顾缔约双方的税收管辖权。中国为吸引外资、引进技术，在对外签订的税收协定中，大都接受了作为来源地国家对投资所得按照限制税率征税的做法。具体来说，对股息、利息、特许权使用费等按照协定规定的、优于国内法规定的税率征税，从而大大减轻跨国投资者的税收负担。

③ 国际运输所得。对于国际运输所得，来源国一般免予征税。对于中国居民企业从事国际运输（包括海运、空运和陆运）的从协定缔约国取得的运输所得，缔约国另一方一般免予征税。在有些税收协定中，如中国与加拿大的协定，免税待遇只适用于所得税，有些协定，如中国与马来西亚的协定，则扩大到货物和劳务税甚至海空运办事处的个人所得税。目前，中国与绝大多数协定国都签有国际运输所得互免税收的条款。

④ 个人劳务所得。对劳务所得，采用劳务提供地标准。协定对于个人劳务所得在收入来源国征税的条件一般也优于国内法，例如，中国国内税法规定，在中国境

内无住所又不居住的临时来华人员从事劳务活动取得的所得，如果其在华停留不超过 90 天，无须在中国缴纳个人所得税。税收协定将不征税的 90 天标准进一步放宽到 183 天。例如，中国居民个人在对外承包工程公司或中资分支机构工作，提供个人劳务，如果该承包工程项目或分支机构不构成协定国的常设机构，则只要上述人员在协定国停留不超过 183 天，就可以在协定国免缴个人所得税。

（7）特别纳税调整

伴随着越来越激烈的国际税收竞争，跨国公司的国际避税活动也越来越激烈。世界各国对此逐渐建立和完善了本国的反避税法规条款，加强对跨国公司避税活动的管理。在这样的国际税收背景下，我国《企业所得税法》在总结了我国反避税实践的基础上，借鉴国外反避税立法的经验，制定了各种反避税条款，完善了我国原来规定的转让定价法规，引入了受控外国公司、资本弱化、成本分摊协议以及一般反避税条款等内容[①]。对关联企业间的不符合独立交易原则而减少企业应纳税收入或者所得额的行为，规定了特别纳税调整事项。这些政策手段的完善，为我国全面实施反避税提供了法律依据。同时，在与其他各国签订对外税收协定相关条款时，奠定了国内税制的基础，符合国际税收发展的趋势。

① 受控外国公司

跨国公司在进行海外投资时，税负的高低一直是其考虑的重要因素。为了减少税收负担，一些公司通过在避税地设立受控外国公司（Controlled Foreign Corporation，CFC）来延迟或者减少向公司股东支付的利润，从而达到避税的目的。对此，国家税务总局在 2009 年 1 月 8 日颁布了《特别纳税调整实施办法（试行）》，对受控外国公司作了明确的规定。

a. 受控外国公司的认定标准

受控外国公司是指，由居民企业，或者由居民企业和中国企业控制的设立在实际税负明显低于我国法定税率（25%）的 50% 的国家或地区，并非出于合理的经营需要而对利润不作分配或少分配的外国企业，且将上述控制的内涵进一步确定为在股份、资金、经营、购销等方面构成实质控制，其中，股份控制是指由中国居民股东在纳税年度任何一天单层直接控制或多层间接单一持有外国企业 10% 以上有表决权股份，且共同持有该外国企业 50% 以上股份；中国居民股东多层间接持有各层股份按持股比例相乘计算，中间层持有股份超过 50% 的，按 100% 计算。此外，为了简化判定由居民企业或者由居民企业和中国居民控制的外国企业的实际税负，还规定中国居民企业或居民个人能够提供资料证明其控制的外国企业设立在美国、加拿大、英国、法国、德国、意大利、挪威、澳大利亚、新西兰、日本、印度、南非的，

① 汤贡亮主编：《中国税收发展研究报告》，中国税务出版社2010年版。

可免予将该外国企业不作分配或少分配的利润视同股息分配，计入该居民企业的当期所得。

因此，从上述条文可以看出，我国受控外国公司立法采用权利控制标准、实质控制标准、控股权集中标准相结合的认定方式。构成受控外国企业应满足以下两个条件：其一，对外国企业构成控制；其二，满足低税率检验条件且不符合免除条款。

b. 明确未分配利润视同股息征税及计算办法

受控外国公司的未分配利润中应归属于该居民企业的部分，应视同股息分配计入该居民企业的当期收入征税，同时明确了居民企业股东当期所得及受控外国公司与居民企业股东纳税年度差异计算办法。

c. 豁免条款

为避免影响我国纳税人在国际市场上的竞争力，以免实施受控外国公司规则造成企业境外发展的阻碍，我国的受控外国公司立法规定了豁免条款。能够提供资料证明其控制的外国企业满足以下条件之一的居民企业，可以免予将外国企业不作分配或减少分配的利润视同股息分配额，计入我国居民企业股东的当期所得：

- 如果该外国公司设立在国家税务总局指定的非低税率国家或地区，则对该公司免予适用受控外国公司规则。
- 如果该外国公司的收入是通过积极的生产经营活动所获得，则免予对其适用受控外国公司规则。
- 年度利润总额低于500万元人民币，可以免予适用受控外国公司规则。

② 转让定价

转让定价又称关联企业内部定价，是指具有关联关系的跨国企业之间在转让商品、劳务以及无形资产的内部定价机制。具有关联关系的企业之间的转让定价，不仅涉及利润转移的问题，而且关系到相关国家的主权和经济利益。因此，各国一方面积极对外谈签投资贸易协定和税收协定，以鼓励本国资本和劳务的输出；另一方面采取积极的反避税应对措施，以应对本国税收的流失[①]。我国《企业所得税法》第六章“特别纳税调整”以及《企业所得税法实施条例》对转让定价税制作了详细规定。

a. 关联方的界定

转让定价是发生在具有关联关系的市场交易主体之间内部交易的定价，确定关联关系是转让定价税收管理的前提条件。关联方，是指与企业有下列关联关系之一的企业、其他组织或者个人，具体指：

- 在资金、经营、购销等方面存在直接或间接的控制关系；

① 中国国际税收研究会：《中国居民企业对外投资与劳务税收研究报告》，中国税务出版社2010年11月版。

● 直接或间接地同为第三者控制；

● 在利益上具有相关联的其他关系。

b. 转让定价调整的方法

《企业所得税法》规定企业与其关联方之间的业务往来，不符合独立交易原则而减少企业或者其关联方应纳税收入或者所得额的，税务机关有权按照合理方法调整①。在正常交易原则下，各国在转让定价税收立法和管理实践中形成了一套对跨国关联企业间不合理转让定价进行审核和调整的方法，主要有可比非受控价格法、再销售价格法、成本加成法以及其他合理方法。其他合理方法又称利润法，主要有利润分割法、交易净利润法和可比利润法等。我国引入了国际上上通用的转让定价调整方法，具体规定如下：

一是可比非受控价格法，即按照独立企业之间进行相同或类似业务活动的价格进行调整。具体做法是将企业与其关联企业之间的业务往来价格，与其与非关联企业之间的业务往来价格进行分析、比较，从而确定公平成交价格。

二是再销售价格法，即按再销售给无关联关系的第三者价格所应取得的利润水平进行调整。采用这种方法，应限于再销售者未对商品（产品）进行实质性增值加工（如改变外形、性能、结构、更换商标等），仅是简单加工或单纯的购销业务，并且要合理地选择确定再销售者应取得的利润水平。

三是成本加成法，即按照成本加合理费用和利润进行调整。

四是其他合理方法。在上述三种调整办法均不能适用时，可采用其他合理的替代方法进行调整，如可比利润法、利润分割法、净利润法等。在企业不能提供准确的价格、费用等凭证资料的情况下，还可以采取核定利润率方法进行调整。

五是成本分摊协议条款。企业与其关联方之间可以达成安排，就成本分摊协议参与各方在共同开发、受让无形资产，或者共同提供、接受劳务的活动中，如何进行成本和风险的分摊以及利益的分享作出约定。成本分摊协议应当符合独立交易原则，它要求参与各方对实际发生成本的承担份额应与其预期可获得的收益相配比。由于各方对成本分摊协议的活动共同承担成本与风险，因此对活动成果都拥有所有权，不必为使用该成果而向其他任何一方支付特许权使用费或其他费用。

c. 预约定价协议安排

预约定价协议是一国或多国税务部门与某一跨国关联企业在其关联交易发生之前就转让定价方法达成的协议。《企业所得税法》规定，企业可以向税务机关提出与其关联方之间业务往来的定价原则和计算方法，税务机关与企业协商、确认后，达成预约定价安排②。

---

①② 参见《企业所得税法》第四十一条、第四十二条。

③ 资本弱化

资本弱化是指企业通过加大借贷款（债权性筹资）而减少股份资本（权益性投资）比例的方式增加税前扣除，以降低企业税负的一种行为。资本弱化法规针对跨国关联企业之间利用融资方式的安排来转移利润的避税行为而进行规避的法律条款。

企业从其关联方接受的债券性投资与权益性投资的比例超过规定标准而发生的利息支出，不得在计算应纳税所得额时扣除（分配给实际税负高于企业的境内关联方的利息除外），也不得结转到以后纳税年度，应视同分配的股息计征预提税，如已按照利息支付扣缴了预提税且多于按股息支付计算的应征税款，多出的部分不予退税[①]。其中，债权性投资，是指企业直接或间接从关联方获得的，需要偿还本金和支付利息或者需要以其他具有支付利息的方式予以补偿的融资。包括：关联方通过无关联第三方提供的；由关联方担保且负有连带责任的债权性投资；其他间接从关联方获得的具有负债实质的债权性投资[②]。权益性投资，是指企业接受的不需要偿还本金和支付利息，投资人对企业净资产拥有所有权的投资。

接受关联方债权性投资与其权益性投资比例为：金融企业为5∶1，其他企业为2∶1。企业如果能够按照税法及其实施条例的有关规定提供相关资料，并证明相关交易活动符合独立交易原则；或者该企业的实际税负不高于境内关联方的，其实际支付给境内关联方的利息支出，在计算应纳税所得额时准予扣除[③]。

④ 一般反避税法规

除以上针对转让定价、资本弱化、受控外国公司之外的反避税条款外，《企业所得税》还增加了企业实施的其他不具有合理商业目的的安排而减少其应纳税所得额的避税行为的一般反避税条款，例如，滥用税收优惠、滥用公司组织形式、滥用税收协定、税收套利以及其他隐蔽的不可预见的避税行为。“合理商业目的”原则和“实质重于形式”原则是判断纳税人是否实施避税行为的主要原则。

2. 我国国际税收竞争的对策选择

回顾国际税收竞争的历史，在消除、避免有害税收竞争的前提下，适应税收情报交换与财政透明度的新要求，我国在面对国际竞争中应该审时度势，采取更加积极主动的应对策略。

（1）坚持属地管辖权为主的国际税收制度

我国《企业所得税法》第二条规定“依照中国法律、法规在中国境内成立，或者实际管理机构在中国境内的企业，为居民企业。依照外国（地区）法律、法规成

① 参见《特别纳税调整实施办法》第八十八条。
② 参见《企业所得税法实施条例》第一百一十九条。
③ 参见《关于企业关联方利息支出税前扣除标准有关税收政策问题的通知》第二条。

立且实际管理机构不在中国境内，但在中国境内设立机构、场所的，或者在中国境内未设立机构、场所，但有来源于中国境内所得的企业，为非居民企业。”参照国际通行做法，首次引入了规范的“居民企业”、“非居民企业”的概念，对纳税人加以区分。居民企业承担无限纳税义务，就其来源于境内外的全部所得在中国纳税。非居民企业承担有限纳税义务，只就其来源于境内的所得在中国纳税。

在个人居民身份判定上，我国税法规定，在一个纳税年度内在我国无住所但在我国境内居住满一年的个人为我国税收居民。这虽然与大多数国家一致，但容易导致避税，因为跨年度住满 365 天不会成为税收居民。因此建议按多数国家做法，将居住时间缩短为 183 天，和协定一致起来，同时附加规定以扩大居民身份判定标准，如规定：跨年度但在连续 12 个月内居住时间满 183 天的也认定为我国税收居民。

对非居民在境内取得投资所得应该按照规定缴纳预提所得税。我国《新企业所得税法》第二条规定“非居民企业在中国境内未设立机构、场所的，或者虽设立机构、场所但取得的所得与其所设机构、场所没有实际联系的，应当就其来源于中国境内的所得缴纳企业所得税。”这些所得包括股息、利息、租金、特许权使用费、财产转让所得，税法规定的适用税率为 20%。但在协定中，我国对于非居民取得的各项投资所得大多按照《联合国协定范本》规定不低于 10% 的限制税率。其中，对于股息的限制税率最为多样，最高为 15%，一般外国企业的税率为 10%，中国香港等地区（国家）企业符合税收协定的条件的税率为 5% 或 7%，外国个人则为 0%。对于个人的预提所得税税率较低、监管较松，使得很多外国投资通过个人投资分配的方式规避所得税。我国应该配合个人所得税的改革加强非居民个人的管理，完善个人的所得申报制度，加强非居民个人的税收征管。

（2）完善避免双重征税制度，鼓励企业对外投资

限额抵免法是绝大多数国家采用的避免双重征税方法。抵免法解决重复征税时最终要按居住国的税负水平负担税收，由于我国税率相对较低，对于来源于税率较高的国外所得，会留下抵免余额，实际不能完全解决重复征税，不利于鼓励“走出去”战略。虽然我国规定抵免余额可向后结转 5 年，但从加强国际竞争力的角度，可以考虑延长结转时间至 7~10 年。

一般情况下，某一国跨国纳税人设在几个非居住国的分支机构都盈利，则实行综合抵免较为有利，如果既有盈利，又有亏损，则采用分国限额抵免法较为有利。我国目前实行的是分国限额抵免法，是否调整，需要对我国境外投资企业经营状况进行深入调查后作出判断。我国间接抵免制度目前允许抵免三级子公司境外间接负担的所得税税负，但是三级抵免显然不能完全满足海外投资企业多级管理的状况，而进一步提高间接抵免层级可能使得抵免制度更加复杂，增加管理的成本。因此，完善双重征税制度的方向应该是简化税收抵免制度，试行参与免税，更好地实现资

本输出中性。

为吸引跨国公司在我国设立地区总部或控股公司，鼓励国内大型企业集团开拓国外市场，可以考虑对上述两类纳税人试行“参股免税”法，对控股达到一定比例（如10%）的国外子公司的汇回股息减征或免征所得税。但对管理总部不在我国的中间持股公司，则不予免税，这样，既有利于实现优惠目标，又有利于减少优惠带来的对公平的扭曲效应。

表4-1　我国对外谈签税收协定消除双重征税方法一览表（截至2011年底）

抵免方法	仅直接抵免	新西兰、亚美尼亚、乌兹别克斯坦、南斯拉夫、马其顿、埃及、老挝、塞舌尔、菲律宾、南非、巴巴多斯、摩尔多瓦、卡塔尔、古巴、委内瑞拉、哈萨克斯坦、阿曼、尼日利亚、伊朗、巴林、希腊、吉尔吉斯斯坦、摩洛哥、斯里兰卡、阿尔巴尼亚、文莱、阿塞拜疆、格鲁吉亚、沙特、澳门特区共计30个国家和地区
	直接抵免与间接抵免相结合	控股要求10%：日本、美国、法国、英国、比利时、德国、马来西亚、挪威、丹麦、新加坡、芬兰、加拿大、瑞典、泰国、意大利、荷兰、斯洛伐克、波兰、澳大利亚、保加利亚、巴基斯坦、科威特、瑞士、塞浦路斯、西班牙、罗马尼亚、奥地利、巴西、蒙古、匈牙利、马耳他、阿联酋、卢森堡、韩国、俄罗斯、巴布亚新几内亚、印度、毛里求斯、克罗地亚、白俄罗斯、斯洛文尼亚、以色列、越南、土耳其、乌克兰、牙买加、冰岛、立陶宛、拉脱维亚、孟加拉国、苏丹、葡萄牙、爱沙尼亚、爱尔兰、尼泊尔、印度尼西亚、突尼斯、特立尼达和多巴哥、墨西哥、阿尔及利亚、叙利亚、捷克、中国香港特区等63个国家和地区
		控股要求20%：塔吉克斯坦、埃塞俄比亚、土库曼斯坦、赞比亚、芬兰共计5个国家
饶让抵免	对方单给	日本、英国、丹麦、芬兰、阿联酋、加拿大、新西兰、新加坡、澳大利亚、科威特共计10个国家
	双方互给	马来西亚、意大利、泰国、南斯拉夫、马耳他、毛里求斯、巴布亚新几内亚、韩国、印度、越南、牙买加、马来西亚、巴基斯坦、葡萄牙、塞舌尔、马其顿、古巴、阿曼、突尼斯、摩洛哥、斯里兰卡、保加利亚、塞浦路斯、特立尼达和多巴哥、文莱、沙特、埃塞俄比亚等27个国家

资料来源：国家税务总局网站 http://www.chinatax.gov.cn.

（3）严格反避税立法，强化国际税源监控管理

第一，加强跨境税源管理，拓展国际税收征管互助。境外投资活动是对多国、多地区的投资，税务机关对企业在境外的投资活动，则很少能详细掌握其全面的生产经营情况，而税收管辖权限制了一国税务机关在境外对纳税人进行调查取证的权力。进行国际税收征管互助是国与国之间开展国际税收征管合作的重要举措，2010年有34个国家发起签署了税收征管互助公约，进行包括税收情报交换、联合税收检

查和海外税收检查、协助收回和保全措施，以及提供文件服务等全方位的国际税收征管合作。这些协助形式包括了两国之间在税收管理合作中可以采用的主要形式。中国目前还不是税收征管互助公约的成员国。为了能够进一步加强中国对跨境税源的管理，应该积极加入税收征管互助公约，拓展中国在全球范围内对税源进行管理的能力。

第二，进一步完善转让定价税制和管理。一是加大转让定价处罚力度，加大跨国公司转让定价避税风险，增强威慑力；二是加强关联交易申报管理，进一步严格纳税人保管关联交易转让定价资料的要求和责任；三是推广预约定价制度，为跨国企业提供稳定的纳税环境，同时也节约审计成本，增加税收收入；四是借鉴国外经验做法，配备专职机构和人员，加强转让定价避税管理，阻止本应属于我国的税收收入的流失。

第三，考虑制定分公司利润税。分公司利润税（Branch Profit Tax）是指一国对非居民纳税人在本国设立的分公司性质的分支机构向境外汇出利润时所征收的所得税。我国《企业所得税法》规定，非居民企业在中国设立子公司向境外汇出利润的，应当缴纳20%的股息预提所得税（税法规定优惠税率为10%，根据税收协定还会有其他不同优惠税率），而对非居民企业在中国设立分公司向境外汇出利润的，没有规定需要缴纳类似的股息预提所得税。也就是说，只要外国公司采用分公司形式在中国销售商品或提供服务，在其分公司向境外汇出利润时即可避免缴纳股息预提所得税。分公司利润税能够消除子公司和分公司的税收差异，有利于保持跨国投资的税收中性。

第四，增加防止协定滥用条款。由于税收协定滥用导致协定缔约国牺牲各自财政利益而提供的协定优惠被第三国居民受益，违背了协定互惠原则，对于国际税收双边合作的发展极为不利，因此，许多国家在签订协定时，特别注意了防止协定滥用条款。我国已经逐步明确了税收协定中“受益所有人”等反滥用条款的适用（国税函〔2009〕601号、国家税务总局公告2012年第30号），需要在各地的执行中进一步规范。同时应加强协定执行管理，可以借鉴日本的预提制度，无论是否享受协定优惠，先按普通税率征税，然后由纳税人提供证明，申请享受协定优惠，主管税务机关审核后予以退税。

（4）根据协定谈判情况，争取适当提高利息、特许权使用费等限制税率

目前发达国家协定谈判中制定的限制税率一般都采用比与之缔约的对方国国内税率的50%略高一些的限制税率，甚至有些国家为保护本国投资者的利益，要求提高限制税率以平衡本国投资者和外国投资者的税负水平。我国不管对方国内税率高低情况，均将限制税率定在10%左右，缺乏灵活性，也容易造成收入性质转移，产生避税。根据国民待遇原则，今后在协定修订中，应注意根据缔约国国内税率情况，

按照国民待遇原则和国际惯例，适当提高限制税率，可以在一定程度上保护我国合理的税收利益。例如，我国是特许权使用费的支付国，提高特许权费税率有利于增加税收收入，也有利于跨国公司提高当地研发费用支出，而研发费用支出被认为具有较大的外部性。此外，可以极大地降低低限制税率诱发的国际避税问题。不利之处在于对引进外资技术产生一定影响，但影响程度有限，一方面是由于我国巨大市场潜力吸引了各国跨国投资者，引进技术是争夺未来市场的关键，跨国企业不会因为限制税率提高而放弃技术引进；更主要的是，大部分的特许权使用费支付并不是因为向中方转让技术而产生，中方并没有获得外部收益。

（5）在财政透明度的新竞争中争取主动权，改善国际税收环境

财政不透明的时代已经结束，现在越来越多的国家不仅不断签订越来越多的国际协定，同时还适时修订其本国法律以在实践中执行国际标准，国际税收也似乎走向了一个史无前例的新方向。中国已经加入税收情报交换与财政透明度的国际合作中，并顺利通过了全球税收论坛关于税收透明度和情报交换的同行审议。在这个更加强调参与和相互监督的国际税收环境中，中国应该进一步发挥更大的作用。

财政透明和情报交换均是国际税收全球治理的必要特征，中国目前已经对外正式签署 9 个税收情报交换协定。未来还应该进一步扩大税收情报交换的网络，完善对银行和财务情报的利用，从税收协定伙伴方获得的情报，应按照与本国法律相同或高于本国法律规定的程度，做好保密工作。税收协定网络和税收情报交换网络的构建，能够更好地打击和阻止第三国居民的偷税、避税行为，改善我国的国际税收环境。

第五章

税收协定与中国国际税收协调发展

随着国际经济交往的发展和深入，税收的国际协调无论对于个人、企业还是国家都日益重要。从广义上讲，国际税收协调既包括直接税的协调，也包括间接税的协调。然而，从狭义和更有普遍意义的角度，国际税收协调一般指所得税的国际协调，其主要和核心的内容便是国际税收协定，而国际税收协定范本成为统一和规范国际税收协调的重要文件，其中又以《OECD 税收协定范本》为最。

《OECD 税收协定范本》在 2010 年进行了最近一次修改，同时 OECD 对于协定范本中的重要概念，如受益所有人、常设机构等还另行颁布了讨论草案，并且就国际税收中的重要事项——转让定价问题陆续颁布了相关规则。与此同时，联合国也对 UN 范本进行了修改。

中国国际税收协调的发展阶段也正是体现了对国际经济发展和交易模式变革的回应。本章回顾了我国税收协定的发展与历史，从最初对来源地征税权的尽可能维护，到站在居民国立场促进企业走出去，以及今天的对税收协定的修订。税收协定网络不断扩大的同时，在加强与各国税务当局的合作、促进我国经济活动的开展方面也发挥着越来越大的作用。对于协定在国内的适用，本章以 2008 年《企业所得税法》的实施为分界点，探讨了协定在我国的地位以及具体的执行，并通过若干案例加以说明。

一、国际税收协调的一般问题

（一）国际税收竞争与国际税收协调

1. 国际税收协调概述

国际税收协调在财政税收学界是一个被广泛使用的术语，国内财政税收理论界普遍使用的是“国际税收关系协调”的概念，其含义是指围绕两个或两个以上的主权国家（或地区），对跨国纳税人行使各自税收管辖权所产生的冲突进行协调的行为。在西方国家，对于国际税收协调这一术语存在着诸多争论。早期的一些学者认为，国际税收协调是国家间通过建立协商机制来进行合作以解决税收差异的行为，或者是关税同盟和经济同盟成员国为了推动一体化进程而协调税收政策的过程。近期一些学者则认为，国际税收协调有两个不同的方向：一是各国税制完全消除差异，实现均等化；二是“差异化”前提下的协调，即允许每个国家可以有不同的税制，但在运用税收政策时必须考虑大家共同的经济和社会目标。此外，一些学者认为，国际税收协调也包括主权国家税收制度的趋同趋势。总之，西方理论界对国际税收协调的定义有不同，主要体现在国际税收协调的范围和程度，以及目的和方向上。

当前，西方税收理论界使用最多，并得到公认的国际税收协调的表述是International Tax Harmonization。在具体使用这一术语时，其外延仍有很大的不同。但一般认为，国际税收协调是指一些国家或地区为了建立共同市场或经济集团，消除税收上对商品、资金、技术、劳务、人员流动的障碍，采取措施使集团内不同国家和地区的税收政策、税收制度（包括税种、税率）互相接近或统一，以减轻彼此之间的冲突和摩擦[①]。

国际税收协调是经济全球化发展到一定阶段后，国际税收竞争必然的发展方向。国际税收竞争协调的路径主要包括以下三个方面：

（1）单边的国内行动

这是指由主权国家按照国际惯例主动建立和修订涉外所得税法。Dangan 认为，单边的税收协定更能消除重复征收而且成本较低，具有灵活性。因此，需要通过国内立法等途径，在对纳税人和征税对象、税收管辖权的约束、对居民与非居民的判定等问题上尽量符合国际惯例，尽可能地减少恶性税制以及逃避税行为带来的税源和税基的流失。这样做既可以使跨国企业在跨国经济活动中保持税务筹划的空间以实现税收中性，又可以减少国家之间在税收分配上的分歧与摩擦，促进国际经济协调发展。

（2）双边或多边国际税收协定

主要是指有关国家通过签订国际税收协定，解决各国税收制度之间相互冲突引起的国际双重课税和国际逃避税等问题。国际双重征税阻碍要素流动，违背税收中性原则；国际逃避税会导致各国税收流失。因此，与经济往来密切的国家订立税收协定尤其是双边税收协定就成为目前税收在国家间协调分配的主要方式。OECD 范本和联合国范本经过历次修订已成为国际税收协定的基本依据。在行动上，首先各国应终止与避税地签订的税收协定，其次，各国应建立情报交换制度，加强关于纳税人的相关信息交换，制定有关协调执行制度，如同步检查、特别信息交流项目或联合培训活动等，以控制和监督纳税人及其所得从恶性税收竞争中获益[②]。

（3）参与国际组织和一体化的经济集团，就有关税收问题达成协议

以哈斯为代表的新功能主义认为，随着跨国的或超国家的行政机构的建立，开始了逐步政治化的进程。一体化不仅是技术型官僚的最优化策略，而且必然包括政治要素。要想使一体化进程取得成功，就不能局限于技术和行政精英的关系网，而

---

① 苑新丽：《国际税收协调的发展趋势》，《财经问题研究》2002年第10期。

② 靳东升：《税收国际化趋势》，经济科学出版社2006年版。

是要靠合作的制度化。新功能主义考虑的核心是地区共同体，它包括一个超国家决策体系，通过小步走的过程把越来越多的权限转移到该体系中。一体化最初从某些相对无摩擦或矛盾较小的经济领域开始，逐步向纵深扩展，通过示范效应影响外溢，促进合作，有计划地向新的越来越具有矛盾性或易发生冲突的经济领域扩展。

这种做法的实质是在国际组织的协调下，各成员国的税收主权的部分出让与共享，也就是通过成立权威性组织，来对各成员国税收进行协调。“二战”以后，一系列国际组织相继成立，这些国际组织在国际税收竞争的协调中发挥了日益重要的作用。国际货币基金组织和世界银行非常关注发展中国家的税制改革。世贸组织、经合组织、欧盟都直接参与了税收协调的各种事件[①]。欧盟对税收一体化的形成作出了重要贡献。联合国也感到提高税收国际合作的必要性，并建议成立税收委员会[②]。国际著名财政学家Tanzi在1998年提出了建立世界税收组织的设想，并对其主要职责进行了说明。应该说经济全球化形成以后，税收在国家之间如何进行分配已成为迫切需要解决的命题。

2. 所得税的国际税收协调

所得税的国际协调，亦称所得征税的国际合作（International Coordination of Income Tax），它是指各个主权国家对各自征收的所得税所涉及的国家之间税收分配关系，以及一国政府对其跨国纳税人的税收征纳关系所进行的双边或多边协商和调节活动的总称。

所得税国际协调的主要方式是双边或多边国际税收协定的签订，而国际税收协定一般是指国家之间签订的避免对所得和资本双重征税和防止偷漏税的协定（Agreements between State A and State B for the Avoidance of Double Taxation and the Prevention of Fiscal Evasion with Respect to Taxes on Income and Capital）。有的国家有时不使用“协定”（Agreement）一词，而是称其为“条约”（Convention）。OECD范本和联合国范本也使用“条约”一词。因此，研究所得税国际协调演进的实质是探讨国际税收协定的产生与发展。

（1）税收协定概述

国际税收协定，是国际条约中专业性较强的一种，属于国际法的范畴，是指两个或两个以上国家依照平等原则，通过政府间谈判达成一致后缔结的确定其在国际税收分配关系的具有法律效力的书面税收协议，旨在协调缔约国之间对相关应税项目（通常为所得，有时也包括财产）的税收管辖权，以避免国家间的重复征税，从而达到推动包括资金、人员、技术和产品等经济要素的跨国往来，促进经济发展的

① 朱宏仁：《经济全球化与国际税收合作的现状与前景》，《涉外税务》2001年第3期。
② 邓力平、陈涛：《国际税收竞争研究》，中国财政经济出版社2004年版。

目的。

国际税收协定从广义上讲是指国与国之间签订的有关税收问题的具有法律效力的书面协议。这种广义的国际税收协定涉及的内容广泛，其中既有避免所得和财产双重征税的协定，也包括双边或多边缔结的关税协定、空运企业和海运企业国际运输收入互免税收的协定等一些特定税种或特定项目的税收协定。狭义的国际税收协定一般特指国家间避免双重征税和防止逃税的协定（简称双重征税协定）。由于避免双重征税和防止逃税直接反映了国家间协调税收分配关系的共同问题，因此，世界各国普遍给予关注，成为各国处理国家间税收问题的重点。

国际税收协定的诞生与成长过程就是国际经济发展的历史过程。自19世纪末期开始，世界上较为发达的资本主义国家开始向国外进行大量的资本输出，特别是从商品到货币再到资本的输出之后，国家间的经济交往活动日渐增多，形式也越来越复杂，才有必要考虑协调国家间的税收管辖权，通过法律文件明确和规范国家间对有关经贸活动的税收处理原则。时至今日，随着经济全球化的飞速发展，许多发展中国家的经济增长取得了丰硕的成果，特别是以金砖国家为代表的新兴经济体在维持本身经济快速发展的同时，也为维持世界经济的发展发挥了越来越重要有时甚至是决定性的作用，其表现形式之一就是在扩大商品国际贸易的同时，推动本国资本的对外投资，积极促进企业“走出去”，这样既可以增强本国的综合国力，也为世界经济的发展作出贡献。由是，在新的经济形势下，谈签或重谈双边税收协定成为各国政府促进跨国经济交往的重要内容之一。

① 税收协定的类型具有多样性。税收协定从形式上划分，可以分为：a. 双边税收协定，多表现为代表国家的政府之间签署的协定，如我国的第一个税收协定，1983年9月6日在北京签署的《中华人民共和国政府和日本国政府关于对所得避免双重征税和防止偷漏税的协定》；但也有个别情况表现为国家之间的协定，如1985年6月10日在波恩签署的《中华人民共和国和德意志联邦共和国关于对所得和财产避免双重征税的协定》。b. 多边税收协定，表现为由两个以上国家共同签订的税收协定。此类协定多基于地缘经济关系而用来规范和协调某个地区内国家间的税收管辖权或征管协作等合作事项。如1989年12月7日在哥本哈根签订的《北欧国家税收事务管理协助条约》，该条约适用于丹麦、芬兰、挪威、瑞典等北欧国家；1993年签订的《欧共体国家关于避免因调整关联企业利润而引起的双重征税的协定》。

② 税收协定从内容上划分，可以分为：a. 全面性税收协定。其内容广泛，包括协定适用范围（人、税种和地理范围）、对各种所得（包括营业利润、国际运输所得、股息、利息、特许权使用费、财产收益、个人劳务所得、退休金、董事费等）的税收管辖权划分，以及对财产征税的协调，另外还包括非歧视待遇、相互协商程序和信息交换等特殊条款。b. 适用范围有限或单一的税收协定。其内容仅仅局限于某一

领域或某一方面涉及的税收管辖权划分和协调。如我国对外签订的互免空运货海运运输（或者国际运输）收入的税收协定，此类协定适用的税种范围往往包括直接税和间接税。例如，1982 年 3 月 5 日在北京签订的《中华人民共和国政府和美利坚合众国政府关于互免海运、空运企业运输收入税收的协定》，1990 年 3 月 8 日在北京签订的《中华人民共和国政府和泰王国政府关于互免国际运输收入间接税的协定》等。c. 专门的税收信息交换和税收征管互助的协议。随着经济全球化的发展以及跨国公司国际避税筹划的日益严重，特别是在 2008 年世界金融危机之后，各国税务主管当局意识到加强信息交换和税收征管合作的必要性，以便共同应对跨国公司利用双边税收协定和各自国内法的规定来达到在全球范围内规避税收的情况，产生了许多专门的税收信息交换和税收征管互助的协议。例如，2012 年 7 月 9 日在北京签订的《中华人民共和国政府和圣马力诺共和国政府关于税收情报交换的协定》。

另外，应该指出，除上述协定或协议外，也有通过谈判或磋商达成一致的议定书或补充议定书，一般来说，这些都属于税收协定的重要组成部分，其签署程序和执行效力与税收协定相同。

（2）税收协定范本

20 世纪 60 年代以后，国际贸易迅猛发展，跨国公司内部交易在国际贸易中的比重快速上升，双重征税问题日益突出。经济合作与发展组织（OECD）以税务当局之间、税务当局与跨国公司之间的协调人的身份，对转让定价做了大量有益的工作。1963 年 OECD 制定并公布了《关于对所得和资本避免双重征税的协定范本》，简称《OECD 税收协定范本》（OECD 范本）。OECD 范本是 OECD 成员国和非成员国谈判、适用和解释其双边税收协定的基础。该范本和基于该范本的 3000 多个全球性网络为解决国际双重征税领域的共同问题提供了统一的处理方法。税收协定处理了货物、服务、资本和人员的跨国自由流动。

为了制定一个所有国家普遍接受的税收协定范本，联合国于 1968 年成立了由 8 个发达国家和 10 个发展中国家的代表组成的专家小组，并于 1979 年 12 月正式公布了《关于发达国家与发展中国家间避免双重征税的协定范本》，简称《联合国税收协定范本》。联合国范本在国际税收协定实践中有着深远的影响。它与 OECD 范本一道，构成了数千个国与国之间双边税收协定的基础，以帮助纳税人避免受到双重征税，从而促进国际贸易和投资流动，推动技术转让，同时保护政府适当的税收权利。联合国范本尤其重视为发展中国家签订双边税收协定提供便利，促进其实现发展目标。它兼顾了发达国家和发展中国家的利益，使发达国家更清楚地了解发展中国家的意愿，以便更公平地划分来源国与居住国之间的税收管辖权，同时也有助于发展中国家了解发达国家的意见，既维护税基，又能吸引外资。

OECD 范本和联合国范本的产生，一方面，标志着国际税收关系的协调活动进入了规范化的阶段，使国际税收协定从单项向综合、从双边向多边、从随机性向模式化的方向发展，成为调节国际经济关系的重要工具之一；另一方面，对那些尚无税收协定的国家之间发生的国际税务争端，也提供了一整套可供借鉴和参考的准则。此外，两个范本的制定过程，集中了世界许多国家的国际税法专家的研究成果，对国际所得税法理论的形成与发展也作出了重大的贡献。

尽管联合国范本和OECD范本的许多条款是重叠的，但在一些重要领域存在差异，清楚地体现出联合国和OECD两个组织在各自成员国身份和优先选择方面的不同。这些差异反映了一个国家为了避免双重征税及鼓励投资而签订税收协定时，应在何种程度上按照其国内法享有优先征税权。联合国范本通常将大部分税收留给投资或其他活动发生的地方，而OECD范本则将更多的征税权留给投资者或交易商所在国。因此，联合国范本通常赋予发展中国家就外国投资享有更多的征税权。

虽然UN范本在维护发展中国家利益上的作用是不可忽视的，但联合国范本一直追随OECD范本所创立的模式，其许多条款和OECD范本相比是同样的，或基本相似。正因为如此，一般的看法是，相对于OECD范本，联合国范本并不是一个完全独立的税收协定范本，宁可视为是对OECD范本进行了有限修改，而不是重要的替代范本①。而2010年OECD范本最新修改之后，联合国范本也作了更新，虽然在某些条款上仍然保留了与OECD范本不一致的地方，但在更多方面已经逐渐体现了统一的趋势。

3. 流转税的国际税收协调

从理论角度，国际双重征税也同样存在于关税和流转税领域，典型例子即为产品出口国有权对出口产品征收出口关税，而进口国也有权对其征收进口关税，就存在着对同一产品的重复征税。而从实践角度，国际上也存在间接税协调方面的法律规范，最为著名的便是关贸总协定及发展到今天的世界贸易组织（WTO）。通过关税税率的国际协调，有利于降低资本、商品与服务流动的成本，推进各国在主要产品的关税税制方面的趋同。

当然流转税的协调不仅仅在于关税方面，在欧盟国家，增值税的统一协调也成为欧盟税收协调的重要部分。从理论上看，对流转额征税，有“源泉征税原则”也有“目的地征税原则”，在科技水平较不发达的年代，由于产品和服务的种类比较单一，同时基于税收征管水平有限，因此源泉征税对于各国税务机关而言，是符合实际的选择，目的地征税原则则对税务机关的征管水平提出了更高的要求。当然对商品的流转征税，如出口退免税、进口关税，体现的是目的地征税原则；主要原因在于商

① 参见刘剑文主编：《国际税法学》（第2版），北京大学出版社2004年版，第332页。

品关境的可控性。而对于服务的流转征税，在选择源泉征税原则还是目的地征税原则时，则因各国税制差异存在着适用的区别。欧盟历次的增值税改革方案，除了在税率方面的协调外，很重要的便是对征税原则的统一协调。最近一次的调整决定，从2010年1月1日起，欧盟企业对企业提供的服务将改由发生实际服务消费的国家征收增值税，企业直接对消费者提供的服务仍由服务商所在国征税①。

（二）国际税收协定范本的最新发展

如前所述，《OECD税收协定范本》和《联合国税收协定范本》作为国际税收领域中最重要、影响最大的两个范本，随着国际经济贸易和全球化的不断深入，也从未停止过修改。2010年OECD和联合国几乎不约而同地发布了对各自协定范本的最新修订，在内容上虽然仍保留了各自在发达国家和发展中国家之间利益偏好的初衷，但在具体制度上，尤其是税收合作方面的协调和衔接则进一步深入。

1.《OECD税收协定范本》的修改及最新发展

2010年7月22日，OECD批准了在2008年版本基础上修正的2010年版本的税收协定范本。这是自1992年OECD范本首次以活页形式出版以来的第八次更新修订。对范本及其注释的定期更新是极其重要的，因为这样才能保持范本的通用性，才能根据对税收条约的解释和应用向纳税人和税务机关提供持续的指导。

2010年OECD范本采取了和以前几次相同的更新模式，而大部分的变化内容都由经合组织为征求公众意见的需要而于此前发布。在2010年修订中，最令人关注的是第七条“营业利润”发生了一些重大变化；此外还包括对注释的修订，主要解决将集体投资工具命名为条约收益、将税收条约应用于主权财富基金和共同的电信问题以及将第十五条（雇用收入）应用于短期雇员等问题。同时，还包括另外三个非成员经济体在范本和注释中的立场问题，从而使总数达31个的非成员国能够表达自己的观点。

（1）2010年《OECD税收协定范本》注释：第一条

2010年7月22号，OECD批准了2010年对于OECD范本的更新，更新的范本采纳了对于第一条注释的修改（注释规定范本适用于缔约国的居民企业），这一修改在OECD财政事务委员会发布的一份报告中提出。这份报告的目的是确保投资基金能够享受税收协定的优惠。2010年范本第一条注释的第6段和第8段中规定，如

① 参见《欧盟成员国通过增值税改革方案》，载http://news.xinhuanet.com/newscenter/2008-02/14/content_7598652.htm，最后访问日期2012年5月29日。

果一个国家的税法把设立的投资基金作为纳税人对待，那么该国家也要同意其他的缔约国去修改它们税收协定中的“法人”定义，从而将投资基金包括在法人的定义内。2010 年范本第一条注释的第 6 段和第 11 段指出，如果一个财政透明的投资基金在其设立国不承担纳税义务，那么它将不会被视为缔约国的居民纳税人。然而，如果一个基金在原则上承担纳税义务，尽管它可能获得了部分或全部税收豁免，如果它符合一定标注则仍可被视为设立国的居民纳税人。

如果投资基金能够享受税收协定的优惠，那么对于从另一缔约国获得股息和利息支付，将享受较低的预提税，并且从它的来源国的资本收益税中受益，因为在这些国家同类的资本收益通常是免税的。这会使通过投资基金进行的投资，管理起来更简单，同时具有更高的税收效率，从而刺激了中小规模的个人投资者进行集合投资。中小规模的投资者实际上没有能力去设立专门的投资机构来持有和管理他们的投资，必须依靠集合的投资工具，让专业人士管理他们的储蓄，并且从中获益。

同时，OECD 还指出，税收协定的谈判者可以把投资基金视为透明的，即使在根据国内法律这一投资工具确实是作为公司设立的情况下，也要给予潜在的投资者单独的税收协定优惠。

（2）2010 年《OECD 税收协定范本》第七条及其注释

2010 年 OECD 范本最重要的变化是新的第七条及其注释。新的第七条代表了 OECD 对常设机构（PE）的利润分配研究工作的最高点。OECD 在 1995 年颁布的转移定价指南并没有解决可以将该指南应用于常设机构的问题，但是，确实暗示了将会在未来解决这一问题。第六工作小组在十多年前就开始研究该问题。在研究工作进行十年之后，OECD 在 2008 年 7 月以报告《常设机构的利润分配》第 I–IV 部分的形式结束了这项研究工作。报告得出的结论合并到第七条注释中作为 2008 年 OECD 范本的一部分，在某种程度上，它们和之前的第七条款的内容是一致的。但是，该报告得出的一些结论与之前的第七条在措辞上很明显是不一致的，2010 年 OECD 范本包含了一个新的第七条款和新的注释，它们充分反映了该报告得出的结论。旧的第七条的注释则以一个附件的形式被保留下来，因为还将依据旧的第七条款的相关内容对 2010 年 7 月 22 号之前签订的税收条约的条款进行解释。

与第七条有关的重要问题是将会有多少国家在他们的税收条约中真正应用该条款。仅有 5 个经合组织成员国对新的第七条进行保留，即暗示着他们将继续使用旧第七条的版本内容。联合国税务专家委员会则拒绝了将新的第七条合并到联合国范本中去。

第七条第一款、第四款与原版本相比并无改变，而第二款将原本适用于关联企业之间交易的独立企业原则和公平交易转让定价概念，明确将其应用于常设机构情形。然而事实是，不仅常设机构不会与其总公司之间进行公平的交易，而且常设机构和总公司之间根本不存在合法的交易。因此需要具备两个重要的但往往不符合实际情况的假设条件：①常设机构和总公司之间存在可以确定价格的交易；②常设机构和总公司之间进行的交易是公平的。

第三款则提供了新的调整方案。由于各国采用不同的常设机构利润分配方法，因此可能在实践中造成对纳税人的双重征税，对于此该款通过提供一种协商机制来解决这一问题，该机制能通过对应的调整方案来消除双重征税现象，就像第九条联属企业第二款中的做法一样。

新的第七条并非尽善尽美，虽然如此，如何适用第七条对于许多国家来说更为重要，他们需要对本国国内法的条款进行仔细研读，以便能够在新条款的应用环境下合理适当地展开工作。

（3）2010年《OECD税收协定范本》注释：第十五条

2010年OECD范本注释中对第十五条的补充内容旨在说明“雇用”一词的含义。作为一个未被定义的术语，根据范本第三条一般定义第二款，国内法中必须确定“雇用”一词的含义，除非某些特殊的情况需要例外。根据大部分国家的国内法，某一服务提供商是一个雇员还是一个独立承包商，通常情况下是参考合同条款来决定其法律形式。导致的结果就是，通常情况下由合同各方当事人来决定该项合同是其中一个服务项目（雇用）还是整个服务项目（独立承包商）。有些国家将实质重于形式原则和其他规则应用于允许他们在特定情况下忽视合同条款，而参考其他标准来特定化合同各方之间的关系。新注释的第十五条中对利用国内法将各方关系特定化为雇用关系或独立承包商设立了限制条件。事实上，在某一特定税收协定背景下，当其所需要的含义不同于该国国内法中适用于该税收条约的含义时，新注释可就此提供指导。这是第一次用这种方式来阐明注释的内容。在没有这项新注释时，对国内法在“雇用”一词含义上使用的唯一限制条件应该就是维也纳公约第三十一条第一款中相当含糊的要求条件，即规定必须真实地解释一项条约。

然而，这一注释的方式如果可以用于阐明范本中其他未定义术语的含义，则将有很大的意义。如关于“商业”“利润”和“不动产”的定义，以排除国内法含义的适用不当。

（4）2011年OECD关于“受益所有人”的讨论草案

在涉及所得与财产的双边税收协定中，“受益所有人”的概念具有举足轻重的地位，它关系到位于缔约国一方居民从缔约国另一方取得股息、利息、特许权使用费时，能否成为适用税收协定的主体，从而享受税收协定中相关条款的优惠待遇。“受益所有人”概念在1977年被OECD引入税收协定范本的股息、利息和特许权使用费三个条款，用以防止纳税人滥用税收协定（treaty shopping）的不当行为。这一做法也为联合国发布的税收协定范本和各国谈签税收协定所效法。但是“受益所有人”概念在适用中，由于各国法律背景的差异，难免造成对同一个概念的解读千差万别，最终导致适用协定的不确定。尽管OECD先后通过发布系列研究报告以及修改范本注释的方式试图澄清此概念，但并未取得较好的效果。由于各国实践（如英国的Indofood案[①] 和加拿大的Prévost案[②]）中，对于受益所有人的概念理解并未达成一致，因此，OECD在2011年发布了一份关于澄清范本中有关受益所有人概念的讨论草案[③]，征集各国的反馈意见，以求消弭歧义。

该讨论草案中基本保留了2003年范本注释对于“受益所有人”的解读，如对“受益所有人”的理解不应从一种狭隘的技术层面进行解释，而应结合上下文以及税收协定的目的和宗旨。此外，排除了代理人、指定人以及对资产控制的权力极为有限的导管公司。通过对该讨论草案的解读，其包含的观点和创新点[④] 主要包括：

首先，草案强调“受益所有人”的作用是为了进一步澄清税收协定中相关条款对所得支付对象的限定，而不是只考虑其在某个特定国家的国内法技术层面上的含义。即便在国内法上有“受益所有人”概念，也不能将其解释照搬到税收协定的语境当中，除非其符合注释的基本指导原则。

其次，草案指出代理人、指定人以及作为受托方或执行人的导管公司不构成受益所有人。主要是因为在这些情况下，取得所得的一方对所得没有使用和享有的完整权利，其对于所得的权限基于合同、委托关系或者其他原因受到制约，负有向第三方转移该笔所得的义务。这一义务可能来自于相关的法律文件，也可以从事实和环境中推断出来。因此草案不仅列出了受益所有人的典型范例，同时也指出了判断是否构成受益所有人的核心是完整权利的拥有。

再次，取得所得的一方被视为受益所有人的事实并不意味着其必然享有税收协定的待遇，即纳税人利用导管公司或滥用税收协定等各种方式获取税收利益，对于此类情形可以利用特殊反避税规则、一般反避税规则或者“实质重于形式”原则进行规制。换言之，受益所有人概念只能用来规制某些特定类型的滥用协定，而无法防治一切滥用行为。

最后，税收协定中相关条款项下的受益所有人概念应当与其他法律文件中的受益所有人概念相区别，后者要求受益人，尤其是自然人对于资产或是机构享有最终

① England and Wales Court of Appeal，Indofood International Ltd. v. JP Morgan Chase Bank N.A. London Branch,［2006］E.W.C.A. Civ. 158, S.T.L., 1195.

② Prévost Car Inc. v. Canada, 2009 FCA 57, [2010] 2 FCR 65.

③ Clarification of the Meaning of“Beneficial Ownership” in the OCED Model Tax Convention- Comment on the April 2011 Discussion Draft，参见：http://www.oecd.org/document/1/0,3746,en_2649_33747_47652161_1_1_1_1,00.html，最后访问日期：2012年5月30日。

④ 邱冬梅：《税收协定中“受益所有人”概念的历史沿革及最新进展——兼评国税函［2009］601号文》，载《中国财税法学研究会第一次会员代表大会 暨第十六届海峡两岸财税法学术研讨会论文集》，下册第644-652页。

并有效的控制权，而前者是为了强调所得与取得所得一方之间应当存在联系，并不要求取得所得一方对所得拥有最终控制权[①]。

（5）2011 年 OECD 关于“常设机构”的讨论草案

OECD 范本第五条“常设机构”条款[②] 包含了“常设机构”的概念界定，而这一条在分配跨国纳税人营业利润的征税权问题上具有举足轻重的作用。虽然“常设机构”的概念已经有很长的历史基础，但其适用仍然存在系列问题。OECD 第十工作小组发布了一份关于常设机构的解释和适用的讨论草案[③]，就常设机构定义的 25 项解释议题进行讨论，于 2011 年 10 月公布，征集各国的意见。

2.《联合国税收协定范本》的修改及最新发展

自 2001 年以来，联合国范本就没有更新过。与此同时，税收协定的法律与实践有了很多重要的发展，而且 OECD 范本已经更新多次了。相应的，联合国范本远远落后于 OECD 范本，因此，联合国范本对发展中国家的用处越来越少。

2010 年 10 月 18 日至 22 日，联合国有关税收问题国际合作的专家委员会第六次会议在瑞士日内瓦举行。委员会议程上的许多项目都是关于 2001 年联合国税收协定范本的，如联合国范本的地位升级；税务争端的解决；常设机构的利润归属；转让定价：发展中国家的实用手册；资本利得征税；对开发工程的征税；信息交换（行动守则草案）；修改发达国家和发展中国家间双边税收协定的谈判手册；能力建设；受益所有权；常设机构的定义：提议的对第五条注释的修改；公司税的税收竞争；利用税收激励措施吸引外国直接投资；协定第十四条；对服务的税务处理；税收合作和气候变化等。在会议上，该委员会讨论并通过了联合国范本的多次修改。

2012 年 3 月 15 日，联合国税收事务国际合作专家委员会正式发布《联合国税收协定范本（2011 年版）》，从而取代了 2001 年发布的 1999 年范本。新范本旨在为签订现代双边税收协定提供帮助，尤其是针对发展中国家，着重反映他们的现实状况和优先政策选择。该版本考虑了国际税收政策在近十年的变化。联合国新范本的主要更新内容为：（1）当按照相互协商程序而使争议不能解决时，新范本为需要的国家提供强制仲裁方式；（2）强调情报交换协定的重要性；（3）为协定国提供

① Robert Danon, Clarification of the Meaning of “Beneficial Ownership” in the OCED Model Tax Convention-Comment on the April 2011 Discussion Draft, 参见：http://www.oecd.org/dataoecd/48/37/48415237.pdf，最后访问日期2012年5月30日。

② Interpretation and Application of Article 5(Permanent Establishment) of the OECD Model Tax Convention,参见：http://www.oecd.org/document/51/0,3746,en_2649_33747_48836787_1_1_1_1,00.html，最后访问日期2012年5月30日。

③ Clarification of the Meaning of “Beneficial Ownership” in the OCED Model Tax Convention- Comment on the April 2011 Discussion Draft，参见：http://www.oecd.org/document/1/0,3746,en_2649_33747_47652161_1_1_1_1,00.html，最后访问日期：2012年5月30日。

相互协助征税规则；（4）解决资本利得征税中可能产生的逃税问题；（5）解决独立个人劳务所得的征税问题。

具体包括[①]：

关于第一条，修订主要体现在增加有关不当利用税收协定的注释内容。目前国际交易日益频繁，一些发展中国家因自身法律存在缺陷，很难察觉到或者虽然已经察觉到但因没有相应的规定而无法规制偷逃税行为。为解决此困境，此次修订将如何防范不当利用税收协定的规定纳入范本中，增加内容如下：具体规定预防不当利用税收协定的方式；在国内法中特别规定立法性反滥用规则；在国内法中一般规定立法性反滥用规则；国内法的司法原则；税收条约中具体的反滥用规则；税收条约中一般反滥用规则；对税收条约的解释。为使上述预防措施更具直观性，相应增加不当利用税收协定的案例，并进行具体分析，方便理解。

关于第七条，联合国专家委员会已经拒绝2010年OECD范本的新的第七条及其相关解释，同时也拒绝2008年OECD范本第七条修订后的注释——为了反映对常设机构进行利润分配的经授权的常设机构的利润归属方法。

关于第十三条，修订主要体现在第五款中，原第五款规定："如果转让的收益来自第四款所述股份以外的参与股份，而且该股份在作为一缔约国居民的公司中占百分之几（具体百分比由双边谈判确定），则可在该国征税。"而第四款中所述的股份则为企业所有全部资产总计价值的50%。这意味着如果转让的股份不高于50%并且在居民公司中所占的份额不超过缔约国双方协商确定的具体百分比则可以免予在该国纳税。因此，纳税人可以利用此漏洞，将欲转让的应纳税的股份分解为小规模的股份进行多次转让，以逃避纳税。针对此问题，修订后的第五款考虑到防止股权分散的资本利得，规定："除了适用第四款规定的收益外，至少直接或间接持有公司百分之几（具体百分比由双边谈判确定）的资产份额的缔约国居民如果在12个月期间内任何时候通过转让位于另一缔约国境内居民企业的财产份额而获取的收益，可以在另一缔约国内征税。"修订后的条款对财产收益转让期限作了明确的限定，解决了最明显的偷逃税行为，但并没有封闭所有可能逃税的途径。

关于第十四条，OECD在2000年范本中删除了第十四条，而根据第七条可以对专业服务或其他独立服务所取得的收入进行征税。相比之下，联合国专家委员会已经决定，尽管大部分成员想要删除该条，为了那些想继续在他们的税收条约中包含这部分内容的国家，2011年的联合国范本应当保留。此外，委员会的一些成员和某些国家的立场是：该条可以应用于经济实体所提供的服务，尽管2010年联合国范本第十四条的解释和适用历史上有明确的措辞。但在第五条常设机构的注释中对意愿

① 于永洪：《评联合国税收协定范本的新修订》，《时代金融》2012年第17期。

删除第十四条独立个人劳务的国家规定了可替代的文本，用常设机构原则代替固定基地原则，因为两者的含义没有任何实质性的差别。

关于第二十五条，相互协商程序由原来单一的条款，修订为两个选择性的条款，加入仲裁规定。选择方案 A 并不包含仲裁条款，但是相比原条款，做了一些细微的调整，即将主管当局经相互协商必须建立合理双边程序的强制性要求，改为可以建立合理的双边程序；并将与条款内容有重复的语句，即主管当局可以设法采取合适的单方面手续、条件、方法和技术以促进上述双边行动和相互协商程序的执行，予以删除。不再强调相互协商程序中烦琐的手续、方法等形式上的内容，而更强调实质性的协商结果。增加选择方案 B，包含强制性仲裁规定。强制性仲裁只是相互协商程序的组成部分，并不构成解决争议的替代办法。当纠纷在三年内未能被解决时，应一方缔约国主管机关的请求而启动仲裁，达成的仲裁结果不当然的具有约束力，除非双方主管当局认为仲裁结果合理且在规定的期限内没有达成不同的解决办法。因此，与 OECD 范本相比，多了一项规定，即提请主管当局解决纠纷的当事人必须被告知具有提请仲裁的权利，避免因未通知而使当事人丧失仲裁权利，提高仲裁的地位，维护纳税人的利益。而之所以仲裁条款成为可选的程序，也是因为有些发展中国家考虑到仲裁员的主观性可能会影响仲裁结果的公正，不希望在相互协商程序中加入仲裁条款或者希望能够加入自愿非强制性的仲裁条款。关于是否需要加入仲裁条款，各专家意见不统一。故包含两种解决方案的第二十五条是各方妥协的产物。

关于第二十六条，信息交换的很多条款规定援引于 OECD 范本。本次修订在形式上主要表现为修订一些词语，如将第一款中“必要”改为“可预见相关的”。而实质上的修订主要体现在三个方面：（1）新增第四款规定，即使被请求国根据国内税法征税的利益上并不需要此情报，但应对方请求时也应用信息收集措施予以采集。（2）新增第五款规定，第三款的规定不能适用于允许缔约国仅仅因为有关信息由银行、其他金融机构、指定人、代理人、受托人持有或涉及个人相关所有权利益的情报而拒绝提供。（3）新增第六款规定，通过磋商咨询，缔约国应该就有关符合第一段规定下税收信息交换相关事宜发展一套合理方法和技术。

关于第二十七条，此条关于税收征收协助为新增加的条款，援引 OECD 范本的相关规定。强调成员国之间可以协助彼此进行税务征收，条款内容与 OECD 范本相一致，但其注释却有不同之处，如在第一段中，相对 OECD 范本而言，联合国范本规定：是否为缔约国另一方提供税收征收协助时需多考虑一个因素，即被请求国提供协助的成本不能高于待征收金额。第八段最后规定，协定应该考虑缔约国发展中的不同之处。所有的费用，包括原始费用，经协商，可以仅由一国承担。在此种情况下，缔约国将对成本问题达成一致意见。第九段最后规定：是否应设置最小税收征收金额，对低于此金额的税款征收不予提供协助。第六款第二十八段中，联合国范本针对被请求国司法行政机关不能对请求国税款请求权的有关问题作出判断的规定制定了一条例外情况，即反对被请求国所采取补救措施的任何法律行为能由此国司法当局所受理。

3. OECD 转让定价指南

2010 年 7 月 22 日，OECD 批准了新范本的同时，也发布了《对跨国公司和税务当局的转让定价指南》。OECD 转让定价指南为各国转让定价税收管理提供了大量指导性的意见，具有十分重要的国际影响力。2010 年对转让定价指南的修改是该“指南”1995 年第一次发布后的第一次重大修改。新“指南”对如何进行可比性分析、如何选择最合适的转让定价方法，并对如何实行 OECD 批准的交易利润法，也就是交易净毛利法和交易利润分割法提出了新的指南，并增加了对企业重组的转让定价方面的详细指南的新的一章内容，并为进一步降低应用公平交易原则的复杂性做出了尝试[①]。

公平交易原则如何做到了在实践应用中得以贯彻，这在 2010 准则中已经被给予足够的肯定。如此一来，正如各项条款所带来的支持一样，新修订的准则也带来了更多有益的见解。2010 新准则中的亮点包括：

（1）公平交易原则及其应用

第一章的重新修订并不意味着公平交易原则作为国际标准的地位动摇，绝不能忽视经济合作组织维护独立交易原则的重要性。OECD 准则将继续保证：公平交易原则应当在评估关联企业转让价格中居于绝对统治位置。

2010 年指南指出，在 2011 年及以后年度使用公平交易原则时，纳税人应该考虑以下几点：①避免默认使用交易净利润法；②支持选择不同方法；③更严格的可比性的筛选；④确认合同所分配风险的局限性；⑤确定性的价格与双重征税的成本。

（2）澄清了交易利润法的地位

OECD1979 年转让定价和跨国企业报告确立了三种传统的以价格为基础的调整方法，包括可比非受控价格法（Comparable Uncontrolled Price Method, CUP）、再销售价格法（Resale Price Method, RPM）和成本加成法（Cost-Plus Method, CPM），这三种方法已经成为建立转让定价税制的国家普遍采用的方法。1995 年转让定价指南在此基础上增加了交易利润法，包括利润分割法（Profit-Split Method, PS）和交易净利润法（Trade Net Margin Method, TNMM）等以利润为基础的调整方法。

对于上述方法，OECD 认为对转让定价方法的选择总是旨在找到在一个特定的情况下最适合的方法。基于此，甄选的过程应当考虑到：OECD 认可的各种方法的

---

① Danny Oosterhoff & Bo Wingerter：《最新OECD转让定价指南解析》，贾楠、魏睿译，《国际税收评论》2011年第18卷第2期。

优势、弱势；在考虑到受控交易的本质后，转让定价方法特别是通过功能分析所决定的方法的恰当性；在应用选定的和（或）其他方法时需要的可靠信息（尤其是可比非受控的可靠信息）的有用性；可比受控交易和可比非受控交易的可靠性，包括有可能被用来消除它们之间本质差异的可比性调整的可靠性。换言之，在事先没有形成任何观点的情况下，任何被经合组织接受的转让定价方法的恰当性和适用性完全取决于问题的实际和背景。不过，如果可比非受控价格法与其他转让定价方法能以同等可信的方式应用，则优先选择可比非受控价格法。

2010 年指南中介绍了两个具体的例子来证明（在特定条件下）交易利润法将会比传统交易方法更为恰当。

第一，要么是各交易方为受控交易贡献的重要且独一无二的无形资产，要么是在高度整合的经济活动中的契约，使利润分割法比其他任何一个单独的方法都更恰当地分割了利润。

第二，在公开、可靠的关于第三方的毛利率信息不能或者很难取得的情况下，除非有合理可靠的可比性分析，否则传统的交易方法可能难以在现实中应用，并且在考虑到信息的可用性的情况下，交易利润可能会是最恰当的方法。

（3）在讨论交易利润方法中介绍贝里比率（Berry Ratio）

交易净利润法以可比非关联交易的利润率指标确定关联交易的净利润。利润率指标包括资产收益率、销售利润率、完全成本加成率、贝里比率等。采用贝里比率对转让定价的调整一般见诸于对分销商转让定价的调整。贝里比率被认为在所谓的“中间人”角色中是合适的，但由于在毛利润水平上通常缺乏可比的第三方数据，贝里比率在实践中很难得到贯彻实施。然而，OECD 仍将贝里比率列为 2010 年指南的一部分，要归功于基于成本的方法被广泛认可，尤其是对各种各样的中间人角色而言。如果所谓的“渠道经销商”只将货物卖给关联方，与基于销售的利润指标相比，使用贝里比率通常会给出一个不同的结论。在集团内部销售量很大的情况下，这种现象尤为明显。

2010 年指南介绍了贝里比率的应用，该比率被定义为毛利润与营运成本之比。以下情形是为了证实贝里比率的用途：①在考虑到所使用的资产和假定的风险的情况下，受控交易中的职能所表现的价值与运作成本是成比例的。②在考虑到所使用的资产和假定的风险的情况下，受控交易中的职能所表现的价值仅受被分配商品价值的微弱影响。也就是说，其价值与销售量不成比例。③在受控交易中，纳税人并不表现其他重要的职能（如生产职能），这些职能应该通过其他方法或经济指标给予补偿或反映。

（4）在可比性方面进一步的指导

2010 年指南在第三章中进行了可比性分析，指出：对可比个案的研究仅是可比性分析的一部分，它既不能与可比性分析相混淆，也不能与可比性分析完全割裂。对于潜在的可比非受控交易的研究以及判断可比性的过程，是依赖于之前对纳税人的受控交易以及相关可比性因素的分析得到的，而受控交易是否被审查取决于其与《OECD 税收协定范本》第九条第一款描述的公平交易原则是否一致。

2010 年指南扩充了关于在实施可比性分析的过程中如何处理可比非受控交易的方法和重要性的论述。这一补充为纳税人和政府提供了更多关于以下几个方面的有用性和局限性方面的指导：对内和对外可比性，国内、国外和非公开可比性的来源（例如数据库）和适用性。

针对“国内可比性”和“非公开可比性”，应当在以下两个方面为纳税人提供更进一步的支持和帮助：一是如何准备可比性分析；二是站在参与转让定价的纳税人的角度上对征税机关的期望。针对“来自国内（或国外）的可比性”及“相对可靠性”的使用应该通过对五个可比性因素进行分析后进行评价，而不应该直接默认否定“非国内可比性”。2010 年指南也警告税务机关不应该将未披露的信息不公正地用在纳税人的身上，换句话说，即不允许“非公开可比性”的存在。

2010 年指南还包含了处理有关潜在可比性极端结果的进一步澄清，指出不能仅仅因为遭受了损失而将亏损排除在比较之外，同时也明确了应当对亏损的可比性进行更多的调查和审查，以此来决定亏损是否完全满足可比性分析的要求。

4. OECD 无形资产转让定价修正草案

2012 年 6 月 6 日，OECD 发布无形资产转让定价修正草案（简称 OECD IP 修正草案，Revision of the special considerations for intangibles in chapter VI of the OECD transfer pricing guidelines and related provisions, Discussion draft），邀请民间企业于 2012 年 9 月 14 日前表示建议及意见。OECD 建议其会员国或非会员国使用 OECD 转让定价指南的基础，以求达成国际转让定价法规的一致性，目的在于提高企业于国际交易上的税收安定性，以促进全球经济的发展。目前，大部分的会员国皆于当地法律中明文规定援引 OECD 转让定价指南作为当地转让定价适用法规。因此，OECD 转让定价指南是跨国企业在建立转让定价政策及文档时所遵循的主要原则，也是全世界大部分发达国家税务局进行预约定价协议（Advanced Pricing Agreement），税收相互协商程序（Mutual Agreement Procedure）及转让定价核查的主要原则。OECD IP 修正草案说明进行功能、风险等可比性分析无形资产相关交易时，需考虑以下主要议题：

（1）无形资产的定义

OECD IP 修正草案对于无形资产新的定义方法是借由转让定价分析，在相似及可比较的情况下，独立跨国企业间会如何认定及处理此无形资产。更明确地说，过去 OECD 将无形资产分为制造型无形资产（如专利、技术）及营销型无形资产（如商标、品牌）；或是一般型（Routine）无形资产及特殊型（Non-routine）无形资产。新的修正草案中，OECD 以实质商业活动的角度来定义。无形资产是一个商业上（Commercially）可以被控制（Controlled）、拥有（Owned）或转移（Transferrable）的资产。

（2）无形资产的所有权及集团间超额利润的归属

OECD IP 修正草案说明，不是所有的无形资产都拥有价值，更不是所有的无形资产都可以产生超额利润，例如一个不具有独特性，且可以被大众所取得的无形资产应不具有高额商业价值。另外，OECD IP 修正草案说明如何判定无形资产的所有权，虽然可以由法律登记以及合同关系作为认定的起点，但是关键的认定依据在于关系企业间实际对于此无形资产的相关商业行为及交易实质，例如，所执行的功能、所承担的风险等；谁执行无形资产研发、维持及保护等重要活动的控制及管理，即使一公司承担研发相关费用，但是不执行发展、维持及保护无形资产等重要活动的控制及管理，仍不应被认定为具有无形资产的所有权。

（3）关系人交易是否牵涉无形资产的使用或转移

无形资产的交易有多重形式。某些关联企业间的交易牵涉无形资产的转移。某些关联企业的交易牵涉无形资产的使用，以销售产品或劳务，但不牵涉无形资产的转移。无形资产的交易，有时候需要区分一种交易内包括许多别的无形资产，有时候这些无形资产彼此之间具有高度相关联性，无法区分。如商誉通常无法个别区分为独立的无形资产，当一个公司转让所有的商誉资产给另一个公司，商誉的价值也应该一并考虑。

（4）使用或转让无形资产所支付的价值

OECD IP 修正草案说明，从转让定价的观点，不鼓励采取会计上以购置成本认定无形资产价值的方式。无形资产使用或转让交易价值应透过缜密的财务预测及一致性的计算模式来估算，OECD IP 修正草案说明，可引用如净现金折现法等估价模式，并配合 OECD 转让定价指南中所规定的方法来确定无形资产交易价值。此外，OECD IP 修正草案也讨论了许多净现金折现法的缺失，例如，企业时常无法合理预估不具有确定性产品未来几年的财务预测，并且忽略考虑个别情况的产品周期及市场波动的不确定因素。

OECD IP 修正草案要求：审视无形资产交易价值，需通过更严谨的功能、风险等可比分析。无形资产的转让价值是否合理，需依据独立企业之间是否会同意此转让价值而定。如独立企业间进行无形资产交易，若对此无形资产未来可能产生的经济效益有高度不确定性，一方应会要求于合同中加入后续调整条款（Adjustment Clause）。并且，独立企业间决定无形资产的转让价值，按照一般商业规则，必定会通盘评估所有可能的不同方案可取得的经济效益，以选择最有利的方案（Options readily available）。

OECD IP 修正草案说明，为了说明关系人交易无形资产使用或者转让交易价值的合理性，必须更加全面并且仔细的分析跨国企业与该无形资产相关的价值链、商业行为及交易实质，做出合理的财务预测，并且使用适当的转让定价方法及适用严谨的可比分析。

二、我国税收协定的历史沿革和发展

（一）我国税收协定谈签的历史

随着我国改革开放政策的确立和外国投资的增加，外国投资者所属的居民国纷纷表示希望与我国谈签避免双重征税协定，以期通过这样的法律文件协调和规范两国的税收管辖权，从而尽可能消除阻碍跨国投资的税收壁垒，维护投资者的合法权益。而我国政府为了吸引外资，促进我国经济发展，也需要通过谈签双边税收协定的形式彰显我国税收征管的确定性和规范性。

1. 我国对外谈签税收协定概况

我国自 1981 年初开始对外谈签税收协定，截至 2012 年 7 月，我国已经同 98 个国家正式签署了税收协定，另外还与中国香港、澳门特别行政区分别签订了避免双重征税的安排，其中 95 个协定和 2 个安排已生效执行。我国对外谈签协定工作大体上可以划分为三个阶段。

第一阶段，20 世纪 80 年代初至 90 年代中期。这一阶段谈签的对象国主要是日本、美国和欧洲等发达国家，目的为吸引外资、引进技术，同时尽可能维护来源地征税权，保护国家税收权益，其中一项重要内容就是我国要求缔约对方国家在税收协定中承诺饶让抵免的内容，以确保我国国内税法规定的税收优惠切实为外国投资者所享有，促进外国资本的输入。我国的第一个税收协定《中日税收协定》于 1981 年初正式开始谈判，经过两年多的会谈，双方达成一致。随后，又谈签了中美、中法、中英等税收协定。

第二阶段，从 20 世纪 90 年代初开始，谈签对象主要转为发展中国家。这一时期我国在继续扩大吸引外资的同时，逐步开展和扩大对外投资，在中亚、非洲和拉美等一些国家开展承包工程，对外输出劳务。税收协定开始发挥为我“走出去”企业和个人服务的作用。在谈签过程中，我们开始站在居民国的立场，以维护我国企业利益和国家税收权益。这一阶段谈签的税收协定包括中国与巴西、蒙古、匈牙利、俄罗斯、印度等国家之间的协定。需要指出的是，随着我国的经济发展和综合国力的增强，中央正式确定了促进企业"走出去"的国家发展战略，这一阶段的工作一直延续至今，并将继续加强。

第三阶段，从21世纪初开始，对20世纪80年代税收协定进行修订并有选择谈签新协定。由于近年来我国和缔约对方国家的经济发生了较大变化，各国税制也有所调整，已有协定不能满足现实需求，因此，我国已经开始同英国、捷克、新加坡、比利时、荷兰、德国等国家进行修订税收协定的谈判，旨在更好地适应新的经济形势和国际税收发展的需要，加强税务主管当局之间的合作，共同防范国际避税。

2. 税收协定的积极影响

从总体上讲，随着与我国签约国家的不断增多，税收协定网络的日益扩大，税收协定在加强与各国税务当局的合作、促进我国经济活动的开展方面发挥越来越大的作用，主要体现在：

（1）配合国家改革开放政策，为吸引外资服务

在早期与西方发达国家签订的协定中，有很多有针对性的优惠条款，如与几乎所有的发达国家（除美国外）间的协定列有税收饶让条款，即在协定中明确我国国内法及相关吸引外资的税收优惠政策予以确认，回国后在抵免中给予落实。

为引进先进技术、设备的需要，与日本、法国、德国、瑞士等国协定中列有对销售设备过程中的有关设备给予一定优惠措施。

（2）为走出去企业服务，维护我国企业利益

如在与中亚一些国家及非洲国家协定中，我国在对方国家从事经营活动构成常设机构并构成对方国家纳税义务的时间定为12个月，有的达到18个月甚至24个月，使我国石油行业在这些国家从事经营活动直接受益，即降低税收，提高竞争力。

（3）利用税收协定成功解决国家间涉税纠纷

应对方国家要求，协调解决我国协定执行中存在的不当行为。日常工作中受理过日本、英国、美国、加拿大、奥地利和韩国等税务当局的磋商要求，纠正地方执行协定条款不当行为，维护我国尊重国际条约依法行政的立场和形象。

与对方国家税务主管当局磋商，解决我国企业遇到的税务纠纷及不公正待遇，具体案例分别涉及俄罗斯、巴基斯坦、日本、比利时等国家。

（4）加大执行协定力度，防止对税收协定的滥用，堵塞避税漏洞

目前，跨国公司利用各种方式避税仍呈现上升趋势，其中利用税收协定，滥用协定优惠条款也是避税的一个主要手段。为此，制定应对措施，加大反滥用力度，

也是反避税工作的一个重要方面，具体措施有：

- 在新谈协定条款中逐渐引入反滥用规定。
- 修订与有避税嫌疑国家（避税港国）间的协定。

随着经济全球化的趋势及我国经济行为的全面开展，税收协定在加强国与国税务当局之间的合作，促进经济发展方面的作用将越来越重要。我国也将进一步完善税收协定的执行工作，加强协定的宣传力度，扩大影响。

（二）我国的税收协定网络

自 1981 年初开始对外谈签税收协定，截至 2012 年 7 月，我国已经同 98 个国家正式签署了税收协定。

香港和澳门回归祖国后，为进一步促进港澳繁荣，推动内地和港澳的经贸往来，内地分别于 2003 年 6 月 29 日和 2003 年 10 月 17 日与港、澳签署了《内地与香港关于建立更紧密经贸关系的安排》、《内地与澳门关于建立更紧密经贸关系的安排》，之后每年签订一个补充协议，使内地与港澳经贸自由化步步推进。香港采用来源地管辖权，仅对来源于香港的收入征税，内地则同时采用居民管辖权和来源地管辖权。为配合该安排，鼓励更多国际投资者通过香港进入内地市场，内地与香港又于 2006 年签署了《内地和香港特别行政区关于对所得避免双重征税和防止偷漏税的安排》，做出了更多的税收宽减，增加了信息交换条文，提高了内地与香港的税收协作效率。内地与澳门特别行政区的税收安排也在于 2003 年 12 月 27 日正式签署，2004 年 1 月 1 日开始执行。

从与日本签订的第一个税收协定到现在已经过去了将近 30 年，可以说这些协定的谈签对改革开放、经济发展，特别是处理国际税收问题起到了重要作用。从上述税收协定的比较中，在框架上是对 OECD 范本和联合国范本的继承，但在 2000 年前的协定多是更多地采纳了联合国范本的规定，2000 年后的协定则更多地采纳了 OECD 范本的规定。以 1985 年签订的《中德税收协定》为例①，当 OECD 范本和联合国范本规定有所差异时，本协定有 6 处倾向于采纳 OECD 范本的规定，3 处倾向于采纳联合国范本的规定，有的条款甚至融合两个范本的内容。同时，《中德税收协定》有别于两个范本规定的共有 23 处，其中，本协定完全舍弃两个范本的两条规定。通过分别采纳与修正秉持税收居民管辖权原则的 OECD 范本和遵循收入来源地管辖权原则的联合国范本，既保障了作为资本输出国的经济发达国家的税收利益，又考虑了作为资本输入国和发展中国家的中国的税收利益。

① 刘剑文：《〈中德税收协定〉的现状与发展趋势》，《现代法学》2012年第2期。

进入21世纪，一方面，中国的经济取得了巨大飞跃，随着中国经济的发展，中国不再仅仅作为资本输入国，而是鼓励中国企业顺应全球化发展潮流，扩大对外投资，以培育具有国际竞争力的企业。另一方面，中国的国内税制改革使得国内税法环境发生了翻天覆地的变化，无论是1994年分税制改革，还是2008年企业所得税立法，在对税收协定优先于国内法的地位予以肯定的前提下，势必带来协定与国内税法的矛盾，带来适用上的冲突。而作为国际税收协定的宏观背景——国际经济环境，随着现代科技的发展和经济形式的多样化，国家间经贸往来形式也发生了变化，这些新经济形式必然导致难以适用税收协定的情形。如电子商务的发展带来了税收协定适用的挑战，特别是对常设机构概念的冲击；如金融创新带来了对收益的性质认定和确认时点的困难；又如新型经济组织的出现能否成为协定的主体等。上述一系列问题的出现，不仅使得特定的税收协定，即使是税收协定范本也需要面对相关概念的澄清和解释。在这些背景下，中国的税收协定网络也面临新形势下发展的需要。

表5-1 我国对外签订税收协定一览表

序号	国家	签署日期	生效日期	执行日期
1	日本	1983.9.6	1984.6.26	1985.1.1
2	美国	1984.4.30	1986.11.21	1987.1.1
3	法国	1984.5.30	1985.2.21	1986.1.1
4*	英国	1984.7.26	1984.12.23	1985.1.1
5*	比利时	1985.4.18	1987.9.11	1988.1.1
6	德国①	1985.6.10	1986.5.14	1985.1.1/7.1
7	马来西亚	1985.11.23	1986.9.14	1987.1.1
8	挪威	1986.2.25	1986.12.21	1987.1.1
9	丹麦	1986.3.26.	1986.10.22	1987.1.1
10	加拿大	1986.5.12	1986.12.29	1987.1.1
11	瑞典	1986.5.16	1987.1.3	1987.1.1
12	新西兰	1986.9.16	1986.12.17	1987.1.1
13	泰国	1986.10.27	1986.12.29	1987.1.1
14	意大利	1986.10.31	1989.11.14	1990.1.1

① 中国政府于1985年6月10日、1987年6月8日先后与德意志联邦共和国、德意志民主共和国政府签订避免对所得和财产双重征税协定、避免对所得双重征税和防止偷漏税协定。1990年10月3日，德意志联邦共和国与德意志民主共和国统一为德意志联邦共和国，中国政府1985年6月10日与德意志联邦共和国政府签订的避免对所得和财产双重征税协定继续适用于统一以后的德意志联邦共和国。

续表

序号	国家	签署日期	生效日期	执行日期
15	荷兰	1987.5.13	1988.3.5	1989.1.1
16	捷克和斯洛伐克（适用于斯洛伐克）①	1987.6.11	1987.12.23	1988.1.1
17	波兰	1988.6.7	1989.1.7	1990.1.1
18	澳大利亚	1988.11.17	1990.12.28	1991.1.1
19	南斯拉夫②	1988.12.2		1990.1.1
20	保加利亚	1989.11.6	1990.5.25	1991.1.1
21	巴基斯坦	1989.11.15	1989.12.27	1989.1.1/7.1
22	科威特	1989.12.25	1990.7.20	1989.1.1
23	瑞士	1990.7.6	1991.9.27	1990.1.1
24	塞浦路斯	1990.10.25	1991.10.5	1992.1.1
25	西班牙	1990.11.22	1992.5.20	1993.1.1
26	罗马尼亚	1991.1.16	1992.3.5	1993.1.1
27	奥地利	1991.4.10	1992.11.1	1993.1.1
28	巴西	1991.8.5	1993.1.6	1994.1.1
29	蒙古	1991.8.26	1992.6.23	1993.1.1
30	匈牙利	1992.6.17	1994.12.31	1995.1.1
31*	马耳他	1993.2.2	1994.3.20	1995.1.1
32	阿拉伯联合酋长国	1993.7.1	1994.7.14	1995.1.1
33	卢森堡	1994.3.12	1995.7.28	1996.1.1
34	韩国	1994.3.28	1994.9.27	1995.1.1
35	俄罗斯	1994.5.27	1997.4.10	1998.1.1

① 中国政府于1987年6月11日与捷克和斯洛伐克社会主义共和国政府签订避免对所得双重征税和防止偷漏税协定。1990年，捷克和斯洛伐克社会主义共和国先后改国名为捷克斯洛伐克联邦共和国、捷克和斯洛伐克联邦共和国，上述协定继续适用。1993年1月1日，捷克和斯洛伐克联邦共和国分解为捷克共和国和斯洛伐克共和国，上述协定继续适用于斯洛伐克共和国。2009年8月28日，中国政府与捷克共和国政府签订避免对所得双重征税和防止偷漏税协定，该协定适用于捷克共和国。

② 中国政府于1988年12月2日与南斯拉夫社会主义联邦共和国议会联邦执行委员会（前南斯拉夫政府）签订避免对所得和财产双重征税协定，后南斯拉夫解体，据外交部告，该协定由解体后的各国继承，中国政府陆续与解体后的各国政府签订避免对所得和财产双重征税协定，仅有波黑政府未单独签订，上述协定继续适用于波黑。

续表

序号	国家	签署日期	生效日期	执行日期
36	巴布亚新几内亚	1994.7.14	1995.8.16	1996.1.1
37	印度	1994.7.18	1994.11.19	1995.1.1
38	毛里求斯	1994.8.1	1995.5.4	1996.1.1
39	克罗地亚	1995.1.9	2001.5.18	2002.1.1
40	白俄罗斯	1995.1.17	1996.10.3	1997.1.1
41	斯洛文尼亚	1995.2.13	1995.12.27	1996.1.1
42	以色列	1995.4.8	1995.12.22	1996.1.1
43	越南	1995.5.17	1996.10.18	1997.1.1
44	土耳其	1995.5.23	1997.1.20	1998.1.1
45	乌克兰	1995.12.4	1996.10.18	中国: 1997.1.1 乌克兰: 股利特个人（1996.12.17）； 企业所得税（1997.1.1）
46	亚美尼亚	1996.5.5	1996.11.28	1997.1.1
47	牙买加	1996.6.3	1997.3.15	1998.1.1
48	冰岛	1996.6.3	1997.2.5	1998.1.1
49	立陶宛	1996.6.3	1996.10.18	1997.1.1
50	拉脱维亚	1996.6.7	1997.1.27	1998.1.1
51	乌兹别克斯坦	1996.7.3	1996.7.3	1997.1.1
52	孟加拉国	1996.9.12	1997.4.10	中国：1998.1.1 孟加拉国：1998.7.1
53	原南斯拉夫联盟（适用于塞尔维亚和黑山）①	1997.3.21	1998.1.1	1998.1.1
54	苏丹	1997.5.30	1999.2.9	2000.1.1
55	马其顿	1997.6.9	1997.11.29	1998.1.1
56	埃及	1997.8.13	1999.3.24	2000.1.1

① 中国政府于1997年3月21日与南斯拉夫联盟共和国联盟政府（原南斯拉夫联盟政府）签订避免对所得和财产双重征税协定。2003年2月4日，南斯拉夫联盟共和国改国名为塞尔维亚和黑山共和国，上述协定继续适用。2006年6月3日，塞尔维亚和黑山共和国分解为塞尔维亚共和国和黑山共和国，上述协定继续适用于上述两国。

续表

序号	国家	签署日期	生效日期	执行日期
57	葡萄牙	1998.4.21	2000.6.7	2001.1.1
58	爱沙尼亚	1998.5.12	1999.1.8	2000.1.1
59	老挝	1999.1.25	1999.6.22	2000.1.1
60	塞舌尔	1999.8.26	1999.12.17	2000.1.1
61	菲律宾	1999.11.18	2001.3.23	2002.1.1
62	爱尔兰	2000.4.19	2000.12.29	中国：2001.1.1 爱尔兰：2001.4.6
63	南非	2000.4.25	2001.1.7	2002.1.1
64	巴巴多斯	2000.5.15	2000.10.27	2001.1.1
65	摩尔多瓦	2000.6.7	2001.5.26	2002.1.1
66	卡塔尔国	2001.4.2	2008.10.21	2009.1.1
67	古巴	2001.4.13	2003.10.17	2004.1.1
68	委内瑞拉	2001.4.17	2004.12.23	2005.1.1
69	尼泊尔	2001.5.14	2010.12.31	2011.1.1
70	哈萨克斯坦	2001.9.12	2003.7.27	2004.1.1
71	印度尼西亚	2001.11.7	2003.8.25	2004.1.1
72	阿曼	2002.3.25	2002.7.20	2003.1.1
73	尼日利亚	2002.4.15	2009.3.21	2010.1.1
74	突尼斯	2002.4.16	2003.9.23	2004.1.1
75	伊朗	2002.4.20	2003.8.14	2004.1.1
76	巴林	2002.5.16	2002.8.8	2003.1.1
77	希腊	2002.6.3	2005.11.1	2006.1.1
78	吉尔吉斯斯坦	2002.6.24	2003.3.29	2004.1.1
79	摩洛哥	2002.8.27	2006.8.16	2007.1.1
80	斯里兰卡	2003.8.11	2005.5.22	2006.1.1
81	特立尼达和多巴哥	2003.9.18	2005.5.22	针对不同所得项目分别于2005.6.1和2006.1.1起执行
82	阿尔巴尼亚	2004.9.13	2005.7.28	2006.1.1
83	文莱	2004.9.21	2006.12.29	2007.1.1

续表

序号	国家	签署日期	生效日期	执行日期
84	阿塞拜疆	2005.3.17	2005.8.17	2006.1.1
85	格鲁吉亚	2005.6.22	2005.11.10	2006.1.1
86	墨西哥	2005.9.12	2006.3.1	2007.1.1
87	沙特阿拉伯	2006.1.23	2006.9.1	2007.1.1
88	阿尔及利亚	2006.11.6	2007.7.27	2008.1.1
89	新加坡	2007.7.11	2007.9.18	2008.1.1
90	塔吉克斯坦	2008.8.27	2009.3.28	2010.1.1
91	埃塞俄比亚	2009.5.14	（尚未生效）	
92	土库曼斯坦	2009.12.13	2010.5.30	
93	捷克	2009.8.28	2011.5.4	2012.1.1
94	比利时	2009.10.7	（尚未生效）	
95	芬兰	2010.5.25	2010.11.25	2011.1.1
96	赞比亚	2010.7.26	（尚未生效）	
97	马耳他	2010.10.18	（尚未生效）	
98	叙利亚	2010.10.31	（尚未生效）	

（三）我国税收协定与税收协调的发展与展望

1. 中英新税收协定的谈签

2011年6月27日，中国和英国在伦敦签署了新的所得税和资本利得税协定。新协定生效后将取代1984年7月26日签署的所得税和资本利得税协定，及其与1996年议定书修正的内容。该协定以中、英文缔结，两个文本具有同样效力，遵循了《OECD税收协定范本》的基本原则。预提税的最高税率，在股息方面分别是5%、15%和10%；在利息方面分别是10%和免税；在特许权使用费方面，对工业、商业或科学设备使用或使用权而支付的特许权使用费总额的60%征收10%的税率，其余的情况则适用10%的税率。同时，新协定中有关常设机构等内容则与《OECD税收协定范本》有着重大不同，特别是在第十、第十一和第十二条中增加了反滥用规定等。

旧的《中英税收协定》是中国最早签署的税收协定之一，当前中国及世界的经济、政治与税务环境与当年已经完全不同，可以说旧的协定已经不能解决当前贸易和投资模式中出现的商业及税务问题。毫无疑问，新的《中英税收协定》中的内容已接近于中国签订的其他一些具有比较优惠的协定待遇的税收协定，如中国与香港特区及新加坡政府的协定，显示了今后我国在协定谈判中的立场。

2. 税收协定解释的颁布

在过去的数十年，全国各地的地方税务机关在税收协定的执行方面有着不同的地方上的解释和操作。产生不一致的原因，既有各地税务机关在操作经验方面的不足，也是因为缺少国家层面上对税收协定的明确指引说明。

2010 年 7 月 26 日，国家税务总局通过国税发〔2010〕75 号文件，颁布《〈中华人民共和国政府和新加坡共和国政府关于对所得避免双重征税和防止偷漏税的协定〉及议定书条文解释》（以下简称《条文解释》）。《中华人民共和国政府和新加坡共和国政府关于对所得避免双重征税和防止偷漏税的协定》（以下简称《中新税收协定》）于 2008 年 1 月 1 日起执行。《条文解释》的颁布是我国第一次就税收协定执行的技术观点、解释及实际操作等问题出台如此完整的指引性文件。更为重要的是，当我国对外签订的其他税收协定所含条款与《中新税收协定》条款一致的，《条文解释》同样适用于该条款的解释及执行。由于我国对外签订的税收协定，基本秉承了 OECD 范本与（或）联合国范本的内容，因此协定的大部分条款内容都十分相似，甚至相同。近年来，签订或重新谈判的税收协定中，关于常设机构、股息、反避税条款等重要条款都体现出了我国签订税收协定的新趋势。因此，可以说中新协定的解释很大程度上代表了我国对税收协定的解释立场，具有里程碑意义，在未来将产生更为广泛的影响。

对于税收协定国居民而言，最感兴趣的是如何获得相关的协定待遇。如被动性收入的限制税率、财产收益的征税权、避免构成常设机构的保护性条款等。《条文解释》为协定国居民理解我国税务机关授予协定待遇的一些技术立场提供了很好的指引。

3. 多边税收协调：中国 – 东盟自由贸易区

近年来，随着区域经济一体化程度的加深，东盟内部以及东盟与中国之间的直接投资额逐渐增加，且内部投资占外国直接投资总额的比重也呈现上升的趋势。2010 年东盟国家吸收的外国直接投资达 758 亿美元，其中来源于东盟国家的直接投资占东盟国家吸收的外国直接投资总额的比重为 16%，来源于中国的直接投资占比为 3.6%，与 2009 年相比，前者增加了 2.2 个百分点，后者减少了 6.8 个百分点。东盟国家中，我国与马来西亚（1985）、泰国（1986）、越南（1995）、老挝（1999）、菲律宾（1999）、印度尼西亚（2001）、文莱（2004）、新加坡（2007）签订了避免双重征税的税收协定，东盟国家中只有柬埔寨和缅甸还没有与我国签订避免双重征税协定。

至今为止，中国－东盟自由贸易区开展的国际税收协调主要是关税协调，间接税和直接税的协调在区域内仅有一些双边的合作，但尚未在区域层面展开。自由贸易区关税协调的特点是：分阶段、分层次、分产品逐步降税；成员国不分大小，一律平等；通过颁布区域性税收协定来协调。采取的主要措施是：第一，实施共同有效的普惠关税（CEPT），将CEPT减税计划分两种方式实施：快速减税和正常减税；第二，采取原产地规定。为了使区域内成员国比非成员国享有较多贸易优惠或较低关税，1992年东盟自由贸易区理事会通过了"CEPT原产地条规"，根据该条规定，会员国直接进口东盟国家产品成分比率不低于40%的产品，出口国核发产地证明者，可享有优惠关税。与欧盟相比，中国－东盟自由贸易区进行间接税协调的难度更大，主要原因是：欧盟发达国家成员居多，而中国－东盟自由贸易区则以发展中国家居多，各成员国经济发展差距巨大；中国－东盟国各成员国在国家规模、人口数量、经济发展水平等方面也存在很大差异；中国－东盟区域各国税收状况和税制结构差异非常显著，而且各国的税收制度在不同程度上存在不成熟性；中国－东盟关税的协调尚未全面完成，对间接税协调的意愿还未达成共识。随着中国－东盟自由贸易区建设的深入，各国税制差异引起的冲突将逐步成为区内商品、资本、劳务进一步流动的障碍。

尽管中国－东盟目前还达不到全面展开间接税协调的程度，但是鉴于区域经济一体化发展的规律和需要，应对间接税的协调进行前瞻性考虑。

4. 两岸的税收协调问题

近年来，海峡两岸政治关系的逐步回暖使得两岸在税收政策和制度方面的交流与协调成为可能。2008年5月台湾局势发生重大变化之后，两岸的税收协调进入了新的实质性阶段。同年11月4日，大陆海峡两岸关系协会（简称"海协会"）与台湾海峡交流基金会（简称"海基会"）在台北正式签署了《海峡两岸海运协议》，其第六条，即"双方同意对航运公司因参与两岸船舶运输而在对方取得的运输收入，相互免征营业税和所得税"的规定在两岸税收协调上具有里程碑的意义；2009年4月26日，"海协会"与"海基会"在南京签署的《海峡两岸空运补充协议》第七条也规定，双方同意在互惠的基础上，磋商互免两岸航空公司与经营活动有关的关税、检验费和其他类似税费等问题，并对两岸航空公司参与两岸航空运输在对方取得的运输收入，相互免征营业税及所得税。随后，财政部、国家税务总局发出《关于海峡两岸空中直航营业税和企业所得税政策的通知》（财税〔2010〕63号），明确了海峡两岸空中直航业务的相关税收政策。由此，两岸在税收协调方面开始有了初步的探索，但仍主要限于传统的单边措施。

2010 年 6 月 29 日，海峡两岸签订了具有里程碑意义的《海峡两岸经济合作框架协议》（Economic Cooperation Framework Agreement，ECFA）。该协议的签订极大地促进了两岸经贸关系的制度化、自由化。但中国大陆与中国台湾地区的税制不同，又在税收管辖权领域存在矛盾，给两岸企业的投资与经营造成了一定障碍。因此，在两岸经贸关系快速发展的大背景下，研究加强海峡两岸的税收协调显得尤为必要。

香港和澳门回归祖国后，内地与港澳的税收安排对于海峡两岸税收协调的制度设计具有重要的借鉴意义。如前所述，虽然我国在谈签税收协定时同时参考 OECD 范本和联合国范本，但从最近的趋势以及我国越来越多企业走出国门来看，OECD 范本在我国税收协定体系中的地位和影响力超越了联合国范本。从台湾地区与其他国家 / 地区签订的协定内容看，由于经济发展水平相对于其他国家而言台湾属于资本输出地，因此倾向于采用 OECD 范本①。因此，OECD 范本为两岸税收安排提供了模板，而港澳税收安排则提供了切实可参考的依据。

三、我国税收协定的执行

（一）税收协定的法律地位

1. 税收协定与国内法的关系

国际税收协定是建立在国内税法基础上的。也就是说，先有国内税法，然后才有国际税收协定（一个没有所得税的国家没有必要与他国签订税收协定，如巴哈马和百慕大群岛等纯国际避税地一般都没有税收协定）。没有国内税法，国际税收协定就无法实施。所以，两者是互相影响、互相补充、互相配合的。

（1）税收协定与国内法的区别

① 两者的法律形式不同

各国的税法源于其国内立法机关的立法，是立法机关根据本国的政治经济状况以及政策要求所制定的税收法律制度，是该国国家主权的表现。它既取决于本国政治经济条件和需要，也受本国政治、文化和传统习惯的制约。国家主权对内表现

① 赖振昌：《国际租税协定范本与“我国”现行协定之比较研究》，《财税研究》第32卷第2期。

为最高统治权，自上而下地、强制地、普遍地、自动地产生法律效力。国家通过属地管辖权和属人管辖权对具有本国国籍的人和发生在本国领域内的事进行管理和统治。简言之，国家以国内法作为其行使管辖权的依据。国际税收协定则渊源于国际规范、惯例，任何一方缔约国不能将本国税法的有关规定强加于缔约国另一方，并以此作为签订协定的基础。国际税收协定是国家彼此间承认的、调整国家间权利义务关系的、具有法律约束力的规则是平等主权者之间的一种约定。国际税收协定规范的是国家行为，调整的是一种平行的关系，表现为国家间在权利义务上的对等的承诺。

国际税收协定和国内税法在本质上都体现的是国家主权和国家意志，区别在于它们是在国内关系和国际关系这两个不同领域的不同的法律表现形式。

② 两者功能不同

国际税收协定在政治上体现了各主权国家之间平等互利、相互尊重的关系；明确划分国家之间的征税权利，协商国家之间的税收分配关系；更加有效地避免和消除国际重复征税；为国际反避税和防止偷漏税提供可靠依据和条件。国内税法是国家取得财政收入的重要保证，可以加强税收调节生产、调节收入的经济杠杆作用，保证税收政策和有关经济政策的正确贯彻执行，从法律上维护国家主权和经济利益。

③ 两者的强制性不同

国际税收协定和各国税法作为法律形式都具有强制性，但两者强制的程度和方法则有所区别。各国的税法是由国家通过警察、法庭、监狱等暴力工具来强制执行的，而国际税收协定则主要依靠缔约国立法机关和政府的自我约束，以及在国际关系中所承担的政治、道义上的责任来保证其实施的。国际法没有强行规定一国必须采取措施消除双重征税。税收协定在本质上就不具有多大的强制性，如果缔约方愿意，可以没有任何理由地通知缔约另一方终止协定的实施。显然，后者的强制程度弱于前者。此外，在缔约国一方违反协定的情况下，缔约国另一方可以单独或联合其他国家一起来维护自己的权益，可按照公认的国际惯例采取某种相应的制止方法，如抗议、警告、要求赔偿、中止或断绝外交关系与经贸关系、停止或撤销一切援助、抽回本国资金和技术等。这显然也是一种强制力，但这些强制方法的采取和执行都是不确定的。

（2）税收协定与国内法的联系

① 国际税收协定的缔结和执行须以缔约国国内税法为基础

国际税收协定只是以条款的形式划分缔约国双方的税收管辖权，明确在哪些情况下缔约国一方可以征税，哪些情况下缔约国另一方可以征税，哪些情况下缔约国双方都可以行使征税权以及征税时应税所得（或财产）的大小。至于具体征税时，采用什么方法课征等就要依据缔约国国内的税法。例如，对于非居民（非公民）的营业利润，税收协定一般规定了按常设机构原则、归属原则或引力原则征税，但具体征税时对常设机构所得的适用税率、应税所得的计算、费用的扣除、纳税期限、纳税申报等方面，仍应按缔约国国内税法执行。因此，缔约国税法既是国际税收协定签订的基础，也是国际税收协定得以顺利执行的保证。

② 国际税收协定的有关规定可以超过缔约国税法

国际税收协定的缔结与执行要以缔约国税法为基础，并不意味着国际税收协定的各项规定必须与缔约国税法的有关规定完全一致。恰恰相反，国际税收协定作为独立的法律体系，其具体规定完全可以超越缔约国国内税法的规定。如税收协定中居民（公民）身份的认定标准、所得来源地和财产存在地的认定标准、对投资所得的税率限制、税收饶让等，都是对缔约国国内税法的超越。

③ 国际税收协定不构成对缔约国税法修改的限制

国际税收协定一经生效，缔约国政府就必须按税收协定的规定执行。但这并不意味着协定生效后，缔约国国内税法不能再修改和调整。税收协定虽然有高于国内税法的效力，但是它毕竟属于国家之间的法律范围，它的产生是建立在各主权国家国内税收法规和国际惯例基础上的。在任何情况下，主权国家对国内税法的调整都是一国的内政或者内部事务。缔约国各方不论是在协定签订期间还是在协定执行期间，都保留有制定和修改本国国内税法的权利，也即在协定缔结后，缔约国双方都可以根据需要开征或取消税种，扩大或缩小税基，提高或降低税率，任何其他缔约国都不能以签有税收协定而干涉另一缔约国修订税法，只是这种税制的变化必须及时通知对方主管当局。

2. 税收协定的法律地位

国际税收协定是缔约国国内税法的延伸和发展，两者相互联系、相互补充。但是由于世界各国税法制度千差万别，特别是国际税收协定的相对稳定性和缔约国国内税法的相对易变性，因此，国际税收协定和缔约国税法存在矛盾和冲突是不可避免的。税收协定的法律效力反映协定在缔约国国内的适用问题中，实际上是国内法与国际法关系问题的一个方面，其中既有国际法的理论问题，也有协定执行的实践问题。

国际法中通常有所谓一元论（monism）和二元论（dualism）两种理论。一元论主张国际法与国内法构成统一的法律体系。一元论中又有所谓国内法优先说和国际法优先说的不同。二元论属于一种平行说。这个理论认为，国际法和国内法的关系不是一种从属关系，而是一种平行关系，它们基础不同，性质不同，各有自己的适用范围，既不是国际法赋予国内法以权力，也不是国内法赋予国际法以效力。

对涉及国际税收协定在缔约国税法中的地位认定问题，不同的国家由于法律制度和传统上的差异，对此问题的处理方式也有所不同。据德国学者克劳斯·沃格尔教授的调查，欧洲43个国家可分为五种类型：17个国家的宪法上明文规定，国际条约的适用优先于所有国内法（包括以后制定的国内法），如荷兰、法国、塞浦路斯等；两个国家在宪法的附属法规中有上述类似的规定，如拉脱维亚和匈牙利；5个国家的不成文法可起到上述的效果，如卢森堡、比利时、瑞士、葡萄牙和波黑；6个国家至少在保护人权方面规定国际条约优先于国内法，如摩尔达维亚、挪威、罗马尼亚、斯洛伐克、英国和马耳他；只有13个国家没有明确，还主张国际条约缔结后制定的国内法在适用上应优先于国际条约，如安道尔、奥地利、贝拉鲁斯、丹麦、芬兰、德国、冰岛、意大利、列支敦士登、立陶宛、圣马力诺、瑞典和乌克兰。

从目前大多数国家的规定来看，当国际税收协定和国内税法不一致时，国际税收协定处于优先执行的地位。换言之，国际税收协定在一定情况下可以超越国内税法。“条约必须遵守”，这是国际法的原则，也是参加缔约国家的责任。国际税收协定在缔约国税法中处于优先地位，大多数国家也都接受了这种处理原则。如日本税法规定，税收协定和国内税法相抵触时，应优先适用税收协定，但如国内税法的规定对纳税人有利，可优先适用有利于纳税人的国内税法。又如荷兰宪法规定，国际协定优先于国内法，并不考虑两者制定的时间前后以及是否发生抵触情况。法国1958年宪法第五十五条则规定：“依法批准或通过的条约或协定一经公布，具有高于法律的效力”。甚至还具体规定，凡是法国政府按照国际税收条约有权征收的税，即使与法国国内税法相抵触，也可以征收。

当然，也有不少国家并不奉行国际法优先原则，认为国际法与国内法处于同等的法律地位，两者如果发生冲突，要采取孰后优先的原则，通常是较晚制定的法律有效，即签订时间在后的税收协定，具有优先于颁布在前的国内税法适用的效力；同样，修订颁布在后的国内税法，则有优先于在前缔结的税收协定的效力。如美国国内法入法典第7852条d款1项规定：“在条约规定与美国关于税收的任何法律的关系上，无论是条约或法律均不因其作为条约或法律而享有优先地位”，实际上认可了后法优于前法的原则。这样，当美国后颁布的税法与以前缔结的国际税收协定冲突时，按“后法优先于前法”的原则执行就会违反国际税收协定，而税收协定属于国际法范畴，除非协定国同意中止或部分中止与美国签订的税收协定，否则美国无权单方面免除其协定义务。美国国内收入法典第894（a）节也承认，法典条款的使用应当考虑到美国签订的任何税收协定的义务。可见，在税收协定与国内税法的地位问题上，美国的法律有自相矛盾之处。

3. 国际税收协定在我国的法律地位

一般来说，税收协定在国内法的法律效力依赖于一国的宪法规定。税收协定是自动获得国内法的效力，还是必须要经过特别立法转化才能使其在国内获得法律效力的问题，通常以采纳（adoption）和转化（transformation）两种方式解决。在我国，尽管宪法没有明确作出将条约纳入我国法律体系的规定，《立法法》也没有条约基本效力地位的规定，但在民法和其他单行法律中，条约优于国内法还是得到立法确认。根据《中华人民共和国缔约条约程序法》的规定，我国对外缔结的税收协定属于第七条规定的“同中华人民共和国法律有不同规定的条约、协定”，由全国人民代表大会常务委员会决定批准，其效力相当于法律。无须经过制定新法律，就直接纳入我国国内法中，成为我国国内税法的渊源之一，可以在我国直接适用，纳税人可以直接援引税收协定主张其权利，我国税务机关和法院在涉及协定涵盖的问题上，可以而且应当将有关税收协定作为国内法律而直接地加以适用。《民事诉讼法》第二百三十八条规定：中华人民共和国缔结或者参加的国际条约同本法有不同规定的，适用该国际条约的规定，但中华人民共和国声明保留的条款除外。《收征管法》第九十一条规定：中华人民共和国同外国缔结的有关税收的条约、协定同本法有不同规定的，依照条约、协定的规定办理。《企业所得税法》第五十八条规定：中华人民共和国政府同外国政府订立的有关税收的协定与本法有不同规定的，依照协定的规定办理。可见，以上中国法律明确表明，中外税收协定优于国内税法。在处理税收协定与国内税法不相一致的问题时，税收协定应处于优先地位，以不违反协定的规定为准。

此外，在采取国际税收协定优先原则的国家中，有的协定还体现了税收负担就低不就高的精神，即凡是国内税法规定的征税条件、待遇或负担，优于或低于税收协定的，仍然可以按国内税法的规定办理。例如，我国与澳大利亚、新西兰、挪威等签订的税收协定中规定，对股息的限定税率为15%。但是我国《企业所得税法实施条例》规定，股息的预提所得税税率为10%，这样，在协定执行过程中，对方国家的居民可以选择国内税法的优惠税率10%。

（二）2008年企业所得税法改革之前的税收协定执行

以2008年企业所得税法改革为分界点，主要是基于国际税收协定解决所得与财产的双重征税和反避税问题，而企业所得税法的改革不仅带来了我国税收体制的重大变革，同时在涉外企业所得税的实体和程序部分都带来了较大的变化，也同时带来税收协定执行方面的新问题。

2008年之前，我国签署的税收协定中的适用税种基本是外商投资企业和外国企业所得税以及个人所得税。由于国内法规定的诸多税收优惠，非居民企业或个人很少需要申请享受税收协定待遇。虽然如此，我国的税收协定执行工作还是取得了很大进展，在基本制度建设和政策解释方面卓有成效，为国际税收工作的大力开展奠定了坚实的基础。从 1985 年开始，我国税务主管当局陆续制定并下发了一系列文件规定，对税收协定的理解和执行作出了明确，内容涉及各个方面。

1. 关于享受协定待遇的一般程序性安排和实体内容解释

（1）关于识别是否为对方国家居民和准其享受税收协定待遇的问题

税收协定适用于缔约国一方或者同时为双方居民的人。所谓居民，在税收协定的第四条有关“居民”一语的定义解释中，列有判断标准。对于在实际执行中如何鉴别其是否为对方国家居民的问题，可以暂作如下处理：

① 对公司、企业和其他经济组织判断其是否为对方国家居民，可以暂凭其办理税务登记时所填报的企业总机构或实际管理机构的情况和办理工商登记时，由该企业所在国的有关当局出具的法人证书（副本）等进行判断。一般可以先予承认，然后再视需要，有选择、有重点地进行查证或通过情报交换进行了解。对个别情况不清，确实无从判断，又需要享受税收协定待遇的，可以要其提供该企业所在国税务当局出具的居民证明。不能出具证明的，不得享受税收协定待遇。

凡是在税收协定中列有总机构所在地和实际管理机构所在地两个标准的，在判断是否为我国居民时，只适用总机构所在地的标准，在对方适用实际管理机构所在地的标准，不能用对方实际管理机构所在地的标准，作为判断我国居民的标准。

② 对个人判断其是否为对方国家居民，依照税收协定第四条规定，主要是以其“住所、居所”为准。所谓“住所”，一般是指配偶或家庭所在地，具有永久性；所谓“居所”，一般是指短期停留并达到一定日期的所在地。在实际工作中，对来华从事工作、提供劳务的外籍人员是否属于对方国家的居民，可以区别以下情况处理：

a. 由其自报在对方国家的住所或居所，受雇或从事业务的情况及其所负的纳税义务，并相应查阅其所持有关本人身份的证件、护照和派其来华的公司企业等单位所开具的证件进行判断。一般可以暂予承认，再视需要，有选择、有重点地进行查证或通过情报交换进行了解。

b. 对个别情况不清，或者来自第三国或本身为第三国人，确实无从判断，又需要享受协定待遇的，可以要其提供对方国家税务当局开具的负有居民纳税义务的证明。不能提出证明的，不得享受协定待遇。

c. 对同时为缔约国双方居民的个人，在我国对外签订的税收协定中，有的列有判断归属于哪一方居民的规则，有的只明确缔约国双方主管当局应当通过协商，确定该人为本协定中缔约国一方的居民。各地在执行税收协定的实际工作中，如遇有同时为双方居民的个人，双方都要对该个人的境内境外所得进行征税等问题时，应将该个人的职业、住所或居所以及其在对方国家所负纳税义务等详细情况报送国家税务总局，由国家税务总局按照税收协定的规定与对方主管当局进行协商解决。

③ 对方国家居民（包括个人居民和法人居民）取得来源于我国的股息、利息和特许权使用费，需要享受税收协定限制税率或免税待遇的，应在提交其本国税务当局出具的居民证明时，填写享受税收协定待遇的申请表，经我国当地税务机关审查确认后，才得享受税收协定所规定的待遇。如果其不能事先提出居民证明并填写申请表，各地税务机关可以先按税法规定的税率征税，并准其在补办证明和填写申请表后退还其多缴纳的税款。

（2）关于确定建筑工地、建筑、装配或安装工程为常设机构的期限计算问题

在我国对外签订的税收协定中，一般都规定，对建筑工地，建筑、装配或安装工程，仅以连续超过 6 个月的为常设机构，除《中英税收协定》外，一般还明确包括与工地、工程有关的监督管理活动。在实际工作中，可暂按以下几点掌握执行：

① 确定工地、工程或者与其有关的监督管理活动的起止日期，可以按其所签订的合同，从实施合同（包括准备活动）之日起，至作业（包括试运转作业）全部结束交付使用之日止进行计算。凡连续 6 个月（不含 6 个月，跨年度的应连续计算）以上的，即为该对方企业在我国设有常设机构，按照外国企业所得税法的规定征收所得税；连续为期在 6 个月以内的，不征收企业所得税，但不影响按照有关税法规定所应征收的其他税收。

② 对方一个企业在我国一个工地或同一工程连续承包两个及两个以上作业项目，应从第一个项目作业开始至最后完成的作业项目止计算其在我国进行工程作业的连续日期，不以每个工程作业项目分别计算。所谓"一个工地或同一工程连续承包两个及两个以上作业项目"，是指在商务关系和地理上是同一整体的几个合同项目，不包括该企业承包的或者是以前承包的与本工地或工程没有关联的其他作业项目。

③ 对工地、工程或者与其有关的监督管理活动开始计算其连续日期以后，因故（如设备、材料未运到或季节气候等原因）中途停顿作业，但所承包工程作业项目并未终止或结束，人员和设备物资等也未全部撤出的，应持续计算其连续日期。

④ 对方企业将承包工程作业的一部分转包给其他企业，如果分包商实施合同的日期在前，可自分包商开始实施合同之日起计算该企业承包工程作业的连续日期。但不影响对分包商就其所承担的工程作业单独计算征税。

（3）关于为工程项目提供劳务的范围和确定为常设机构的期限问题

在我国对外签订的税收协定中，除了少数情况（如《中英税收协定》）外，一般都规定对方企业通过雇员或雇用的其他人员在我国为同一个项目或相关联的项目提供劳务，包括咨询劳务，仅以在任何 12 个月中连续或累计超过 6 个月的为设有常设机构。具体问题明确如下：

① 对于为工程项目提供劳务包括咨询劳务与承包工程作业的划分，原则上应视

其是否承担施工作业来确定。承包工程项目作业，一般都要承担施工责任。提供劳务包括咨询劳务，是指对已有的工程作业项目提供技术指导、技术协助、技术咨询等技术服务性的劳务，只是从中协助，仅负技术上的指导责任，不负责具体的施工和劳动作业。

② 对为工程项目提供劳务包括咨询劳务的范围，应作广义解释，包括对我国工程建设或企业现有生产技术的改革、经营管理的改进和技术选择、投资项目可行性分析以及设计方案的选择等提供咨询服务；也包括对我国企业现有设备或产品，根据我方在性能、效率、质量以及可靠性、耐久性等方面提出的特定技术目标，提供技术协助，对需要改进的部位或零部件重新进行设计、调试或试制，以达到合同所规定的技术目标等。

③ 对“在任何 12 个月中连续或累计超过 6 个月”的计算，可以不受年度限制，从开始实施提供劳务合同的月份起，逐月移动计算，凡是在任何一个 12 个月中，连续或累计超过 6 个月的，即应视为设有常设机构。

④ 对方企业为工程项目提供劳务包括咨询劳务，虽然在税收协定中明确“在任何 12 个月中连续或累计超过 6 个月的为设有常设机构”，但对于符合《关于对外商承包工程作业和提供劳务服务征收工商统一税和企业所得税的暂行规定》（财政部（83）财税字第 149 号）第二条规定的，仍可以在 1990 年底以前，免予征税。

（4）关于设在第三国的分支机构享受协定待遇问题

对方国家居民公司设在第三国或地区的分支机构，是该居民公司的组成部分，属于同一法律实体。如果该分支机构来我国从事营业或投资，除了在协定中另有规定[①]外，只要能证明其总公司是对方国家的居民公司，就可以享受该对方国家同我国签订的避免双重征税协定的待遇，但其设在第三国或地区的子公司，不得享受该对方国家同我国签订的税收协定待遇。

（5）对派往第三国工作的人员能否享受协定待遇问题

对方国家的居民个人在第三国或地区受雇或者从事独立个人劳务，或者被对方国家的公司派驻设在第三国或地区的分支机构工作，凡是依照第三国或地区税收法律规定的居住期限，已在第三国或地区负有居民纳税义务的，即不再享受该对方国家同我国签订的避免双重征税协定的待遇。

（6）对来华人员停留天数的计算问题

在我国对外签订的税收协定中，对对方国家居民在我国从事受雇的活动，一般都规定同时具备三个条件的，应在我国免予征税。条件之一，是在有关公历年中停留连续或累计不超过 183 天。这里所说的不超过 183 天，是指在一个公历年度内，

① 如我国同新加坡在协定第十一条第四款中，对新加坡发展银行取得的利息和中国银行取得的利息给予免税，都限于这两家银行的总行。

从1月1日起至12月31日止，在我国停留日期，不论是连续计算或者是累计计算都不超过183天。也就是说，中途离境包括在签证有效期内离境又入境，都应准予扣除离境的天数，按在华的实际停留天数计算其是否超过183天。但对同我国没有签订税收协定或者虽然已签订但尚未执行的国家，对其人员来华从事受雇活动的征税问题，仍应按照我国税法的有关规定执行。

（7）关于驻华代表机构工作人员的工资薪金所得是否适用协定所规定的免税待遇问题

对方国家的居民个人被派来华担任企业常驻代表处的代表或工作人员，属于在华有固定工作的常驻人员，其工资薪金不论在何地支付，都不适用停留期不超过183天的免税规定。对于在被明确为常驻代表之前，已经先期来华为筹备设立代表处进行工作，或者在代表处先行工作，后被正式委任，属于这类情况的，也不适用停留期不超过183天的免税规定。如果该个人最后没有被委任为常驻代表或者确定为代表处常驻工作人员，则可以按短期逗留人员对待，符合协定限定停留天数等条件的，对其工资薪金所得免予征税。

（8）关于雇主定义问题

常常有公司或企业采用“国际劳务雇用”的方式，通过设在境外的劳务雇用中介机构聘用所需人员来我国从事有关劳务活动。这些人员在我国一次或多次停留都未超过183天，并称是受雇于中介机构被派遣临时来华工作，同我国企业没有雇用关系，满足税收协定第十五条“非独立个人劳务”第二款规定的三项条件，要求享受免税待遇。对此，在实践中予以明确：

① 企业采用“国际劳务雇用”方式时，协定“非独立个人劳务”条款中所述的“雇主”一语，是指对聘用人员的工作拥有权利并承担该项工作所产生的相应责任和风险的人。凡我国公司或企业采用“国际劳务雇用”方式，通过境外中介机构聘用人员来我国为其从事有关劳务活动，并且主要是由其承担上述受聘人员工作所产生的风险和责任，应认为我国公司或企业为上述受聘人员的实际雇主。因此，这些人员并没有满足协定“非独立个人劳务”条款所规定的条件，根据该款规定，其在我国从事受雇活动取得的报酬应在我国纳税。

② 在上述情况下确定雇主为我国公司或企业时，还可以参考下列情况：a. 我国公司或企业对上述人员的工作拥有指挥权；b. 上述人员在我国工作地点由我国公司或企业控制和负责；c. 我国公司或企业支付给中介机构的报酬是以上述人员工作时间计算，或者以上述人员取得工资和该报酬具有联系的其他方式支付的；d. 上述人员工作使用的工具和材料主要是由我国公司或企业提供的；e. 我国公司或企业所需聘用人员的数量和标准并非仅由中介机构确定。

2. 对于个别条款的解释和执行

（1）关于教师条款

在我国政府对外已签订的避免双重征税协定中，有关对教师和研究人员征免税的问题，由于双方的意向和基于各自国内法律等原因，除了同个别国家在税收协定中没有列支教师和研究人员的免税条款外，在列有对教师和研究人员免税条款的协定中，所限定的免税条件也不完全相同。有的限定从其第一次到达之日起停留时间不超过 3 年（有的为 2 年）的，对其报酬免予征税；有的规定从其到达之日起停留时间累计不超过 3 年的，对其报酬免予征税；也有的规定，应自其抵达之日起，3 年内免税或对其在第一个 3 年里从事教学、讲学或研究取得的报酬免予征税。有关征免日期的具体计算为：

① 对来自同我国已签订税收协定的国家，并在该协定开始执行前已经在华的外国教师和研究人员，对其停留不超过 3 年（有的为 2 年）的日期，应自该协定开始执行之日起计算；如果是在该协定执行后来华的，对其停留不超过 3 年的日期，应自其第一次到达之日起计算。

② 凡在已签订并开始执行的税收协定中规定，对来自对方国家的教师和研究人员，从其第一次到达之日起停留时间不超过 3 年或累计不超过 3 年，对其由于教学、讲学或研究取得的报酬免予征税的，该项免税应仅限于在华从事教学、讲学或研究不超过 3 年的，对在华从事上述活动为期超过 3 年的，即不应享受税收协定所规定的免税待遇。其中所说停留日期累计不超过 3 年，是指多次应聘来华或一次应聘分期来华，对其多次应聘来华之间或分期来华之间的离华日期，可予扣除。

③ 在已签订并开始执行的税收协定中规定，对来自对方国家的教师和研究人员，由于教学、讲学或研究取得的报酬，自其抵达之日起 3 年内免税或第一个 3 年里免税的，对其从事上述活动为期超过 3 年的，应从第 4 年起征税。

④ 对于按照已签订并开始执行的税收协定的规定，停留期超过 3 年（包括规定为 2 年的，下同）或累计超过 3 年，不能享受税收协定所规定的免税待遇的外国教师和研究人员，如果在有关协议或合同中约定或者事先能够预定其在华停留期超过 3 年，应自其到达之日的月份起，按照我国税法所规定日期申报纳税，如果其在华从事教学、讲学或研究实际没有超过 3 年，可准许退还其已缴纳的税款；对事先不能预定是否超过 3 年的，可以待其预计要超过 3 年或实际超过 3 年时，再由其申报纳税。

⑤ 对在华的外国教师和研究人员，凡是属于在 1986 年 9 月 1 日以前，来自同我国已签订税收协定并开始执行的国家，如果按照上述第①条所明确的开始日期进行计算，其停留期超过 3 年，不能享受税收协定所规定的免税待遇的，对其取得的

报酬等项所得进行征税，应自 1986 年 9 月 1 日起执行。

（2）关于独立个人劳务条款

在执行我国对外签订的避免双重征税协定的工作中，经常遇到一些关于个人劳务所得适用条款的问题，例如，有些受雇于外国公司在华承包工程作业和劳务服务项目中工作的外籍工程技术人员，在申报缴纳个人所得税时，声称他们不是该公司的雇员，是自由职业者，其在华从事的劳务是独立个人劳务。对这类人员是否应适用税收协定独立个人劳务条款的规定，明确如下：

根据税收协定关于独立个人劳务的定义，所谓“独立个人劳务”是指以独立的个人身份从事科学、文学、艺术、教育或教学活动以及医师、律师、工程师、建筑师、牙医师和会计师等专业性劳务人员，没有固定的雇主，可以多方面提供服务。因此，对在缔约国对方应聘来华从事劳务的人员提出对其适用税收协定独立个人劳务条款规定的，须向我主管税务机关提交如下证明：

① 职业证件，包括登记注册证件和能证明其身份的证件，或者由其为居民的缔约国税务当局在出具居民证明中注明其现时从事专业性劳务的职业。

② 提供其与有关公司签订的劳务合同，表明其与该公司的关系是劳务服务关系，不是雇主与雇员关系。审核合同时，应着重以下几点：a. 医疗保险、社会保险、假期工资、海外津贴等方面不享受公司雇员待遇。b. 其从事劳务服务所取得的劳务报酬，是按相对的小时、周、月或一次性计算支付。c. 其劳务服务的范围是固定的或有限的，并对其完成的工作负有质量责任。d. 其为提供合同规定的劳务所相应发生的各项费用，由其个人负担。

对于不能提供上述证明，或在劳务合同中未载明有关事项或难于区别的，仍应视其所从事的劳务为非独立个人劳务。

（3）关于艺术家和运动员条款

对于外国或港、澳、台演员、运动员以个人或团体名义，来我国、来大陆从事文艺演出和体育表演取得收入的征税问题，在执行中操作如下：

凡外国或港、澳、台演员、运动员来华、来大陆从事文艺、体育活动，符合我国对外签署的避免双重征税协定免税条件的，应由主办单位提供我国同对方国家政府间文化、体育交流协定或计划（含由中国各单项体育协会对外签订的在我国举办的国际性体育比赛或体育表演的协定或计划），并附报按照上述协定或计划签署的演出或表演合同，经当地税务机关审核同意后，可按税收协定有关规定免予征收个人所得税、企业所得税和工商统一税。

外国或港、澳、台演员、运动员来华、来大陆从事演出或表演，对其取得收入，凡不符合免税条件的，应严格依照《个人所得税法》、《企业所得税法》等及我国政府同有关国家政府签订的税收协定有关规定征税。

任何单位对外签订的演出或表演合同中，不得列入包税条文。凡违反税法或税收协定的规定，在合同中擅自列入的包税条款，一律无效。

为保证税法和税收协定的执行，各有关单位在对外签订演出和表演合同前，应主动同当地税务机关联系，了解我国税法及有关税收协定的规定。对外国或港、澳、台演员、运动员按照合同进行演出或者表演取得的收入，主办单位或接待单位应在演出或表演结束后，按照税法的规定，代扣代缴应纳税款。对于未按规定代扣代缴应纳税款的单位，应严格按照《税收征管法》的规定予以处罚。

（4）关于外籍个人所得税

税收协定中独立个人劳务、非独立个人劳务、董事费、退休金等条款都涉及个人所得税的税收管辖权划分。根据国内法和税收协定的规定，对在中国境内无住所的个人由于在中国境内公司、企业、经济组织或外国企业在中国境内设立的机构、场所以及税收协定所说常设机构担任职务，或者由于受雇或履行合同而在中国境内工作，而取得的工资薪金所得应如何确定征税，主要规定如下：

① 关于工资、薪金所得来源地的确定。个人实际在中国境内工作期间取得的工资薪金，不论是由中国境内还是境外企业或个人雇主支付的，均属来源于中国境内的所得；个人实际在中国境外工作期间取得的工资薪金，不论是由中国境内还是境外企业或个人雇主支付的，均属于来源于中国境外的所得。

② 关于在中国境内无住所而在一个纳税年度中在中国境内连续或累计居住不超过 90 日或在税收协定规定的期间在中国境内连续或累计居住不超过 183 日的个人纳税义务的确定。在中国境内无住所而在一个纳税年度中在中国境内连续或累计工作不超过 90 日或在税收协定规定的期间在中国境内连续或累计居住不超过 183 日的个人，由中国境外雇主支付并且不是由该雇主的中国境内机构负担的工资薪金，免予申报缴纳个人所得税。对前述个人应仅就其实际在中国境内工作期间由中国境内企业或个人雇主支付或者由中国境内机构负担的工资薪金所得申报纳税。

③ 关于在中国境内无住所而在一个纳税年度中在中国境内连续或累计居住超过 90 日或在税收协定规定的期间在中国境内连续或累计居住超过 183 日但不满 1 年的个人纳税义务的确定。在中国境内无住所而在一个纳税年度中在中国境内连续或累计工作超过 90 日或在税收协定规定的期间在中国境内连续或累计居住超过 183 日但不满 1 年的个人，其实际在中国境内工作期间取得的由中国境内企业或个人雇主支付和由境外企业或个人雇主支付的工资薪金所得，均应申报缴纳个人所得税。

3. 对个别税收协定的解释和执行

（1）中日、中英税收协定

① 关于开采自然资源的场所列为常设机构的问题

中日、中英税收协定第五条规定的“矿场，油井或气井、采石场或者其他开采自然资源的场所”为常设机构，是指经过投资，拥有开采权，从事生产经营而言，不包括为上述场所的开发建设承包工程作业的承包商。

对承包开采自然资源工程项目的承包商，凡是不拥有开采权和经营权，完工后交付给出包者而收取工程价款的，应分别以下两种情况处理：a. 该承包商为日本企业的，应按《中日税收协定》第五条第三款的规定，仅以连续6个月以上的为常设机构。b. 该承包商为英国企业的，应按《中英税收协定》第五条第二款第七项的规定，凡是有“勘探或开发自然资源所使用的装置或设施”的，如钻井船、打井设备等，即为设有常设机构，没有勘探或开发自然资源所使用的装置或设施，如从事钻井、海底维修、定位导航灯，仍仅以连续6个月以上的为常设机构。

② 关于咨询劳务的范围和确定为常设机构的期限问题

所谓“咨询劳务活动”，包括对我国工程建设或企业现有生产技术的改革、经营管理的改进和技术选择、投资项目可行性分析以及设计方案的选择等提供咨询服务；也包括对我国企业现有设备或产品，根据我方在性能、效率、质量以及可靠性、耐久性等方面提出的特定技术目标，提供技术协助，对需要改进的部位或零件重新进行设计、调试或试制，以达到合同所规定的技术目标等。这里所说的任何12个月，是指不受年度限制，可以跨年度计算，对其从开始实施咨询劳务合同的月份起的12个月中，不论其提供咨询劳务的活动是连续还是累计超过6个月（不含6个月），均可视为在我国设有常设机构。但日本企业通过雇员或其他人员在我国提供与销售或出租机器设备有关的咨询劳务，不论日期长短，均应依照《中日税收协定》的规定，不视为在我国设有常设机构。

③ 关于技术费问题

按照《中英税收协定》第十三条的规定，对英国居民在我国没有设立常设机构或固定基地而取得来源于我国的技术费，包括技术、监督管理、咨询服务和其他适用有关工业、商业、科学经验的情报作为报酬的款项，可以不计算其在我国从事上述活动的日期，准许其先扣除支付给从事非独立个人劳务的雇用人员的款项，再以其余额的70%征收不超过10%的所得税。对其雇用人员取得的款项，依照《中英税收协定》第十六条的规定，对其在我国受雇取得的所得征收个人所得税。

此外，协定还对不动产所得如何适用税法规定进行征税、独立个人劳务所得和非独立个人劳务所得的征税的计算等问题进行了明确。

（2）中美税收协定

① 关于居民身份的认定问题

在《中美税收协定》中同时列有总机构所在地和注册地两个标准来判定居民身份。在判定其是否为我国的居民时，应按照我国法律规定，只适用总机构所在地的标准；在判定其是否为美国的居民时，可以适用注册所在地的标准。应特别注意的是，对于在美国按照联邦法律或州的法律注册成为美国居民公司的，如果该公司的实际管理机构或总机构设在第三国，根据我国同第三国的税收协定，同时为第三国居民时，该公司不应视为美国的居民享受《中美税收协定》待遇。

② 关于常设机构问题

《中美税收协定》第五条第三款第（二）项所说“为勘探或开发自然资源所使用的装置，钻井机或船只，仅以使用期 3 个月以上的为限”，是指承包勘探或开发自然资源，凡是使用装置，钻井船或船只，仅以使用期 3 个月以上的为设有常设机构，没有使用上述装置或设备的，仍以连续超过 6 个月的为设有常设机构。

③ 关于美国保留对公民的征税权问题

尽管《中美税收协定》适用于缔约国一方或双方居民的人，但应美方基于其国内法律的要求，在议定书中明确本协定不影响美国对其公民的征税，并在该条列出一些协定条款，明确美国可以对其公民给予这些条款所规定的待遇。但这并不表明，美国公民在我国也可以享受《中美税收协定》待遇。是美国公民而按照《中美税收协定》第四条规定不属于美国居民的人，在我国不得享受中美税收协定待遇。

④ 关于社会保险税、个人控股公司税和累积收益税问题

社会保险税是美国为支付特定的社会保障筹集财源的一种税，因不完全属于对所得征税的税收，没有列入《中美税收协定》的适用税种范围。至于个人控股税和累积收益税，虽然是对所得征收的联邦税收，由于美方强调是为了防止逃避联邦所得税的两项国内措施，不同意列入协定的税种范围，因此经双方商定，在议定书中明确，美国可以征收其个人控股公司税和累积收益税，但对完全为中国政府机构或居民个人直接或间接拥有的公司，应予免除。

此外，税收协定中还有关于中国与德国、马来西亚、挪威、丹麦等国家的税收协定的专门解释。

（三）2008年企业所得税法改革之后的税收协定执行

2008 年 1 月 1 日起，我国《企业所得税法》正式施行。新的企业所得税法统一了原来的内资企业所得税和外资企业所得税，规范了所得计算、扣除、折旧、税收优惠和税收管理等各方面的内容，终结了多年来外国投资者和外商投资企业在中国享受超国民税收待遇的时代，为不同所有制形式的企业进行公平竞争提供了平等的税收法律环境和平台。与此相对应的是，原来专门负责外资企业所得税管理的机构

转型为负责对非居民企业的税收征管和国际税收事务。这样，随着外国投资者在国内法层面规定的税收优惠的消失和非居民企业所得税管理的加强，税收协定适用，或者享受税收协定待遇的情况越来越多。为了适应新情况，解决新问题，税收协定的执行也有了新的规范。

1. 关于享受税收协定待遇的程序性规定

为了规范非居民享受税收协定待遇问题，我国制定了非居民享受税收协定待遇管理办法，规定了程序性内容，主要包括审批和备案两种程序。

（1）审批

非居民需要享受以下税收协定条款规定的税收协定待遇的，应向主管税务机关或者有权审批的税务机关提出享受税收协定待遇审批申请：①税收协定股息条款；②税收协定利息条款；③税收协定特许权使用费条款；④税收协定财产收益条款。

非居民在享受税收协定待遇审批申请时，纳税人应填报并提交以下资料：①《非居民享受税收协定待遇审批申请表》；②《非居民享受税收协定待遇身份信息报告表》（分别企业和个人填报）；③由税收协定缔约对方主管当局在上一公历年度开始以后出具的税收居民身份证明；④与取得相关所得有关的产权书据、合同、协议、支付凭证等权属证明或者中介、公证机构出具的相关证明；⑤税务机关要求提供的与享受税收协定待遇有关的其他资料。在提交资料时，非居民可免予提交已经向主管税务机关提交的资料，但应报告接受的主管税务机关名称和接受时间。

（2）备案

非居民需要享受以下税收协定条款规定的税收协定待遇的，在发生纳税义务之前或者申报相关纳税义务时，纳税人或者扣缴义务人应向主管税务机关备案：①税收协定常设机构以及营业利润条款；②税收协定独立个人劳务条款；③税收协定非独立个人劳务条款；④除适用审批程序以外的其他税收协定条款。

在备案时，纳税人应填报并提交以下资料：①《非居民享受税收协定待遇备案报告表》；②由税收协定缔约对方主管当局在上一公历年度开始以后出具的税收居民身份证明；③税务机关要求提供的与享受税收协定待遇有关的其他资料。在提交资料时，纳税人或扣缴义务人可不再填报《非居民承包工程作业和提供劳务税收管理暂行办法》（国家税务总局令第 19 号）第十三条第一款第（四）项规定的《非居民企业承包工程作业和提供劳务享受税收协定待遇报告表》以及其他已经向主管税务机关提交的资料。

另外，相关管理办法对审批的时限和有权受理申请的税务机关等也作出了规定，对于未按照规定执行和不当享受税收协定待遇等情况以及税务机关的后续管理和法律责任等事项都作出了规定。

2. 关于税收协定条款实体内容解释和执行的规定

（1）股息

按照税收协定股息条款规定，中国居民公司向税收协定缔约对方税收居民支付股息，且该对方税收居民（或股息收取人）是该股息的受益所有人的，则该对方税收居民取得的该项股息可享受税收协定待遇，即按税收协定规定的税率计算其在中国应缴纳的所得税。如果税收协定规定的税率高于中国国内税收法律规定的税率，则纳税人仍可按中国国内税收法律规定纳税。

纳税人需要享受上款规定的税收协定待遇的，应同时符合以下条件：①可享受税收协定待遇的纳税人应是税收协定缔约对方税收居民；②可享受税收协定待遇的纳税人应是相关股息的受益所有人；③可享受税收协定待遇的股息应是按照中国国内税收法律规定确定的股息、红利等权益性投资收益；④国家税务总局规定的其他条件。

根据有关税收协定股息条款规定，凡税收协定缔约对方税收居民直接拥有支付股息的中国居民公司一定比例以上资本（一般为 25% 或 10%）的，该对方税收居民取得的股息可按税收协定规定税率征税。该对方税收居民需要享受该税收协定待遇的，应同时符合以下条件：①取得股息的该对方税收居民根据税收协定规定应限于公司；②在该中国居民公司的全部所有者权益和有表决权股份中，该对方税收居民直接拥有的比例均符合规定比例；③该对方税收居民直接拥有该中国居民公司的资本比例，在取得股息前连续 12 个月以内任何时候均符合税收协定规定的比例。

以获取优惠的税收地位为主要目的的交易或安排不应构成适用税收协定股息条款优惠规定的理由，纳税人因该交易或安排而不当享受税收协定待遇的，主管税务机关有权进行调整。

纳税人需要按照税收协定股息条款规定纳税的，相关纳税人或扣缴义务人应该取得并保有支持其执行税收协定股息条款规定的信息资料，并按有关规定及时根据税务机关的要求报告或提供。有关的信息资料包括：①由协定缔约对方税务主管当局或其授权代表签发的税收居民身份证明以及支持该证明的税收协定缔约对方国内法律依据和相关事实证据；②纳税人在税收协定缔约对方的纳税情况，特别是与取得由中国居民公司支付股息有关的纳税情况；③纳税人是否构成任一第三方（国家或地区）税收居民；④纳税人是否构成中国税收居民；⑤纳税人据以取得中国居民公司所支付股息的相关投资（转让）合同、产权凭证、利润分配决议、支付凭证等权属证明；⑥纳税人在中国居民公司的持股情况；⑦其他与执行税收协定股息条款规定有关的信息资料。

（2）特许权使用费

凡税收协定特许权使用费定义中明确包括使用工业、商业、科学设备收取的款项（即我国税法有关租金所得）的，有关所得应适用税收协定特许权使用费条款的规定。税收协定对此规定的税率低于税收法律规定税率的，应适用税收协定规定的税率。

税收协定特许权使用费条款定义中所列举的有关工业、商业或科学经验的情报应理解为专有技术，一般是指进行某项产品的生产或工序复制所必需的、未曾公开的、具有专有技术性质的信息或资料（以下简称专有技术）。

与专有技术有关的特许权使用费一般涉及技术许可方同意将其未公开的技术许可给另一方，使另一方能自由使用，技术许可方通常不亲自参与技术受让方对被许可技术的具体实施，并且不保证实施的结果。被许可的技术通常已经存在，但也包括应技术受让方的需求而研发后许可使用并在合同中列有保密等使用限制的技术。

在服务合同中，如果服务提供方提供服务过程中使用了某些专门知识和技术，但并不转让或许可这些技术，则此类服务不属于特许权使用费范围。但如果服务提供方提供服务形成的成果属于税收协定特许权使用费定义范围，并且服务提供方仍保有该项成果的所有权，服务接受方对此成果仅有使用权，则此类服务产生的所得，适用税收协定特许权使用费条款的规定。

在转让或许可专有技术使用权过程中，如技术许可方派人员为该项技术的使用提供有关支持、指导等服务并收取服务费，无论是单独收取还是包括在技术价款中，均应视为特许权使用费，适用税收协定特许权使用费条款的规定。但如上述人员的服务已构成常设机构，则对服务部分的所得应适用税收协定营业利润条款的规定。如果纳税人不能准确计算应归属常设机构的营业利润，则税务机关可根据税收协定常设机构利润归属原则予以确定。

下列款项或报酬不应是特许权使用费，应为劳务活动所得：①单纯货物贸易项下作为售后服务的报酬；②产品保证期内卖方为买方提供服务所取得的报酬；③专门从事工程、管理、咨询等专业服务的机构或个人提供的相关服务所取得的款项；④国家税务总局规定的其他类似报酬。

劳务所得通常适用税收协定营业利润条款的规定，但个别税收协定对此另有特殊规定的除外（如《中英税收协定》专门列有技术费条款）。

税收协定特许权使用费条款的规定应仅适用于缔约对方居民受益所有人，第三国设在缔约对方的常设机构从我国境内取得的特许权使用费应适用该第三国与我国的税收协定的规定；我国居民企业设在缔约对方的常设机构不属于对方居民，不应作为对方居民适用税收协定特许权使用费条款的规定；由位于我国境内的外国企业的机构、场所或常设机构负担并支付给与我国签有税收协定的缔约对方居民的特许权使用费，适用我国与该缔约国税收协定特许权使用费条款的规定。

（3）“受益所有人”问题

“受益所有人”是指对所得或所得据以产生的权利或财产具有所有权和支配权的人。“受益所有人”一般从事实质性的经营活动，可以是个人、公司或其他任何团体。代理人、导管公司等不属于“受益所有人”。导管公司是指通常以逃避或减少税收、转移或累积利润等为目的而设立的公司。这类公司仅在所在国登记注册，以满足法律所要求的组织形式，而不从事制造、经销、管理等实质性经营活动。

在判定“受益所有人”身份时，不能仅从技术层面或国内法的角度理解，还应该从税收协定的目的（即避免双重征税和防止偷漏税）出发，按照“实质重于形式”的原则，结合具体案例的实际情况进行分析和判定。一般来说，下列因素不利于对申请人“受益所有人”身份的认定：①申请人有义务在规定时间（如在收到所得的12个月）内将所得的全部或绝大部分（如60%以上）支付或派发给第三国（地区）居民；②除持有所得据以产生的财产或权利外，申请人没有或几乎没有其他经营活动；③在申请人是公司等实体的情况下，申请人的资产、规模和人员配置较小（或少），与所得数额难以匹配；④对于所得或所得据以产生的财产或权利，申请人没有或几乎没有控制权或处置权，也不承担或很少承担风险；⑤缔约对方国家（地区）对有关所得不征税或免税，或征税但实际税率极低；⑥在利息据以产生和支付的贷款合同之外，存在债权人与第三人之间在数额、利率和签订时间等方面相近的其他贷款或存款合同；⑦在特许权使用费据以产生和支付的版权、专利、技术等使用权转让合同之外，存在申请人与第三人之间在有关版权、专利、技术等的使用权或所有权方面的转让合同。

针对不同性质的所得，通过对上述因素的综合分析，认为申请人不符合规定的，不应将申请人认定为“受益所有人”。纳税人在申请享受税收协定待遇时，应提供能证明其具有“受益所有人”身份的资料。

各地在审批非居民享受税收协定有关条款待遇的申请时，要按照上述规定处理“受益所有人”的身份认定问题，必要时可通过信息交换机制确认相关资料。

（4）技术服务费

税收协定中技术服务费条款已经明确规定技术服务费发生地认定标准的（如《中英税收协定》和《中印税收协定》），按所涉及税收协定规定确定技术服务费发生地；所涉及税收协定未作明确的，按中国国内有关规定（含《企业所得税法》和《个人所得税法》）确定技术服务费发生地。

此前关于中巴（基斯坦）、中英、中印税收协定的条款解释仅明确在所涉及税收协定下中国所拥有征税权的理解和解释，未对纳税人在中国的实际纳税义务作出规定。对于所涉及税收协定缔约对方税收居民取得发生在中国的技术服务费，应分别以下情形，结合所涉及税收协定和中国国内有关规定判定纳税义务：①据以取得技术服务费的劳务按照中国国内有关规定属于发生在中国境内，且按照所涉及税收协定规定构成在中国境内的常设机构或固定基地，对与发生在中国境内劳务相关的技术服务费，应按照中国国内有关规定缴纳企业所得税或个人所得税；②据以取得技术服务费的劳务按照中国国内有关规定属于发生在中国境内，即使按所涉及税收协定规定不构成在中国境内的常设机构或固定基地，对与发生在中国境内劳务相关的技术服务费，应按照中国国内有关规定缴纳企业所得税或个人所得税。但如果按中国国内有关规定计算缴纳的企业所得税或个人所得税高于按所涉及税收协定技术服务费条款限定比例计算的税收，该缔约对方居民取得的此项技术服务费可以申请享受协定待遇；③据以取得技术服务费的劳务按照中国国内有关规定属于发生在中国境外，且按照中国国内有关规定不予征收所得税的，尽管该技术服务费按照所涉及税收协定技术服务费条款规定属于发生在中国境内，中国可以对此行使征税权，但对此项技术服务费，应按照中国国内有关税收规定执行，不在中国缴纳所得税。

3. 关于税收协定整体的实体解释

为了整合、规范税收协定的解释和执行，国家税务总局以中新（加坡）新的税收协定为范本，就所有条款的解释和执行拟定并下发了国税发〔2010〕75号文件，颁布了《〈中华人民共和国政府和新加坡共和国政府关于对所得避免双重征税和防止偷漏税的协定〉及议定书条文解释》（以下简称《条文解释》），对原来没有明确的很多具体问题表明了观点，对指导各地的税收协定执行工作很有帮助。以下仅以居民、常设机构和财产收益三个条款的内容举例说明。

（1）居民

对于居民的定义，应从以下几个方面理解：

① 居民应是在一国负有全面纳税义务的人。但这里所指的“纳税义务”并不等同于实际缴纳税款。

② 对缔约国居民的身份，应按照中国及新加坡各自的国内法律确定的标准进行判定。

③ 新加坡居民企业设在第三国的常设机构，适用《中新税收协定》的规定。

根据上述标准，当同一人同时成为中国和新加坡居民的情况下，《条文解释》为解决个人最终居民身份的归属提供了进一步的确定标准。即：

a. 永久性住所。永久性住所包括任何形式的住所，例如，由个人租用的住宅或公寓、租用的房间等，但该住所必须具有永久性，即个人已安排长期居住，而不是为了某些原因（如旅游、商务考察等）临时逗留。

b. 重要利益中心。重要利益中心要参考个人家庭和社会关系、职业、政治、文化及其他活动、营业地点、管理财产所在地等因素综合评判。其中特别注重的是个人的行为，即个人一直居住、工作并且拥有家庭和财产的国家通常为其重要利益中心之所在。

c. 习惯性居处。在出现以下两种情况之一时，应采用习惯性居处的标准来判定个人居民身份的归属：一是个人在缔约国双方均有永久性住所且无法确定重要经济利益中心所在国；二是个人的永久性住所不在缔约国任何一方，如该个人不断地穿梭于缔约国一方和另一方旅馆之间。第一种情况下对习惯性居处的判定，要注意其在双方永久性住所的停留时间，同时还应考虑其在同一个国家不同地点停留的时间；第二种情况下对习惯性居处的判定，要将此人在一个国家所有的停留时间加总考虑，而不问其停留的原因。

d. 国籍。如果该个人在缔约国双方都有或都没有习惯性居处，应以该人的国籍作为判定居民身份的标准。当采用上述标准依次判断仍然无法确定其身份时，可由缔约国双方主管当局按照协定第二十四条规定的程序，通过相互协商解决。

对于除个人以外（即公司和其他团体），同时为缔约国双方居民的人，应认定其是“实际管理机构”所在国的居民。如果缔约国双方因判定实际管理机构的标准不同而不能达成一致意见的，应由缔约国双方主管当局按照协定第二十四条规定的程序，通过相互协商解决。

上述标准与 OECD 范本相关注释的规定一致。

（2）常设机构

常设机构是税收协定中一个非常重要的条款，它的主要作用是界定在何种情况下，缔约国一方对缔约国另一方居民企业的营业利润有征税权。根据协定第七条的规定，中国不得对新加坡企业的利润征税，除非该企业通过其设在中国的常设机构进行营业。

处理本条与其他相关条款关系时，通常应遵循常设机构条款优先的原则。例如，若据以支付股息（第十条）、利息（第十一条）或特许权使用费（第十二条）的股权、债权、权利或财产等与常设机构有实际联系，有关所得应该归属于常设机构的利润征税。

① 对常设机构的概念表述

《中新税收协定》把常设机构分为四类，即固定场所常设机构、建筑工程常设机构、劳务常设机构和代理人常设机构。综观我国对外签订的税收协定，除了少数税收协定的常设机构条款中不包括劳务常设机构外（如《中英税收协定》），绝大多数税收协定均包括此四类常设机构。

② 固定场所常设机构

根据《中新税收协定》，固定场所常设机构被界定为新加坡居民企业在中国进行全部或部分营业的固定营业场所。《条文解释》进一步明确营业场所需具备以下特征：a. 该营业场所是实质存在的；b. 该营业场所是相对固定的，并且在时间上具有一定的持久性；c. 全部或部分的营业活动是通过该营业场所进行的。

《条文解释》还就上述特征提供了举例和解释。

③ 建筑工程常设机构

根据《中新税收协定》，建筑工程常设机构是指新加坡居民企业在中国有持续6个月以上的建筑工地，建筑、装配或安装工程，或者与其有关的监督管理活动。《条文解释》也明确规定，6个月期限是判定建筑工程常设机构的唯一标准，换言之，即使根据固定场所常设机构的标准，新加坡居民企业在中国建筑工程等营业可能已经构成了常设机构，如果该营业的活动时间没有持续达到6个月期限的，则仍不构成在中国的常设机构。

关于6个月期间的判定，《条文解释》规定，确定活动的起止日期，可以按其所签订的合同从实施合同（包括一切准备活动）开始之日起，至作业（包括试运行作业）全部结束交付使用之日止进行计算。凡上述活动时间持续6个月以上的（含6个月，跨年度的应连续计算），应视该企业在活动所在国构成常设机构。

《条文解释》明确，如果一个建筑工地或同一工程在商务关系和地理位置上形成不可分割的整体，即使分别签订了几个合同，仍应被认为是单一的整体。

④ 劳务常设机构

《中新税收协定》规定，新加坡居民企业派其雇员或其他受其雇用的人员到中国提供劳务，而这些人员为同一项目或相关联的项目在中国停留连续或累计超过183天的，构成常设机构。该项规定针对的是缔约国一方企业派其雇员到缔约国另一方从事劳务活动的行为。该行为按本条第一款和第二款规定不构成常设机构，但按本项规定，如活动持续时间达到规定标准，仍构成常设机构。

a. 如何适用183天期限

若某新加坡居民企业为中国境内某项目提供劳务（包括咨询劳务），以该企业派其雇员为实施服务项目第一次抵达中国之日起至完成并交付服务项目的日期止作为计算期间，计算相关人员在中国境内的停留天数。

所有雇员为同一个项目工作的天数都应被计算在内；如果同一天内有多名雇员在中国境内同时为同一项目工作的，那么工作天数应按一天而不是分别累加计算。

如果同一个项目历经数年，那么应在一个滚动的基础上分别计算183天期限，即在提供服务的整个期间的任何一个12个月内，如果连续或累计超过183天，那么为这同一项目或相关联项目所提供的所有劳务将被认定为一个常设机构。

b. 相关联的项目

183天期限的判定标准适用于为同一项目或具有商业相关性或连贯性的多个项

目提供的服务。对于"商业相关性或连贯性"，需视具体情况而定，在判断若干项目是否为关联项目时，应考虑下列因素：这些项目是否被包含在同一个总合同里；如果这些项目分属于不同的合同，这些合同是否与同一人或相关联的人所签订；前一项目的实施是否是后一项目实施的必要条件；这些项目的性质是否相同；这些项目是否由相同的人员实施；等等。

⑤ 劳务常设机构与人员派遣安排

《条文解释》常设机构条款第七款明确规定，海外母公司派遣员工到中国子公司工作，并不一定导致海外母公司在中国构成劳务常设机构。

《条文解释》规定了用下列标准判断派遣员工在中国是否为海外母公司工作，并进而有可能在中国构成劳务常设机构：

a. 母公司对上述人员的工作拥有指挥权，并承担风险和责任；

b. 被派往子公司工作的人员的数量和标准由母公司决定；

c. 被派遣人员的工资由母公司负担；

d. 母公司因派人员到子公司从事活动而从子公司获取利润。

若判定派遣员工是为海外母公司工作，则应根据《中新税收协定》相关规定，进一步判定该海外公司是否在中国构成常设机构。如果上述活动使母公司在子公司所在国构成常设机构，则该子公司所在国可按协定第七条的规定，对母公司向子公司收取的费用征收企业所得税。

⑥ 代理人常设机构

《中新税收协定》规定，如果新加坡居民企业通过独立代理人以外的代理人，在中国境内进行活动，该代理人有权并经常行使这种权力以该企业的名义签订合同，则该新加坡居民企业将被判定为在中国构成常设机构。

对代理人常设机构的判定，《条文解释》规定了以下解释：

a. 代理人可以是个人，也可以是办事处、公司或其他任何形式的组织，不一定被企业正式授予代表权，也不一定是企业的雇员或部门。此外，代理人不一定是代理活动所在国家的居民，也不一定在该国拥有营业场所。

b. 对"以该企业的名义签订合同"应做广义理解，包括不是以企业名义签订合同，但其所签合同仍对企业具有约束力的情形。"签订"不仅指合同的签署行为本身，也包括代理人有权代表被代理企业参与合同谈判，商定合同条文等。"合同"是指与被代理企业经营活动本身相关的业务合同，而非仅涉及企业内部事务的合同

c. 判断代理人是否"经常"以被代理企业名义行使权力时，要结合合同性质、企业的业务性质以及代理人相关活动的频率等综合判断。

d. 对"行使"权力应以实质重于形式的原则来理解。如果代理人在该缔约国另一方进行合同细节谈判等各项与合同签订相关的活动，且对企业有约束力，即使该

合同最终由其他人在企业所在国或其他国家签订，也应认为该代理人在该缔约国另一方行使合同签署权力。

e. 如果代理人在缔约国另一方的活动仅限于本条第四款的准备性或辅助性范围，则不构成企业的非独立代理人（或常设机构）。

f. 判断一方企业是否通过代理人在另一方构成常设机构时，不受本条第三款关于时间要求的限制。

此外《条文解释》还表明独立代理人不构成被代理企业的常设机构的两种情况：一是该代理人在法律上和经济上独立于被代理企业；二是该代理人在代表企业进行活动时，一般按照常规进行自身业务活动。

（3）财产收益

《中新税收协定》中的财产收益条款对转让以下几种财产所产生收益的征税权作出规定：a. 不动产（仅指转让所得）；b. 常设机构营业财产中的动产；c. 用于国际运输的船舶或飞机；d. 多于 50% 的财产直接或间接由不动产组成公司的股份；e. 除上述第四款所指股份以外的公司或其他法人资本中的股份、参股、或其他权利；f. 以上各款所述财产以外的其他财产。

对于第 d.e. 款所述股份的转让，是与中国签订税收协定国家或地区的税收居民在中国最普遍的商业行为，因此《条文解释》中针对这两款作出了解释：

a. 转让不动产股份产生的收益

《条文解释》规定，如果新加坡居民转让一间不动产公司的股份取得收益（即该公司的财产多于 50% 直接或间接由位于中国的不动产组成），无论该被转让的不动产公司是中国公司还是中国境外公司，中国对转让所得收益都享有征税权。但是，享有征税权并不意味着中国一定要征税，这要取决于中国国内税法对此类情形下的转让收益是否征税。

《条文解释》对于不动产公司的股份价值的 50% 给出了判定标准：

公司股份价值 50% 以上直接或间接由位于中国的不动产所组成，是指公司股份被转让之前的一段时间（目前该协定对具体时间未作规定，执行中可暂按三年处理）内任一时间，被转让股份的公司直接或间接持有位于中国的不动产价值占公司全部财产价值的比例在 50% 以上。

在判定 50% 的标准时，除了应考虑被转让公司本身财产构成以外，还应注意被转让股份的公司是否有参股其他公司股份及该参股公司的财产价值构成情况。基本原则是，被转让公司所有直接或间接持有股份的其他公司，无论所牵涉间接持有的层数，也无论每一层持股比例，其位于中国的不动产都会被包括在内。

b. 关于“直接或间接”参与非不动产公司的资本的解释

新加坡居民直接或间接参与一个中国居民公司的资本包括以下几种情况：

第一，该新加坡居民在该中国居民公司直接拥有资本。

第二，该新加坡居民通过任何其持股的公司（或持股链公司）间接拥有该中国居民公司的资本。间接拥有的资本或股份按照每一持股链中各公司的持股比例乘积计算。

第三，与该新加坡居民具有显著利益关系的关联集团内其他成员在该中国居民公司直接拥有的资本。其中“与新加坡居民有显著利益关系的关联集团成员”包括与个人居民具有完全相同持股利益的人（如直系亲属、存在代理关系的人等）、直接拥有非个人居民100%股权的公司或个人，以及由上述个人或公司直接或间接拥有100%股权的公司。

c. 转让其他财产取得的收益

《条文解释》简单重申了《中新税收协定》的规定，即缔约国一方居民转让本条以上各款所述财产以外的其他财产取得的收益，应仅在转让者为其居民的缔约国征税。

四、我国税收协定执行案例

【案例1】正确理解并运用税收协定防止外籍教师身份滥用案例

一、案情概要

××大学化工学院环境生物工程课题组，于2011年9月24日至9月28日，聘请德国汉堡大学J教授、G教授，两位博士生M和U为其课题组的教师、博士生、硕士生等进行学术交流和业务指导。××大学一次性给付劳务报酬每人6000元，四人共计人民币24000元。

2011年10月14日，××大学为上述外籍人员代扣代缴税款，按照劳务报酬所得，缴纳营业税及其附加税1010元，并根据《中华人民共和国和德意志联邦共和国关于对所得和财产避免双重征税的协定》，申请免予征收外籍教师的个人所得税。

二、政策依据

1.《中华人民共和国和德意志联邦共和国关于对所得和财产避免双重征税的协定》中第二十条第一款规定：“教师或研究人员是、或者在紧接前往缔约国另一方之前曾是缔约国一方居民，主要由于在该缔约国另一方的大学、学院、学校或其他教育机构和科研机构从事进修、教学或研究的目的，停留在该缔约国另一方三年以内的，该缔约国另一方应对其由于上述活动而取得的所有报酬，免予征税”。

2. 按照《财政部税务总局关于对来自同我国签订税收协定国家的教师和研究人员征免个人所得税问题的通知》（（86）财税协字第 030 号）规定，对来自对方国家的教师和研究人员，从其第一次到达之日起停留时间不超过 3 年或累计不超过 3 年，对其由于教学、讲学或研究取得的报酬免予征税。

3. 对于大学、学院、学校或教育机构、科研机构包括的范围，《国家税务总局关于明确我国对外签订税收协定中教师和研究人员条款适用范围的通知》（国税函〔1999〕37 号）规定，税收协定该条文中提及的大学、学院、学校或有关教育机构，在我国是指经国家外国专家局批准具有聘请外籍教师和研究人员资格，并由教育部承认学历的大专以上全日制高等院校。

三、判定过程

能否根据中德税收协定以及相关的政策规定，判定上述四人取得的收入免予征收个人所得税，外籍教师身份认定成为关键。

根据《中德税收协定》第二十条第一款规定，可以享受免税优惠的纳税主体必须是缔约国一方的“教师和研究人员”。该案中，到 ×× 大学授课的是两名教师和两名博士生，博士生作为在校学习的学生，不能认定为是“教师和研究人员”，虽然他们到我国的目的是为了讲学，但不能予以免税。

根据国家税务总局《关于执行税收协定教师条款的通知》（国税发〔1994〕153 号）和国家外国专家局《关于执行〈外国文教专家到职通知书〉的补充通知》（外专发〔1993〕357 号）等文件要求，“办理同我国签署税收协定国家的教师、研究人员减免税问题，应与当地外办、教委等主管部门联系”，即外国文教专家可凭外国专家局签发的《外国文教专家到职通知书》复印件办理免征个人所得税手续。根据 2008 年 8 月 23 日发布的《外国专家来华工作许可办理规定》，目前外国专家局签发的证明为《外国专家证》。

经查，涉案的两名德籍教师均未办理过《外国专家证》，未取得外国专家来华工作许可，因此不能予以免税。

据此，征收上述外籍教师个人所得税 2998 元。

四、案例启示

虽然此案金额不是很大，但是很具有代表性。通过处理此案，使国际税务人员对税收协定有了更深的理解，税收协定是划分国际税收管辖权的重要法律依据，既涉及主权国家的税收权益，也关系到缔约国之间的经济、技术与人员交流。

【案例2】独立个人劳务与非独立个人劳务区别案例

一、案情概要

2011年9月××公司与外籍人员L（美籍）签订顾问咨询合同，合同有效期为三年。2011年12月下旬，该公司就向境外支付L两个月的顾问咨询费32250美元。该企业在提交的顾问咨询合同书申明双方不存在劳动雇用关系，即该外籍人员的咨询设计服务属独立个人劳务，且设计劳务发生在境外。2011年12月，××公司拟向外籍人员L（美籍）支付咨询服务设计费，因而向××市地税局申请开具不予征税的售付汇凭证，主管地税机关对有关情况进行调查后，发现了避税疑点。

二、基本事实

××市地税局对双方签订的顾问咨询合同书有关细节进行了审核，发现了诸多疑点，根据国家税务总局《关于税收协定独立个人劳务条款执行解释问题的通知》（国税函发〔1990〕609号）的文件规定：初步认定该外籍人员所提供的规划设计服务不属于独立个人劳务，属非独立个人劳务。具体疑点如下：

疑点一：合同第一条规定，该外籍人员“履行设计总监的职责”，远远大于提供独立劳务的职责，不符合独立个人劳务的认定。有违609号文第二条第三款：其劳务服务的范围是固定的或有限的。

疑点二：合同第八条规定，该外籍人员“在合同期间（2011年8月8日至2012年8月8日），如果事先未取得××公司批准，不得直接或间接接受其他聘任，从事其他服务或工作”。即L在合同期间只能给××公司提供有关劳务，在合同第二十条第一款还提出了违约责任。若是独立个人劳务，无权限制某外籍人员的工作自由。

疑点三：合同第九条规定，由××公司配合外籍人员L的工作，负责翻译及CAD制图等劳务。并在第十五、第十六、第十七条指出设计费用（包括复印、传真、网络会议等）全部由××公司负担。由此证明，L需要中方××公司有关人员的配合，才能完成设计劳务。

疑点四：合同第十条规定，支付相关报酬，不是按项目，也不是按小时或一次性支付，而是按月由××公司负责支付。有违609号文第二条第二款规定。

疑点五：合同第十四条规定，由××公司以现金的形式补偿外籍人员L在美国的保险费用，一年共计7500美元。有违609号文第二条第一款，医疗保险、社会保险、假期工资、海外津贴等方面不享受公司雇员待遇。正常的独立个人劳务不涉及保险费用问题。

三、调查处理过程

（一）调查取证。税务人员通过电话、传真等方式与签订合同的双方进行了多次沟通，收集了合同的中英文复印件、相关协议，经过相关部门政策会商，确认外籍人员L所从事的劳务属非独立个人劳务，合同双方已构成了实质上的雇用关系，××公司作为外籍人员L的个人所得税扣缴义务人，应按税法规定正确履行相关扣缴义务。

（二）纳税约谈。根据调查取证的情况，主管地税机关作出纳税调整建议，并将税务事项通知书发给××公司财务部门，要求其按税法规定正确履行相关扣缴义务，在支付报酬时按"工资薪金"代扣代缴个人所得税。

（三）事实认定。经过两次纳税约谈，税企双方达成共识，认为所签合同具有法律效力并已实际执行。从合同规定的细节及实质看，外籍人员L为××公司提供的劳务属非独立个人劳务，税收管辖权应隶属我国，应由××公司所在地主管地税机关行使征税权，由××公司履行个人所得税代扣代缴义务。

四、法律依据

（一）《中华人民共和国政府和美利坚合众国政府关于对所得避免双重征税和防止偷漏税的协定》第十三条规定：所谓"专业性劳务"是指独立的科学、文学、艺术、教育或教学活动，以及医师、律师、工程师、建筑师、牙医师和会计师的独立活动。

第十四条规定：缔约国一方居民因受雇取得的薪金、工资和其他类似报酬，除在缔约国另一方受雇的以外，应仅在该缔约国一方征税。

（二）国家税务总局《关于税收协定独立个人劳务条款执行解释问题的通知》（国税函发〔1990〕609号）：审核合同时，判断是否是雇主和雇员的关系，应着重以下几点：1.医疗保险、社会保险、假期工资、海外津贴等方面是否享受雇员待遇。2.其从事劳务服务所取得的劳务报酬，是否是按相对的小时、周、月或一次性计算支付。3.其劳务服务的范围是否是固定的或有限的，并对其完成的工作负有质量责任。4.其为提供合同规定的劳务所相应发生的各项费用，是否由其个人负担。对于劳务合同中符合以上条件的，应视其所从事的劳务为非独立个人劳务。

（三）《中华人民共和国个人所得税法》第八条：个人所得税，以所得人为纳税义务人，以支付所得的单位或者个人为扣缴义务人。

五、纳税调整

××公司进行了重新申报纳税，申报个人所得32250美元，折合人民币近26万元（L两个月的收入）；全额扣缴申报并入库个人所得税人民币8万余元。对今后按该合同支付的款项，照此办理，由××公司按规定履行扣缴义务。三年共征收个人所得税144万余元。

【案例3】滥用税收协定政府服务条款案例

一、案情概要

2012年1月，××市地方税务局对某国际学校（以下简称H学校）进行个人所得税纳税辅导。H学校是经中国教育部和H国教育部门批准，由H国商会设立的外籍子女学校，教师由学校招聘，工资由H学校支付。

在辅导过程中，税务人员发现其校长F先生在中国未申报缴纳个人所得税，理由是：F先生个人身份符合两国税收协定关于政府服务条款的规定，取得的收入应当在H国纳税。

二、基本事实

经调查，F先生，H国居民，2011年1月来华，由H国教育部门委派担任H学校校长，任期三年，其工资由H国教育部门负担并通过H国领事馆发放，2011年共取得工资薪金折合人民币共计154600元，当年，F先生在中国境内居住满一年。

F先生虽然由H国教育部门委派，工资由H国教育部门支付并负担，但H学校是由H国商会设立的学校，H国商会及其设立的H学校不属于H国政府部门。因此，F先生取得的工资薪金收入不属于为政府服务的报酬，不符合两国税收协定有关政府服务条款的规定，且2011年度其在华居住满一年，应在我国申报缴纳个人所得税。

三、处理结果

依据中国和H国签订的税收协定第十五条、《中华人民共和国个人所得税法》实施条例第六条、《中华人民共和国税收征收管理法》第三十二条和第六十四条第二款的规定，F先生取得境外支付的所得应在中国纳税，补征个人所得税14900元，滞纳金2992.01元，处以应纳未纳税款0.5倍罚款，即7450元。

同时，主管税务机关告知纳税人，如果按照税收协定相关条款规定，即使纳税人符合享受税收优惠待遇的条件，也应该按照《国家税务总局非居民享受税收协定待遇管理办法（试行）》（国税发〔2009〕124号）向主管税务机关备案，经批准方可享受协定待遇。

四、案例启示

1. 纳税人在享受税收协定待遇时，必须依照《国家税务总局非居民享受税收协定待遇管理办法（试行）》（国税发〔2009〕124号）要求，提供相关申请资料，经过主管税务机关审核批准方可享受优惠。

2. 主管税务机关在执行税收协定条款时，尤其要注重条款的细节。例如，在执行政府服务条款过程中，不仅要看当事人的政府公务员身份证明和政府支付报酬的证明，更为关键的一点是当事人提供服务的机构性质是否属于政府部门。

【案例4】避免构成常设机构外籍人员免缴个人所得税案例

一、案情概要

A公司是1997年成立的中外合资经营企业，由国内某实业发展有限公司、日本某运输仓库株式会社、日本某技研工业株式会社共同投资设立。主要经营货物运输、仓储、包装，加工汽车及摩托车零配件，销售本企业产品并提供售后服务。

该公司自2006年起与日本某运输仓库株式会社签订了技术支援协议书，由该株式会社每年派驻2名日方专业技术人员协助该公司训练管理人员和员工，并由该公司支付株式会社技术支援费。税务人员在审批该公司申请开具售付汇税务证明的过程中，发现该株式会社每年派驻的2名日方专业技术人员没有在我国缴纳个人所得税，对此向该公司提出质疑。

对于主管税务机关提出的质疑，A公司认为：日方派驻员工的方式是滚动式的，每个日方员工在华停留天数一般不超过183天，而且其工资由日方发放，因此其在华工作期间取得的收入无须在中国缴纳个人所得税。

二、基本事实和法律依据

主管税务机关对该公司日籍技术人员的有关情况进行了详细的调查和分析，并查阅了相关政策依据：

1.《中华人民共和国政府和日本国政府关于对所得避免双重征税和防止偷漏税的协定》第五条第五款规定："缔约国一方企业通过雇员或其他人员在缔约国另一

方提供的咨询劳务，除适合第七款规定的独立代理人以外，这些活动（为同一个项目或两个及两个以上相关联的项目）在任何12个月中连续或累计超过6个月的，应认为在该缔约国另一方设有常设机构”。

2.《财政部税务总局关于执行税收协定若干条文解释的通知》（（86）财税协字第015号）第三条第二项的规定：“对为工程项目提供劳务包括咨询劳务的范围，应作广义解释，包括对我国工程建设或企业现有生产技术的改革、经营管理的改进和技术选择、投资项目可行性分析以及设计方案的选择等提供咨询服务”。

3.《国家税务总局关于在中国境内无住所的个人取得工资薪金所得纳税义务问题的通知》（国税发〔1994〕148号）的第二条规定：“凡是该中国境内企业、机构属于采取核定利润方法计征企业所得税或没有营业收入而不征收企业所得税的，在该中国境内企业、机构任职、受雇的个人实际在中国境内工作期间取得的工资薪金，不论是否在该中国境内企业、机构会计账簿中记载，均应视为该中国境内企业支付或由该中国境内机构负担的工资薪金。”

4.《国家税务总局关于在中国境内无住所的个人缴纳所得税涉及税收协定若干问题的通知》（国税发〔1995〕155号）第二条规定：“关于通知第二条关于‘在税收协定规定的期间中在中国境内连续或累计居住不超过183日的个人应仅就其实际在中国境内工作期间由中国境内企业或个人雇主支付或者由中国境内机构负担的工资薪金所得申报纳税’的规定，其中‘中国境内机构负担的工资薪金所得’，凡涉及税收协定的，是指上述机构已构成常设机构，且在据实计算征收企业所得税，或采取核定利润方法计征企业所得税或采取按经费支出额核定方法计征企业所得税时，该机构已负担的有关人员的工资薪金所得。”

5.《国家税务总局关于税收协定常设机构认定等有关问题的通知》（国税发〔2006〕35号）第三条规定：“对于缔约国对方居民个人为常设机构工作取得的工资、薪金所得，应按照税收协定‘非独立个人劳务’（或‘受雇所得’）条款和相关国内税法的规定，计算征收个人所得税。”

6.《国家税务总局关于外商投资企业和外国企业对境外企业支付其雇员的工资薪金代扣代缴个人所得税问题的通知》（国税发〔1999〕241号）规定：“个人在中国境内外商投资企业中任职、受雇应取得的工资薪金，应由该外商投资企业支付。凡由于该外商投资企业与境外企业存在关联关系，上述本应由外商投资企业支付的工资、薪金中部分或全部由境外关联企业支付的，对该部分由境外关联企业支付的工资、薪金，境内外商投资企业仍应依照《中华人民共和国个人所得税法》的规定，据实汇集申报资料，负责代扣代缴个人所得税。在中国境内设有机构、场所的外国企业，对其雇员所取得的由境外总机构或关联企业支付的工资、薪金，也应比照上述规定，负责代扣代缴个人所得税。”

据此，主管税务机关认为，日本某运输仓库株式会社从2006年起每年派遣日籍技术人员在该公司从事物流指导性工作，提供技术指导及现场管理等咨询劳务，属于协定中为工程项目提供劳务的范围。虽然采取了滚动式派遣的方式，而且每人在境内的停留时间一般不超过183天，但整个服务项目在任何12个月中连续超过了6个月，故可判定其在我国境内构成常设机构。尽管上述日籍技术人员在我国境内工作期间的所得由日方支付，由于该项目所构成的常设机构已在主管国税部门缴交了核定利润率为10%、所得税率为33%的企业所得税，因此，应认为这些日籍人员在华工作期间的所得由其境内的常设机构负担，应按照《中日税收协定》的“非独立个人劳务”条款和相关国内税法的规定，就其在我国境内工作期间取得的所得在我国缴纳个人所得税，税款由A公司负责代扣代缴。

三、难点分析

为了避免在我国境内构成常设机构，许多外国企业都采用本案例中日方公司滚动式派遣员工提供服务的方式，并在确保服务项目正常运转的前提下，每个外方员工在华停留的时间不超过183天。此时，判定外方员工是否负有在华纳税义务，应重点关注该服务项目从整体上是否构成常设机构，而不是每个外方员工在华停留的天数。滚动式派遣员工提供服务的方式，通常使服务项目的整体持续时间在任何12个月中超过了6个月，因此，可判定其在华构成常设机构。

外方派遣员工在华工作期间的工资薪金虽然由外方支付，但如果其在中国设立的常设机构采取核定利润方法计征企业所得税，那么这些外籍员工在华工作期间取得的工资薪金应视为由中国境内的常设机构负担，即使其在华停留时间不超过183天，也应按照我国税法缴纳个人所得税。

四、处理结果

A公司就日籍技术人员2009年度所取得的应税收入1219858.96元人民币，代扣代缴了个人所得税206030.96元。

五、案例启示

在日常征管中，特别是对外支付出具税务凭证的审核过程中，不能仅仅停留在书面合同的审核上，而要深入了解支付项目的实质，避免协定待遇被滥用。

【案例5】股息所得受益所有人身份判定案例

一、案情概要

某公司（以下简称C公司）于1998年5月在某市注册成立，中外合资企业，其中外方为××控股（毛里求斯）有限公司（以下简称M公司），中外双方各占50%股份。2007年开始盈利。2011年C公司董事会决定分配2008年度、2009年度股息。2011年9月，M公司对所取得的股息申请享受《中毛税收协定》优惠待遇（减按5%的税率）。

M公司于1998年6月在毛里求斯注册设立。总部设在加拿大的蒙特利尔。经营范围：投资管理。董事会成员5人，其中有2名当地董事，3名海外董事。2名当地董事常驻毛里求斯，负责公司日常管理工作。M公司在中国参与投资了三个合资企业，投资均占50%的股份。

M公司申请享受协定待遇理由如下：

1. M公司在某市投资B公司的手续完全合法且在新所得税法颁布实施之前就已设立，之后也未发生变更情况，在税收方面不存在转移利润、逃避税收行为。

2. M公司的主要管理人员是毛里求斯常住居民，并且在毛里求斯有固定的工作场所。

3. M公司股息所得，主要用于公司在毛里求斯的正常经营支出和投资市场研究支出以及对中国投资公司的财务支持等。承担投资公司的盈亏及未来投资风险。因此，M公司就是C公司股息的实际受益所有人。

M公司对国税函〔2009〕601号文和“受益所有人”的理解如下：

1. M公司在成立章程中明确了股息的用途。股息在满足子公司以及中国大陆的区域性投资的情况下，经过董事会决议，才能进行分配。这表明在收到子公司分配的股息后，短期内M公司不会对母公司进行再分配。分配与否要看在短期内是否有投资的需要、对子公司的财务支持需要等情况，并要经董事会决议批准。因此，不存在“申请人有义务在规定时间（比如在收到所得的12个月）内将所得的全部或绝大部分（比如60%以上）支付或派发给第三国（地区）居民”的情况。

2. M公司作为母公司一个以中国大陆为主要对象的独立的投资控股公司，主要是为母公司寻求投资业务，通过有效管理和支持帮助子公司稳健发展，并对子公司的生产经营决策作出正确判断、指导和监督，有效预防投资风险，寻求可靠、稳定和最大的收益。M公司投资管理包括海外投资的信息收集、实地考察和可行性分析论证，编制实施方案，项目的呈报审批和投资的实施事宜。因此，不存在“除持有所得据以产生的财产或权利外，申请人没有或几乎没有其他经营活动”的情况。

3．区域性投资公司的资产主要是股权投资，日常投资管理对资产规模配置的要求不高。M公司也是如此，如2009年财务报表反映，公司资产总额数额并不小（3600余万美元）。资产结构分布主要是股权投资，董事（管理人员）5名，其中当地董事2名，这些与公司从事投资业务的特点相符，除投资事项的日常管理外，无须生产场所和生产、销售等人员。因此，不存在“在申请人是公司等实体的情况下，申请人的资产、规模和人员配置较小（或少），与所得数额难以匹配”的情况。

4．根据M公司成立章程，在公司董事会成员一致同意达成决议的前提下，对公司的所得（主要是股息所得）拥有控制权或处置权。作为一个独立投资公司，M公司承担各项投资风险（包括市场变化、内部管理、投资决策等因素导致的风险）。M公司开展的具体决策管理包括：投资前期的研究、分析和论证，经营管理决策，投资决策，对子公司生产经营管理的指导、咨询和审计等活动，都蕴含着不可预见的风险。因此不存在“对于所得或所得据以产生的财产或权利，申请人没有或几乎没有控制权或处置权，也不承担或很少承担风险”的情况。

5．M公司是毛里求斯居民企业，毛里求斯税法规定，对居民企业全球收入征收所得税，税率为15%。与香港税法相比，毛里求斯税收并不优越，香港对纳税人实行属地管辖原则，对来源于中国香港以外的利润不征税。因此，不存在“缔约对方国家（地区）对有关所得不征税或免税，或征税但实际税率极低”的情况。

M公司认为，据以上理由，M公司是某市B公司目前的分配股息的实际受益所有人，符合《中毛税收协定》优惠待遇条件，应享受《中毛税收协定》优惠待遇（减按5%的税率）。

二、基本事实

1．M公司申请理由提出，在某市的投资手续合法且在新所得税法颁布实施之前就已设立，之后也未发生变更情况，不存在避税行为。主管税务机关注意到M公司注册毛里求斯是1998年6月，而《中毛税收协定》执行日期是1996年1月1日，注册日期晚于协定执行日期。享受协定待遇主要依据是税收协定，而不是国内法。

2．关于受益所有人身份认定。

（1）M公司称收到子公司分配的股息后，短期内不会向母公司支付。但据了解证实2009年M公司仅取得投资股息所得，且已于当年将其90%以上支付给母公司。

（2）M公司的投资管理活动是否属于有实质经营活动？公司共有5名董事，其中2名当地董事，3名海外董事。2名当地董事背景不清？3名海外董事身份不明与其母公司存在何种关系？日常管理只由2名当地董事负责再无其他任职人员，这是否具备经营管理的条件和能力？实际管理活动是如何进行的？对于这些疑问M公司未能提供相关证明资料，也未能作出有说服力的解释。

（3）从2009年M公司利润表显示其资产（3600余万美元）与其所得数额相当，但没有经营人员的费用发生，显示几乎没有人员配置，这与其资产和所得数额不相匹配。这从另一方面印证了M公司为不具有实质性经营活动的导管公司的疑点很大。

（4）M公司称对所得拥有控制权、处置权，独立承担各项投资风险，行使决策管理。其开展的具体决策管理包括：投资前期的研究、分析和论证，经营管理决策，投资决策，对子公司经营管理的指导、咨询和审计等活动。主管税务机关要求其提供对子公司投资管理决策和计划制定过程的证明资料、经营管理、指导、咨询和审计过程的证明资料以及董事会相关会议决议等资料、M公司与其母公司之间经营功能划分资料，对2009年利润当年就支付给母公司的决策处置理由，但M公司未能提供相关证明资料，也未能作出有说服力的解释。

（5）M公司称，与香港税法相比，毛里求斯税收并不优越。但主管税务机关注意到，2009年M公司利润表显示，全年缴纳的税收只有在国外（中国）被扣缴预提税，税负只有4%，在毛里求斯并没有缴纳所得税，实际税负为零。这显然符合在对方国家不征税或免税的条件。

通过对以上问题和疑点的综合分析认为，M公司不具备从事实质性经营活动的实体公司的条件，实为导管公司的嫌疑很大，不应判定为股息所得的“受益所有人”。

三、法规依据

依照《中毛税收协定》第十条、《国家税务总局关于印发〈非居民享受税收协定待遇管理办法（试行）〉的通知》（国税发〔2009〕124号）、《国家税务总局关于执行税收协定股息条款有关问题的通知》（国税函〔2009〕81号）和《国家税务总局关于如何理解和认定税收协定中“受益所有人”的通知》（国税函〔2009〕601号）的规定，M公司不符合“受益所有人”身份条件。

四、处理结果

根据以上问题事实，依照《中毛税收协定》第十条、《国家税务总局关于印发〈非居民享受税收协定待遇管理办法（试行）〉的通知》（国税发〔2009〕124号）、《国家税务总局关于执行税收协定股息条款有关问题的通知》（国税函〔2009〕81号）和《国家税务总局关于如何理解和认定税收协定中“受益所有人”的通知》（国税函〔2009〕601号）的规定，按照“实质重于形式”的原则，在M公司未能提供进一步有效证明资料的情况下，主管税务机关判定M公司不符合“受益所有人”身份条件，不予享受《中毛税收协定》第十条股息减按5%税率纳税的优惠待遇。纳税人未再提出异议，于2011年10月共缴纳企业所得税（按10%的税率）6203万元。

五、体会与思考

对具体判定“受益所有人”身份的问题严格按照国家税务总局下发的国税发〔2009〕124号、国税函〔2009〕81号、国税函〔2009〕601号等文件执行。但是，如何准确理解和运用文件去判定不同个案中的非居民企业“受益所有人”身份，仍是今后工作中有待深入研究探索的课题之一。

【案例6】香港公司转让境内企业股权申请协定待遇案例

一、案例摘要

香港A公司转让其拥有的境内某上市B公司股权，由于A公司拥有B公司股权不到25%，A公司向主管税务机关申请享受中港税收安排免税待遇。

二、基本事实

A公司是香港一家居民企业，截至2011年6月30日，该公司持有境内上市B公司流通A股2600万股，占B公司股份4.72%。2011年6月30日至2011年7月8日期间，该公司分6次减持B公司股票，取得股权转让所得1亿元。根据B公司年度会计报表，2010年境内B公司的总资产（扣除累计折旧）为2.38亿元，其中投资性房地产、无形资产——土地使用权、固定资产——房屋建筑物三项的净值为0.7亿元，占总资产净值的29.41%。

主管税务机关经认真核实后发现，A公司转让境内B公司股权时，B公司的资产50%以上由境内不动产构成，由此判定A公司在中国境内取得的该笔股权转让所得应在境内缴纳企业所得税。

三、处理过程

2011年7月，A公司就其在中国境内取得的转让B公司股权所得向主管税务机关申请享受税收协定免税待遇。A公司认为根据《内地和香港特别行政区关于对所得避免双重征税和防止偷漏税的安排》（以下简称“安排”）第十三条第五款以及《内地和香港特别行政区关于对所得避免双重征税和防止偷漏税的安排第二议定书》（以下简称“第二议定书”）第五条的规定，其转让中国境内公司股权，在转让行为前的12个月内，直接或间接参与B公司的股份均不到25%，因此无须在中国境内缴纳企业所得税。

主管税务机关在认真审核了A公司以及境内被投资企业B公司的相关资料以后，发现境内B公司是一家成立于上世纪90年代初的老牌上市公司，因近年来经营不善，连年亏损，经营规模不断萎缩，目前其资产有很大一部分是由公司成立之初购置修建的房屋建筑物及土地使用权构成。截至2010年底，虽然根据B公司账面价值计算，B公司投资性房地产、无形资产——土地使用权、固定资产——房屋建筑物三项的净值仅占总资产净值的29.41%，但由于这些资产均形成于上世纪90年代，账面价值计价明显偏低，未考虑近年来房产、地产的增值。基于此，主管税务机关到国土部门查找类似房产、地产的市场价，并对B公司的不动产按市场价值重新进行了评估，根据评估后房产、地产的市场价重新计算的公司不动产价值占全部资产的比例为85%。根据安排第十三条第四款和第二议定书第四条：转让一个公司股份取得的收益，在股份持有人转让公司股份之前三年内，该公司财产至少百分之五十曾经为不动产，可以在该一方征税。因此，A公司不符合协定免税条件，我国对A公司该项所得拥有征税权。

对于税务机关的判定，A公司又对“公司财产至少百分之五十曾经为不动产”中的“不动产”是否应当包括土地使用权提出了异议，A公司认为B公司资产中有很大一部分为土地使用权的价值，土地使用权属于无形资产，不应属于安排中所称的不动产范围。按B公司房地产当前市场价值来计算，如果将土地使用权的价值从不动产价值中扣除，则B公司当前不动产价值占全部资产的价值不足50%。

主管税务机关在仔细查阅了安排以及协定范本注释后认为，安排中所称的不动产并未专指房屋建筑物，根据房屋建筑物与土地不可分割的特性，安排中的不动产应包含土地使用权。主管税务机关最终认定，A公司应就其转让B公司股权所取得的所得在中国境内缴纳企业所得税。

四、启示

对于外商投资生产企业因转型升级或资产重组而发生的跨境股权转让，在确定股权转让价格以及境内纳税义务时不能只从企业提交的书面材料来简单判断，在近年来我国房地产价值大幅提升的情况下，一些成立于特区建区之初的老生产型企业由于拥有大量房产、地产，均会出现实际资产大幅增长的情况，因此税务机关在审核此类跨境税源时，要从多方位进行审核。

【案例7】劳务合同隐藏下的特许权使用费案例

一、案情概要

2010年1月，某市LD公司与德国A公司签订工厂劳务合同，合同总金额758639.99欧元，合同内容为德国A公司派员为某市LD公司建立工厂提供指导服务。A公司提出中国境内劳务活动不构成常设机构，申请享受协定待遇不予征税，并向税务机关提供了服务人员的劳务活动时间证明。主管税务机关税务人员受理申请后，发现合同中约定有提供生产线技术等条款。税务人员认为该劳务合同可能存在特许权使用费与劳务的划分隐患，不利于协定待遇的执行。因此对合同及其执行展开调查，避免企业将特许权使用费隐藏在劳务合同中享受不予征税的协定待遇。

二、基本事实

1. 深入研究合同条款

具体分析合同中的每个劳务项目的内容，发现德国A公司实质是指导某市LD公司建立一个生产车间，因此，在合同中规定了详细的生产线各个环节的服务内容，包括热处理系统的设置、冷轧系统的处理等。在这些服务内容中都规定了大量的知识产权条款，而且劳务项目中也有涉及技术的内容，因此，怀疑此合同可能涉及特许权使用费。

2. 实地调查劳务活动内容

在分析合同细节的基础上，对劳务项目涉及技术的内容，不仅听取财务人员的解说，还通过与项目相关人员约谈和实地调查的方式，了解合同所及技术的内容，查看每个项目的具体操作文书，对涉及技术参数的项目重点调查，进一步判定其合同所得的实质。

3. 疑点后续管理

由于合同涉及的项目较多，且技术内容较复杂，调查过程时间较长。为了加强后续管理，主管税务机关建立了疑点跟踪台账，注明需后续管理企业的疑点信息，在合同执行期间，跟踪合同进展情况，注重最终结果的判定。

三、处理结果

按主管税务机关要求，企业出具了合同中涉及技术类的所得明细，发现该合同主要为德国A公司帮助某市LD公司建立车间生产线，目的在于生产德国公司的新产品。此劳务合同实质包括引进生产线技术和厂房指导两部分内容。通过企业提交的劳务明细，税务机关最后判定企业该劳务合同中涉及特许权使用费的比例约为40%左右，其他60%左右的劳务所得不构成常设机构，可以享受协定待遇不予征税，技术所得按特许权使用费缴纳税款267507.15元。

四、案例启示

通过以上案例，一方面，强调细化合同分析的必要性，尤其对涉及技术的劳务合同，应结合合同内容和操作实际进行判定，避免盲目相信合同表面内容。

另一方面，对享受协定待遇的审批与备案执行，后续管理很重要，尤其对备案类项目、劳务活动时间、内容等判定可能会持续一段时间，备案项目疑点的后续监控是关键。应对各环节发现的疑点，进行整理、记录与跟踪，进而分析疑点，最终解决疑点，形成链条式的管理方式。同时还可以结合信息电子化趋势，在系统中设置疑点提醒及预警功能，为管理创造条件，有意识地开展调查工作。

【案例8】“走出去”企业特许权使用费案例

一、案情概要

母公司A为中国居民企业，该公司于2010年1月15日在哈萨克斯坦按照当地法律成立全资子公司B公司，B公司为哈萨克斯坦居民企业，注册资本5万美元，投资总额300万美元，经营期限10年，主要经营油田固井作业服务。

2010年，母公司将自有设备租赁给子公司并收取租赁费，双方共签订5笔租赁合同，租赁期均为6年，设备总价约1956万元人民币，租赁收入6年合计约5300万元人民币。

2010年子公司共发生应付母公司设备租赁费1172567.13美元。2011年2月，子公司向哈萨克斯坦主管税务局当局提交了由我方主管税务当局出具的母公司《中国居民税收证明》，证明母公司的中国居民身份，希望哈方按照《中哈税收协定》中“特许权使用费”条款的规定将该笔租金收入按10%的税率扣缴预提所得税。哈方仍按照其国内税法第192条12~13款的规定于2011年2月15日按照20%的税率征收了公司所得税。

二、基本事实

（一）哈方观点

哈方税务主管当局认为：哈萨克斯坦税法第192条第12款是对非居民企业从其居民企业取得的特许权使用费规定，第13款是对非居民企业从其居民企业取得的租赁费的规定。哈萨克斯坦将特许权使用费收入和租赁收入在国内税法中分别定义，该笔租赁收入符合第 13 款的租赁费收入而非第 12 款的特许权使用费收入。哈萨克斯坦原税法第 194 条第 1 款规定：在哈萨克斯坦无常设机构，源于哈萨克斯坦的非居民企业的收入，源泉扣缴所得税的税率为 15%。2009 年，哈萨克斯坦对其税法进行了修订，规定 2009 年所得税税率改为 20% 并延长使用至 2012 年。因此，该子公司2011年2月15日代扣代缴所得税为234513.43美元(1172567.13×20%=234513.43)，折合人民币 159 万元。

（二）母公司观点

设备租金所得应享受《中哈协定特许权》使用费条款，按照 10% 税率纳税。理由如下：

1. 根据中哈协定第十二条特许权使用费第三款："特许权使用费一语是指使用或有权使用文学、艺术或科学著作(包括电影影片、无线电或电视广播使用的胶片、磁带)的版权，专利、商标、设计或模型、图纸、秘密配方或秘密程序所支付的作为报酬的各种款项，或者使用或有权使用工业、商业、科学设备或有关工业、商业、科学经验的信息所支付的作为报酬的各种款项"的规定，租金属于特许权使用费中的"使用或有权使用工业、商业、科学设备"。

2. 根据中华人民共和国《国家税务总局关于执行税收协定特许权使用费条款有关问题的通知》（国税函〔2009〕507 号）：" 一、凡税收协定特许权使用费定义中明确包括使用工业、商业、科学设备收取的款项（即我国税法有关租金所得）的，有关所得应适用税收协定特许权使用费条款的规定。税收协定对此规定的税率低于税收法律规定税率的，应适用税收协定规定的税率"的规定，租金属于特许权使用费。

3. 根据《中哈税收协定》第十二条第二款："然而，这些特许权使用费也可以在其发生的缔约国，按照该缔约国的法律征税。但是，如果收款人是特许权使用费受益所有人，则所征税款不应超过特许权使用费总额的百分之十。缔约国双方主管当局应协商确定实施该限制税率的方式"的规定，设备租金应适用 10% 的税率。

三、处理结果

按照中哈协定有关规定，主管税务机关认为母公司从哈萨克斯坦取得的设备租金收入应享受中哈协定中特许权使用费条款，应按照 10% 的税率在哈萨克斯坦缴税。经过中哈双方相互协商，哈萨克斯坦税务主管当局代表确认工业设备租赁所得属于《中哈税收协定》第十二条中的特许权使用费，并表示作为中国的税收居民，母公司作为中国的税收居民应当享受《中哈税收协定》第十二条规定的 10% 的优惠税率。鉴于子公司已按照国内法规定的 20% 的税率代扣了母公司在哈萨克斯坦的公司所得税，母公司可根据哈萨克斯坦税法第46条规定，在纳税之日起5年内，向哈萨克斯坦地方主管税务机关局申请退税，哈萨克斯坦地方主管税务机关应在纳税人提出申请之日起的45天内作出处理。

四、启示和借鉴

在本案例中，企业和税务部门反应迅速，及时申请启动了相互协商程序从而维护了企业自身的权益。但在实际工作中，仍有部分企业因不了解相互协商程序而不能维护自身权益、避免双重征税。今后工作中，应加大宣传力度，加强对“走出去”企业的培训，让企业维护自身利益有途径可寻。

第六章

征管互助与中国国际税收合作推进

一、国际税收征管合作背景下中国的机遇与挑战

（一）国际税收征管合作概况

1. 开展国际税收征管合作的背景

随着国际交往的逐步加深，跨国经济活动日益频繁，税务机关执行税收政策同样受到全球化的挑战，因此，各国之间加强国际税收征管合作便成为在这一背景下的必然趋势。

（1）国际税收征管合作是应对经济全球化的必然要求

在经济全球化的背景下，一方面，随着各国逐步消除了对跨国投资等各类经济活动的限制，纳税人在全球范围内开展经济活动越来越便利；另一方面，在国家主权原则下，国家执法权往往被限制于一国领土范围以内，税务机关只能在各国主权范围内行使征管权力，难以获得位于他国的征税所需信息，调查取证、追征欠税等执法活动也无法延伸至国土以外。基于这一原因，跨国间的征管协作显得尤为重要。

（2）国际税收征管合作是维护各国税收主权的重要手段

税收主权是国家主权的重要组成部分。在资本全球化流动的背景下，国际税收征管合作的有效机制既可以使国家的税务检查和信息搜集的触角延伸至境外，也可以通过相互借鉴和合作，提高应对各种避税手段的能力。这对一国加强跨境税源的管理、提高执法覆盖范围具有举足轻重的作用。

（3）国际税收征管合作是虚拟经济高度发展的应对措施

在信息化不断发展的今天，以金融交易为代表的虚拟经济高度发达，电子商务欣欣向荣。据统计，“十一五”期间，我国电子商务交易总额增长近 2.5 倍，2010 年达到约 4.5 万亿元。国家工业和信息化部预计，到 2015 年，我国电子商务交易额将翻两番，突破 18 万亿元[①]。虚拟经济与电子商务的发展使交易方便跨越国界、变得更加隐蔽。加强国际税收领域的合作，是应对这一现象的不可或缺的手段。

（4）国际税收征管合作是打击利用避税地进行恶意筹划的有力武器

上世纪开始，各类避税地的不断涌现对世界经济产生了不小的冲击。避税地大

① 工业与信息化部：《电子商务“十二五”发展规划》。

量的非正常金融业务和虚构经济业务，扭曲了市场对资源的基础配置作用，偏离了税收中性原则，导致了税收流失，更对金融危机起到了推波助澜的作用[①]。避税地负面作用的一个重要原因就是其信息不透明，随着2008年金融危机的爆发，国际社会采取多项行动，动用了政治、经济压力迫使这些避税地与其他国家签订税收情报交换协定，参与国际税收征管合作，达到透明度和有效情报交换的国际标准。这一系列的措施对整顿国际经济秩序、打击利用避税地恶意逃避主权国家税款、创造公平的国际竞争环境起到了有力的支持和帮助作用。

2. 国际税收征管合作的形式

随着全球化进程的不断加快，国际社会对征管合作的要求也不断提高，合作的广度与深度持续拓展。目前，国际税收征管协作包括的主要形式有：

第一，税收情报交换，包括专项情报交换、自发情报交换、自动情报交换、同期税务检查、境外税务检查与调查等；

第二，税款征收协助，包括税收主张追索、保全措施等；

第三，税务文书送达。

以上的国际税收征管合作内容，基本覆盖了税务执法的调查取证、税务检查和涉税决定的执行等全过程。通过这些合作形式，税务机关执法行为受领土限制的情况将得到改善，利用国家税收执法权限制而滋生的国际逃避税行为将得到有效遏制。

然而，受现有国际征管合作法律框架的限制等原因，大部分国家之间的税收征管合作并没有完全涵盖上述内容。

3. 国际税收征管合作的法律渊源

一般来说，国际税收征管合作是以国家间的互惠互助为基础展开，其依据主要是国际条约，包括以下几种：

（1）避免双重征税协定中的情报交换[②]条款

政府之间签订的避免双重征税协定（以下简称“税收协定”）是覆盖面较广的一种双边条约。税收协定的内容主要参考《OECD税收协定范本》与《联合国税收协定范本》，两个范本均有情报交换的条款。以OECD范本为例，早期的情报交换条款是为正确适用协定的目的而加入，但随着社会的发展，范本经过历次修改，条款规定的情报交换适用的范围也不断扩大，要求也不断细化与加深。

截至2012年7月，我国已与98个国家或地区签订了双边税收协定，其中95个协定已经生效，并与香港、澳门两个特别行政区签署了避免双重征税的安排。在

① 王君：《金融危机背景下加强国际税收协作的现实法律意义》，《税务研究》，2011年第3期。
② 在我国2008年以后签订或修订的税收协定中译为“信息交换”。

我国对外签署的税收协定中，情报交换条款的内容基本上与 OECD 范本的发展相一致。虽然在谈判中，根据缔约对方的不同要求对条款的表述会有不同，但总体上未偏离 OECD 范本的方向。

（2）避免双重征税协定中的税收征收协助条款

2003 年，OECD 在税收协定范本修订时新增了第二十七条税收征收协助条款。根据该条的规定，缔约国一方应将另一方的税收主张（Tax Claim，也可译作“税款请求权”）视同本国的税收主张，按照本国关于相关国内税收的执行和征收的法律规定加以征收，且协助的范围不受居民身份和协定税种的限制。实践中，这一高标准的税收征收协助条款在双边协定中应用并不广泛，许多国家出于国家主权或征管现实的考虑，只是采纳了有限制的征收协助条款，或者根本未采纳该条款。

我国在修订2008年税收协定谈判工作文本时，列入了简单的税收征收协助条款，该条款规定“缔约双方应努力相互协助征收税款。缔约双方主管当局可以通过相互协商确定本条规定的实施”。该条款对双方均没有强制的约束力。这样规定的原因，一方面在于加强国际税收合作是大势所趋，特别是在经济全球化和跨国公司迅猛发展的情况下，征收协助能够为包括防止协定滥用在内的国内税法的执行提供很大的保障；另一方面，目前我国国内税法缺乏相关机制，且税收征管尚未全面达到科学化和精细化的条件下，引入全面的税收征收协助条款时机尚不成熟。在我国签订的已生效的协定中，尚没有列入过该条款。但在新修订的中国与马耳他的税收协定中，第二十八条引入了和我国 2008 年税收协定谈判工作文本一致的规定①。

（3）税收情报交换协定

早在 2002 年，为防止有害税务竞争，OECD 推出了《税收情报交换协定范本》②，该范本拟定的初衷是为了加强被视为避税港的国家与地区与其他国家之间加强合作与交换情报。税收情报交换协定的目的和要求与《OECD 税收协定范本》情报条款基本一致，但与税收协定相比，情报交换协定规定更为细致，执行性也更强。其主要内容包括：专项情报交换、境外税务检查、机密性要求、费用分担等。近年来，情报交换协定的网络不断扩张③，随着二十国集团在避税港问题上态度日趋强硬，避税港国家或地区与其他国家签订税收情报交换协定的脚步也逐步加快。

截至 2011 年 7 月 31 日，我国与相关国家或地区共签订情报交换协定 9 个。我国签订的情报交换协定的内容与 OECD 税收情报交换协定范本基本一致。具体协定

① 参见《中华人民共和国政府和马耳他政府对所得避免双重征税和防止透漏税的协定》，http://www.chinatax.gov.cn/n8136506/n8136593/n8137537/n8687294/n11515789.files/n11515840.pdf。该协定已于2010年10月18日签署，目前尚未生效。

② OECD: Model Agreement on Exchange of Information in Tax Matters, http://www.oecd.org/dataoecd/15/43/2082215.pdf .

③ 参见OECD: Bilateral Tax Information Exchange Agreements, available at http://www.oecd.org/document/37/0,3746,en_21571361_43854757_44270949_1_1_1_1,00.html.

见表6–1。

表6–1 我国对外签订的情报交换协定

序号	国家或地区	签署日期	生效日期
1	巴哈马	2009–12–01	2010–08–28
2	英属维尔京	2009–12–07	2010–12–30
3	马恩岛	2010–10–26	2011–08–14
4	根西	2010–10–27	2011–08–17
5	泽西	2010–10–29	2011–11–10
6	百慕大	2010–12–02	2011–12–31
7	阿根廷	2010–12–13	2011–09–16
8	开曼群岛	2011–09–26	未生效
9	圣马力诺	2012–07–09	未生效

（4）税收征管互助公约

上述涉及国际税收征管协作的条约均为双边条约，且涉及征管协作的范围和手段有限。一部全面规定国际税收征管协作的多边公约能为缔约国提供更多种类的征管互助，对该公约的介绍见本章第四部分。

（二）中国参与国际税收征管合作面临的机遇与挑战

1. 中国参与国际税收征管合作的现状

20世纪80年代，随着我国改革开放的格局逐步打开，建立符合这一国情的国际税收体系成为了当务之急，随着我国第一个税收协定的签订，我国在国际税收的立法、执行和参与国际交流和合作方面取得了令人瞩目的成绩。随着中国经济的飞速发展和在国际舞台上地位的不断提升，中国在国际税收合作领域扮演的角色也越来越重要，中国的立场和观点越来越受到国际社会的关注和认可，在国际上树立了负责任大国的形象。

在国际立法方面，我国在短短三十年的时间内迅速扩大了税收协定的网络，成为世界上税收协定网络覆盖最为全面的国家之一，并积极开展税收情报交换协定的谈签工作，在情报交换的标准上紧跟国际社会的最新要求；在国内立法方面，为了更好地执行税收协定的情报交换条款，国家税务总局先后制定并下发了《税收情报交换管理规程（试行）》、《税收情报交换工作保密规则》，并在2006年整合了这两份文件的规定，制定了《国际税收情报交换工作规程》，规范了税收情报交换工作，极大地提高了情报交换活动的规范性与成效。

2. 中国面临的机遇与挑战

（1）中国面临的机遇

中国是世界经济的重要组成部分，从目前中国的跨境投资结构来看，无论是"引进来"还是"走出去"，离岸金融中心都发挥了重要角色。从引进外资的角度，2009年，我国从三大离岸金融中心（英属维尔京群岛、开曼群岛和萨摩亚）吸引的外资占全国利用外资总额的17.94%[①]；从对外投资角度看，2010年年末，中国对外直接投资前6位的国家（地区）存量累计达到2593亿美元，占中国对外直接投资存量的81.7%，它们是：中国香港、英属维尔京群岛、开曼群岛、澳大利亚、新加坡、卢森堡[②]。由此不难看出，加强国际税收征管合作对维护我国的税收主权，防止税款流失具有极其重要的作用，我们应该牢牢把握国际社会加强税务征管合作的趋势。

除此之外，世界政治经济格局的多极化发展对税收合作领域也产生了重大影响，上个世纪由OECD主导、发达国家参与的国际税收合作的体系已经难以适应当今世界的需要。随着新兴市场的经济迅速腾飞，中国在国际税收征管合作领域将发挥更重要的作用。

在二十国集团的推动下，税收透明度与情报交换全球论坛进行了改组，发展中国家在国际税收征管合作中的话语权得到了进一步增强。虽然中国参与国际税收征管合作的时间较短，但在国际格局变化之际，中国把握机会，成功跻身全球税收论坛的副主席国，积极参与国际合作与交流，取得的成绩有目共睹。

（2）中国面临的挑战

然而，我们应该清醒地认识到，和西方发达国家相比，我国有着自身的特点，税收征管合作工作经验不足，这些都给我国开展税收征管合作带来了挑战，主要体现在如下几个方面：

第一，相关立法水平仍有待提高。在国际法上，我国同避税地的情报交换协定数量仍然不多，与其他发达国家相比还有差距，例如，美国的国际税收情报交换协定已经超过了二十个。在国内法上，《税收征管法》尚未列入关于征管协助的条文，目前的《情报交换规程》立法层次较低，难以适应情报交换活动涉及的权利义务规范的需求。这使得税务机关开展相关工作时，法律依据不足，制约了征管合作的开展。

第二，作为主要投资目的地的地位还未改变。虽然近年来我国加大了对企业"走

① 参见商务部网站http://www.mofcom.gov.cn。
② 参见中国投资指南网 http://www.fdi.gov.cn。

出去”的力度，但总体而言，我国接收投资的规模仍然较大。在这一背景下，如果我国全方位开展征管互助，将导致短期内我国接受请求多，发出请求少的局面，造成权利义务的巨大不平衡，甚至导致提供协助水平下降，不利于我国的国际形象。因此，开展征管合作的程度必须与我国的经济现状相适应。

第三，税收征管水平普遍不高。我国的税收现代化水平与西方发达国家相比仍然存在较大差距，在税收情报的搜集、使用方面的经验也远不如西方发达国家。除此之外，中国幅员辽阔，国际税收管理权限集中度不高，而国际征管合作对相关人员的税收业务知识、国际税收理念等要求较高，我国目前的人员配置还达不到这一要求，这也是我国目前国际税收征管合作的瓶颈之一。

3. 中国应有的对策

（1）积极参与国际合作，争取国际税收领域的话语权

中国在当今世界格局中扮演着越来越重要的作用，在国际税收征管合作领域，中国的积极参与既是世界的期望，也是中国应承担的责任和义务。中国在国际投资、贸易中占有举足轻重的地位，与世界各国一道建立和维护透明的税收环境，打击逃避税的行为，关系到中国的核心税收利益。因此，中国在参与国际税收征管合作中，应该积极参与相关国际组织活动，通过各种途径争取话语权，特别是国际规则制定权，为国际税收合作和世界经济稳定发展作出应有的贡献。

（2）认清国内国际形势，最大限度维护国家利益

作为世界上最大的发展中国家，全球化的冲击必然会对我国产生正负两面的影响，国际税收征管合作也不例外。我们在参与国际税收征管合作时，既要紧跟国际形势，履行应有的国际责任和义务，又要立足国情，充分维护我国的税收利益。由于税收执法具有较强的主权性质，国际税收征管合作中，必然涉及某些国家主权的让渡，我们必须仔细衡量利弊，以保证我国税收利益为基础，以互利互惠为原则。只有这样，才能更好地发挥国际税收合作的作用。

此外，由香港、澳门特别行政区目前仍然执行独立的税收法律体系，在参与国际税收合作中，我们应该积极利用自身影响力，协助港澳地区做好国际税收征管合作，维护港澳地区的经济发展与繁荣。

（3）努力学习国际先进经验，促进国内相关制度完善

我国参加各类税收征管合作时，不仅应就合作的事项积极展开展工作，还应该借此机会，学习发达国家与国际社会的先进经验和做法，促进国内相关制度的完善与进步，使中国的税收征管水平尽快与国际接轨，提高跨国税源监控和管理能力，保护跨国纳税人的合法利益，维护良好的国内国际经济秩序，服务于改革开放的大局。

（4）充分发挥大国地位，为发展中国家争取最大利益

虽然我国经济总量已跃居世界前列，但人口多，发展不平衡，仍然属于发展中国家。在税收征管合作方面，我们面临的问题和挑战也是发展中国家普遍遇到的问题。发展中国家受自身经济水平、税收立法和执法水平的限制，在税收征管合作中往往处于不利的地位，中国作为世界上最重要的投资目的地之一，必须努力争取发展中国家在国际税收征管合作中的权益，使发展中国家从国际税收合作中获得应有的利益。

（5）具有长远眼光，落实“走出去”企业税源管理需求

实施“走出去”战略，是我国进入对外开放新阶段的重要特征，随着国家扶持力度的进一步加大，我国企业“走出去”的规模也与日俱增。据商务部统计，2011年我国境内投资者共对全球132个国家和地区进行了非金融类对外直接投资，累计实现直接投资600.7亿美元[①]。但目前，我国对走出去企业的管理，无论从政策上还是实践上都存在不足。国际税收征管合作为我们加强走出去企业管理提供了非常良好的平台，我们应该加以利用，在为走出去企业提供服务的同时加强税源监控与税收征管力度，保证属于我国的税收不流失。

二、国际税收情报交换与中国的实践

税收情报交换是国际税收合作领域最为重要的工具，这一机制打破了税务机关获取信息被局限在一国领土范围的限制，最大程度上消除了信息不对称给跨国避税行为带来的便利，不但保障了各国在经济全球化背景下充分行使税收管辖权，也确保了在税收协定所设定的征税权划分可以得到正确贯彻和执行。

（一）税收情报交换的内容与发展

1. 税收情报交换的法律依据

作为国际税收征管合作的主要方式之一，税收情报交换的法律依据一般是前文提及的税收协定的情报交换条款、税收情报交换协定和《税收征管互助公约》。除此之外，一些区域性组织的成员也有涉及情报交换的相关条约，例如，《欧洲的相

① 参见商务部网站：http://www.mofcom.gov.cn/，数据统计栏目。

互协助指引》中包含涉及增值税情报交换的 Regulation No 1798/2003，以及涉及消费税情报交换的 Regulation No 2073/2004[①]。除了税收领域，在司法互助领域也存在一些交换情报的实践。例如，《欧洲刑事互助公约》在 1978 年 3 月 17 日的修正案中就列入了有关税收事项的议定书，允许在涉税刑事案件中向其他缔约国请求情报等。

由于税收情报交换存在多种法律依据，在适用上很可能存在重叠的问题。例如，两国税务主管当局既签订了税收协定和情报交换协定，并且同时加入了《税收征管互助公约》，或者还加入了一些区域性组织。在这种情况下，一般认为，缔约国可自行选择最为适合的机制，或者缔约国双方就采用哪种机制事先达成一致意见。这一点在某些国际税收合作的文件中已有体现，例如，《税收征管互助公约》第二十七条规定，“本公约规定的各种可能的协助并不限制，也不受限于，有关缔约国之间现行或将来的国际协议定或其他安排或与税收事务有关的其他文件中包含的协助可能性。”

2. 税收情报交换的内容与形式

（1）税收情报交换的范围

① 人的范围

《OECD 税收协定范本》（2010 年版，下同）第二十六条第一款规定，情报交换不受协定第一条与第二条的限制，也就是说，提供协助并不以涉及的人是缔约国一方居民或国民为限。大部分国家的双边税收协定都遵循了这一原则，例如，我国签订的接近 100 个税收协定中，只有德国、马来西亚、泰国、意大利、荷兰、瑞士、土耳其等少数国家的情报交换条款未对这一点予以明确。

② 税种范围

虽然《OECD 税收协定》范本同样规定情报交换不受协定适用税种限定的限制，但与情报交换条款适用的人的范围不同，不少国家签订的双边税收协定中并没有作出同样的突破。目前，我国签订的税收协定的情报交换条款中，绝大部分都将情报交换的范围限定于协定规定的税种，即所得税、财产税及其他类似的税收，只有毛里求斯、阿塞拜疆等极个别国家的协定中将情报交换适用范围扩大到协定规定范围以外的税种。在我国对外签署的多数情报交换协定中，双方都将各自税务主管当局所管辖的所有税种包括其中，从法律框架上最大限度地保证情报交换的广度。

③ 情报交换资料的范围

关于情报交换资料的范围，税收协定一般只作出原则性规定，缔约国主管当局交换的情报通常包括两大类，一类是为了正确执行税收协定所需的情报，另一类则

① OECD: Module on General and Legal Aspects of Exchange of Information, Manual on the Implementation of Exchange of Information Provisions for Tax Purpose, P5.

是为了一国执行本国国内法的需要。OECD认为，在税收情报交换的实践中，税收情报主要包括以下一些内容[①]：

- 关于个人或公司的居民身份；
- 关于某一法律实体在税收上的地位；
- 来源国对所得性质的判断；
- 纳税人纳税申报时计算的所得和费用；
- 商业记录（例如，需要核实支付给一家公司的佣金数额）；
- 关于股东或合伙人变更的信息；
- 姓名或名称、地址，以及其变更情况；
- 公司董事、经理或其他雇员的姓名、住址、收入情况、有关职位的信息等；
- 银行记录；
- 会计记录和财务报表；
- 发票、商业合同的复印件等。

（2）税收情报交换的形式

根据《OECD税收协定》范本注释以及《为税收目的执行情报交换条款手册》的规定，以及我国《税收情报交换规程》的有关规定，情报交换的主要形式包括以下几种：

第一，专项情报交换，是指缔约国一方主管当局就国内某一税务案件提出具体问题，并依据税收协定请求缔约国另一方主管当局提供相关情报，协助查证的行为。包括：获取、查证或核实公司或个人居民身份，收取或支付价款、费用，转让财产或提供财产的使用等与纳税有关的情况、资料、凭证等。

第二，自动情报交换，是指缔约国双方主管当局之间根据约定，以批量形式自动提供有关纳税人取得专项收入的税收情报的行为。专项收入主要包括：利息、股息、特许权使用费收入；工资薪金，各类津贴、奖金，退休金收入；佣金、劳务报酬收入；财产收益和经营收入等。

第三，自发情报交换，是指缔约国一方主管当局将在税收执法过程中获取的其认为有助于缔约国另一方主管当局执行税收协定及其所涉及税种的国内法的信息，主动提供给缔约国另一方主管当局的行为。包括公司或个人收取或支付价款、费用，转让财产或提供财产使用等与纳税有关的情况、资料等。

第四，同期税务检查，是指缔约国主管当局之间根据同期检查协议，独立地在各自有效行使税收管辖权的区域内，对有共同或相关利益的纳税人的涉税事项同时进行检查，并互相交流或交换检查中获取的税收情报的行为。

---

① OECD: Module on General and Legal Aspects of Exchange of Information, Manual on the Implementation of Exchange of Information Provisions for Tax Purpose P10.

第五，授权代表访问，是指缔约国双方主管当局根据授权代表的访问协议，经双方主管当局同意，相互间到对方有效行使税收管辖权的区域进行实地访问，以获取、查证税收情报的行为。

第六，行业范围情报交换，是指缔约国双方主管当局共同对某一行业的运营方式、资金运作模式、价格决定方式及偷税方法等进行调查、研究和分析，并相互交换有关税收情报的行为。

3. 税收情报交换的意义

与其他形式的税收征管合作相比，税收情报交换对一国管辖区的冲击小，并能起到保障税收协定正确执行、维护居民管辖权和遏制国际税收有害竞争等作用。除此之外，利用税收情报交换，尤其是推动主权国家与离岸金融中心签订税收情报交换协定以获取来自这些地区的经济活动信息，不仅关乎国家的税收主权和利益，也与打击利用避税地采取非法活动紧密相关。近些年，大量资金通过避税地运作，成为了危害国际安全、破坏世界经济秩序的不稳定因素，不仅使投资者能不正当地套取政府优惠政策所带来的利益，更给恐怖分子、腐败分子的不法资金提供了藏身之地[①]。加强税收情报交换，在这方面也有着突出的作用和意义。具体而言，情报交换的作用可以体现在以下几个方面：

第一，发现纳税人的隐匿收入。例如，通过外国税务机关提供的纳税人设立在该国的账户情况，居民国税务机关可以发现其隐匿收入。

第二，核实纳税人成本、费用的真实性与合法性。例如，某国税务机关核查一家企业涉及跨境交易的税前扣除项目时，可以通过情报交换证实境外交易是否真实。

第三，确定纳税人享受优惠的主体是否合格。例如，按照税收协定的规定，只有在某国税收居民才能享受协定待遇的情况下，可以通过情报交换证实该个人或企业是否是该国税收意义上的居民。

第四，提供到境外对纳税人检查的途径。通过"授权代表访问"的形式，税务机关可到境外进行税收检查，打消纳税人利用国与国的征管空隙进行逃税的侥幸心理。

4. 国际税收情报交换的发展与最新动态

早在1925年，财政事务专家在向国际联盟财政委员会提交的一份报告中提出，从事税收事务应考虑情报交换，因为大量的调查表明该种交换对于防止国际间逃税是非常有利的[②]。1963年OECD《关于所得和财产避免双重征税协定范本》（草案）

① 王裕康：《OECD修改情报交换条款的介绍及简要评价》，《涉外税务》2004年第10期，第31页。

② M.A . Wisselink, Methods of International Tax Avoidance, The Rotteclam Institute for Fiscal Studies, International Tax Avoidance, Kluwer Deventer, 1979, p.148.

中便有税收情报交换条款。OECD 范本及其注释根据国际社会的发展及各成员国的主张，在随后历经多次修改。2002 年，OECD 财经事务委员会对税收协定范本第二十六条进行了全面审查，并且吸收了《税收情报交换协定范本》、《为税收目的改善获取银行信息》两份重要文件的内容，并在 2005 年对税收协定范本和注释的第二十条作出了重大修订[①]。税收情报交换的发展主要体现出以下几个特点与趋势：

（1）情报交换的标准逐步统一

随着各国打击跨国避税力度的增强，国际社会在税收情报的标准上也日益达成一致意见，以税收透明度与情报交换全球论坛为代表的国际组织致力于建立统一的高标准的税收情报交换体系，包括税收情报的标准、交换的条件、范围和形式等，促进了全球情报交换广泛的开展。

（2）对情报交换的范围与标准更加明确

为了限制不进行情报交换的行为，《OECD 税收协定范本》第二十六条新增了第三款到第五款，明确了不能因为没有本国税收利益等而拒绝提供情报等长期引起各国争议的事项，限制了银行因保密拒绝提供情报的情况，使情报交换的范围和标准更加清晰。

（3）税收情报的使用范围有放宽趋势

虽然在国际税收征管合作的背景下获取的税收情报，一般情况下应仅用于税收的目的，但在国际反恐怖主义、反腐败已成为各国普遍利益和目标的背景下，允许税收情报发挥一定的作用成为不少国家共识。《OECD 税收协定范本注释》中提到，如果缔约国希望将税收情报应用于打击洗钱、腐败和为恐怖主义提供资助等领域，可以在税收协定中加入这样的规定："尽管有前述规定，缔约国一方收到的情报可以被用于其他目的，只要根据缔约国双方的法律这种情报可用于这些目的，并且情报提供国的主管当局同意这种用途。"[②]《税收征管互助公约》第二十二条第四款规定，"如果根据情报提供缔约国的法律规定，可以为其他目的使用这类情报资料且情报提供国主管当局也同意这种使用，则取得情报缔约国可以为其他目的使用这些情报。"

（4）情报交换的主动性大大提高

随着各国的税收管理能力的提高和情报需求的加大，在专项情报交换的基础上，更多国家建立了自动情报交换的机制，批量生成自动税收情报发送给缔约对方，同时境外税务检查、同期税务检查、联合审计等实践方式也逐渐丰富，提高了税收情报交换工作的效果[③]。

---

① OECD: Comm p397.
② Para 12.3
③ 参见贾军安：《国际税收情报交换：发展与困境的思考》，《涉外税务》2007年第9期。

（二）税收情报交换的实施

缔约国进行税收情报交换时，均在税收协定或者情报交换协定规定的法律框架内进行，在实施过程中，一般会遇到如下几个问题：

1. 税收情报的搜集

对税收协定和情报交换协定的缔约国来说，为其他缔约国搜集和提供情报是一项条约义务，因为税收协定和情报交换协定均对提供情报使用了“应该”（shall）一词。

至于搜集情报的手段，OECD 的《为税收目的执行情报交换条款手册》手册中列举了以下几种情形[①]：

（1）向知悉、占有、保管或控制被请求情报的人进行询问；

（2）如果当事人不配合，可要求其在指定时间、地点出现并提取证据；

（3）如果当事人不按照上述指定的时间、地点出现，可采取适当的强制措施；

（4）提供有关账簿、文件、记录或其他有形物等；

（5）可向账簿、文件、记录或其他有形财产的出示者询问关于保留上述物件的目的和方式；

（6）要求个人对提供证言、账簿、文件、记录或其他有形财产的真实性宣誓；

（7）制作有关账簿、文件、记录的真实副本等。

采用哪种方式获得情报必须符合被请求方的国内法的规定，而且也应该根据个案的实际和要求决定究竟哪种方式更加行之有效。

2. 税收情报的使用和保密

在税收情报交换的实施中，缔约双方对交换的情报应该保密。对情报的保密是缔约国的条约义务。《OECD税收协定范本》第二十六条第二款规定，“缔约国一方……收到的任何情报，都应和根据该国国内法所获得的信息一样作密件处理，仅应告知与第一款所指税种有关的评估、征收、执行、起诉或上诉裁决有关的人员或当局（包括法院和行政部门）及其监督部门。”情报交换协定和《税收征管互助公约》对保密性都提出了具体要求。实施情报的保密，一方面是为了保证调查工作的顺利进行，另一方面也是对相关纳税人与其他人权利的保护。

税收情报的保密性具有相当的广泛性，首先，保密的对象既包括请求方发送的请求，也包括被请求方回复的信息，不论对方信息的来源，缔约国都有保密的义务；

① Manual, p18~p19.

其次，保密义务在情报交换各环节都应遵守。制作、收发、传递、使用、保存税收情报，都应按该国的国内法要求进行保密。

3. 提供税收情报的限制

提供税收情报的义务并不是绝对的，其限制主要指情报交换被请求方在一定情况下可以拒绝提供所请求的情报。所有涉及情报交换的法律依据都有对提供情报限制的规定，这些规定体现在《OECD 税收协定范本》第二十六条的第三款到第五款、情报交换协定范本的第七条、《税收征管互助公约》第二十一条等当中。总体而言，可以构成缔约国拒绝提供情报的情形有如下几种：

（1）需要采取与一国法律和行政惯例相违背的行政措施才能获得的情报

虽然向缔约对方国家提供税收情报是缔约国的条约义务，但是履行该义务必须考虑该国的立法和行政的实践。举例来说，如果 A 国与 B 国签订了双边税收协定，根据其情报交换条款的规定，A 国向 B 国请求某一项情报，但是该情报并不是 B 国所持有，B 国需要采取特别的检查措施或搜集证据的措施来满足 A 国的这一请求。然而，采取这一措施的前提是 B 国如果为本国税收目的也会采取相同或类似的措施，也就是说，这一措施是在B国国内法规定的权限以内，而且与B国的行政惯例相一致。

（2）按照该缔约国一方的法律或正常行政渠道不能得到的情报

同样以上例来说，B 国提供情报的另一个前提是 B 国可以按照其法律和正常渠道获得该情报，对于如何掌握这一标准，《OECD 税收协定范本注释》提到，“如果主管当局拥有情报，或者通过通常的税收确定程序可以取得，则可以认为情报通过正常行政渠道便可取得。上述通常的税收确定程序可以包括对纳税人或其他人的经营账簿做特别的检查或审查。”①

（3）泄露任何贸易、经营、工业、商业或专业秘密或贸易过程的情报

一国请求的税收情报中包含专有技术的情况在实践中时有发生，例如，某企业购进货物的情况体现了其秘密配方，又如，交易的细节包含了交易对象、价格等敏感的商业信息，等等。这些事项是否受到保护当然取决于一国国内法的规定。但是在执行税收情报过程中，一般认为不应对这一规定进行过为宽泛的解释，原因在于税收情报已经受到了税收协定或情报交换协定等条约，以及情报请求方的保密性要求的保护。因此，情报提供方的税务机关必须权衡纳税人权利保护的紧迫性，谨慎应用这一规则。

OECD 手册列举了根据这一规定拒绝提供情报的例子。A 国为了回复 B 国的税收情报请求，对其居民企业某制药厂进行了全面调查。A 国税务机关在调查中接触

① OECD comm. P16.

到了制药厂具有高度商业价值的情报。这部分情报即是属于上述的限制范围，A 国可以拒绝向 B 国提供，或者在给 B 国的回复中将涉及这部分商业秘密的情报剥离出来[①]。

（4）违反公共政策（公共秩序）的情报

公共政策（公共秩序）一般是指涉及国家利益的问题，例如国家主权、国家安全等。一般情况下，在税收情报交换实践中很少涉及。例如，请求情报具有政治目的，会给被请求方的国家利益造成损失等。在这种情况下，被请求方有权拒绝提供情报。

4. 不能构成对提供税收情报限制的事项

（1）国内税收利益

在情报交换实践中，曾经有国家以本国没有税收利益而拒绝，这一现象引起了国际社会的关注。因为如果每个国家仅可以提供与自身税收利益有关的情报，那么情报交换机制的作用便会大打折扣。2005 年的《OECD 税收协定范本》新增一款专门规定这一问题："如果缔约国一方根据本条请求信息，缔约国另一方应使用其信息收集手段取得所请求的信息，即使缔约国另一方可能并不因其税务目的需要该信息。前句所确定的义务受第三款的限制，但是这些限制在任何情况下不应理解为允许缔约国一方仅因该信息没有国内利益而拒绝提供。" OECD 的情报交换协定也有类似的规定。在一系列国际组织文件的推动下，不能使用国内税收利益来限制提供情报已经成为了国际社会的共识。

（2）银行秘密

在涉及税务的调查中，相关公司或个人在银行等金融机构开设的账户及相关信息常常是关键的突破口和证据。在税收情报交换中，涉及这一类的情报请求也占有相当的比重。然而，由于历史原因，金融机构对其客户的相关信息保密是行业的惯例，通常也受到法律的保护，在有些国家，银行的相关信息甚至对包括税务机关在内的政府机关保密。

然而，无论是《OECD 税收协定范本》，还是情报交换协定范本，都明确规定银行秘密不能作为拒绝提供情报的理由。国际社会也将政府是否有权获取并提供涉及银行的信息，作为判断其是否能达到透明度和有效情报交换的标准之一。

（3）情报由其他人持有

在一些国家，代理人或受托人持有的情报会被认为是"行业秘密"，而这些秘密可以向包括税务机关在内的其他主体保密。但是，随着情报交换工作的推进，这些其他人持有的情报和银行持有的情报一样，也不能成为一国拒绝提供情报的理由。

① OECD Manual p15.

（三）中国税收情报交换工作概况

1. 中国税收情报交换工作的历史与发展

（1）情报交换的起步阶段

中国税收情报交换工作起步较晚，1983年与日本签订了第一个税收协定，为情报交换工作奠定了法律基础。我国签订的早期税收协定情报交换条款一般都是以1980年联合国范本和1977年OECD范本第二十六条为基础，条款相对简单。

由于尚处于探索阶段，我国20世纪进行税收情报交换的规模和成效较为有限。例如，1999年，我国开展专项情报交换涉及瑞典、美国、日本、丹麦、挪威等12个国家，查核专项情报40余份，追缴税款200多万元人民币。提出的专项情报交换请求对象仅限于日本、美国、英国等六个国家[①]。

（2）情报交换的发展阶段

随着情报交换工作量的不断增长，将税收情报交换纳入规范化管理的体系变得比较迫切。国家税务总局分别于2001年和2002年印发了《税收情报交换管理规程（试行）》（国税发〔2001〕3号）和《税收情报交换工作保密规则》（国税函〔2002〕931号），成为我国情报交换工作的新起点。为加强基层税务机关对该项工作的认识，2001年，税务总局明确将税收情报交换工作作为该年度涉外税收工作的重点，显示了税务总局对加强情报交换工作迫切性的认识。

在一系列工作和政策的推动下，我国情报交换工作不断发展，在数量和质量方面都有了进一步提升。2002年，我国处理其他国家提出的专项请求已经达200多份，处理其他国家提供的自动和自发情报3000多份[②]。到2004年，我国共收到20个国家提出的专项情报请求236份，6个国家提供的自发情报509份，并向7个国家发出专项情报请求18份[③]，打破了我国长期以来接受情报核查为主，几乎不向外请求的尴尬局面。

近年来，国际社会对情报交换工作的日益重视，相关理论和实践也不断丰富，在此背景下，我国的《税收情报交换管理规程（试行）》和《税收情报交换工作保密规则》中的某些规定不再适应新的形势，有的条款如不修改将严重影响税收情报交换工作的开展。为了使情报交换工作跟上国际形势的发展，进一步提高我国国际税收情报交换工作的质量和效率，国家税务总局在2006年对《税收情报交换管理规

① 《中国税务年鉴》编委会：《中国税务年鉴》，中国税务出版社2000年版，第481页。
② 《中国税务年鉴》编委会：《中国税务年鉴》，中国税务出版社2003年版，第160页。
③ 参见国家税务总局《关于2004年情报交换工作情况和2005年工作安排的通知》（国税函〔2005〕195号）。

程（试行）》进行了修订，并整合了《税收情报交换工作保密规则》的规定，制定了《国际税收情报交换工作规程》（国税发〔2006〕70 号）。新的《国际税收情报交换工作规程》对我国国际税收情报交换的种类、范围、保密性、管理程序等各个方面都作出具体规定，既贴近中国的实际又具有一定的前瞻性，对情报交换工作起到了很好的指导作用。针对我情报交换工作的新情况，国家税务总局于 2007 年和 2008 年制定了《国家税务总局办公厅关于核查德国自发情报的函》（国税办函〔2007〕57 号）和《国家税务总局办公厅关于进一步规范国际税收情报交换英文写作的通知》（国税办函〔2008〕85 号）。

随着税收协定网络的进一步扩大，情报交换协定谈判步伐的加快，相关制度不断完善，我国情报交换工作进入了快速发展的时期，情报交换的成效也日益显现。

2. 中国税收情报交换工作取得的成绩

（1）情报交换的网络不断扩大

目前，已与我国签订税收协定或情报交换协定的国家或地区已经超过 100 个，覆盖了我国的主要贸易伙伴，为开展情报交换工作奠定了法律基础。我国的情报交换协定网络也覆盖了与我国经济往来较为频繁的低税负国家或地区，压缩了纳税人利用这些国家或地区进行不良税收筹划的空间。以下为我国情报交换协定网络图。

图6–1　我国情报交换协定网络图

（2）情报交换的数量和质量稳步增长，成效日益显著

我国早期情报交换工作方式比较单一，情报线索未得到充分利用。现在，我国情报交换工作无论是从数量还是从质量方面都有了稳步的增长，情报核查已从对纳税人的单一核查发展到相关行业范围的检查。2011 年，国家税务总局向 23 个协定缔约国发出专项情报请求 110 份，向 8 个缔约国（地区）发出自发情报 25 份，向 7 个缔约国发出自动情报 12000 份，核查外来专项情报 350 余份，接受一次我协定缔约国授权代表访问。全国税务机关利用情报交换查补税款（包括滞纳金和罚款）6.8 亿元，平均每个案件挽回税款近 200 万元，我 8 名税务干部分别获美国、德国、日本情报交换荣誉证书，充分发挥了情报交换在不断压缩纳税人不良税收筹划和维护国家税收主权方面的作用。

（3）人员素质不断提高

在机构设置上，税务总局国际税务司的国际税收征管协作处专门负责情报交换的相关事宜，各省、自治区、直辖市和计划单列市的国家税务局与地方税务局都有专职或兼职人员从事税收情报交换工作。税务总局也加大了对人员的培训。例如，每年召开税收情报培训班，由 OECD 派专家前来讲解情报交换的基本知识和最新动态，不定期召开情报交换专题研讨会，拓宽了情报交换参与人员的视野，增强了他们参与情报交换的水平，对工作的开展起到了积极推动的作用。各省市也定期或不定期地举行小规模培训和案例交流会议，一定程度上推动了各地情报工作的发展。

3. 中国税收情报交换工作中的不足

近年来，随着经济全球化以及国际反恐、反腐斗争形势的发展，国际社会对税收情报交换工作越来越重视，并制定了一些新规则，以提高税收情报交换的广度和力度。然而，与国际社会通行的标准相比，我国的相关立法和实践还存在一定的不足。

首先，法律体系不够完善。现行有效的税收协定中的大部分由于签订时间较早，在情报交换条款上与最新的有效情报交换的标准还存在较大差异。例如，在可交换情报的范围上，大部分还沿用“实施本协定的规定所需要的情报”，而不是目前国际文件中广泛采用的“可预见相关的情报”，情报交换涉及的税种也与国际通行的标准有一定局限。

其次，情报交换开展的形式不够丰富。目前我国的情报交换工作基本还局限在专项情报交换、自发情报交换和自动情报交换三类，在授权代表访问、同期税务检查等情报交换的深层次领域的实践还非常缺乏。

最后，税收情报交换的工作量仍不平衡。总体而言，我国目前接受的专项情报请求与对外发出的请求数量相比仍有较大悬殊，造成这一局面的一个根本原因还是基层税务局在工作中对税收情报交换的认识不足，提起情报请求的意识较为薄弱，

这也是提高情报交换工作质效必须予以重视的客观现象。

（四）对中国税收情报工作的建议与展望

1. 加快协定谈签工作，拓宽情报交换法律基础

由于我国大部分税收协定签订时间较早，大部分情报交换条款还没有达到国际标准，虽然目前已经逐步开展修订的步伐，但总体而言与国际社会的要求还有较大差距。

为捍卫税收主权，加快与离岸金融中心签订税收情报交换协定已成为当务之急。目前，我国只与七个离岸金融中心（其中巴哈马的情报交换协定尚未生效）、一个主权国家签订了情报交换协定，与西方发达国家相比还有较大距离，例如，美国已签订了30个情报交换协定，德国、法国、英国签订的情报交换的数量也在20个以上。

表6-2 世界主要经济体签订的税收协定与情报交换协定数量对比①

	美国	中国	日本	德国	法国	英国	加拿大	澳大利亚	意大利	韩国	印度	俄罗斯	巴西
签订税收协定数量	60	98	63	100	114	119	96	44	96	84	89	88	33
签订情报交换协定总数	30	9	6	22	29	23	17	34	3	5	10	0	1

表6-3 世界主要经济体与部分离岸金融中心已签订的税收情报交换协定情况②

	美国	中国	日本	德国	法国	英国	加拿大	澳大利亚	意大利	韩国	印度
阿鲁巴	√				√	√	√	√			
巴哈马	√	√	√	√	√	√	√	√		√	√
百慕大群岛	√	√	√	√	√	√	√	√	√	√	√
开曼群岛	√	√	√	√	√		√	√			√
库拉索	√					√	√	√			
根西岛	√	√	√	√	√	√	√	√			√
马恩岛	√	√	√	√	√		√	√			√
泽西岛	√	√	√	√	√	√	√	√	√		√

①② 参见全球税收论坛网站各国同行审议报告，http://eoi-tax.org/，统计数据包括未生效的税收协定与情报交换协定。

续表

	美国	中国	日本	德国	法国	英国	加拿大	澳大利亚	意大利	韩国	印度
列支敦士登	√			√	√	√		√			
马绍尔群岛	√					√		√		√	
圣露西亚	√			√	√	√	√	√			
荷属圣马丁	√				√	√	√	√			
英属维尔京群岛	√	√		√	√	√		√			√
圣文森特和格林纳丁斯				√	√	√	√	√			
直布罗陀				√	√	√		√			
格林纳达				√	√	√		√			
安圭拉岛				√	√	√	√	√			
圣马力诺共和国		√		√	√	√	√	√			
多米尼克				√	√	√	√	√			
圣基茨和尼维斯				√	√	√	√	√			
安道尔共和国				√	√			√			
库克群岛				√	√			√	√	√	

2. 拓宽情报交换种类，丰富情报交换内容

如前文所述，目前我国的税收情报交换工作主要还是局限在专项情报交换、自发情报交换和自动情报交换三类，其他几类情报交换在我国无论是理论还是实践经验都比较匮乏。拓宽情报交换的种类，对提高情报交换工作的效果具有重要的意义。例如，传统的税收情报交换一般是以书面形式开展，以书信来往的方式开展情报交换，常常会出现效率偏低、对信息的实时掌握性不强的问题。如果一国税务机关可以在另一国开展实地检查，不但可以详细了解境外公司的运营方式和经营情况，也可以实地查看企业的账册、凭证等纳税资料。以境外税务检查这种方式获取税收情报，可以说是更为高效、直接的手段，既方便双方税务机关对纳税人的情况共同了解，也减轻了纳税人重复说明和报送材料的负担，加快处理案件的速度。因此[①]，国家税务总局已开始着手制定《授权代表访问管理办法》等规范性文件。

---

① 参见OECD: Module 6 On Conducting Tax Examinations Abroad, Manual on the Implementation of Exchange of Information Provisions for Tax Purposes, p4.

3. 加快信息化步伐，提高情报交换效率

由于我国税收体系采取层级制管理，税收情报的处理一般也是由主管税务机关负责，税收情报从税务总局流转至主管税务机关需要流程较长，再加上情报交换相关文件的保密性要求，层级传递资料延时等因素，阻碍了情报交换的高效进行。因此，税务机关应建立适应情报交换保密性需求的信息化系统，简化流转的程序。通过与税收征管系统及对外支付证明系统的衔接，尽快研究并实施电子化自动情报的生成，减轻人工工作负担。

4. 加强对跨国避税方法的认识，发挥税收情报的作用

正如前文所说，目前造成我国发出情报请求与接受情报请求不平衡的一个根源就是对国际税收情报的需求和敏锐程度有待提高。税务机关应及时对国际贸易、投资、劳务等经济活动中发生避税风险的区域进行识别和分类，及时归纳总结，并概括避税行为发生的警示标志、指南和相关案例，提高情报核查和情报请求的针对性和时效性。[①]

（五）情报交换案例

1. 税收情报有效打击避税行为

（1）案情简介

某省X公司是由香港某投资有限公司于2003年1月投资组建的外商独资企业，主要生产和销售化工产品，投资总额4998万美元，注册资本2200万美元。2004年2月开业，2005年进入获利年度，开始享受企业所得税两免三减半税收优惠政策。

2009年，该省税务人员在对该企业跨国交易年度申报进行纳税评估时，发现该企业与A国的Z公司签订了一份《咨询服务合同》，并于2007年起向境外支付费用，而企业的主要跨国交易对外支付项目也是向境外支付咨询服务费，三年合计支付近1000万元。

（2）疑点分析

疑点一：企业2005年开业并进入获利年度，在免税期内从未发生向境外支付咨询费，但2007年进入减半征收期后，开始向A国的Z公司支付费用。

疑点二：合同的签订不但没有给企业拓展市场带来相应的效益，相反X企业自

① 参见高运根：《我国税收情报交换中存在的主要问题及建议》，《涉外税务》2008年第10期。

2007 年起，销售逐年减少，并且出现连年亏损。

表6–4　X公司2005~2009年销售利润情况表　　单位：万元

支付年度	销售收入	利润总额	支付金额
2005	11902.65	617.90	--
2006	14915.34	905.06	--
2007	15937.83	1248.71	333.49
2008	15801.80	–318.76	357.82
2009	13575.94	–102.47	269.91
合计			961.22

疑点三：这份合同不同于常规咨询服务合同，它包括了一些融通资金、产品推销等超越咨询服务范围的内容，而且咨询服务费以销售收入的 1.9% 结算，而不是按服务的项目或工时等常用劳务收费标准来结算。

疑点四：合同称Z公司在A国设立专门性服务机构为常州X公司提供咨询服务，但收款却要求X公司汇款到其香港账户。

（3）情报交换的应用与处理结果

① 情报交换的应用与对方的回复

虽然税务机关通过评估发现企业存在诸多疑点，但通过国内征管手段查证境外劳务的真实性和合理性存在困难，于是决定向境外提出对外专项情报交换的请求，通过情报交换查证X公司向境外Z公司支付咨询服务费业务的真实性。要求A国税务局协调查证下列有关涉税事项：

问题 1：Z公司是否是一家A国注册成立的合法公司？如是，请提供Z公司的股权构成和经营范围。

问题 2：Z公司是否与X公司签订了咨询服务合同，并收到了X公司支付的咨询服务费？请提供相关记账凭证和资料。

问题 3：请询问Z公司相关人员并要求其说明为X公司提供咨询服务的具体内容。

2010 年 9 月获得A国专项情报回函，回函中就专项请求进行了详细的回复：

A国回复 1：Z公司是一间在A国依法成立的公司，于本局已办理税务登记，另外，根据商业登记资料详细介绍了Z公司的股东及经营范围。

A国回复 2：经过查证Z公司之账目及其财务主管提供的信息，Z公司并没有与X公司签订咨询服务合同。但是，于 2008 年收到由X公司支付的咨询服务费。

A 国回复 3：根据 Z 公司财务主管提供之信息，Z 公司并无对 X 公司提供任何实质咨询服务。

Z 公司方面解释，将款项先汇往香港的银行账户，是因 A 国银行收取的手续费较高。有关款项会经同一银行再转回 A 国的账户，可免收手续费。

为证实上述相关请求的回复，A 国随函附送了相关文书证明，明细分类账及记账凭证等材料。

② 对情报回复的分析与应用

为了更有效地利用情报回函，税务人员逐条对 A 国的回复进行了认真深入的剖析：

Z 公司和 X 公司是同属一个集团的关联公司，从 Z 公司的经营范围来看它并不是个真正意义上的咨询公司，其业务范围为“管理本身公司之商业出资，各类化工产品、电路板及相关原材料及配件之贸易业务”，而对收取的 X 公司支付的咨询费，Z 公司是以“其他业务收入——集团管理费用”入账的。根据 A 国专项情报回函提供的信息，税务人员对 X 公司可能存在的问题进行了分析并初步判定：X 公司与 A 国 Z 公司之间的咨询服务为虚假境外劳务。

在该省，除了 X 公司外，与 X 公司同属一个集团的其他两家公司也存在类似的情况，经过税务机关与相关企业的进一步调查约谈，企业在证据面前不得不承认这些境外劳务存在虚构的事实。2010 年 11 月，该集团的财务总监代表 3 家发生境外咨询服务费支付的 3 家企业接受税务机关的认定，并同意通过自查作出相应的调整，共调增应纳税所得额 1344.82 万元，查补税款 224.3 万元。

在此案的顺利处理的基础上，该省国税局顺藤摸瓜，组织对该企业集团成员单位对外支付项目开展专项情报联查。通过对该集团在省内的 18 户企业进行逐户排查，最后确定有疑点的 8 户企业，经成立联查小组、集体讨论方案、集体约谈等形式调查确定，最终调整应纳税所得额 1.63 亿元，查补税款 3260 万元。

2. 利用税收情报识别关联交易

（1）案情简介

D 公司于 1997 年 7 月建成投产，属于生产性外商独资企业。投资人是 H 国的 HD 公司，持有 D 公司 100% 股份。D 公司的生产经营范围是生产销售某种建筑材料，产品原则上 100% 外销。在国内同行业中，D 公司产品的生产规模和技术水平在国内同行业中处于领先地位。然而，企业长期巨额亏损，1997~2002 年亏损总额达到 1.55 亿元，引起了税务机关的注意。

检查人员还发现，D 公司与 HD 公司于曾签订了为期 10 年的技术服务合同，合同中明确规定：HD 公司向 D 公司提供企划、营销、财务、生产技术、人力资源等信息和管理技术。HD公司根据经营管理的需要，以书面的形式向D公司提供技术信息，并在合同生效后派27位专家常驻D公司，进行生产设备的技术指导，以及每年分两次对D公司的员工在H国进行培训；D公司须按全年销售收入（内外销收入）的3%支付技术服务费。

税务人员对企业已计提、列支技术服务费的合理性进行了综合分析，根据提供服务、据实列支的原则，对HD公司履行的技术服务逐条、逐项进行了调查核实，发现HD公司只执行了部分条款，还有条款并未完全履行。经调查，HD公司自始至终未曾派过1名专家来中国，人员培训也只进行了两次。两个独立法人企业间的关联交易应按独立交易和公平交易原则，HD公司未完全履行合同，D公司也应根据履行条款的比例相应减少支付HD公司技术服务费。在逐条核对时，售后服务条款中的“收集海外客户对D公司产品的品质改善意见”，缺乏证据支持。

（2）疑点分析

在对D公司有形财产购销、劳务提供情况进行调查时，税务人员分析了该公司历年各项财务指标，发现两个疑点：

疑点一：D公司产品大部分出口到H国的两家公司HD和DJ公司，数额巨大，作价有可能偏低。

疑点二：该公司支付给H国HD公司的技术服务费数额与其提供的技术服务不相匹配。D公司自开业以来，连年亏损，却每年按销售收入3%向母公司支付技术服务费，而且服务的内容也有较多疑点。

（3）情报交换的应用与处理结果

通过对案情与疑点的分析，检查人员认为关键是寻找证据证明该公司是否存在作价过低的情况，如果存在，则可运用可比非受控价格法对该公司进行转让定价调整。在再销售价格证据确凿的情况下，考虑使用再销售价格法进行调整。寻找技术服务费履行比例证据，据以调减已计提的不合理的技术服务费。

在穷尽国内当时所能使用的方法之后，税务机关仍对关联关系的确定、销售合同履行比例等信息找不到证据。H国的HD公司（D公司的母公司）以及DJ公司与D公司来往密切、交易额巨大，嫌疑较大。因此决定启用国外渠道，根据协定情报交换条款，向H国发出情报交换请求，以获取关联关系、再销售价格和销售合同的履行情况、D公司与HD公司交易的利润率，技术服务费的履行比例等方面的信息。

在反避税调整的关键阶段，税务机关得到H国反馈信息，包括D公司母公司HD公司的所有关联企业的名称、注册地及注册资本；HD公司购进D公司产品后与再销售客户签订的销货合同；1999–2002年度HD公司的会计师审计报告以及2002–2003年度的审计报告等。

经过对回复情报的认真分析，税务人员有如下收获：第一，涉案公司的所有关联企业的名称、注册地及注册资本，证明了反避税前期税务人员曾怀疑的关联关系，确定了关联企业，排除了非关联企业，从而确定了可比对象；第二，涉案公司购进D公司产品后与再销售客户签订的销货合同，证明了某些合同条款的履行情况，为调整技术服务费比例提供依据，促进了对服务费的调整。

在对D公司技术服务费调整中，从对已支付技术服务费中调减了不应计提的费用，共调增应纳税所得额3109.4万元，用于弥补以前年度亏损，补缴企业所得税158万元。

3. 税收情报揭开伪造合同逃税案

（1）案情简介

2009年8月，某市地方税务局在与该地区外汇管理部门进行的正常信息交换中获悉：该地区A公司股东，中国公民M先生将其持有的50%的股份以1485万美元（10125万元人民币）转让给在X国注册并在Y国上市的B公司。当地税务部门随即与M先生进行了约谈，告之其纳税事宜，之后M先生进行了纳税申报，但申报金额与税务部门了解掌握的金额相差约485万美元（3295万元），M先生声称："由于受金融危机影响，经双方协商，将上述股份转让价款由1485万美元调整为1000万美元"，并向当地主管税务部门提供了一份成交价格为1000万美元补充协议，甲市地税局怀疑纳税人可能存在隐瞒收入的嫌疑，但由于收购股权的B公司是境外企业，无法进行直接核实。

（2）疑点分析围绕补充协议的真实性，相关人员进行了分析研究，发现了三处疑点：

疑点一：补充协议签署时间为2008年10月15日，此日期在税务机关要求其申报缴纳税款之后。

疑点二：2008年底，税务机关通过B公司其门户网站于2008年5月8日对外发布的信息中了解到"10125万元人民币的股份收购款已支付M先生"，并没有变更上述股份转让价款补充协议的信息，之后又多次在该网站查询，也无任何变更的消息。

疑点三：补充协议对《股权购买协议》引用的条款有误，在这样大金额的合同出现如此不严谨之处值得让人怀疑。

（3）情报交换的应用与处理

鉴于上述情况，为防止国家税款流失，税务人员通过税务总局向X国提出专项税收情报交换请求，以希望获得B公司对此笔交易的真实支付情况。

2009年12月底，X国按照我方专项情报请求进行了核查，并提供了有重要价值的情报资料：M 先生与 B 公司资产和股权购买协议；B 公司通过其开户银行支付给 M 先生银行凭证；B 公司记录相关信息的资产负债表。根据资料显示：2008 年 10 月 15 日，B 公司曾向 M 先生在 Z 国某银行的账户支付 482.5 万美元。据此，M 先生利用伪造的虚假补充协议隐瞒个人股权转让收入 482.5 万美元，折合人民币人民币 3295 万元的事实浮出水面，其偷逃个人所得税 659 万元，证据确凿，偷税事实成立。

根据《中华人民共和国税收征收管理法》和《中华人民共和国个人所得税法》等有关法律规定，主管税务机关根据《中华人民共和国税收征收管理法》和《中华人民共和国个人所得税法》有关规定，追缴个人所得税 659 万元，加收所偷税款滞纳金 83 万元，并对纳税人 M 先生处以所偷税款 0.5 倍的罚款 329.5 万元。

4. 抓住自动情报线索，揭开涉税违法共性问题

2007，某省地方税务局在年度收到的数百份自动情报中筛选了 4 份情报，涉及 2 名外籍个人。情报来函反映甲国某两名外籍个人在华工作取得境外支付的工薪收入情况，根据两国签订的税收协定，此所得应在我国申报缴纳个人所得税。

根据情报提供的涉案人员在华工作单位名称，检查人员对涉案单位 DZ 公司基本情况进行了初步了解：DZ 公司系外商独资经营企业，由甲国 D 公司投资成立，情报反映的两名外籍个人（B 先生、C 先生）系该单位的外籍员工。

检查人员按照外方来函内容，联系了 DZ 公司的财务人员，要求其提供涉案外籍人员 B 先生、C 先生在华工作时间及 2003 年的工资明细。当检查人员将 DZ 公司提供的资料上的数据与情报来函反映的数据进行比对后发现，支付方名称和金额均不符。后经直接询问 B 先生、C 先生得知：2003 年境外甲国 D 公司（这两名外籍人员的派出机构）将支付给上述二人在华工作所得的工资薪金直接汇入他们的个人账户，这部分所得取得情况就是情报来函所反映的内容。

由于 D（Z）公司只是根据本单位实际支付工薪数据对员工的个人所得税进行了代扣代缴，并不了解境外机构 D 公司支付薪金情况，未将 D 公司直接汇入涉案人员个人账户的所得合并缴纳个人所得税。经查，2003 年情报反映的两名涉案人员分别少缴个人所得税 301056.19 元和 284297.02 元。

检查人员对 D（Z）公司其他外籍个人纳税情况进行了延伸检查，而随后的进一步调查情况证实了检查人员的推测。

经查，2002 年至 2006 年期间，共有 5 名外籍人员在 D（Z）公司就职，每年度每个外籍个人在华停留累计天数均超过 183 天，在华工作期间均获得由境外 D 公司直接汇入个人账户的工薪收入，此收入均未与 D（Z）公司支付的收入款项合并缴纳

个人所得税。检查人员要求这 5 名外籍员工提供上述年度内的任职和境外支付的工薪证明，经计算共查补个人所得税 3113779.27 元，处以 D（Z）公司补缴税款 0.5 倍的罚款 1556889.64 元。

5. 充分利用自发情报，识破企业隐瞒收入

（1）自发情报内容与疑点

我国收到来自 J 国的一份自发情报，反映了如下案情：

J 国 B 公司授权中国 A 公司在中国独家销售某些药品。B 公司和 A 公司于 2007 年 1 月 1 日订立了一份《经销合同》。根据该合同第 13 条（销售奖励），B 公司向 A 公司支付下列三类销售奖励：

① 出口价值的 5.8%。

② 在出口价值中，针对甲药品支付相当于 50% 的金额，针对乙药品支付相当于 56% 的金额。

③ 针对每一家新采用这些产品的医院支付 3000 元人民币。

根据B公司的解释，提供每一项销售奖励的理由（支付原因以及计算基础）如下：

① 旨在承担相当于中国医药支付的增值税和关税金额。

② 自 2006 年 12 月起实施的出口价格经过大幅度提高后，经中国 A 公司请求，将提价所导致的具体差额以销售奖励的形式退还给中国医药。

③ 对中国 A 公司进行的新客户开发活动给予销售奖励。

在上述销售奖励中，“经销合同”第 13 条第二类销售奖励措施，存在明显异常交易行为，J 国税务局怀疑 A 公司对此类收入隐瞒不报；“经销合同”第 13 条第一类与第三类销售奖励措施涉及的款项与第二类交易行为的款项汇入账户相同，J 国税务局怀疑 A 公司对此两类收入也可能隐瞒不报。因此，J 方向中方提供了关于上述交易的自发情报。

表6-5 销售奖励的金额 单位：JPY

	销售奖励金额		
	第一项奖励	第二项奖励	第三项奖励
2006.4–2007.3	7918889	70906000	0
2007.4–2008.3	23941950	215749600	4728240
2008.4–2009.3	31987620	291725500	6871890
总计	63848459	578381100	11600130

（2）调查处理的过程

经过调查人员调查取证，A公司作为J国B公司在中国境内的独家销售代理，负责在中国境内销售推广从J国进口的甲药品。J国B公司于2007年与A公司签订《配售合同》，约定了销售范围、每次进口的最少订货量、奖金返利的给付比例和给付时间。J国来函中提到的汇款为B公司向A公司支付的销售奖金返利，2007至2009三年间A公司共收到来自J国的奖金返利5263.08万元，并把其中的4364.74万元支付给国内的二级经销商，全部在往来账户中反映，但没有进行纳税申报。

根据《企业所得税法》的相关规定，A公司取得的返利收入属于应纳税所得，应按规定征收企业所得税。

此外，公司支付给二级经销商的费用，不能提供任何发票或有效凭证证明，因此其支付的4364.74万元的返利无法确认，不得在企业所得税前扣除。

综上所述，A公司在该项涉税问题中应补缴的企业所得税为1403万元。

三、全球税收论坛与中国的参与

（一）全球税收论坛的基本情况

1. 全球税收论坛的历史沿革

随着国际社会对国际税收合作的需要日益上升，2000年，税收透明度与情报交换全球论坛（以下简称全球税收论坛）应运而生。全球税收论坛成立的目的是为了在世界范围内实现并执行高水平的税收透明度与情报交换，保证各国之间的公平竞争建立在合法的商业目的之上，打击因税收不透明或缺少有效情报交换的国家或地区因此而获得的在商业活动中的优势地位。从成立以来，全球税收论坛开展了大量有益的工作和实践，更新《税收情报交换协定范本》，制定并修订全球范围内的税收情报标准，有效促进了国际税收征管合作。

2009年4月，G20集团领导人伦敦峰会提出“改革和扩大全球税收论坛，建立一个有效的审议机制，监督有关税收情报交换的执行”的有关要求。为落实该要求，2009年9月OECD在墨西哥举行了全球税收论坛全体会议，重组扩建了原本建立在OECD框架下的全球论坛，成立了论坛指导委员会及同行审议小组并选举了指导委员会成员，同时建立了同行审议机制。重组后的全球论坛，是当今世界规模最大，也是最为重要的税收国际组织之一。截至 2012 年 5 月 31 日，全球税收论坛共有 109 个国家或地区成员和 9 个国际组织作为观察员[①]。

2. 全球税收论坛的影响

2009 年墨西哥会议后的一系列变革奠定了全球税收论坛的新的格局，成为了国际税收征管互助的又一里程碑。全球税收论坛的变革主要为了实现以下几个目标：

（1）将全球税收论坛从 OECD 中剥离出来

为了进一步扩大全球税收论坛的影响力，显示全球税收论坛对所有成员的平等和开放，全球税收论坛已经从 OECD 的附属机构变为独立机构，其经费由所有成员共同分担，并设立独立的秘书处。新改组成立的全球税收论坛与金融稳定理事会（FSB）以及金融特别行动小组（FATF）共同向 G20 报告，负责执行 G20 相关任务。新的全球税收论坛具有更为广阔的代表性，并意图吸收所有认可税收情报交换标准的国家和地区的加入。相关的国际组织也被邀请为观察员。

（2）制定并尽快实施同行审议制度

为对全球税收论坛所有成员的透明度与税收情报交换的执行情况进行全面评估，促进成员履行国际义务，全球税收论坛决定在公平、公正、透明并广泛参与的前提下对所有成员进行同行审议。同行审议制度是一项持续性的措施，在全球税收论坛对相关国家或地区出具审议报告之后，该国家或地区应将报告中提及的建议和改进情况随时向全球税收论坛汇报。

（3）加快税收情报交换协定的谈判与签署进程

为了达到全球税收论坛设立的目标，最大可能实现国际税收征管合作，必须使成员国有配套的条约约束。为此，全球税收论坛正采取努力，例如，试图组织多边谈判，以促进更多的双边情报交换协定能同时签署；研究在税收情报交换协定的基础上建立多边的情报交换公约；扩大《税收征管互助公约》的影响，等等。

（4）使发展中国家能在全球税收征管合作中获得更多的利益

全球税收论坛的改革使其不再是一个发达国家俱乐部的组织，而必须代表所有的国家和地区。发展中国家和新兴经济体由于参与国际合作经验不足，自身税收征管力量有限，应该在税收征管合作中受到特别的重视和照顾。确保他们能在全球化的背景下，从税收征管合作中获得利益，对推动国际税收合作、加强全球税收论坛作用具有重要意义。

---

① 参见全球税收论坛网站：http://www.oecd.org/document/35/0,3746,en_21571361_43854757_44313251_1_1_1_1,00.html.

（二）全球税收论坛设立的税收透明度与情报交换标准

1. 有效情报交换标准的由来

1998年OECD财政事务委员会提交了题为《有害税收竞争：一个新兴的全球性课题》的报告，首次提到了“有效情报交换”的概念，并将缺乏有效情报交换作为判断避税地与有害税收优惠制度的关键因素[①]。2001年，OECD发布了《关于有害税收实践》的进展报告，对有效情报交换的义务进行了详细界定[②]。

2. 标准的具体内容

全球税收论坛设立的税收透明度与情报交换标准现已被国际社会广泛采纳和认可，达到这一标准需要满足以下条件：第一，具有应请求进行情报交换的机制；第二，在刑事和民事领域均开展税收情报交换；第三，不因适用双重犯罪原则[③]或者国内税收利益要求而对情报交换有所限制；第四，尊重情报使用的保障和限制；第五，对交换的情报予以严格保密；第六，对可靠信息的获得性（特别是银行、所有权、身份以及账户信息）以及接收到情报请求时有权获得并提供这些信息。2004年11月，二十国集团在德国首都柏林发表了《二十国集团关于税收透明度和情报交换声明》，认可了这一系列标准。

这一系列标准早在2004年柏林召开的二十国集团财长和央行行长会议上被认可，2005年中国廊坊举行的第七届二十国集团财长和央行行长会议上再次重申这一标准，联合国也于2008年10月表示了对这一标准的肯定[④]。概括来说，其核心问题就是：情报是可获取的，税务机关有权获取，以及有机制可交换这些情报。

为了使这些标准更为具体，特别是为了方便同行审议的审议专家依据这些标准进行评判，全球税收论坛将这些标准细化为三大类进行了详细说明[⑤]。

---

① 参见全球税收论坛网站：http://www.oecd.org/document/35/0,3746,en_21571361_43854757_44313251_1_1_1_1,00.html.

② OECD: The OECD's Project on Harmful Tax Practices: The 2001 Progress Report, 2001.

③ 双重犯罪原则要求违法行为必须在请求方和被请求方均构成犯罪，这项原则来源于国际刑法中的引渡问题。参见林欣：《国际刑法中双重犯罪原则的新发展》，《法学研究》1995年第2期，第55页。

④ Global Forum: Moving Forward on the Global Standards of Transparency and Exchange of Information for Tax Purposes, P4.

⑤ Global Forum: Launch of a Peer Review Process, Terms and Reference, P3~9, available at http://www.oecd.org/dataoecd/37/42/44824681.pdf.

（1）情报可以获取

情报可以获取是开展有效情报交换的一个首要条件，例如银行信息、有关所有权信息、交易进行的信息，等等。这些可作为税收情报的信息必须被有效保持，否则当有其他国家请求时，税务机关便无法获得。达到这一标准需要满足以下几个条件：

第一，税务机关可以获得所有实体有关所有权和身份的信息。例如，公司股东的情况，包括上市公司股东的情况；合伙企业合伙人的信息；涉及信托、基金等实体的受益人、发起人的信息等。此外，应该有法律授予的强制性权力确保这些信息可以获得。

第二，应该要求所有实体编制并保存会计记录。这一要求具体包括：会计记录必须真实反映交易，并且作为编制财务报表的依据；会计记录必须包括发票、合同等证据，并且能反映交易的收入与支出，以及交易对方的相关信息；会计记录的保存期必须在 5 年以上。

第三，可以获取所有银行账户持有人的信息，包括所有关于该账户的记录，以及交易相关的信息。

（2）税务机关有权获取相关情报

第一，在收到情报请求时，税务机关必须有权获取并提供其领土范围内任何人所持有的信息。这一要求具体包括：税务机关有权获取并提供由银行、金融机构或其他代理人持有的信息和所有实体的会计记录信息；无论是否有本国税收利益，都应采用一切情报搜集手段获取被请求的信息；税务机关应有权强制要求相关企业或个人提供情报；在收到请求时，相关企业或个人不得基于对银行或公司信息的保密性要求而拒绝该请求。

第二，对被请求方的企业或个人权利的保障应与有效情报交换相适应，也就是说不能不适当地过分强调企业或个人的权利而组织或延缓了有效情报交换的开展。

（3）情报交换的机制

第一，情报交换机制能满足有效情报交换的需要。一国通过签订税收协定、情报交换协定，或加入相关的公约，应确保情报交换满足以下要求：应缔约对方的请求提供与该缔约对方执行国内法可预见相关的情报；可以对所有主体的情报进行交换，而不论是否为一方或双方的居民；不能因情报由银行、其他金融机构、名义代表人、代理人或受托人所持有而拒绝提供；不论被请求方是否有税收上的需求，都应提供情况；不援用双重犯罪原则来阻碍情报交换；为民事和刑事涉税信息开展情报交换；只要该国法律允许，应该应请求方的形式提供税收情报；相关的协定签署后，应迅速履行相关程序确保尽快生效，等等。

第二，情报交换机制应该涵盖所有相关国家。对这一标准的理解，2009 年以前，全球税收论坛一般要求相关国家至少与 12 个 OECD 的成员国签订相关的协定。但是随着国际税收征管合作的重要性日益加强，全球税收论坛认为情报交换机制必须涵盖所有相关的国家才可以达到有效情报交换的标准。这里指的所有相关国家，是指所有对情报交换有需求的国家。因为全球税收论坛所有的成员国都已经接受透明度与有效情报交换的国际标准，如果有国家或地区拒绝与他国就建立情报交换机制进行接触，那么该国家或地区可能会被认为违反其承诺。

第三，情报交换机制必须对情报的保密有具体规定。根据这一要求，各国在制定有关情报交换的规定时，必须包含对情报进行保密的条款，而且各国应有保障情报秘密的相应措施。此外，请求方提供的背景信息和资料、情报在不同国家或同一国家税务机关内部传递都应受到保密条款的保护。

第四，情报交换机制必须尊重对纳税人和其他人权利的保障。任何一方都没有义务提供泄露任何贸易、经营、工业、商业或专业秘密或贸易过程的信息或者泄露会违反公共政策（公共秩序）的情报。

第五，情报应当及时提供。根据全球税收论坛的要求，被请求方应在接到请求之日起 90 天内对请求予以回复或者将请求目前的处理状态告知对方。各国应具备相应的机制保证请求得以及时回复，提供情报也不应附加不合理的限制条件。

3. 国家与地区执行标准的情况

OECD 与全球税收论坛根据不同国家与地区执行透明度与情报交换国际标准的情况，将其分为三类，并且定期公布名单。目前最新公布的名单于 2012 年 5 月 18 日更新[①]。公布的名单分为三类，第一类是已充分执行国际标准的国家与地区，包括中国在内的世界主要经济体都已达到这一标准。第二类是承诺将执行国际标准、但目前尚未实现的国家和地区，目前有三个，其中属于避税地的有纽埃岛和瑙鲁，这两个国家（地区）分别于 2003 年和 2002 年作出承诺，但至今仍未签订一个情报交换协定；另一个金融中心是位于拉丁美洲的危地马拉。第三类是不承诺执行国际标准的国家和地区，经过国际社会的共同努力，目前已没有成员国家或地区列入这一类当中。

但是，根据反洗钱金融行动特别工作组（financial action task force on money laundering，FATF）公布的数据，在 2012 年，仍然有少数国家和地区被列入“不合作国家或地区”，也就是俗称的“黑名单”当中，包括伊朗、朝鲜等国[②]，这些国家也不是全球税收论坛的成员。

① OECD: A Progress Report on the Jurisdictions Surveyed by the OECD Global Forum in Implementing the Internationally Agreed Tax Standard, available at http://www.oecd.org/dataoecd/50/0/43606256.pdf.

② 参见FATF网站：http://www.fatf-gafi.org/document/18/0,3746,en_32250379_32236992_49694738_1_1_1_1,00.htm.

（三）全球税收论坛的同行审议制度

同行审议制度是2009年全球税收论坛改组的重大成果之一。根据墨西哥会议制定的方案，全球税收论坛将在三年的时间内对其所有的成员国与地区开展同行审议，以确定这些成员国与地区是否已达到该论坛要求的税收透明与情报交换的标准。在2011年巴黎会议上，全球税收论坛将这项工作的完成时间延长到2015年。

1. 同行审议的内容

审议主要分为两个阶段：第一阶段主要是审议各国家或地区与税收透明度及情报交换有关的法律法规体系。所涉及的法律法规除了税收情报交换协定和避免双重征税协定外，还包括有关国内法中涉及信托信息、所有权信息、合伙制信息、小企业信息、股票信息、会计信息等获得的相关部分。第二阶段主要审议透明度和情报交换标准在各个国家或地区的实际执行情况，在相应被审议国家或地区接受第一阶段审议之后进行。所有成员和相关非成员国家或地区都要接受第一阶段和第二阶段的同行审议。

2. 审议人员

参加同行审议的人员由全球论坛秘书处指定，一般由秘书处一人和同行审议小组成员中的两名专家共同参与。

3. 审议方法

一般情况下，同行审议分两个阶段进行。第一阶段审议主要采取问卷调查和实地访问方式相结合，被审议国家或地区根据全球论坛秘书处提供的问卷对相关部门的法律法规进行排查后将涉及的法律法规文件英文版提交给审议人员进行审议；审议人员将在研读法律法规文件后审议与税收透明度和情报交换有关的条款，最终确定这些条款是否达到公认的高标准，形成审议报告。由于第一阶段审议各国家或地区涉及的法律法规文件特别庞杂，难度较大，因此，全球论坛将派专家组到被审议国家或地区进行预审议并给予指导。无论第一阶段还是第二阶段的审议报告形成后，都要在不定期召开的同行审议小组会议上公布，被审议国家或地区相关人员在会议上进行答辩，全球论坛决定审议报告是否通过。最终审议结果将提交G20峰会。

4. 审议标准和评级

同行审议核心文件中规定的“审议标准”将税收透明度和情报交换的标准分为

三类共10个要素指标。三类标准分别是：A. 信息的存在、B. 信息的获取以及C. 信息的交换。10个要素指标又进一步分为31个分要素。秘书处借鉴反洗钱组织（FATF）的四级分级方法，按遵从、大部分遵从、部分遵从和不遵从对被审议国家或地区分级。具体反映在同行审议工作中的做法是：第一阶段对被审议国家或地区的法律法规框架中存在的问题做一般性的审议并提出改进建议；第二阶段审议将按照上述第三类审议标准（C. 信息的交换）中的要素指标对被审议国家或地区在税收情报交换实践方面存在的问题评分并提出改进建议，同时根据评分进行评级（遵从、大部分遵从、部分遵从和不遵从）。

5. 审议结果

同行审议小组的审议报告经全球论坛同意采用后发布，全球论坛还将持续发布年度更新报告。论坛秘书处定期向G20峰会提交同行审议进展情况报告，该峰会将可能视情况对不达标国家或地区实施制裁措施。

（四）中国参与全球税收论坛的情况

1. 中国在全球税收论坛中的地位与作用

2009墨西哥会议上，全球税收论坛决定设立指导委员会，指导委员会的作用是对全球税收论坛的活动进行指导和计划，是全球税收论坛的最核心机构。目前，全球税收论坛设立一名主席和三名副主席，主席由澳大利亚担任，副主席分别由中国、德国和百慕大担任。

中国当选全球税收论坛副主席国，体现了国际社会对中国积极参与国际税收合作工作的肯定，也为中国进一步加强在国际上的税收话语权提供了重要的平台。中国自当选副主席国以来，充分利用论坛平台，开展了一系列工作，积极参与了规则制定，提升了我国在国际税收领域的影响力，发挥了我国作为副主席国对全球论坛立场、方向的引导力量，严格把关论坛成果口径，使论坛能够代表大多数成员利益，维护了发展中国家利益[①]。

2. 中国接受全球税收论坛同行审议的过程

根据全球税收论坛的安排，中国于2011年开始正式接受同行审议的工作。考虑到中国税收情报交换工作实践较为成熟，我国向全球税收论坛申请将第一阶段和

① 参见王心：《全球税收论坛高度评价我国税收工作》，《中国税务报》2012年1月6日。

第二阶段合并审议，得到全球税收论坛的批准。目前合并审议的国家主要是美国、法国、日本等少数发达国家，中国有资格进行合并审议也体现了国际社会对中国的认可。

2011 年 10 月 28 日，全球税收论坛秘书处将同行审议第一阶段和第二阶段调查问卷发给税务总局，标志着中国接受全球税收论坛同行审议工作的正式开始。由于同行审议审查范围十分广泛，除关注常规法律、法规外，全球论坛还十分关注无记名股票信息、信托信息等相关法律和制度涉及税收以外的多个领域，调查问卷的对象涉及包括全国人大、最高人民法院、财政部在内的 20 多个单位[①]。包括税务总局在内的各部门通力合作，根据实际情况准备了大量丰富的材料，并通过召开研讨会、预审会等方式不断完善调查问卷的填报等各项工作。

税务总局对调查问卷列出的问题进行了深入研究，并于同年 12 月 2 日向全球税收论坛正式提交了有关中国内地第一阶段和第二阶段合并同行审议的调查答卷，答卷做了 768 个英文法律条文电子链接，使所有技术点都有对应法律依据支撑。2011 年 12 月 12 日 -14 日，全球税收论坛秘书处在研读中国调查答卷后，来自美国、法国、德国和加拿大的审议员到北京进行了现场审议，税务总局会同全国人大、最高人民法院、最高人民检察院以及国务院有关部门等 19 个单位，与审议员进行了座谈，澄清了审议员提出的 400 多个问题。外国专家对中国同行审议的前期工作给予了高度肯定，并提出了一些建设性的意见和建议[②]。

根据预审情况，税务总局会同相关部委共同研究相关问题，并及时提出了对审议报告的修改意见。2012 年 4 月 4 日，中国审议报告提交同行审议小组全体成员进行书面审议。税务总局对书面审议中提出的 200 多个问题，又逐一予以详细解答，尽可能消除同行审议小组成员对报告的疑问。

2012 年 5 月 23 日 -25 日，中国代表团在西班牙马德里举行的同行审议小组会议上进行现场陈述和答辩，对小组提出的无记名股票等问题进行了详细解释。经过努力，同行审议小组确认中国税收透明度和情报交换各要素全部达标。迄今为止，全球税收论坛已审议 79 个报告，其中全部达标的仅 12 个，达标但需修改相关法律法规的 35 个，未达标的 32 个[③]。中国以高标准通过同行审议，体现了中国长期以来致力于提高透明度，充分执行有效情报交换的标准，是我国在国际税收征管合作领域取得的又一重大成果。

2012 年 6 月 18 日 – 19 日，G20 峰会在墨西哥洛斯卡沃斯举行，全球税收论坛已向峰会提交报告，其中包括中国审议通过情况。

①②③ 参见国家税务总局办公厅：《中国顺利通过全球税收论坛税收透明度和情报交换同行审议》，国家税务总局网站，http://www.chinatax.gov.cn/n8136506/n8136608/n9947993/n9948014/11984166.html。

四、《税收征管互助公约》与中国的应对

（一）公约的基本情况

1. 公约背景与历史发展

为建立国际税收协作的框架，加强成员间税收征管互助，OECD 与欧洲委员会（Council of Europe，以下简称“欧委会”）共同起草了《税收征管互助公约》（Convention on Mutual Administrative Assistance in Tax Matters，以下简称公约），并于 1988 年 1 月 25 日起开放给 OECD 与欧委会成员国签字。

随着时代的发展，国际征管合作的环境与公约诞生之日发生了较大变化，税收情报交换的国际标准也日益完善与统一。2008 年国际金融危机以来，国际社会对建立更为有效的跨国税收合作赋予了更多关注，在 2009 年二十国集团（G20）伦敦峰会前后，要求世界各国达到符合国际标准的税收情报交换的压力也与日俱增[①]。同时，为解决发展中国家缺乏相关资源，难以在新的透明度环境下获益的问题，2009 年 4 月参与 G20 伦敦峰会的领导人呼吁应尽快采取措施使发展中国家也能从税务合作新环境中获益，其中便包括建立多边的情报交换体系。随后，G20 伦敦峰会主席，英国首相布朗致信 OECD，指出“发展一个有效的多边机制对解决这一问题将有帮助”[②]。在此背景下，OECD 与欧委会迅速开展了工作，起草了公约的议定书[③]，使公约达到税收情报交换国际标准，并将缔约国的范围扩大到了 OECD 与欧委会成员国以外的其他国家。G20 对 OECD 的做法表示欢迎，在随后举行的财政部长会议上，发表声明指出：“我们欢迎……情报交换多边机制向所有国家开放这一进展。”修订公约的议定书于 2010 年 5 月开放签字，2011 年 6 月 1 日起正式生效。

2. 公约的主要内容

制定《税收征管互助公约》的目的在于促进国际合作以推动各国税收法律的执行，因此，它为缔约国家之间提供了在纳税评估、税款征收等过程中各种形式的税

① 参见Pascal Saint-Amans and Raffaele Russo, Amending Protocol Strengthens OECD Mutual Assistance Convention, TAX NOTES INTERNATIONAL, JUNE 28, 2010 , p 1059.

② 同上，p1059.

③ 参见Protocol amending the Convention on Mutual Administrative Assistance in Tax Matters, http://conventions.coe.int/Treaty/EN/Treaties/Html/208.htm.

收征管互助，并起到扼制跨国逃税与避税的重要作用。公约提供的税收征管互助的形式涵盖了专项情报交换、自动情报交换、自发情报交换、同期税务检查、境外税务检查、税款追缴协助、保全措施、文书送达等。同时对保密性要求、费用承担等作出了详细规定。

3. 公约加入情况

2011 年 11 月 3 日，G20 集团戛纳峰会上，所有二十国集团非缔约国均签署了公约或加入公约的意向书①，公约的缔约国扩展到 32 个。在峰会上，财政部部长谢旭人代表中国签署了加入公约意向书，我国承诺尽快完成国内法相关程序，早日签署该公约。虽然目前公约缔约国数量并不多，但涵盖了世界的主要经济体和我国的主要投资和贸易伙伴，具有重要影响。

截至 2012 年 7 月，共有 35 个国家签署了公约，包含阿塞拜疆、比利时、丹麦、芬兰、法国、格鲁吉亚、德国、希腊、冰岛、爱尔兰、意大利、摩尔多瓦、荷兰、挪威、波兰、葡萄牙、俄罗斯、斯洛文尼亚、西班牙、瑞典、土耳其、乌克兰、英国、阿根廷、澳大利亚、巴西、加拿大、哥斯达黎加、印度、印度尼西亚、日本、韩国、墨西哥、南非、美国。

4. 缔约国对公约的保留

根据公约第三十条的规定，缔约国可对公约的指定条款进行保留，根据 OECD 提供的信息，截至 2012 年 7 月，共有 22 个国家对公约的内容进行了声明和保留，其中涉及对公约条款保留的仅有六个国家，见表 6–6。

表6–6 《税收征管互助公约》缔约国对公约保留情况

序号	国名	保留内容	声明内容
1	英国	不含地方税种及社保费	适用税种为除保留税种外的所有税种
			主管当局为英国海关税务局
			国民定义
			领土范围
2	美国	不含地方税种	适用税种为除保留外的所有国内税种（含社保费）
		不提供任何税种的税收主张追索和征管罚款追索	主管当局为财政部长或其授权代表
		不提供任何税种的文书送达（但允许直接邮寄）	领土范围
			发情报前通知涉及人

① 新加入公约的国家包括阿根廷、澳大利亚、巴西、印度尼西亚、日本、俄罗斯、南非、韩国、土耳其，签署意向书的国家包括中国、印度、沙特阿拉伯。

续表

序号	国名	保留内容	声明内容
3	法国	不含资本利得税、地方税种、社保费、不动产税	逐一列出除保留税种外的所有国内税种
			社保费的主管当局为负责社保的相应机构，其他税种主管当局为财政部长或其授权代表
			领土范围
4	韩国	不含资本利得税、净资产税、地方税及社保费	逐一列出除保留税种外的所有国内税种
			主管当局为财政部长或其授权代表
5	印度	无	适用所有中央税及地方税
			主管当局为财政部长或其授权代表
6	意大利	不含社保费、特别消费税、车辆使用税及保有税、动产适用税及地方税中的特别消费税、车辆使用税及保有税、动产适用税	逐一列出除保留税种外的所有国内税种
		对保留税种不提供税收主张追索和征管罚款追索	主管当局为财政部税政司
		对加入公约前或当时以及保留税种涉及的主张不提供追索	
		对保留税种不提供文书送达	
7	荷兰本土	不含地方税种、不含除关税及所得税、资本利得税、一般消费税之外的所有其他中央及地方税种	适用除保留税种之外的所有税种
		对加入公约时已经存在的主张不提供追索	不接受社保费有关的境外税务检查
		不提供所有税种的文书送达	发送情报前通知相关人
			社保费的主管当局为社保部部长或其授权代表，税收的主管当局为财政部长或其授权代表
			国民定义
	荷属库拉索、圣马丁、加勒比群岛部分和阿鲁巴	荷属阿鲁巴：不含地方税种及社保费，不含除所得税、资本利得税、净资产税和一般消费税之外的所有中央和地方税种	荷属库拉索、圣马丁、加勒比群岛部分适用税种范围仅限企业所得税和个人所得税
			荷属阿鲁巴的适用税种范围仅限企业所得税和个人所得税
		不提供所有税种的主张追索	公约有效范围：与荷兰王国签署了含情报交换条款的税收协定，且协定范围涵盖荷属安第列斯和阿鲁巴

续表

序号	国名	保留内容	声明内容
7	荷属库拉索、圣马丁、加勒比群岛部分和阿鲁巴	对加入公约时已经存在的主张不提供追索	荷属阿鲁巴的主管当局为财政部长或其授权代表
		不提供所有税种的文书送达	国民定义
		不允许国外直接邮寄方式送达文书	荷属阿鲁巴发送情报前通知相关人
			荷属库拉索的主管当局为财政部长或其授权代表
			荷属圣马丁的主管当局为财政部长或其授权代表
			荷属加勒比群岛部分的主管当局为财政部长或其授权代表
			荷属库拉索、圣马丁、加勒比群岛部分的国民定义
8	西班牙	无	适用公约规定的所有与本国税种对应的税种
			国民定义
			主管当局为财政部长或其授权代表
			有关直布罗陀参与公约活动问题的说明
9	阿塞拜疆	税种不含动产保有及使用税	领土范围
			国民定义
			主管当局包括税务部、财政部、国家关税委员会及劳动和社会保障部
10	比利时	税种不含不动产税、社保费、车辆保有及使用税、动产保有及使用税、一般消费税、特别消费税	国民定义
		对加入公约前已经存在的税收主张不提供协助	主管当局为财政部长或其授权代表
11	丹麦	税种不含社保费、不动产税，法罗岛适用税种不含遗产税、赠与税、不动产税、动产保有及使用税	领土范围
			主管当局为税务部长及其授权代表
			撤销有关法罗岛的声明
			法罗岛主管当局为法罗岛海关及税务局
12	芬兰	税种范围不含资本利得税、不动产税、动产保有及使用税	主管当局为国家税务委员会
13	格鲁吉亚	税种范围不含资本利得税、净财富税、地方税种、社保费、遗产税、赠与税、车辆保有及使用税、动产保有及使用税	主管当局为财政部或其授权代表
			国民定义

续表

序号	国名	保留内容	声明内容
14	希腊	税种范围与公约范围一致	经济与财政部长或其授权代表
			国民定义
			领土范围
15	冰岛	税种范围不含资本利得税、不动产税	领土范围
16	马拉多瓦	税种范围不含资本利得税、净财富税、地方税种、遗产税、赠与税、动产保有及使用税	主管当局为财政部或其授权代表
			领土范围
17	挪威	税种范围不含资本利得税、不动产税、车辆保有及使用税、动产保有及使用税	领土范围
			主管当局为财政与关税部部长或其授权代表
18	波兰	税种范围不含地方税种	提供情报前告知当事人
			主管当局为财政部长或其授权代表
19	斯洛文尼亚	税种范围不含资本利得税、净财富税、地方税种、社保费、不动产税、车辆保有及使用税、动产保有及使用税	主管当局为财政部或其授权代表
		不提供税收主张及罚款追索	
		不提供涉及公约对本国生效前的主张追索	
		不提供文书送达	
		涉及刑事检控违法行为的协助最多追溯至公约对本国生效前三年	
20	瑞典	税种范围不含净财富税、动产保有及使用税	主管当局为财政部长或国家税收委员会
21	土耳其	税种范围不含资本利得税、净财富税、地方税种、社保费、遗产税、赠与税、不动产税、特别消费税、车辆保有及使用税、动产保有及使用税	仅与建立外交关系的国家履行公约
		不提供涉及公约对本国生效前的主张追索	主管当局为财政部长或其授权代表
			国民定义
			领土范围
22	乌克兰	税种范围不含资本利得税、净财富税、地方税种、遗产税、赠与税、动产保有及使用税	主管当局为国家税务总局、国家海关总署、国家养老金局
		不提供涉及公约对本国生效前的主张追索	

（二）公约几个重要条款与我国现行法律及其实践的关系

公约共有五章三十二条(其中第十九条在2010年修订时被删除,但仍保留序号),我国现行法律体系中与公约内容紧密联系的主要包括三类：一是《税收征管法》及实体税法中涉及征管的部分；二是我国与其他国家或地区签订的避免双重征税与偷漏税的协定；三是我国与其他国家或地区签订的税收情报交换协定。

由于公约体现了国际税收情报交换的最新标准，在加强国际合作，特别是提供专项情报交换、自动情报交换、自发情报交换方面符合我国一贯的立场，其规定基本在我国现有国内法与条约的框架以内。但与我国签订的避免双重征税与情报交换协定相比，仍有以下几个条款值得重点关注。

1. 公约适用的税种范围

公约第一款对适用的税种范围进行列举，总体而言，公约适用的税种范围包括除了关税以外的一切中央政府与地方政府征收的税收。

目前，我国签订的税收协定的情报交换条款中，绝大部分都将情报交换的范围限定于协定规定的税种，即所得税、财产税及其他类似的税收，只有少数国家的协定中将情报交换适用范围扩大到协定规定范围以外的税种①。在我国签订的情报交换协定中，规定不尽相同，例如与英属维尔京群岛、百慕大的协定将情报交换在我国适用的范围限定为企业所得税和个人所得税，而与巴哈马、根西、泽西、阿根廷的协定则规定在我国可以适用于除关税以外的一切税收。总体而言，根据我国签订的有关双边协定，目前我国与其他国家或地区开展情报交换基本是在所得税的范围内，如果未来我国加入公约，我国参与情报交换活动时涉及的税收范围将会扩大。

2. 同期税务检查与境外税务检查

公约第八条同期税务检查规定，缔约国主管当局之间根据同期检查协议，独立地在各自有效行使税收管辖权的区域内，对有共同或相关利益的纳税人的涉税事项同时进行检查。公约第九条境外税务检查规定，被请求方主管税务当局可根据其国内法，允许请求方代表进入被请求方进行实地调查取证。

根据《OECD 税收协定范本》注释的规定，情报交换条款覆盖的范围并不仅限

---

① 这些国家包括毛里求斯、阿塞拜疆，内地与澳门的税收安排也有相同规定。

于专项情报交换、自动情报交换与自发情报交换，缔约国双方还可以利用其他方法获取情报，其中包括同期税务检查与境外税务检查①。从这一意义上说，如果将同期税务检查与境外税务检查解释为我国签订的税收协定情报交换条款的一部分，那么与缔约对方在协定规定的情况和范围内开展同期税务检查已经成为我国与该缔约国之间的条约义务。同时，国家税务总局《国际税收情报交换工作规程》第七条也将同期税务检查和授权代表访问（境外税务检查的主要形式）列为情报交换的一种形式。

公约第八条将同期税务检查列为情报交换的一项内容，如果加入公约，我国的该项条约义务将得到进一步明确。虽然迄今为止我国实践中在同期税务检查方面仍缺乏经验，但开展这项工作对我国而言并无法律和实践障碍，因为根据公约的规定，开展同期税务检查的主管当局独立地在各自有效行使税收管辖权的区域内，对有共同或相关利益的纳税人的涉税事项同时进行检查。这一执法行为并未超越我国行政机关的执法权限，也未对我国主权构成任何侵害。另一方面，根据公约的规定，缔约方有完全独立的权力决定是否接受对方提出的开展同期税务检查的请求，也就是说，我国可以根据本国的利益决定是否开展同期税务检查，不会给我国税务机关造成显著负担。

但是，允许境外税务官员来我国境内进行调查从一定意义上说与现行实践有所突破，目前，从我国实践来看，我国与其他缔约国之间开展境外税务检查并无太多先例，而在其他行政互助双边协定中，我国一般只同意帮助对方进行取证，而不允许对方来我国境内取证②，在司法领域对境外取证的一般也持否定态度③。但我国正积极开展相关实践和探索，2010 年，我国授权代表赴外国进行调查取证工作；2011 年，我局也接受了一起国外税务机关请求的境外税务检查的案件。总体而言，对境外税务检查我们应大胆尝试、细心总结，探索符合我国实际工作的工作方法，避免给我国造成过大冲击。

3. 税收主张的追索

根据公约第三条的定义，税收主张（Tax Claim）是指一定金额的应付但未支

① OECD: Commentary on the Articles of the Model Tax Convention, July 2010, paragraph 9, p400.

② 例如：《中华人民共和国政府和美利坚合众国政府关于海关互助的协定》第七条规定：应一方海关当局的请求，另一方海关当局应在其国内法律允许的范围内，就本协定所涉事项进行必要的调查、核实或检查，包括询问专家、证人及违反海关法行为的嫌疑人。如根据国内法的规定，被请求方海关当局无权从事上述调查、核实或检查，则该海关当局可在其权限和能力的范围内提供所请求的协助。

③ 例如，1997年，我国签署《关于向国外调取民事或商事证据的公约》时，对外交或领事官员向驻在国国民及第三国国民取证、特派员取证，以及普通法国家"审前调查程序"等条款申明均予以保留。除海牙取证公约以外，1954年3月1日订立于海牙的《民事诉讼程序公约》也专门规定了境外调查取证的内容，但我国未加入该公约。我国对外缔结的双边司法协助条约中，除了根据《维也纳领事关系公约》允许领事或外交人员对该国国民送达司法文书以外，均不允许其他形式的外国国家机关或个人直接来我国取证。

付税款，包括其产生的利息、相关行政罚款以及追索产生的费用。公约第十一条第一款规定，“应请求方的请求，在遵从第十四条和第十五条规定的条件下，被请求方应像对待自己的税收主张一样，采取必要的措施追索首先提及的缔约国的税收主张。”也即是说，缔约国有义务协助其他缔约方追索其税收主张。

与情报交换手段不同的是，税收主张的追索的本质是在一国境内，替缔约国对方实施征税行为。在国际税收实践中，不少发达国家的税收协定中有此项规定。2003年，OECD范本修订中，加入了第二十七条税款征收协助的规定，与公约的本条规定内容类似。在税收征管合作中提供税款征收协助，是目前税收征管合作中力度最大的手段之一，履行这项合作必然对缔约国的立法和实践有较高的要求。国际社会，特别是发展中国家对引入该条款还存在一定的顾虑。目前，我国国内法并未规定税务机关可协助国外税务机关追征欠税，签署的税收协定与情报交换协定也从未加入过如此明确的条款①。

4. 文书送达

根据公约第十七条的规定，缔约国有义务为其他缔约国送达税务文书，且缔约国一方可以直接通过邮寄方式向位于缔约国另一方境内的纳税人进行文书送达。由于我国签订的税收协定与情报交换协定中并不包含文书送达的条款，如果我国加入公约且不对该条提出保留的话，这将成为税务机关一项全新的权利与义务。

在我国现有的国内法和条约体系中，允许行政机关向国外送达或协助国外送达文书的规定十分罕见。但在司法领域，协助送达司法文书的制度较为成熟，双边司法协助协定中一般都有协助他国送达文书的条款，但未规定可以向另一方直接邮寄送达；此外，我国签署的公约对直接邮寄送达的条款进行了保留，例如，1991年我国加入《关于向国外送达民事或商事司法文书和司法外文书公约》②时，提出的声明包括外国仅可通过其外交或领事代表向其本国国民送达司法文书，且反对通过邮寄途径直接向身在国外的人送交司法文书。

考虑到这一行为可能对我国的主权构成侵犯③，参照司法领域我国加入《海牙送达公约》的态度，如果我国加入本公约，可依照公约第三十条第一款第（五）项规定作出保留。

---

① 在新修订中国与马耳他的税收协定中，列入了简单的税收征收协助条款，该条款规定“缔约双方应努力相互协助征收税款。缔约双方主管当局可以通过相互协商确定本条规定的实施”，该规定对双方均没有强制的约束力。参见《中华人民共和国政府和马耳他政府对所得避免双重征税和防止透漏税的协定》，该协定已于2010年10月18日签署。

② 1965年11月15日订于海牙，1991年3月2日第七届全国人民代表大会常务委员会第十八次会议通过。

③ 不少国家均认为这是对主权的侵犯，参见Revised Explanatory Report to the Convention on Mutual Administrative Assistance in Tax Matters, Para163。

（三）加入公约对我国的影响

1. 正面影响

第一，有利于展现我国积极参与国际合作的姿态。由于公约强调国际间的合作，签署公约的缔约国需要承担协助他国税务机关工作的国际义务，加入公约可彰显中国负责任的大国的形象。

第二，有利于拓展我国国际税收合作的广度与深度。如前文所述，与我国之前签订的税收协定和情报交换协定相比，公约覆盖的范围更为广阔，适用的领域更为全面，操作性也更强。加入公约，可使我国与其他缔约国之前的征管合作明显加强。因为公约具有多边性，随着公约缔约国的增加，其适用的国家或地区也将不断扩大，如果我国加入公约，将减轻我国与其他国家或地区逐个签署情报交换协定的负担。

第三，有利于保护国家税收利益不受侵蚀。我国是世界第二大经济体，也是世界最主要的外国投资目的地之一，随着我国税收执法水平的不断提高，以往较为隐蔽的逃避在我国纳税义务的行为逐渐受到税务机关的重视，但是受到执法权的限制，对发生在境外的应税行为执行力度有限。例如，境外公司之间转让持有的中国公司股份的所得，按照《企业所得税法》应予征税，但我国对境外发生交易的公司的经营情况、交易细节等很难做到全面了解，即使作出征税决定，税款征收也存在一定困难。如果加入公约，而境外公司所在的国家也是公约缔约国的情况下，我国税务机关就可以得到协助，保证我国的税收利益。

第四，有利于进一步提高我国的反避税能力。新《企业所得税法》2008 年执行以来，国家对避税行为的打击力度不断加强，对转让定价的调查、受控外国企业管理等均需要足够的境外信息的支持，加入公约可以为我国得到其他缔约国相关信息提供保障，也为我国调查取证工作提供了较大的便利。虽然目前没有避税地加入公约，但二十国集团与 OECD 正促成避税地加入该公约，如果这一目标得以实现，税收征管的协作能为防止滥用避税港的制度或政策规避我国税收提供较好的保障，也可对有此企图的企业或个人形成威慑。

第五，有利于加强我国对“走出去”企业的管理。在管理“走出去”企业方面，因我国税务机关掌握所管辖企业境外投资经营、境外取得所得的情况主要依靠企业自行申报，加入公约以后，税务机关不但可以利用情报交换的体系，还可以通过同期税务检查、境外税务检查等方式了解企业的境外经营情况，有利于对该类企业的管理。

2. 负面影响

但我们也必须认识到以不作出保留的方式加入公约可能给我国带来的负面影响，其主要体现在：

第一，公约的某些内容与我国一贯立场不一致。我国在国际交往中奉行相互尊重主权的原则，公约的某些条款，扩大了外国行政机关管辖权的范围，例如，第十七条允许外国主管当局直接向位于我国的纳税人送达文书的规定，与我国的一贯立场不一致。

第二，目前国内立法不能适应公约的要求。虽然我国税法普遍规定了条约优先的原则，但执行条约必须有国内法的相关规定衔接和保障。例如，在司法领域的协作，《民事诉讼法》、《刑事诉讼法》都有明确规定，司法部、最高人民法院也颁布了不少执行性文件。但在行政领域执行互助协定，除了三类情报交换的执行比较成熟以外，目前国内法仍处于较为空白的状态。

第三，现阶段承担的义务与得到的权利很可能不成比例。目前我国签订的税收协定和情报交换协定都没有税款征收、文书送达、财产保全等内容，我国在执行这些规定上毫无经验，基层税务机关这种意识的培养也需要一段时间。反观公约缔约国中的发达国家，由于签订公约时间较早，实践经验丰富，除此之外，不少发达国家的双边税收协定中都有类似的内容，例如，现行的美国与加拿大税收协定[①] 第二十六 A 条的规定，英国与德国税收协定[②] 第二十八条的规定。又如，早在 1989 年，北欧的丹麦、芬兰、挪威、瑞典等国家就签订了《北欧税收互助公约》，开展了有效的税收征管互助。从经验上判断，如果我国加入公约并对这些互助形式进行承诺，短期内势必会造成外国对我国提起的请求多，我国发出的请求少的局面，我国从加入公约中获得的利益在短期内无法体现。

第四，可能给我国税务机关带来难以预料的执法风险。我国目前开展的征管协助集中在情报收集领域，在这一过程中，很少涉及纳税人的实体权利，税务机关至今也未曾因收集情报的行为侵犯纳税人合法权利而被纳税人提起复议或诉讼的先例。但公约关于征管互助的领域广泛，执行过程中涉及冻结财产、划扣税款等强制措施或强制执行，根据我国行政复议法和行政诉讼法的规定，以及公约第二十三的规定，我国税务机关采取执行的手段是可复议可诉的，此外《税收征管法》第

① Convention Between Canada and the United States of America With Respect to Taxes on Income and on Capital, signed at Washington on September 26, 1980, as amended by the Protocols signed on June 14, 1983, March 28, 1984, March 17, 1995 and July 29, 1997, http://www.fin.gc.ca/treaties-conventions/USA_-eng.asp.

② Convention Between the United Kingdom of Great Britain and Northern Ireland and the Federal Republic of Germany for the Avoidance of Double Taxation and Prevention of Fiscal Evasion with Respect to Taxes on Income and on Capital, Signed 30 March, 2010, Entered into force 30 December 2010, http://www.hmrc.gov.uk/international/germany.pdf.

四十三条规定，税务机关采取税收保全措施、强制执行措施不当，使纳税人、扣缴义务人或者纳税担保人的合法权益遭受损失的，应当依法承担赔偿责任。2012 年 1 月 1 日起实施的《中华人民共和国行政强制法》，使税务机关的这类执法行为受到更严格的规范。由此可见，执行公约可能给税务机关造成额外的执法风险。

第五，各级税务机关人力资源配置难以达到执行公约的要求。执行涉外的税收征管互助需要一批税收业务过硬、法律知识丰富、外语水平较高的人员，虽然近年来税务总局加大了相关人才的培训，但总体而言离全面执行互助公约还有较大差距。此外，《国际税收情报交换工作规程》第三十八条规定，对缔约国主管当局提出的同期税务检查、授权代表访问或行业范围情报交换请求等，由总局决定并组织、指导实施。如果加入公约，涉及新增的互助内容更需要税务总局层面的组织，会给中央机关带来较大的工作压力。

（四）我国加入公约的方式与建议

1. 方式

在世界经济全球化、一体化的背景下，加强国家之间各个领域的合作是不可避免的趋势。虽然公约在过去的二十年并未受到足够重视，但近年来，随着打击跨国避税行为的需要，OECD 等国际组织加大了对公约的宣传力度，OECD 也动用了各种渠道邀请世界主要国家加入该公约。可以预见，在将来的一段时间，公约的缔约国数量会有显著的增长。虽然前文分析了加入公约可能造成的负面影响，但是大部分问题是执行公约第二章征税协助与第三章文书送达所引起，如果我国在加入公约时对相关条款作出保留或声明，这些负面影响基本可以避免。因此，在现阶段，通过对公约条款进行保留，把征管互助的范围主要限制在情报交换以内，符合目前的国际环境与我国利益，既可以显示我国参与国际合作的姿态，也不会给我国带来太多额外义务，避免出现因执行公约造成的不良影响。此外，公约现有缔约国中，也有国家作出大量保留的先例，例如意大利对公约三十条规定可保留的项目中，a 至 e 项全部作出了保留。而对协助税款追缴方面，美国也作出了保留。我国作出类似的保留，符合其他缔约国加入公约的一贯做法，随着我国国内法的完善和经济发展的需要，可以根据情况逐步撤回这些保留，循序渐进，逐步扩大相互协助的范围。

2. 建议

由于我国已经签署了加入公约的意向书，也承诺将尽快研究，早日加入公约。因此，现阶段应未雨绸缪，加强对配套国内法规定的研究，保证公约的顺利执行。

首先，在执行征管互助程序问题上，《税收征管法》第九十一条规定，中华人民共和国同外国缔结的有关税收的条约、协定同本法有不同规定的，依照条约、协定的规定办理。但该规定并未明确在执行征管互助在国内法上使用的程序。因此，我们建议，为在国内法上为我国提供征管协助提供更明确的法律依据，可考虑在《税收征收管理法》修订时，增加一条，或在原九十一条增加一款：

“税务机关根据条约、协定的规定提供税收征管协助，依照中华人民共和国法律规定的程序进行。外国主管当局请求采用特殊方式的，也可以按照其请求的特殊方式进行，但请求采用的特殊方式不得违反中华人民共和国法律。”

其次，在执行三类情报交换以外的征管协助问题上，目前我国国内的立法仍比较欠缺。例如，协助外国主管当局送达税务文书应履行什么程序，对协助外国政府征收的税款是否具有与我国同样税收优先权等。如果我国日后考虑全面加入公约，必须在国内法上作出准备。有些国家的经验值得我们参考，例如，瑞典为了将执行国际征管协助的条约与协定与国内税收程序法、保密法等相连接，制定了《税收互助法》[①] 等。

当前，加入公约的各项工作已经紧锣密鼓的展开，我国应进一步加强对公约执行准备工作的研究，尽快完善执行公约涉及的国内程序性与实体性规定，积极利用公约签署给我国反避税、非居民税收征管等工作创造的有利条件，充分发挥公约作为国际征管协作有效机制的作用。

① Lag (1990:314) om msesidig handr ckning i skatte renden (Law on mutual assistance in tax matters).

第三部分

重点关注与制度建设

第七章

中国国际反避税制度整合

随着经济一体化、经济全球化的深入，跨国经营和投资越来越多，国内、国际税收管理的问题日趋复杂，随之而来的跨国避税问题也日益突出。避税的直接后果是导致国家财政收入的损失，间接后果是导致税收制度的公平缺失。因此，避税问题日益成为政府和社会各界关注的焦点。加强税收征管，有效开展反避税活动，采取有针对性的反避税措施，切实维护国家权益，是税务部门依法行政的重要职责。

一、我国反避税工作面临的挑战

随着全球经济扁平化趋势的加速，全球各种生产要素在不同的政治经济环境中加速流动，衍生出大量具有国际色彩的税源，这对各国争取税收权益提出了新的挑战。中国作为新兴市场国家，凭借其庞大的市场潜力、低廉的生产成本、完备的制造业链条、稳定的社会环境和优惠的政策条件，吸引了大量来华投资。

改革开放三十年来，境外资本与中国资本、劳动力、土地等生产要素的综合配置，创造出令世人瞩目的经济成就，同时也衍生出大量具有国际色彩的税源。目前，该部分税源已经成为各国普遍关注且极力争取的税收领域和税收权益。而跨国公司出于资产安全、规避税收等目的，利用其在全球范围内强大的资源调配能力和集团内部控制制度，通过关联交易的非公平作价，即人为地控制集团旗下各关联公司的利润归集。在这种利益驱使下，大量的跨国公司将我国境内产生的利润归集到境外关联公司，转移至我国常规的税收管理权限之外，导致我国税收在参与社会产品分配和再分配时，丧失了该部分潜在的税收权益，并且在社会上营造出跨国公司“只生产 GDP，不贡献税收”等不良舆论氛围，既导致了国家税收收入的流失，也伤害了我国市场经济公平合理的投资环境。

（一）我国企业避税问题

20 世纪 90 年代以来，我国对外开放步伐加快，各级政府对吸引外资的工作极其重视。由于鼓励外商投资的政策优惠，加之我国人力资源丰富、劳动力价格低于世界普遍水平、市场潜力大，越来越多的外资瞄准了中国市场。据统计，2009 年 1–10 月，全国新批设立外商投资企业 18163 家，实际使用外资金额 708.71 亿；2007 年外商投资企业工业产值占全国工业总产值的比重为 30.91%，外商直接投资为 835 亿美元，占世界总额的比重是 4.55%，居全球第 6 位。截至 2010 年，我国外向型经济发展迅速，外资企业达 44 万户，同时，我国对外投资 1.3 万户。见图 7–1。

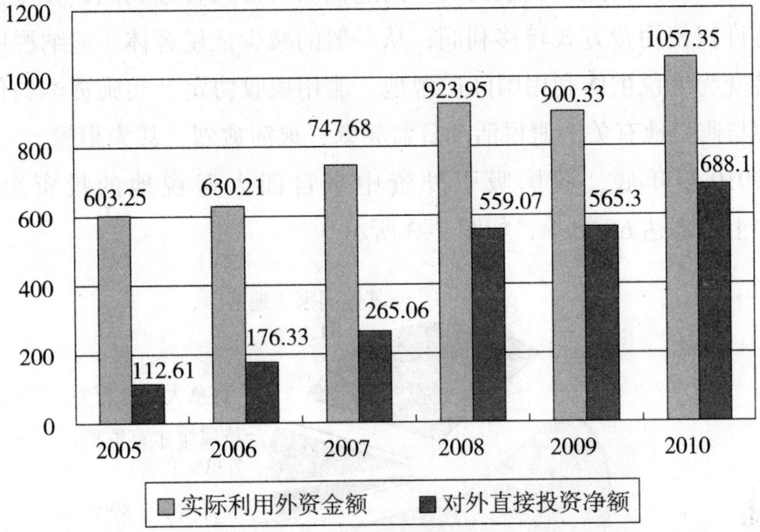

图7–1 实际利用外资金额与对外直接投资净额对比

然而，随着外资经济在我国经济中的地位和作用不断增强，企业避税问题也日益突出。一是外资企业的亏损面较高（图 7–2 是企业近年来亏损面的变化情况）。虽从图 7–2 可知，近年来亏损面逐年下降，但是到 2008 年仍高达 40%；二是一些微利企业也普遍存在避税问题；三是我国企业与避税港的联系日益密切，2008 年我国从三大避税港（维尔京、开曼和萨摩亚）吸引的外资占全国利用外资总额的 23%，我国"走出去"企业对外投资最多的前三位地区分别是香港、维尔京和开曼。值得关注的是，改革开放以来，我国较多的税收优惠吸引来外资，却没有吸引到利润，一些企业背后的说法是"把利润拿走，GDP 留给中国"。

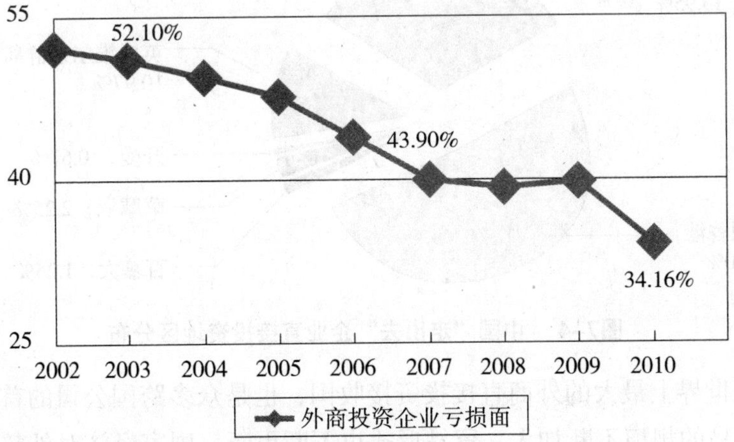

图7–2 外资企业亏损趋势图（2002–2010）

避税现象在我国经历了一个从无到有、从少到多、不断发展和变化的过程，避税形式不断呈现出新特点：从最初的“高进低出”方式转移利润，转变为通过支付劳务费和特许权使用费方式转移利润；从一般的减少征税客体（应纳税所得额）方式避税，转变为纳税主体利用国际避税地、滥用税收协定、实施资本弱化等新方式避税，其中与避税地有关的避税活动日益频繁，愈演愈烈，甚为猖獗。

截至2010年年底，我国吸引外资中来自四大避税地的投资总额比重为15.15%，加上香港达66.05%，如图7–3所示。

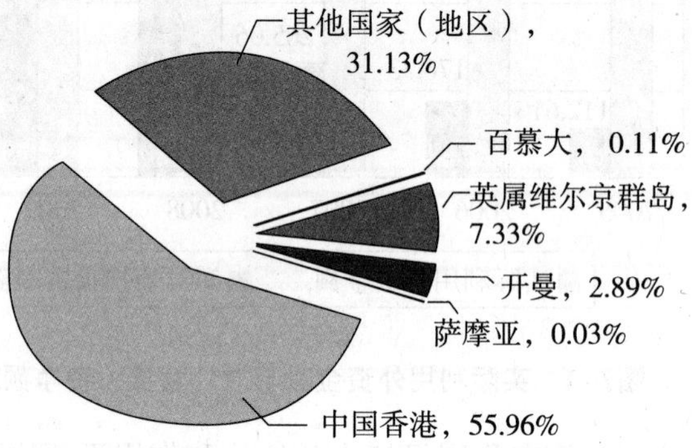

图7–3　中国吸引外资的来源地及结构比例

随着国内经济的发展，我国公司及个人也开始对外进行资本和劳务输出，主要表现为直接投资、承包工程、劳务合作和设计咨询，并且合同金额不断增大，这逐渐成为我国反避税管理关注的崭新领域。

截至2010年年底，我国“走出去”企业直接投资至四大避税地的总额占比为12.91%，加上中国香港达68.87%。走出去企业地区分布见图7–4。

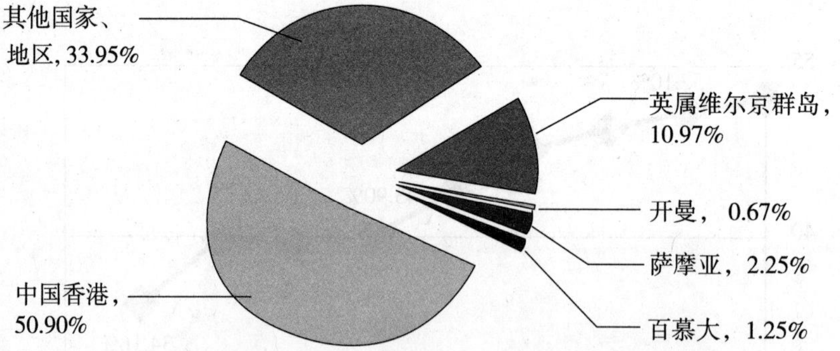

图7–4　中国“走出去”企业直接投资地区分布

中国是世界上最大的外商直接投资接收国，也是众多跨国公司的首选投资目的地，对外贸易的规模不断加大，贸易形式也不断更新，国家经济对外整体融合度显著提高，加之2008年内外资企业所得税统一，涉外企业税负有所提高，这些都是导致潜在避税几率增加的因素。

随着我国税收环境的日渐改善和纳税人依法纳税意识的增强，避税业务也被一些专业税务代理机构看好，不少社会中介机构已开始介入企业避税活动。伴随着越来越多的大型跨国公司进入我国从事直接投资活动，避税专业化趋势在我国实践中将越来越多地体现出来。

（二）当前我国强化反避税工作的迫切性

经济全球化和跨国公司的发展，使得税源国际化的趋势日益显现。中国作为投资热点国家，也面临着严重的国际避税问题。

1. 跨国公司避税普遍

目前全球有 8 万家跨国集团，拥有 100 万家跨国子公司，这些跨国公司控制了全球产值的 50%，国际贸易额的 60%~70%，国际投资的 90%。跨国公司在世界经济中的地位不断增强的同时，对转让定价等避税方式的运用更加频繁，跨国公司总部控制各国子公司的生产、经营及定价，很容易通过转让定价、资本弱化、避税地避税等手段进行避税，在不同国家之间转移利润，使公司集团总体税收负担最低。全球 90% 以上的跨国公司通过在避税港建立控股公司、各种基金等形式进行避税。

2. 各国反避税竞争激烈

针对跨国公司日益复杂的全球经营策略和避税筹划，如何加强对跨国公司的税收管理，保护本国税基，引起各国政府与国际组织的极大关注与重视，尤其是 20 世纪 90 年代以来，各国纷纷从立法和管理两个方面强化反避税工作，并将其作为维护本国税收利益的重要手段。反避税工作的实质是对国际税源的争夺。在跨国集团总体利润一定的条件下，留给一国的利润多了，留给其他国家的利润就少。各国为了使跨国集团将更多的利润留在本国，往往要实行较严厉的反避税调查和监管措施，各国之间为争夺国际税源展开的反避税竞争颇为激烈。面对严峻的避税形势，我国国际反避税工作任重而道远。

二、我国反避税制度框架与实践发展

20 世纪 80 年代，我国改革开放政策在全国范围内得以贯彻执行，境外投资者开始关注并踏上这片热土，随之而来的巨额资本积累、先进管理经验、领先的科学技术激活了我国经济引擎，使我国经济从此进入快速增长的发展阶段。市场经济的发展和经济结构的改变，深远地影响了我国政府部门的工作内容和工作方式，税务部门也从这一阶段开始，对我国反避税工作进行积极的探索，以应对蓬勃发展的涉外经济，并争取日益庞大的国际税源。近几年来，党中央、国务院领导多次就反避税工作做出重要批示，国家税务总局也对反避税工作寄予了前所未有的关注和期望。

（一）反避税法规体系的逐步完善

有法可依是反避税调查的先决条件，法制建设是反避税工作规范化发展的基础。1987 年深圳市政府颁布了《深圳经济特区关联企业之间业务往来税务管理暂行办法》（深府〔1987〕464 号）。1988 年 1 月 4 日，财政部税务总局以（87）财税外字第 376 号文将上述办法转发全国参照执行。至此，正式拉开我国反避税立法并不断完善相关法律法规的序幕。

从 1991 年起，依次颁布的《中华人民共和国外商投资企业和外国企业所得税法》及其实施细则和《中华人民共和国税收征收管理法》及其实施细则中均涉及转让定价、关联交易等反避税概念，这激发了各地实际开展反避税工作的热情。随着经济的发展和反避税工作的推进，各方对完整统一的反避税规范化操作规程提出迫切需求，于是我国在 1995 年出台了转让定价税务管理规程，并分别于 1998 年和 2004 年进行了两次修订。反避税工作内容和框架得到较为全面的阐述，并且在每个操作程序中都严格规定主管税务机关和纳税人各自履行的责任、义务、期限、具体实施的步骤及要求，为各地开展反避税工作提供详尽的指导和准确依据。

2008 年，为适应中国经济环境的变化，新《企业所得税法》在总结我国十几年反避税工作实践的基础上，借鉴国外反避税立法经验，制定了“特别纳税调整”，丰富和完善了反避税制度，一方面，进一步完善了转让定价法律和预约定价规则，规定了同期资料管理、第三方提供资料义务等条款；另一方面，引入了成本分摊协议、资本弱化、反避税港避税、一般反避税规则以及针对避税调整补税加收利息等全新内容，第一次形成了我国较全面的反避税立法，为打击各种避税行为提供了法律依据。为了贯彻实施《企业所得税法》及其实施条例，全面加强反避税管理，税务总局在广泛征求意见的基础上，2009 年 1 月 8 日，下发了《特别纳税调整实施办法（试行）》，形成了较详细的转让定价税务管理的具体业务指南。

为贯彻实施新企业所得税法，国家税务总局陆续出台了 9 个解释性规定，如联合财政部下发的《关于企业关联方利息支出税前扣除标准有关税收政策问题的通知》（财税〔2008〕121 号），明确了允许税前扣除的企业关联债权投资与企业权益投资的比例；《企业年度关联业务往来报告表》（国税发〔2008〕114 号），明确实行查账征收的居民企业和在我国设立机构、场所并据实申报的非居民企业均应在企业所得税纳税申报时，附送关联业务往来报告表等；《国家税务总局关于加强转让定价跟踪管理有关问题的通知》（国税函〔2009〕188 号）专门就转让定价跟踪管理工作提出明确要求；《国家税务总局关于强化跨境关联交易监控和调查的通知》（国税函〔2009〕363 号）明确承担单一生产（来料加工或进料加工）、分销或合约研发等有限功能和风险的企业应保持合理利润水平，防止跨国企业在金融危机背景下将境外亏损转移到中国境内。为了配套受控外国公司条款，出台了包括《国家税务总局关于简化判定中国居民股东控制外国企业所在国实际税负的通知》（国税函〔2009〕37 号），同时出台了一系列规范管理性的文件如《国家税务总局关于印发〈2008 年版企业年度关联业务往来报告表业务需求〉的通知》（国税函〔2009〕72 号）、《国家税务总局关于 2008 年反避税工作情况的通报》（国税函〔2009〕106 号）、《国家税务总局关于做好 2008 年度企业所得税汇算清缴工作的补充通知》（国税函〔2009〕134 号）、《国家税务总局关于加强转让定价跟踪管理有关问题的通知》（国税函〔2009〕188 号）等一系列的法律法规，为我国反避税工作的发展奠定了坚实的法律基础，营造了较为完善的法制环境，为税务机关执法和纳税人遵从提供了法律依据。这些规定的颁布与实施，实现了全国反避税工作在《企业所得税法》及其实施条例初始实施阶段的顺利过渡，并与《税收征管法》及其实施细则共同形成了我国涵盖法律、法规、规范性文件各层面的反避税法律框架和管理指南，为税务机关执法和纳税人遵从提供了明确的法律依据。

目前的反避税法律框架主要包括《企业所得税法》、《税收征管法》、《企业所得税法实施条例》、《税收征管法实施细则》、《关于企业关联方利息支出税前扣除标准有关税收政策问题的通知》（财税〔2008〕121 号）、《特别纳税调整实施办法（试行）》、《企业年度关联业务往来报告表》（国税发〔2008〕114 号）、《国家税务总局关于简化判定中国居民股东控制外国企业所在国实际税负的通知》（国税函〔2009〕37 号）等法律法规，它们共同形成了涵盖各个法律级次在内的反避税法律框架和管理指南，为税务机关执法和纳税人遵从提供了法律依据。其中，主要的操作性实务指南是《特别纳税调整实施办法（试行）》。

1.《特别纳税调整实施办法（试行）》的制度框架

《特别纳税调整实施办法（试行）》不仅赋予了税务机关开展反避税的新手段，还规定了企业的相关法定义务。法律手段方面，《特别纳税调整实施办法（试行）》将资本弱化、受控外国企业、一般反避税管理制度细化，使税务机关今后可以依法打击这些避税行为。《特别纳税调整实施办法（试行）》设定了“关联申报”和“同期资料管理”的内容，既赋予税务机关掌握企业关联交易的手段，相应地，进行“关联申报”和准备“同期资料”成为发生关联交易的纳税人的义务。从该条款中可以看出，反避税调查主要还是从维护主权利益出发，对境外关联交易进行调整，但并不妨碍对境内关联交易也可以适用。一般纳税调整是基于企业的日常经营，而“特别纳税调整”则是基于企业存在关联交易，违背独立交易原则的“特别情况”。

《特别纳税调整实施办法（试行）》是对《企业所得税法》及其实施条例中“特别纳税调整”条款的解释和细化。《特别纳税调整实施办法（试行）》的各章节对反避税的操作程序和手段都有明确规定。

2.《特别纳税调整实施办法（试行）》的主要内容

（1）第一章为“总则”。

（2）第二章为“关联申报”。本章内容进一步明确了实行查账征收的居民企业和在中国境内设立机构、场所并据实申报纳税的非居民企业有关联申报的义务，在年度申报时须附送 9 张关联申报表。为了便于纳税人进行关联申报，还明确界定了关联关系判定的 8 个标准以及关联交易的 4 种类型。

（3）第三章为“同期资料管理”。按照《企业所得税法实施条例》第一百一十四条的规定，进一步明确了企业在发生关联交易的当期，有义务准备同期资料，包括关联交易的价格、费用制定标准、计算方法和说明等转让定价文件资料，证明企业关联交易符合独立交易原则，同时，企业也有义务保存和向税务机关提供同期资料。

（4）第四章为“转让定价方法”。纳税人通过转让定价避税是最普遍的避税手段，自然成为税务机关反避税重点。“转让定价方法”借鉴 OECD 转让定价指南和其他国家的立法，结合我国转让定价税务管理的实践，对《企业所得税法实施条例》第一百一十一条规定的六种转让定价方法的具体运用加以明确，包括各种方法的描述、计算公式、可比性分析应特别考察的内容、适用的交易类型等。同时《特别纳税调整实施办法（试行）》借鉴 OECD 转让定价指南，完整系统地描述了可比性分析的五大要素：交易资产或劳务特性、交易各方功能和风险、合同条款、经济环境和经营策略。同时还对运用各种转让定价方法在可比性分析时需要特别考察的因素予以明确，这将极大地方便税务机关寻找可比信息，加大反避税的力度。

（5）第五章为“转让定价调查及调整”。本章明确了转让定价调查及调整的程序和操作要求，除第一条为总括性规定外，其余各条按照选案——调查——调整——跟踪管理的操作顺序作出具体规定。

（6）第六章为“预约定价安排管理”。本章根据近几年预约定价安排（APA）的实践，规定了18个条款，借鉴“原APA规则”，对一些条款做了合并、补充和完善。

（7）第七章为“成本分摊协议管理”。成本分摊协议是《企业所得税法》引入的新规定，与以往的税收法律文件没有衔接。本章主要内容包括成本分摊协议的基本内容、协议各方权利义务、协议在执行期内的成本扣除、补偿调整和资产确认的税务处理等。

（8）第八章为受控外国企业规则。受控外国企业规则是《企业所得税法》中的一个全新条款，是反延迟纳税的措施。

（9）第九章为“资本弱化管理”。本章对《企业所得税法》及其实施条例的有关规定进行了具体解释和细化，主要内容包括不得扣除利息支出的计算、关联债权投资、企业权益性投资的范围、关联债资比例的计算方法、利息支出的范围、不得扣除利息如何在关联方之间分配等。

（10）第十章为“一般反避税管理：一般反避税规定作为《企业所得税法》的一项全新内容，旨在遏制特别反避税措施（转让定价、受控外国企业、资本弱化等）无法制约的其他避税行为。一般反避税规定适用范围的宽泛和实施上的不确定性，使其成为各国所得税法中最受争议的部分，但这个特点也使其成为打击避税的最有效的手段。本章主要明确一般反避税规定的适用条件，并制定公开透明的实施方式来防止税务机关滥用自由裁量权，尽可能减少对纳税人正常商业行为的干扰。

（11）第十一章、第十二章、第十三章分别为“相应调整及国际磋商”、“法律责任”及“附则”。

《特别纳税调整实施办法（试行）》出台的深远意义更在于，它标志着经过数十年努力，我国终于构建起较为完备的反避税法律法规体系，反避税管理工作步入科学规范、全面提升质量的新阶段。同时它明确地表达了中国税务当局维护国家税收权益和强化国际税源管理的决心和信心。随后陆续下发了上文提及的十几个相关的规范性文件。这些法律、法规和规范性文件共同形成了涵盖各个法律级次的反避税法律框架和管理指南，为税务机关执法和纳税人遵从提供了法律依据。

（二）反避税防控管理体系基本形成

我国反避税工作始于20世纪80年代，在反避税实践初期，由于缺乏经验和统一领导，各地各自为政，税务总局不掌握任何统计数据和案件具体情况。随着反避税工作的发展，税务总局逐步意识到，全国各地各行其是，一盘散沙，不利于管理，无法形成反避税威慑力。反避税工作内容涉及国与国之间的税收权益划分，相对于普通税收检查行为，具有非同一般的严肃性和权威性。因此，反避税工作管理流程和操作规程必须执行全国统一标准和原则，避免各地税务机关在实际工作过程中出现执法各异的地方割据现象。

在反避税初期，税务总局以办案数量为工作成绩衡量标准，因此各地每年立结案数量超千，但实际补税入库并没有显著成效，平均个案补税很少。税务总局自2005年起建立了案件监控管理系统，各地案件在立案和结案两个环节须逐级层报审核，税务总局进行最终监控、指导，逐步做到了全国一盘棋。这种层层把关的措施对于规范案件调查、提高审理质量、加大补税力度、促进全国联查、防止地方政府干预和加强国地税协调配合等方面都发挥了较好的作用。

自2005年以来，各地每年立结案数量大幅度下降，全国每年立案和结案数量都保持在180户左右，但个案补税金额大幅度提高，单案补税金额超过千万元甚至亿元的大案要案逐年增多。

随着反避税实践的发展和与各国际组织、各国税务主管当局交流的增加，我国反避税管理理念得到进一步完善。目前税务总局提出了今后反避税管理需要坚持的原则，即“防查并举”原则，一改以往以“查”为重点的思路，着重建立“管理——服务——调查”三位一体的反避税防控体系。通过强化关联申报、同期资料和跟踪管理等措施督促企业自觉遵循独立交易原则，主动提高利润水平；通过开展单边和双边预约定价工作增强企业经营的确定性，避免国际双重征税，体现优化纳税服务的工作理念；通过加大反避税调查和联查力度，发挥威慑作用，带动行业整体利润水平的提高。目前反避税工作有统一的工作流程，涵盖从关联交易申报管理、信息基础建设到立案审查、结案监控、后续跟踪的整个流程，各地的案件调查严格依照有关程序规定，做好关联交易财务状况分析、企业功能及风险分析、数据库运用及可比企业筛选、调整方法的选择、谈判方案的拟订等工作。

从2010年起，国家税务总局已连续两年对外发布中英文《中国预约定价安排年度报告》，得到国际上的广泛关注和好评，经济合作与发展组织也在其网站转载了上述报告。税务总局还下发了《特别纳税调整工作制度》和《重大案件会审制度》，进一步完善反避税工作机制。

在英国《转让定价周刊》发布的世界前10名转让定价制度较严的国家中，我国已从2007年的第8位上升到2010年的第3位，仅次于日本和印度。在工作方式上，国家税务总局加大了行业联查和集团联查力度，通过对零售业、房地产业和航运业的行业分析及全国联查，提升服务业反避税调查能力及水平；通过对收益法的研究和推广，实现反避税工作从传统购销向关联股权、无形资产等类型的拓展；通过关联申报审核、同期资料检查和对已调查户的跟踪管理等手段，促使企业改变定价或税收筹划模式，主动提高利润水平。2011年，反避税工作通过管理、服务和调查等方式，对税收增收贡献达到239亿元。

1. 关联申报及同期资料管理

关联申报管理和同期资料管理是反避税的基础工作。关联申报是指企业有义务就其关联关系和关联交易向税务机关进行披露。《特别纳税调整实施办法（试行）》要求企业向中国税务机关报送年度企业所得税纳税申报表时，附送企业年度关联业务往来报告表，包括《关联关系表》、《关联交易汇总表》、《购销表》、《劳务表》、《无形资产表》、《固定资产表》、《融通资金表》、《对外投资情况表》和《对外支付款项情况表》共9张表格。

（1）关联申报管理内容

关联申报首先必须要界定关联关系，但在实际工作中常常遇到企业与税务机关在对企业是否存在关联关系的认定上各执一词的情形。比如一些明显存在避税情形的企业，通过设立一些所谓的空壳贸易性企业进行购销往来，而这些设立于境外的贸易性企业在股份、股东、亲属关系上往往隐秘、虚列上属关系，造成税务机关工作上的障碍和执法成本的增加，基层税务机关强烈要求依据“实质重于形式原则”进行可行性的修改，而部分企业也有反映担心关联关系的认定存在税务机关判定上的“滥用”现象，造成关联申报的繁杂。

① 关联关系的审核和认定。

各国税法对于关联关系的认定一般有两大标准：一是股权控制标准；二是企业经营管理或决策人员的人身关系标准；凡法人或个人实体，体现出控制权，均属关联。我国征管法实施细则五十一条所称的关联企业系指“在资金、经营、购销等方面，存在直接或者间接的拥有或者控制关系”、“直接或者间接地同为第三者所拥有或者控制”、“在利益上具有相关联其他关系”。

《特别纳税调整实施办法（试行）》第九条具体明确了我国对关联企业之间关联关系的判定条件。具体来说，关联关系主要是指企业与其他企业、组织或个人具有下列之一关系：

一方直接或间接持有另一方的股份总和达到25%以上，或者双方直接或间接同为第三方所持有的股份达到25%以上。若一方通过中间方对另一方间接持有股份，只要一方对中间方持股比例达到25%以上，则一方对另一方的持股比例按照中间方对另一方的持股比例计算。

一方与另一方（独立金融机构除外）之间借贷资金占一方实收资本50%以上，或者一方借贷资金总额的10%以上是由另一方（独立金融机构除外）担保。

一方半数以上的高级管理人员（包括董事会成员和经理）或至少一名可以控制董事会的董事会高级成员是由另一方委派，或者双方半数以上的高级管理人员（包括董事会成员和经理）或至少一名可以控制董事会的董事会高级成员同为第三方委派。

一方半数以上的高级管理人员（包括董事会成员和经理）同时担任另一方的高级管理人员（包括董事会成员和经理），或者一方至少一名可以控制董事会的董事会高级成员同时担任另一方的董事会高级成员。

一方的生产经营活动必须由另一方提供的工业产权、专有技术等特许权才能正常进行。

一方的购买或销售活动主要由另一方控制。

一方接受或提供劳务主要由另一方控制。

一方对另一方的生产经营、交易具有实质控制，或者双方在利益上具有相关联的其他关系，包括虽未达到本条第（一）项持股比例，但一方与另一方的主要持股方享受基本相同的经济利益，以及家族、亲属关系等。

从以上具体判定条件来看，我国目前对关联方最低控制水平的规定是25%，标准还是比较严格的。

由于《特别纳税调整实施办法》增加许多避税方式的法律应对措施，关联方申报内容相应也予以了补充和丰富，企业与其关联方之间的关联交易的不同类型以及附报不同的年度关联业务往来报告表，决定了我们税务机关对不同类型关联交易活动所需了解、审核的侧重点不同。

在具体附送的与关联方之间业务往来的年度关联业务往来报告表中，税务机关增加了许多针对避税方式所采取的加强关联申报的应对措施，如《融通资金表》、《对外支付款项情况表》、《对外投资情况表》等，这些表格能比较直观反映此类业务活动的内容、范围和性质，大大丰富和完善了反避税申报制度，强化了企业应就其与关联方的业务往来情况进行申报的法律义务，是对企业利用不同的避税方式一种较好的风险警示，而且同《特别纳税调整实施办法》其他章节的一些具体申报内容也作了铺垫和衔接。

② 关联交易类型及关联交易额的审核

现行关联交易主要类型包含的内容，与旧规程相比增加了客户名单、营销渠道和商业秘密等属于营销型无形资产的内容，这种类型的关联交易的日趋活跃，应引起关注。

关联交易额的审核包括对于企业与关联企业之间的产品（商品）购销业务实际支付或收取的价款金额，企业与关联企业之间融通资金的金额及其应计利息（包括各项有关费用），企业与关联企业之间提供劳务所实际支付或收取的劳务费金额，企业与关联企业之间转让有形财产、提供有形财产使用权等所实际支付或收取的费用金额，企业与关联企业之间转让无形财产、提供无形财产的使用权等所实际支付或收取的费用和金额的审核。税务审计人员应按年度对上述交易类型进行检查，检查结果应分别填写相关表项，《企业关联关系认定表》、《企业关联交易认定表》并由企业签认。

③ 关联申报制约措施

为保证企业按要求的时间和内容进行申报，《特别纳税调整实施办法（试行）》第一百零五条规定，对企业未按规定向税务机关报送企业年度关联业务往来报告表，依照《税收征管法》第六十二条的规定处罚，即责令限期改正，可以处以 2000 元以下的罚款，情节严重的，可以处以 2000 元以上 10000 元以下的罚款。同时，在《特别纳税调整实施办法》第四十八条规定，依法履行关联申报义务是申请预约定价安排的前提条件。换言之，如果企业未依法进行关联申报，税务机关不受理其提出的预约定价申请，并且根据第二十九条的规定，税务机关还可以将未按规定进行关联申报的企业作为选择的重点调查对象。

（2）同期资料管理

同期资料是在《特别纳税调整实施办法（试行）》中新增的重要内容，对于税企双方都有重要的意义。

① 同期资料的定义及内容

同期资料又称同期文档、同期证明文件，是指根据各国和地区的相关税法规定，纳税人对于关联交易发生时按时准备、保存及提供的转让定价相关资料或证明文件。同期系指关联交易的发生和交易资料准备的同期，包括对关联交易资料进行准备、保存以及对关联交易是否符合独立交易原则提供说明的资料和证明文书。同期资料主要内容主要包括组织结构、生产经营情况、关联交易情况、可比性分析、转让定价方法的选择和使用。企业有义务按纳税年度准备、保存、并按税务机关要求提供其关联交易的同期资料。

② 同期资料的特点

a. 同期资料要求全面详尽

同期资料信息量大，涉及面广，有些资料是企业财务核算所不能掌握的，需要企业内部众多部门的配合才能完成；同期资料的目的在于确定企业关联交易是否遵循独立交易原则，因此需要大量的信息资料进行可比性分析来证明关联交易的合理性，企业准备、保存全面详尽的信息资料是减少转让定价税务风险的必要手段。

b. 同期资料要求连贯严密

同期资料的准备工作应当在平时逐步进行，否则到税务机关要求提交时，要准确备齐所有资料是比较困难的；同期资料的各部分内容应具有内在的连贯性，在准备同期资料的过程中，需要通盘考虑各部分之间的逻辑合理性，哪个环节资料连接不上都可能给企业带来风险，集团内部存在较多关联交易的企业尤其要注意同期资料的连贯和完备，各部分之间如果出现严重矛盾之处，不仅无法证明企业的关联交易遵循独立交易原则，而且有可能被税务机关认定为提供虚假和不完整的同期资料。

c. 同期资料要求分析准确

同期资料既包括事实陈述，又包括分析说明，而建立在翔实事实基础上的准确分析是维护纳税人自身权益、减少转让定价调查风险和税企争议的有效手段。

③ 同期资料的免除

属于下列情形之一的企业，可免予准备同期资料：

年度发生的关联购销金额（来料加工业务按年度进出口报关价格计算）在 2 亿元人民币以下且其他关联交易金额（关联融通资金按利息收付金额计算）在 4000 万元人民币以下，上述金额不包括企业在年度内执行成本分摊协议或预约定价安排所涉及的关联交易金额；

关联交易属于执行预约定价安排所涉及的范围；

外资股份低于 50% 且仅与境内关联方发生关联交易。

不符合同期资料法定准备要求的企业，也可能存在转让定价的风险。一家企业可能由于符合三个免除条件的一条而无需准备同期资料，但是在追溯调整期内，企业仍然有可能遇到转让定价调查和调整的风险。

④ 需要准备同期资料管理的情形

税务机关应全面搜集整理各类企业准备、提供的同期资料，及时整理相关信息，围绕跨国（境）关联交易和境内不同税负环境间关联交易税源监控这条主线，加强特别纳税调整基础管理工作。需要准备同期资料的企业需要满足下列条件之一：

年度发生的关联购销金额（来料加工业务按年度进出口报关价格计算）在 2 亿元人民币以上；

年度发生的其他关联交易金额（关联融通资金按利息收付金额计算）在 4000 万元人民币以上；

承担单一功能和风险的外资企业出现亏损（国税函〔2009〕363）。

前两种的金额不包括企业在年度内执行成本分摊协议或预约定价安排所涉及的关联交易金额。

除却以上一般的适用对象外，企业如有下列情况也需进行特殊的同期资料准备：

成本分摊协议：企业执行成本分摊协议期间，除遵照《特别纳税调整实施办法》规定外，还应准备和保存成本分摊协议的同期资料。

资本弱化管理：企业关联债资比例超过标准比例的利息支出，如要在计算应纳税所得额时扣除，应准备、保存并按税务机关要求提供同期资料，证明关联债权投资金额、利率、期限、融资条件以及债资比例等均符合独立交易原则。

企业在准备并提交同期资料后，依然有被税务机关进行转让定价调查的风险。税务机关对企业是否进行转让定价调查以及是否进行纳税调整，关键在于企业的转让定价政策是否符合公平交易原则，而企业的同期资料只是将企业的关联交易政策进行分析和验证，并不能改变定价政策的合理性。

⑤法律责任

企业准备并保存了同期资料的，对反避税调查补征税款可以免收罚息；

企业未保存同期资料或其他相关资料的，依照《税收征管法》第六十二条进行处罚，由税务机关责令限期改正，可以处2000元以下的罚款，情节严重的，处2000元以上的罚款；

企业拒绝提供同期资料等关联交易的相关资料，或者提供虚假、不完整资料，未能真实反映其关联业务往来情况的，依照《税收征管法》第七十条、《税收征管法实施细则》第九十六条的规定进行处罚，由税务机关责令限期改正，可以处10000元以下的罚款，情节严重的，处10000元以上50000元以下的罚款；按《企业所得税法》有关规定可以核定征收。

2. 转让定价管理

转让定价管理是指税务机关按照《企业所得税法》第六章和《税收征管法》第三十六条的有关规定，对企业与其关联方之间的业务往来是否符合独立交易原则进行审核评估和调查调整等工作的总称。其中，转让定价调查与调整是转让定价管理的主要内容，是税务机关根据《税收征管法》及其实施细则对企业关联交易是否符合独立交易原则进行分析与调查。国家税务总局《特别纳税调整实施办法（试行）》第五章主要对转让定价的四个环节做出规范。这四个环节可归纳为：选案、立案调查、结案和跟踪管理。税务机关进行转让定价的调查与调整的具体工作流程如图7-5所示。

转让定价管理制度针对的是跨国关联企业之间的关联交易价格。在运用转让定价相关法规进行特别纳税调整时，首先就是要正确判断哪些交易属于关联交易，交易双方是否是关联企业。对于非关联企业、非关联交易，转让定价法律法规是完全不适用的。如果交易双方属于关联企业，那么税务机关有权对关联企业的关联交易价格进行审核评估。一旦发现交易价格不符合独立交易原则或明显偏离正常的市场价格或其他合理价格，税务机关有权依据转让定价相关法律法规对这项不合理交易价格进行调整。

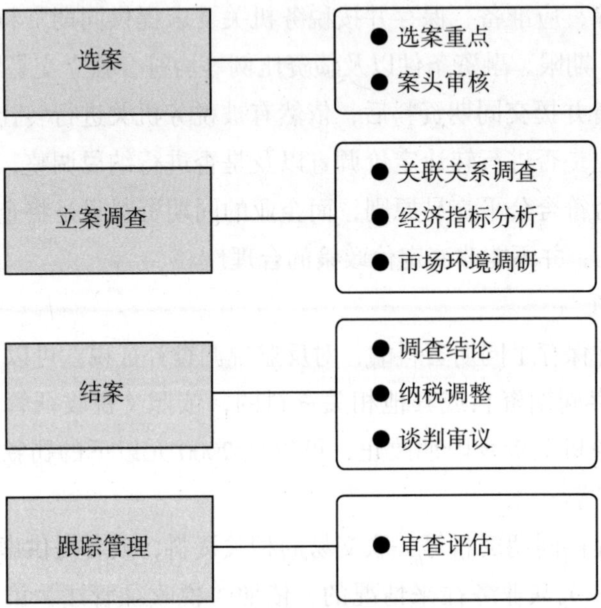

图7-5　税务机关进行转让定价管理的工作流程图

（1）选案

在选案阶段，为从上万个外资企业中选择合适的转让定价调查对象，税务机关不单单要考虑企业之间是否具有关联关系，还需要根据其掌握的行业数据、企业历年上交的数据等找出选案重点，之后通过案头审核最终确定实际调查对象。简单地说，税务人员应按“先选行业、后选企业”的顺序进行操作。

a. 选案重点

国家税务总局分别在2009年2月26日、4月29日、7月28日发布了《关于进一步做好税收征管工作的通知》《关于加强税种征管促进堵漏增收的若干意见》和《进一步加强税收征管若干具体措施》，强调加强国际税源监管的重要性。文件要求各级税务机关贯彻落实《特别纳税调整实施办法（试行）》（国税发〔2009〕2号），全面加强反避税管理，不但要强化关联申报管理，还要深化转让定价调查，加大调整补税力度。文件中还明确提出了重点调查的关联交易类型，即重点调查企业对外大额支付特许权使用费和劳务费，以及“走出去”企业从国外收取特许权使用费等关联交易。在需要对跨国企业进行转让定价调查时，为获得可比企业或关联方相关资料，税务机关可以按有关规定采取税收协定的情报交换手段获得境外资料。

因此，加大国际税收情报交换力度显得格外重要。另外，国家税务总局还提出强化全国联查、区域联查和行业联查，重点调查长期亏损、微利却不断扩大经营规模的企业，并列举了几个重点关注的行业，如大型零售业、高速公路建设业、制药业、汽车业以及饭店连锁行业等。这为税务人员选择转让定价调查行业指明了方向，并提供了坚实的法律保障。

有些行业之所以会在转让定价调查中占的比重很大，主要是因为在这些行业中，转让定价方法的一点改变就可以对企业经营状况产生巨大的影响。这些行业的特点可以概括为：商品的主要价值由无形资产组成，比如制药业、电子和奢侈品等领域的行业和综合性行业，存在大量的跨国合作和交易，比如汽车行业等。

在完成行业选择之后，税务机关有权依据《税收征管法》及其实施细则有关税务检查的规定，确定调查企业，进行转让定价调查、调整。当然，在一个行业内部企业数量还是非常之多，如果要求税务人员对每一个行业内企业都进行判断分析，工作量是相当大的。因此，《特别纳税调整实施办法》中明确列举了转让定价调查中应重点关注的七个企业类型。

《特别纳税调整实施办法》第五章第二十九条规定，转让定价调查应重点选择的企业如下：

- 关联交易数额较大或类型较多的企业；
- 长期亏损、微利或跳跃性盈利的企业；
- 低于同行业利润水平的企业；
- 利润水平与其所承担的功能风险明显不相匹配的企业；
- 与避税港关联方发生业务往来的企业；
- 未按规定进行关联申报或准备同期资料的企业；
- 其他明显违背独立交易原则的企业。

b. 被列为重点调查对象的原因

这些企业之所以会作为税务机关转让定价调查的重点，总的原因是因为这些企业存在转让定价避税方式的可能性更大，或者可能性不一定非常大，但一旦存在转让定价避税的话，对国家税收收入的影响是相当严重的，因此需要税务人员对如上类型的企业加以关注。具体分析如下：

第一，关联交易数额较大或类型较多的企业如果在转让定价上存在问题，那么对国家税收收入的影响较其他企业是相当严重的。因此，税务机关必须将其作为审查重点。

第二，如果外商投资企业在我国从事生产经营活动，并处于常年亏损状态，那么按常理该企业应撤回投资或转营其他经济领域。因此，如果一个企业属于“常亏不倒户”甚至投资规模还不断扩大的话，那么其很可能利用转让定价向境外转移利润，造成亏损的假象。由于我国一直将此类企业作为调查重点，有些外商投资企业为了避开税务机关的调查视线而长期微利经营而非亏损。因此这些微利企业也应作为税务机关转让定价调查的重点对象。

第三，如果企业无法达到同行业利润水平，则说明企业没有得到该行业的平均利润，其利润率低于同行业的平均利润率。这种现象说明企业在同行业中的竞争力较弱，亏损的出现可能是由于企业自身生产经营管理不善而造成的，但也不能排除企业滥用转让定价而规避税收的可能。对于这类企业，税务人员应当重点审计。

第四，企业的利润水平等于平均利润率与风险溢价的乘积，即企业承担的风险越大，通常情况下其利润水平应该越高。另外，企业在生产经营中承担的功能也应在其利润水平中给予反映，即企业承担的功能越多，一般地说其利润水平应该越高。因此，如果二者不匹配，那么企业利用转让定价进行避税的可能性就相应较高，税务人员应该对该类企业进行转让定价重点审计。

第五，避税港一般指的是税率很低、甚至完全免征税款的国家或地区。通常避税港是一些岛国或缺乏天然资源的地区，为自身发展需要，而设置避税港吸引外资。如果企业与避税港关联方发生业务往来，那么它很有可能将自身的利润转移至避税港以逃避所在国的税收。因此，这种情况的企业应该引起税务机关的高度警觉。

第六，如果企业没有按规定进行关联申报或准备同期资料，那么它很有可能是存在转让定价滥用行为并害怕税务机关的进一步检查，因为如果不提交相关资料，税务机关就无法掌握该企业的关联关系和关联交易情况。对于该类企业，税务机关应该进行重点审计。

最后，对于其他明显违背独立交易原则的企业，税务机关必须予以重视并作为转让定价重点审查对象。

在实际操作中，税务机关不必局限于办法中规定的条款选择调查对象，也可以根据企业投资规模变化以及可能存在的转让定价风险大小选择行业内的某些企业进行进一步调查。

另外，对于仅存在境内关联交易的企业，《特别纳税调整实施办法》第三十条规定，实际税负相同的境内关联方之间的交易，只要该交易没有直接或间接导致国家总体税收收入的减少，原则上不做转让定价调查、调整。也就是说，如果其实际税负等于其境内关联方的实际税负，则原则上税务机关不需要对其进行转让定价调查。但是，如果其实际税负与其境内关联方的实际税负差异过大，税务机关有权对其转让定价方法进行调查和调整。这是因为，2008 年开始实施的《企业所得税法》规定，除少数民族地区及高科技企业和小型微利企业外，企业所得税的税率一律为 25%。因此，在境内转移利润不会对国家税收造成影响，企业也不会从中受益。而如果税务机关对这类企业进行了转让定价调查与调整，那么不但会浪费大量人力、物力和财力，更重要的是，这必然会使得一个地区的税收额增加而另一个地区的税收收入减少，从而造成地区分布不均，引发地区间的利益冲突。因此，对于仅存在境内关联交易的企业，只要其境内关联交易没有直接或间接影响国家税收收入的减少，税务机关不做转让定价调查与调整处理。

（2）案头审核

案头审核主要是根据被调查企业历年报送的年度所得税申报资料、关联业务往来报告表等纳税资料和收集的行业利润率等信息资料，对企业的生产经营状况、关联交易等情况进行综合评估分析，以确定是否正式立案调查。税务机关在正式立案之前，不能要求企业提供同期资料，但企业可以在案头审核阶段主动向税务机关提供同期资料，以充分证明其关联交易符合独立交易原则，避免被立案调查。案头审核阶段主要的工作是确定关联关系，确认交易情况、功能风险分析。关联交易主要包括如下四个类型：

① 有形资产的购销、转让和使用，包括房屋建筑物、交通工具、机器设备、工具、商品、产品等有形资产的购销、转让和租赁业务；

② 无形资产的转让和使用，包括土地使用权、版权（著作权）、专利、商标、客户名单、营销渠道、牌号、商业秘密和专有技术等特许权，以及工业品外观设计或实用新型等工业产权的所有权转让和使用权的提供业务；

③ 融通资金，包括各类长短期资金拆借和担保以及各类计息预付款和延期付款等业务；

④ 提供劳务，包括市场调查、行销、管理、行政事务、技术服务、维修、设计、咨询、代理、科研、法律、会计事务等服务的提供。

需要强调的是，在进行功能风险分析阶段，税务人员需要详细审核交易各方的功能和风险。其中，功能主要包括：研发、设计，采购，加工、装配、制造，存货管理、分销、售后服务、广告、运输、仓储、融资、财务、会计、法律及人力资源管理等。在比较功能时，应关注企业为发挥功能所使用资产的相似程度；风险主要包括：研发风险，采购风险，生产风险，分销风险，市场推广风险，管理及财务风险等。《特别纳税调整实施办法》对功能风险与利润水平之间的关系给出了明确的规范，如果企业承担的功能很少、风险较小的话，其利润水平应该非常稳定地保持在一定水平上，一般不会出现低于行业利润率或长年亏损等现象。对于这类企业，税务人员需要给予重视，一旦发现单一功能企业的利润率很低甚至亏损，那么必须对其进行正式的立案检查。

如《特别纳税调整实施办法》规定，按照关联方订单从事加工制造，不承担经营决策、产品研发、销售等功能的企业，不应承担由于决策失误、开工不足、产品滞销等原因带来的风险和损失，通常应保持一定的利润率水平。对出现亏损的企业，税务机关应在经济分析的基础上，选择适当的可比价格或可比企业，确定企业的利润水平。

（3）立案调查

根据案头审核的结果，税务人员确定是否对企业进行正式立案调查。正式立案调查旨在解决案头审核时发现的疑点和问题，对企业的举证信息进行核实。按照案头审核中发现的问题，将立案调查程序划分为三个部分：关联关系调查、经济指标分析和市场环境调研。

如果在案头审核中发现，被调查企业的关联方拥有该企业的实际控制权和所有权，那么税务人员需要在立案调查阶段掌握关联方与被调查企业之间的实际关系，以判断是否需要进行调整。税务人员可以根据需要对调查对象实施现场调查，实地了解企业实际从事的生产经营活动。根据《特别纳税调整实施办法》第三十二条的规定，现场调查人员须2名以上，调查时需出示《税务检查证》，并送达《税务检查通知书》。调查人员还可根据需要询问当事人其原材料采购价格和产品销售价格是由该企业参与制定的，还是完全取决于关联方，比如，是不是即使出现亏本销售，该企业也须无条件接受关联方提供的价格等。询问当事人应有专人记录《询问（调查）笔录》，并告知当事人不如实提供情况应当承担的法律责任。《询问（调查）笔录》应由2名以上调查人员签字，并根据需要由被调查企业核对确认，若被调查企业拒绝，可由2名以上调查人员签认备案。税务人员还可以以记录、录音、录像、照相和复制的方式索取与案件有关的资料，但必须注明原件的保存方及出处，由原件保存或提供方核对签注“与原件核对无误”字样并盖章或押印。在确认企业关联关系后，税务机关需要填制《企业关联关系认定表》、《企业关联交易认定表》和《企业可比性因素分析认定表》，并由被调查企业核对确定。

在进行经济指标分析时，对于出厂价格、成本与收入对比分析、成本与费用结构对比、偿债能力等财务指标、运营能力指标、获利能力指标等均需要予以详细的分析。

另外，税务人员还可调取企业相关业务的《可行性分析报告》，与其上报的经营状况和财务报告中描述的投资回报能力进行对比，掌握其真实的投资回报情况。

（4）结案

经调查，按规定程序确认企业关联交易符合独立交易原则的，税务机关应作出转让定价调查结论，给被查企业一个确定的结果，并向企业送达《特别纳税调查结论通知书》。

如果调查发现企业的转让定价方法存在问题，税务机关则需要按照企业实际情况选择合适的转让定价方法。实际上，对转让定价的调整就是调整跨国关联企业的利润分配格局，也是调整跨国关联企业间收入和费用的分配格局。因此，选用正确有效的转让定价方法之前需要明确跨国关联企业间收入和费用的分配原则，使转让定价的调整更加有效和合理。

按照独立交易原则，税务机关可以对审计出的不合理转让价格进行调整。当然，调整之前税务机关需要对被调查企业进行可比性分析，以掌握该行业、市场等平均情况，只有在掌握了可比性信息的基础上，税务机关才能够利用利润率等指标计算调整后的转让价格。对可比性分析的因素，《特别纳税调整实施办法（试行）》第二十二条给出了详细的规定。可比性分析因素主要包括以下五个方面：

① 交易资产或劳务特性，主要包括：有形资产的物理特性、质量、数量等，劳务的性质和范围，无形资产的类型、交易形式、期限、范围、预期收益等；

② 交易各方功能和风险，功能主要包括：研发、设计，采购，加工、装配、制造，存货管理、分销、售后服务、广告，运输、仓储，融资，财务、会计、法律及人力资源管理等，在比较功能时，应关注企业为发挥功能所使用资产的相似程度；风险主要包括：研发风险，采购风险，生产风险，分销风险，市场推广风险，管理及财务风险等；

③ 合同条款，主要包括：交易标的，交易数量、价格，收付款方式和条件，交货条件，售后服务范围和条件，提供附加劳务的约定，变更、修改合同内容的权利，合同有效期，终止或续签合同的权利；

④ 经济环境，主要包括：行业概况，地理区域，市场规模，市场层级，市场占有率，市场竞争程度，消费者购买力，商品或劳务可替代性，生产要素价格，运输成本，政府管制等；

⑤ 经营策略，主要包括：创新和开发策略，多元化经营策略，风险规避策略，市场占有策略等。

在进行了可比性分析之后，税务机关可以选用合适的转让定价方法对被调查企业进行转让定价调整。具体的转让定价方法包括：可比非受控价格法、再销售价格法、成本加成法、交易净利润法和利润分割法及其他方法。这五种方法不但适用于税务机关进行转让定价调整，企业在制定其转让价格时也可以使用这些方法进行关联交易。其中，交易净利润法是生产性企业最易采用的方法。

我国的转让定价法规并没有强调税务机关在分析关联交易是否符合独立交易原则时选用转让定价方法的顺序。选择哪一种方法并不绝对，这因关联交易所处的经济环境和事实情况而异。事实上，为了评估受控交易是否符合独立交易原则，决定使用哪种转让定价方法是最合适方法的关键因素，在于该方法能否根据受控交易的事实情况和经济环境，最恰当地估算出独立企业间进行类似业务往来所能获得的财务成果。

选定方法及进行一系列工作之后，根据工作进展，税务机关根据初步调整方案与企业协商谈判，做好《协商内容记录》，双方签字确认，若企业拒签，可由2名以上调查人员签认备案。如果企业对初步调整方案有异议，应及时向税务机关进一步提供相关资料，税务机关收到资料后，应认真审核，并及时作出审议决定。根据该审议决定，向企业送达《特别纳税调整初步调整通知书》，企业如有异议，应自收到通知书日起7日内书面提出，税务机关收到企业意见后，应再次协商审议，企业逾期未提出异议的，视为同意初步调整意见。在税务机关最终确定调整方案后，向企业送达《特别纳税调查调整通知书》。企业在收到该通知书后，按规定期限缴纳税款及利息。根据《企业所得税法》及其实施条例的相关规定，被调查企业需要缴纳的利息按照税款所属年度中国人民银行公布的与补税期间同期的人民币贷款基准利率加5个百分点计算。对于按规定提交同期资料的企业，可以不加收这5个百分点。

（5）跟踪管理

税务机关在对企业实施转让定价纳税调整后，应自企业被调整的最后年度的下一年度起5年内实施跟踪管理。

跟踪管理期内，企业需要在跟踪年度的次年6月20日之前向税务机关提供跟踪年度的同期资料，包括企业的组织结构、主营业务构成、市场环境分析、企业功能风险分析等。跟踪管理期内，主管税务机关应重点关注企业被调整前后的生产经营及关联交易变化情况，并督促企业在跟踪年度的次年6月20日之前提供跟踪年度的同期资料。税务机关根据同期资料和纳税申报资料对企业的如下状况进行审查评估：企业投资、经营状况及其变化情况，比如企业投资额的增减、市场环境的改变等；企业纳税申报额变化情况，比如应纳所得税额的增减等；企业经营成果变化情况，比如主营业务收入的增减、毛利率的变化等；关联交易变化情况，比如关联关系的变更、关联交易数量变化等。如果在跟踪管理期内，税务机关发现企业转让定价出现前文中提到的异常情况时，应及时与企业沟通，要求企业自行调整，或再次对其按上述程序展开转让定价调查调整。主管税务机关应将跟踪管理期内被调整企业的监管、税收调整情况，以及跟踪管理期外被调整企业的年度经营数据或企业通过特别纳税调整相关方式的自行调整情况，录入跟踪管理台账，并逐级上报国家税务总局备案。

【案例1】×市国税局利用资产评估方法反避税

A集团公司是一家知名境外企业，在某市开发区投资设立有6家下属企业。2010年初，A集团公司被美国某集团公司收购，并对其内部的生产结构进行了整合，导致A集团公司在×市下属的6家企业都产生了不同程度的股权转让。有转让就有转让所得，企业应该就转让所得申报缴纳企业所得税。但是，A集团公司包括其下属企业一直未主动到税务部门申报纳税。

×市开发区国税局向该公司进行了政策宣传和讲解后，A集团公司主动向税务部门提供了其下属6家公司2002年至2009年间发生的所有股权转让情况和相关资料，并表示将以董事会决议中确认的股权转让价格为基础来确认收益和计算缴纳所得税。但是，A集团公司董事会决议确认的股权转让价格明显偏低，如果税务部门按照企业提供的账面价值来计算股权转让收益的话，企业的应纳税所得额将低至几乎可以忽略不计。也就是说，A集团公司下属企业之间存在平价或低价转让股权的嫌疑，不符合中国税法所规定的独立交易原则。因此，×市开发区国税局决定依据税法赋予的权力对企业的股权转让价格按照公允价值予以调整。

为了准确评估企业价值，×市开发区国税局决定试着采取国际上通行的收益法来计算企业的股权转让收益。即通过估算评估企业未来预期收益的现值来判断A集团资产的公允价值。

在具体操作过程中，×市开发区国税局采用如下数据来源考虑收益法必需的3个基本要素：一是预期收益率，选择各企业一段时间的净利润的中位数来测算；二是折现率，根据企业自身的生产经营情况，按照加权平均资本成本的计算方法求得；三是预期收益的持续时间，结合企业自身的实际经营情况进行确定。值得一提的是，这些数据的选择和计算都得到了A集团的充分认可。

经过近1年的努力，×市开发区国税局在取得详细的企业资料基础上，运用评估模型，合理确定了A集团公司的股权转让公允价格，并按照企业所得税法及《国家税务总局关于加强非居民企业股权转让所得企业所得税管理的通知》（国税函〔2009〕698号）规定，对其下属企业2008年以后的股权转让价格进行了特别纳税调整。2010年11月2日，A集团公司股权转让所得税1100万元终于成功交入国库。

案例点评：近年来随着我国市场经济制度的逐步确立，类似于A集团这样的股权转让现象在企业之间已非常普遍。特别是2008年以后，企业的股权变动尤为频繁。由于新的企业所得税法恢复对非居民企业的股息征税，导致一些非居民企业的外方股东纷纷向可以享受非居民企业协定待遇的低税率地区企业转移股权，或采取重组方式在低税率地区设立新的企业。通过这样的方式，非居民企业的外方股东可以最大限度地获得最大的税后利润。另外，2008年新企业所得税法改变了原法所得税优惠对外资企业的倾斜，外资企业除能享受过渡期的税收优惠外，不再享受优惠于内资企业的特殊待遇。因此，一些假合资企业中"虚拟"的外方股东开始通过股权转让的方式逐步撤出企业，还原正常的国籍身份。还有，根据经济发展的需要，近年来，国家开始对某些行业采取提高外资准入门槛的政策。比如在一些大型工程招标项目中，往往会要求外资或合资企业中方股东持股必须达到一定的比例要求。因此，一些外资或合资企业为了获得项目，也纷纷通过内部股权变动的方式来增加中方的持股比例。

当然，更多的股权变动是由于企业经营的需要。如今，企业集团内部的重组业务在大型企业当中司空见惯，而大型企业内部往往分成多个事业部，随着这些事业部在市场上的经营策略的不断变化，自然导致股权在企业内部不同事业部门之间的频繁调整。

按照《企业所得税法》规定，企业履行股权转让协议后，应该就股权转让收益申报缴纳所得税。但是，无论是外国企业通过重组在低税率地区设立企业，还是集团内部转移股权，抑或是虚拟“外方”股东撤股还原正常身份，纳税人的这些股权转移行为都不是为了实现现金收益，而是要借助股权比例的改变获得某种资格或相应的控制权。因此，一些企业在确定股权转让价格时，往往脱离市场定价模式，不按照税法要求的独立交易价格定价，以此减少股权转让所得，从而降低应纳税所得额，逃避应该承担的纳税义务。

在反避税实务中，税务机关遇到的企业股权转让绝大多数都是平价转移和低价转移，特别是一些集团企业内部股东之间和一些非居民企业的股权变动，低价转让已经成为这些企业避税的主要手段，国家因此而遭受的税收流失非常严重。面对企业股权转让中的避税行为，要求税务机关必须有能力对企业的股权价格进行是否符合独立交易的判断，并按照合理的方法来确定企业股权的公允价格，从而在准确计算企业的股权转让收益的基础上最大限度地实现税收的应收尽收。

目前国际上公认的企业价值评估方法有市场法、成本法和收益法。其中，成本法主要是按照企业财务提供的账面资料来评估计算企业价值。由于我国企业财务诚信水平不高，账面记录往往存在一些虚假信息，税务部门的评估结果必然不符合企业的真实价值，自然也就无法得出企业股权的公允价格。市场法由于要求有活跃市场，而实际操作中往往缺乏产权交易的数据，税务部门无法获得可比且有效的参照对象。在×市开发区国税局对A集团股权价值的评估中，税务干部曾运用市场法寻找可比对象估算企业价值。A集团公司认为其为境外上市公司，而其在×市下属的6家公司是境内非上市公司，税务部门寻找的国内可比企业不具备可比性，从而导致税企之间的谈判工作一度陷入僵局。

×市国税局最终尝试的收益法得到了税企双方的认可。这种方法主要是通过将被评估企业预期收益资本化或折现来确定评估对象的价值。在计算过程中，税务干部主要考虑3个基本要素：一是评估对象的预期收益，二是确定折现率或资本化率，三是确定取得预期收益的持续时间。

在市场资产交易中，任何投资者的目的都非常明确，即投资是为了收益，某项资产交易能否成功以及成交价格的高低，取决于该项资产在未来能否为投资者带来收益及收益能力的高低，而不是取决于构建被交易资产的成本。因此，一个企业在未来能否具有获利能力及获利能力的大小就成为其交易及交易价格的最基础条件。收益法正是以被评估资产未来收益能力作为价值评估的基础的。在欧美发达国家中，对于资产交易中的企业价值评估、单项无形资产评估均广泛采用收益法，并且容易被交易双方所接受。但就目前国内情况看，则很少有评估机构和评估人员采用这一方法，对于企业价值评估几乎千篇一律采用成本法计算。

3. 预约定价管理

预约定价安排，是指企业就其未来年度关联交易的定价原则和计算方法，向税务机关提出申请，与税务机关按照独立交易原则协商、确认后达成的协议。预约定价是转让定价的发展和延伸，是一国或多国税务机关与纳税人就关联交易定价进行确认，可以避免因转让定价调查使税企双方形成的对立局面，并减少征纳双方的税收成本，也反映了税企双方趋向合作的态势。

预约定价安排分为单边、双边和多边 3 种类型。

预约定价管理包括预备会谈、正式申请、审核评估、磋商、签订安排、监控执行和资料管理 7 大部分。

（1）预约定价安排的申请资格

并非所有企业均具有申请预约定价的资格，一般只有同时满足以下条件的企业才具备申请预约定价安排的资格：年度发生的关联交易金额在4000万元人民币以上；依法履行关联申报义务；按规定准备、保存和提供同期资料。

同时，根据预约定价安排的类型和涉及的税务机关，受理机关分为两种情形：单边预约定价安排的谈签意向由设区的市、自治州以上的税务机关直接受理；双边或多边预约定价安排的谈签意向，涉及两个或两个以上省、自治区、直辖市和计划单列市税务机关或者同时涉及国家税务局和地方税务局的预约定价安排的谈签意向，由主管税务机关和国家税务总局分别受理，并由国家税务总局统一组织协调。

（2）预约会谈

预备会谈讨论的主要内容因预约定价安排的类型而不同。

① 对企业申请单边预约定价安排的，主管税务机关应就如下内容与企业充分讨论：安排适用年度，企业提交正式书面申请年度的次年起 3 个至 5 个连续的纳税年度；安排涉及的关联方及关联交易；企业以前年度生产经营情况；安排涉及各关联方功能和风险的说明；是否应用安排确定的方法解决以前年度的转让定价问题；其他需要讨论的事项。

预约定价安排的谈签，不影响对企业提交预约定价安排正式申请当年或以前年度的转让定价调查调整。但是，如果企业申请当年或以前年度的关联交易与预约定价安排适用年度相同或类似，并且提出申请，可以适用预约定价安排的定价原则和计算方法。

② 对企业申请双边或多边预约定价安排的，除上一条的规定之外，还需讨论如下内容：

向税收协定缔约对方税务主管当局提出预备会谈申请的情况；

安排涉及的关联方以前年度生产经营情况及关联交易情况；

向缔约对方税务主管当局提出的预约定价安排拟采用的定价原则和计算方法。

预备会谈结束后，主管税务机关填制《预约定价安排会谈记录》。预备会谈达成一致的，自达成一致意见之日起 15 日内向企业送达《预约定价安排正式会谈通知书》，要求企业自收到通知之日起 3 个月内提交预约定价安排书面申请报告和《预约定价安排正式申请书》，对企业申请双边或多边预约定价安排的，还应要求其提交《启动相互协商程序申请书》。反之，自最后一次预备会谈结束之日起 15 日内向企业送达《拒绝企业申请预约定价安排通知书》。

（3）正式申请

预备会谈后，主管税务机关根据企业的进度和需求，分别开展形式审核和决定是否同意企业提出的延期申请。

在企业提交正式申请后，主管税务机关应首先对其进行形式审核：

① 审核企业是否按规定时限提交预约定价安排书面申请报告。

② 审核预约定价安排书面申请报告的内容是否完整，对于内容不完整的，可要求企业在规定时限内继续提供有关资料。书面申请报告应包括如下内容：

相关的集团组织架构、公司内部结构、关联关系、关联交易情况；

企业近三年财务、会计报表资料，产品功能和资产（包括无形资产和有形资产）的资料；

安排所涉及的关联交易类别和纳税年度；

关联方之间功能和风险划分，包括划分所依据的机构、人员、费用、资产等；

安排适用的转让定价原则和计算方法，以及支持这一原则和方法的功能风险分析、可比性分析和假设条件等；

市场情况的说明，包括行业发展趋势和竞争环境；

安排预约期间的年度经营规模、经营效益预测以及经营规划等；

与安排有关的关联交易、经营安排及财务成果方面的信息；

是否涉及双重征税等问题；

涉及境内、外有关法律、税收协定等相关问题。

（4）审核评估

主管税务机关在收到企业的正式申请和完整的书面申请报告之后，应在 5 个月内对其进行实质审核，形成审核评估结论。在审核评估过程中，主管税务机关可根据具体情况要求企业补充提供有关资料。主管税务机关应对以下内容进行重点审核：

①历史经营状况

分析、评估企业的经营规划、发展趋势、经营范围等文件资料，重点审核可行性研究报告、投资预（决）算、董事会决议等，综合分析反映经营业绩的有关信息和资料，如财务、会计报表、审计报告等。

②功能和风险状况

分析、评估企业与其关联方之间在供货、生产、运输、销售等各环节以及在研究、开发无形资产等方面各自所拥有的份额，执行的功能以及在存货、信贷、外汇、市场等方面所承担的风险。

③可比信息

分析、评估企业提供的境内、外可比价格信息，说明可比企业和申请企业之间的实质性差异，并进行调整。若不能确认可比交易或经营活动的合理性，应明确企业须进一步提供的有关文件、资料，以证明其所选用的转让定价原则和计算方法公平地反映了被审核的关联交易和经营现状，并得到相关财务、经营等资料的证实。

④假设条件

分析、评估对行业盈利能力和对企业生产经营的影响因素及其影响程度，合理确定预约定价安排适用的假设条件。

⑤转让定价原则和计算方法

分析、评估企业在预约定价安排中选用的转让定价原则和计算方法是否以及如何真实地运用于以前、现在和未来年度的关联交易以及相关财务、经营资料之中，是否符合法律、法规的规定。

⑥预期的公平交易价格或利润区间

通过对确定的可比价格、利润率、可比企业交易等情况的进一步审核和评估，测算出税务机关和企业均可接受的价格或利润区间。

需要注意的是，因特殊情况需要延长审核评估时间的，经主管税务机关主要负责人同意，可以延长，但需向企业送达《预约定价安排审核评估延期通知书》，且延长期限不得超过3个月。

（5）磋商

主管税务机关形成审核评估结论后，应及时与企业磋商，或者呈报国家税务总局，由税务总局与税收协定缔约对方税务主管当局磋商。其中，对企业申请单边预约定价安排的，主管税务机关应自形成审核评估结论之日起30日内，与企业进行磋商。磋商达成一致的，拟定预约定价安排草案，层报国家税务总局审定，同时附送审核评估报告。

主管税务机关拟定的预约定价安排草案应包括但不限于以下内容：

关联方名称、地址等基本信息；安排涉及的关联交易及适用年度；安排选定的可比价格或交易、转让定价原则和计算方法、预期经营结果范围等；与转让定价方法运用和计算基础相关的术语定义；假设条件；企业年度报告、记录保存、假设条件变动通知等义务；安排的法律效力，文件资料等信息的保密性；相互责任条款；安排的修订；解决争议的方法和途径；生效日期；相关附件。

对企业申请双边或多边预约定价安排的，国家税务总局与税收协定缔约对方税务主管当局磋商。磋商达成一致的，形成磋商备忘录。

（6）签订安排

企业申请单边预约定价安排的，经国家税务总局审核同意后，由主管税务机关法定代表人或其授权代表与企业法定代表人或其授权代表签订预约定价安排。

企业申请双边预约定价安排的，国家税务总局的授权代表与税收协定缔约对方税务主管当局的授权代表根据磋商备忘录签订双边或多边预约定价安排。国家税务总局将上述安排书面通知中方企业所在地的主管税务机关，主管税务机关据此书面通知企业，或者与企业签订预约定价安排执行协议。

（7）监控执行

主管税务机关应建立监控管理制度，监控预约定价安排的执行情况，并及时作出相应处理。在预约定价安排执行期内，主管税务机关应定期（一般为半年）检查企业履行安排的情况。检查内容主要包括：

① 是否按规定完整保存与安排有关的文件和资料；

② 是否遵守了安排条款及要求；

③ 为谈签安排而提供的资料是否反映了企业的实际经营情况；

④ 转让定价方法所依据的资料和计算方法是否正确；

⑤ 安排所描述的假设条件是否仍然有效；

⑥ 企业对转让定价方法的运用是否与假设条件相一致等。

如发现企业有违反安排的情况，可视情况进行处理，直至终止安排；如发现企业存在隐瞒或拒不执行安排的情况，应认定预约定价安排自始无效。

主管税务机关对企业书面报告的、影响预约定价安排执行的实质性变化，应在收到企业书面报告之日起60日内予以审核和处理。审核内容重点包括：

是否按规定时限报告，延期报告是否出于非主观原因；企业经营情况变化是否属实，是否对企业经营和安排执行产生重大影响；是否需要修订或终止安排等措施，安排终止后是否重新谈签新的预约定价安排。

结合定期检查和重大事项审核情况，主管税务机关应对企业提交的年度报告进行审核。审核内容主要包括：是否按规定时限报送年度报告；年度报告是否反映了企业的实际经营情况；年度报告是否反映了安排的实际执行情况；年度报告是否有修订或实质上终止该预约定价安排的要求。

（8）补偿调整

在预约定价安排执行期内，如果企业实际经营结果不在安排约定的价格或利润区间之内而没有自行纳税调整，且没有其他违反安排条款，主管税务机关应将实际经营结果调整到安排所确定的价格或利润区间内。

（9）续签申请审核

主管税务机关应自收到企业续签申请之日起 15 日内，对续签申请进行审核，并向企业送达《预约定价安排申请续签答复书》。续签申请审核的重点包括：

① 企业是否在规定时限内提出《预约定价安排续签申请书》；

② 企业是否严格遵守已生效的预约定价安排条款；

③ 企业是否提供材料证明续签年度的经营情况与现行预约定价安排不会发生实质性变化；上述资料能否证明。

（10）争议处理

在预约定价安排执行期间，如果主管税务机关与企业发生分歧，应按以下顺序处理：协商解决；报上一级税务机关或层报国家税务总局协调。对上一级税务机关或国家税务总局的协调结果或决定，下一级税务机关应当予以执行。但企业仍不能接受的，终止安排的执行。

主管税务机关应在与企业正式签订单边预约定价安排之日起 10 日内，以及修订（或终止）之日起 20 日内，将单边预约定价安排正式文本以及安排变动情况的说明层报国家税务总局备案。

（11）资料管理

企业在申请预约定价安排过程中，需要向主管税务机关提交较多的、涉及目前和未来经营、财务的信息，甚至可能还有些商业秘密。因此，主管税务机关必须对预约定价谈签过程中获取的资料进行有效管理。主管税务机关和企业在预约定价安排正式谈判后和预约定价安排签订前，均可暂停、终止谈判。涉及双边或多边预约定价安排的，经缔约各方税务主管当局协商暂停、终止谈判。终止谈判的，主管税务机关应退还企业申请预约定价安排提供的全部资料。主管税务机关应书面记录预约定价谈签过程中企业提交资料的份数和内容，履行签收手续，妥善保存上述资料并对资料内容负有保密义务。主管税务机关与企业不能达成预约定价安排的，预约定价安排谈签过程中所获取的企业提议、推理、观念和判断等非事实性信息，不得用于以后对该预约定价安排涉及交易行为的税务调查。

4. 成本分摊协议管理

成本分摊是近年来国际上出现的一种降低风险、共担成本的经营模式，它是指企业通过承担相应成本而对开发、受让的无形资产或参与的劳务活动享有相应受益权。越来越多的跨国企业开始关注并采用这种方法从事无形资产的研发和集团内部劳务成本的分摊。为适应跨国集团经营发展的需要，积极融入世界经济一体化发展浪潮，我国在新企业所得税法的制定中参考 OECD 转让定价指南经验，借鉴美国等发达国家立法，将成本分摊协议引入了特别纳税调整范畴。目前我国的成本分摊协议主要是无形资产的成本分摊协议，而涉及劳务的成本分摊协议一般适用于集团采购和集团营销策划。成本分摊协议是否符合独立交易原则是由税务总局来审核评估的。

《企业所得税法》及其实施条例和《特别纳税调整实施办法》中明确了成本分摊协议的基本内容，包括参与方的名称、所在国、关联关系、在协议中的权利和义务；成本分摊协议所涉及的无形资产或劳务的内容、范围，协议涉及研发或劳务活动的具体承担者及其职责、任务；协议期限；参与方预期收益的计算方法和假设；参与方初始投入和后续成本支付的金额、形式、价值确认的方法以及符合独立交易原则的说明；参与方会计方法和运用及变更说明；参与方加入或退出协议的程序及处理规定；参与方之间补偿支付的条件及处理规定；协议变更或终止的条件及处理规定；非参与方使用协议成果的规定。

（1）成本分摊协议独立交易原则的运用

《企业所得税法实施条例》第一百一十二条第二款规定，“企业与其关联方分摊成本时，应当按照成本与预期收益相配比的原则进行分摊”。独立交易原则在成本分摊协议下的适用有特殊性，强调的是关联方分摊的成本与其收益的配比，因为很难找到另一个可比的独立企业之间达成的成本分摊协议，因此只能参考独立企业在类似条件下能够接受的选择，那就是成本与收益配比。

《特别纳税调整实施办法》进一步增加了成本分摊协议是否符合独立交易原则的两个衡量要素：一是成本分摊协议本身是否具有商业意义，即“企业对成本分摊协议所涉及无形资产或劳务的受益权应有合理的、可计量的预期收益，且以合理商业假设和营业常规为基础”（《特别纳税调整实施办法》第六十六条）。如果没有这个前提，成本分摊协议就不是自由竞争环境下市场经济主体的选择。二是成本分摊协议各主体的权利义务是否匹配，即“关联方承担的成本应与非关联方在可比条件下为获得上述受益权而支付的成本相一致。”（《特别纳税调整实施办法》第六十五条）

实践中，直观的判断可能是将参与方成本负担比例与收益享有比例进行比较，但成本分摊协议是长期的，参与方实际收益的实现时间、实现额度与预期不可能完全相符，成本比例与收益比例在不断变化，是按年度进行比较还是按一段期限进行比较，《特别纳税调整实施办法》未作规定，需要实践积累后明确。成本分摊协议在执行中会发生变化，如参与方变更、协议终止、参与方受益和成本负担不配比等情况，《特别纳税调整实施办法》对上述情况作了细化规定。

《特别纳税调整实施办法》第七十条明确，对已执行并形成一定资产的成本分摊协议，如某项无形资产的开发已取得阶段性成果，此时有新加入者要进入该成本分摊协议，就要按照公平交易原则，由新加入者给予原参与方一定金额的补偿，因为这种情况下原参与方向新加入者让渡了前期活动成果的一部分利益，这被称为“加入支付”（OECD 称为“买进支付”）。相反，如果有参与方要退出该成本分摊协议，也应当从其他参与方获得合理补偿，因为退出者向其他参与方转让了其在前期活动成果中的利益，这被称为“退出补偿”（OECD 称为“买出支付”）。同样，协议终止时也会出现类似情况，要按独立交易原则对协议产生的资产在参与方之间进行分配。当然，如果成本分摊协议没有形成资产，也就不存在“加入支付”、“退出补偿”及终止时的分配。

参与方的成本分摊是根据其预期收益而定的，但预期收益的估算与实际结果可能大相径庭，导致某参与方的成本负担比例高于或低于其收益享有比例，此时就需要在参与方之间做出补偿调整，使各参与方的成本负担比例与收益比例相一致（《特别纳税调整实施办法》第七十一条）。实践中，预期收益与实际收益总会出现差异，差异多大需要进行补偿调整，以及在多长期限内衡量差异，《特别纳税调整实施办法》未加明确，仅作了“应根据实际情况做出补偿调整”的原则性规定。

在成本分摊协议执行期间，参与方应遵守下列要求：

企业按协议规定各年度应分摊的研发费用或劳务费用，《特别纳税调整实施办法》明确在协议规定的各年度税前扣除；企业在做出或接受补偿调整的情况下，《特别纳税调整实施办法》明确在补偿调整的年度计入应纳税所得额，即对于做出补偿的企业允许税前扣除，对于接受补偿的企业增加应税所得。资产购置与处置主要针对无形资产类成本分摊协议，当企业作出“加入支付”时，按购入资产处理，接受“退出补偿”时，按资产处置处理。终止协议时对协议成果的分配可能并不体现账面资产确认，而是对资产经济所有权的确认，因为在协议分摊各年度已做费用化处理。

（2）同期资料规定

对成本分摊协议同期资料的准备与提供，《特别纳税调整实施办法》第七十四条作了详细规定。同期资料的内容包括：成本分摊协议副本；成本分摊协议各参与方之间达成的为实施该协议的其他协议；非参与方使用协议超过的情况、支付的金额及形式；本年度成本分摊协议的参与方加入或退出的情况，包括加入或退出的参与方名称、所在国（地区）、关联关系、加入支付或退出补偿的金额及形式；成本分摊协议的变更或终止情况，包括变更或终止的原因、对已形成协议成果的处理或分配；本年度按照成本分摊协议发生的成本总额及构成情况；本年度各参与方成本分摊的情况，包括成本分摊支付的金额、形式、对象，做出或接受补偿支付的金额、形式、对象；本年度协议预期收益与实际结果的比较及由此做出的调整。与其他关联交易不同，成本分摊协议的同期资料不是应税务机关要求而提供，而是定期于每年6月20日之前向税务机关报送。

对成本分摊协议的纳税调整，《特别纳税调整实施办法》规定了两种情况：一是符合下述5种情况的，企业自行分摊的成本不得税前扣除，即不具有合理商业目的和经济实质、不符合独立交易原则、没有遵循成本与收益配比原则、未按规定备案或准备保存和提供同期资料、自签署成本分摊协议之日起经营期少于20年（《特别纳税调整实施办法》第七十五条）；二是涉及参与方变更或协议终止，企业不按独立交易原则做“加入支付”、“退出补偿”、协议成果分配等处理而减少其应纳税所得额的，税务机关有权做出调整。

（3）成本分摊协议的管理要点

作为转让定价领域中技术性复杂的业务，《特别纳税调整实施办法》对成本分摊协议的管理明确了两种方式：一是备案制，即企业自成本分摊协议达成之日起30日内，层报国家税务总局备案，成本分摊协议是否符合独立交易原则的审核判断权在国家税务总局；二是预约定价制，即企业采取预约定价方式与税务机关达成成本分摊协议，其中单边预约定价安排由设区的市、自治州以上税务机关受理、审核、磋商，但预约定价安排最终审定权在国家税务总局，双边或多边预约定价安排受理、审核、磋商均在国家税务总局，但地方税务机关应在总局安排下从事审核分析、草案拟定等技术性工作。

（4）成本分摊协议的审核重点

协议审核是成本分摊协议税收管理的难点和重点，它既决定了各参与方风险分担和收益分享的比例，也决定了相关国家在该项国际税源中的分配份额。我国自新法实施以来，尚无成本分摊协议管理的实践，从国际经验看主要审核以下方面：

① 经济合理性审核

审核成本分摊协议对境内参与方未来年度的经营情况和税收影响。根据境内参与方历史经营情况和协议年度经营情况预测的比较，以及参与方采取成本分摊协议方式与采取支付特许权使用费（技术使用费）方式对企业收益与税负的比较，分析加入成本分摊协议的商业合理性、可能带来的预期收益。

② 定价方法审核

审核成本分摊协议涉及的各类交易（如买入支付、退出补偿、补偿调整和协议成果分配等）采取的定价方法与计算结果，尤其是买入支付和补偿调整。此外，还需审核因成本分摊项目而发生的设备价款或使用费、材料价款的定价方法等，以及协议参与方相互买卖各自基于协议成果所生产产品的定价方法。

③ 一致性审核

审核协议成果与境内参与方实际使用并获取收益的成果是否一致，境内参与方是否承担了不该承担的成本。如果各参与方生产销售的产品结构不同，而协议成果可用于所有产品，则有必要重点审核成本口径与分摊基数所考虑的产品结构差异，以保证成本与预期收益相匹配。

（5）成本分摊协议管理中应注意的事项

① 会计一致性

成本分摊协议各参与方的成本核算口径和会计基础一致是正确实施成本分摊协议的前提。成本分摊协议的成本应包括无形资产研发过程中所发生的所有直接成本和间接成本，其中直接成本包括职工工资、奖金、福利、股票期权费用，以及研发材料和设备所需的费用；间接成本包括应归属于研发活动的管理费用和运营费用（如租金及折旧费等）。此外，成本核算必须基于统一的会计准则，但由于各国的会计准则不同，强制规定采用某一公司所在国的会计准则显然不切实际。目前国际上采用的方法是各参与方先按集团所在国的会计准则计算成本，再在此基础上进行分摊，最后再按各参与方所在国的规定进行会计调整与纳税调整，以符合所在国的规定。

② 成本节约

因人工成本低廉而产生的成本节约问题正逐步成为转让定价税收管理非常有争议的议题。发达国家认为，因投资于低成本地区而增加的收益应作为剩余利润，全额归投资方所有；而低成本国家则认为，因成本节约而产生的利润应在资本来源国和投入国之间共同分享，合理分配。我国也属于低成本国家，生产要素特别是劳动力成本相对较低，由此产生的利润增加不能全部归功于成本分摊协议的某项技术、资产或劳务。因此，我国应探索将成本节约带来的预期利益和利用成本分摊协议成果带来的预期利益区分开来，避免预期收益虚高导致成本分摊增加。

③ 利润加成

如果成本分摊协议的参与方委托非关联方研究开发，该非关联方除收取实际发生的成本以外，还会要求收取合理的利润（成本加成），因此，成本分摊的总成本就是研发成本加利润。如果直接由成本分摊协议参与方中的一方或几方实施研究开发，成本分摊的总成本是否包括加成利润呢？OECD 对此未有明确态度，大多数国家基于如下考虑而持反对态度：一是研发成本和预期收益之间未必有直接联系；二是如果允许利润加成，则关联方可税前列支的成本高于实际发生的成本，不符合成本分摊的本义。我国目前对上述问题未有明确规定，但从成本分摊的法律定义分析，在这种情况下应是关联方实际发生的成本概念，不含利润加成。

④ 预期收益的预测

在成本分摊协议中，每一参与方根据其预期获得的收益份额来承担一定的成本份额。预期收益预测的合理准确关系到各参与方应分摊的成本及相应税前扣除的成本。多数预测方法都会使用到贴现率，如何选择适当的贴现率存在许多争议。常用的贴现率包括企业加权平均资本成本、行业加权平均资本成本和项目预期收益率。美国 IRS 在 2005 年成本分摊法规中推荐使用加权平均资本成本，但加权平均资本成本却不能适用于所有的情况（比如企业评估新项目）。虽然美国 IRS 在 2009 年临时性法规中放宽了采用加权平均资本成本的要求，但仍规定税务局在做定期调整时需采用加权平均资本成本。

5. 受控外国企业管理

随着市场经济的发展，开放程度的提高，以及我国企业实力的增强和成熟，越来越多的企业家们开始把眼光瞄向境外，我国对外投资合作业务发展迅速，对外直接投资额在发展中国家名列前茅。据统计，目前，经商务部核准备案的境外中资企业已经超过 1 万家，对外投资合作业务已经遍及近 200 个国家和地区，形成了“亚洲为主，发展非洲，拓展欧美、拉美和南太”的多元化市场格局。这些企业“走出去”以后，由“产地销”转变为“销地产”，不但带动了企业产品的出口，还推动了高新技术产品的开发，提高了在国际市场的竞争力，形成了多元化的国际市场格局。随着企业走出去步伐的加快，走出去企业的税收管理也日益提上了议事日程。但长期以来，税务部门着重于境内企业及外来投资的税收管理，对于如何加强走出去企业的税收管理、为走出去企业提供国际税收服务是今后一段时期税务部门面临的重要课题。

所谓受控外国企业是指由中国居民股东（包括企业股东和个人股东）控制的设立在实际税负较低的国家或地区，并非出于合理经营需要不分或少分利润的外国企业。本章主要涉及受控外国企业管理及操作，包括受控外国企业判定，以及中国居民企业股东当期所得的核算方式。

（1）受控外国企业条款

受控外国企业条款是目前国际上较为通行的反避税地避税安排税制，区别基于交易可比性的转让定价反避税条款。目前避税地并没有统一的定义，通常是指对财产和所得不征或按较低的税率征税的国家或地区。OECD《有害税收竞争》对避税地归纳了如下几个特点：低税率或零税率；不与别国有效的交换税收情报；以不透明方式向纳税人提供优惠；无实质性经营活动要求。

跨国企业利用避税地一方面将境内、外利润转移至低税率区，另一方面对积累于低税率区的收益不作或少作分配，成为集团的利润中心。从转让定价可比性分析的五个因素看，受控外国企业承担功能、风险与收益是极度不匹配的。避税地避税安排使跨国企业享有无税或低税率待遇和递延纳税的双重税收收益，严重侵蚀了居民股东居住国税基。

引入受控外国企业条款是对资本输出中性的回归，限制了满足一定条件交易所得或实体的递延纳税待遇，对税率差部分即时纳税，从本源上反制避税地安排。受控外国企业条款的征税对象是对境外企业构成控制的居民股东，而不是其控制下的设立于低税率区的外国企业，征税所得是归属于居民股东的视同股息分配额，即时征税，无论是否实际作股息分配。根据归属所得不同的判定方式，受控外国企业核算体系可以分为交易法和实体法。交易法是对受控外国企业的交易作逐笔判定，归属所得判定准确性高，但遵从与管理成本较高，只有美国等少数国家使用；实体法是对受控的外国企业作整体判定，所得适用全有或全无的归属原则，征纳成本较低。我国受控外国企业体系条款采用的是较为通行的实体法，为附免除条款的实体法。低税率区判定采用低税率检验结合免除国家名单（白名单）模式，对于设立于低税率区由中国居民股东控制的外国企业当期所得如不满足免除条款，应视同股息分配计入中国居民企业股东当期所得即时征税。

（2）构成受控外国企业条件

根据《企业所得税法》第四十五条规定，构成受控外国企业必须同时满足三个条件：中国居民股东对外国企业构成控制、未通过低税率检验、非出于合理经营需要对利润不作或少作分配。

① 中国居民股东对外国企业构成控制的判定

可对外国企业构成控制的中国居民股东包括：中国居民企业，或中国居民企业和居民个人，其中居民个人包括在中国承担无限纳税义务的居民个人。

控制标准包括股权控制标准和实质控制标准。股权标准须同时满足个体和总体标准两个条件，即个体持有表决权股份 10% 以上（含 10%），且总体持股须达到 50% 以上。对于个体持有表决权股份 10% 以上的认定问题，个体（企业实体、个人[①]）应包括其关联方，防止通过关联方分散持股规避 10% 标准，实质上是推定控制（持股）的概念。

例如， 中国居民企业 A、B、C、D、E（企业间没有关联关系）分别持有境外企业 F 公司 10%、10%、10%、10%、11% 表决权股份，达到了个体和总体持股标准，那么这五家中国居民企业对 F 公司构成控制。

① 参见《特别纳税调整实施办法（试行）》第九条。

再如，中国居民企业A、B、C、D、E、W，其中A、W是关联企业，由境内H公司完全控股，其他企业没有关联关系，各企业分别持有境外企业F公司5%、10%、10%、10%、6%表决权股份。因A、W同为境内H公司控股，可将A、W作为一个整体，或从A、W的控股方来看，境内H公司对境外F公司控股达到11%，达到了个体和总体的持股标准，控股关系图如图7-6所示。

实质控制标准是对股权标准的补充和突破，弥补股权控制涵盖范围过窄的弊端。实质控制有两种情形，其中之一是虽未达股权控制的标准，但通过股权控制的相对优势达到对外国企业的绝对控制。

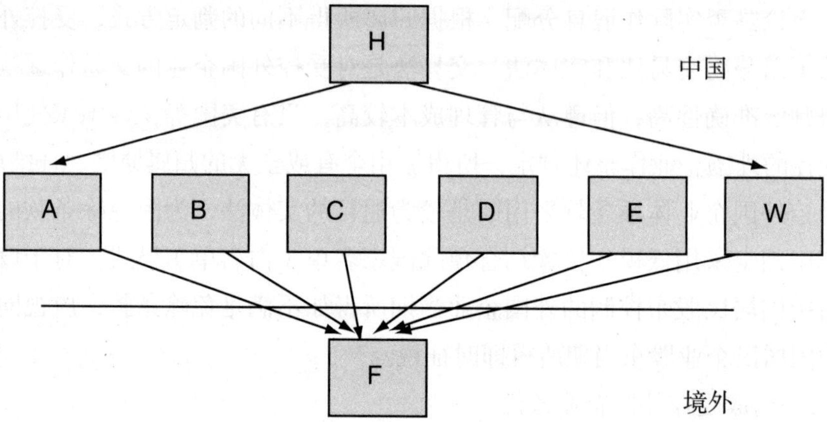

图7-6　控股关系图

例如，A、B、C、D是中国、美国、日本、澳大利亚四国居民企业（独立企业），分别持有某国F公司40%、20%、20%、20%的表决权股份，如B、C、D企业未形成利益共同体，中国居民股东持有的股份实质上可以控制或影响F公司的决策，可以认为中国居民企业对F公司构成实质控制。

构成实质控制的另一种情形是非股权控制关系，因此将资金、经营、购销关系等也纳入控制检验范畴。实质控制的判定需在充分掌握相关信息和深入分析的基础上作出。

中国居民股东对外国企业构成控制的时间计量是以纳税年度的任何一天作为标准。如果中国居民股东控制下的外国企业在纳税年度的任何一天构成了受控外国企业，那么应将该外国企业构成受控外国企业期间的归属所得计入我国居民企业股东当期收入。

② 低税率检验

低税率检验是判定低税率区的一般原则，也是制定免予适用受控外国企业条款国家（地区）名单（白名单）重要准则之一。由中国居民股东控制的外国企业如果其实际税负低于我国法定税率的50%标准，则认定为该外国企业经营于低税率区。与其他实行受控外国企业立法国家相比，我国的低税率检验标准门槛相对较低，因此低税率标准适用区域也更加明确。低税率检验须按年度进行，一年构成受控外国企业并不能成为下一年度仍会构成受控外国企业的依据，但如果受控外国企业经营没有实质性的改变，通常下一年度仍会构成受控外国企业。

③ 非出于经营需要对利润不作或少作分配

我国受控外国企业体系是基于外国企业实体整体判定的实体法，对于设立于低税率区并由中国居民股东控制的外国企业如果不满足免除条款，并未及时作利润分配的，将视同股息分配按照中国居民企业股东持股比例计入其当期所得。非出于经营需要对利润不作或少作分配的适用范围是以间接方式定义，同其他实施受控外国企业立法国家一样，归属所得的适用范围主要是通常所说的消极经营所得，不同国家的受控外国企业体系对消极所得分类有所差异，但涵盖范围没有本质差别。消极经营所得与积极经营所得是相对而言的，区分原则是企业（个人）在获取所得的经营中的参与度，消极所得一般表现为股息、利息、租金、特许权使用费等形式，反之则不成立。判断所得属性需综合考虑资产、人员、行业、交易类型、经营参与度等多方面因素。例如：出租房产取得租金所得通常为消极所得，但如果房产所有者实质参与房产出租相关事务管理，那么其取得的租金收入应为积极经营所得。通常，企业取得的收入是由积极经营所得和消极所得构成，对受控外国企业整体的判定需考虑两种所得的相对权重，从而使实体法也带有交易法的某些特征。

④ 外国实体属性的判定

根据我国《企业所得税法》规定，企业实体包括企业、事业单位、社会团体以及其他取得收入的组织。因各国国内法规定的差异，企业实体的适用范围在一些情况下需要作实质性判定，防止通过滥用实体形式规避法律约束。设立于境外的由中国居民股东控制的外国实体，实体形式可以采用注册经营地法律承认的各种形式，其中一些实体形式可能是我国法律没有定义或界定较为模糊的，如多性实体等，但并不能因此而限制中国居民对这些境外实体的实质控制。通常需要对此类实体作再定性，实施受控外国企业立法国家的一般做法是依据本国国内法对这些实体作再定性。

（3）免除条款

在《特别纳税调整实施办法（试行）》中提供了三条免除条款，即：非低税率国家（地区）名单免除、主要取得积极经营经营所得免除及最小额免除。

① 非低税率国家（地区）名单免除

非低税率国家（地区）名单免除是指设立在国家税务总局指定的非低税率国家（地区）的由中国居民股东控制的受控外国企业，可免予将该受控外国企业的归属所得计入其中国居民企业股东当期所得。非低税率国家（地区）名单的制定一般需综合考虑该国家（地区）的整体税负相对我国低税率标准、所得税法相关规定（如税收优惠）及政治因素等。国家税务总局《关于简化判定中国居民股东控制外国企业所在国实际税负的通知》（国税函〔2009〕37号）公布了第一批非低税率国家（地区）名单，中国居民企业或居民个人能够提供资料，证明其控制的外国企业设立在美国、英国、法国、德国、日本、意大利、加拿大、澳大利亚、印度、南非、新西兰和挪威的，可免予将该外国企业不作分配或者减少分配的利润视同股息分配计入中国居民企业股东当期所得。

② 主要取得积极经营活动所得免除

主要取得积极经营活动所得免除是免除条款的核心内容。我国受控外国体系采用的是全有或全无的所得归属方法，归属所得的涵盖范围以排除法规定，即未通过低税率检验且不满足任何免除条款的所得计入归属所得。积极经营活动需要从经营的实质性来考察，经营的实质性体现在企业在获取所得的经营行为中的参与度，经营所得的积极程度与参与度成正比。一般而言，企业经营会同时取得积极经营所得和消极所得，但是否构成主要取得积极经营活动所得，需要考量企业所在行业、资产、功能及风险、人员、主营业务、收入构成、实际经营参与度及以上各因素间的相关性等多方面因素。

③ 最小额免除

受控外国企业的年度利润总额低于500万人民币可适用最小额免除，如受控外国企业纳税年度不满一个公历年，应按比例计算其最小免除额。最小额免除是对“走出去”的中小企业的扶持，同时也降低了征纳双方管理与遵从成本。

④ 中国居民股东当期所得核算

首先要进行控制判定，控制包括股权控制标准。根据《企业所得税法实施条例》第一百一十七条第一款规定，中国居民股东对外国企业构成股权控制须同时满足个体10%和总体50%标准。10%标准是中国居民持有外国企业股权，可以直接（单层）或间接（多层）持股，10%标准考查的是持有外国企业股权的中国居民股东的最后一级，虽然该中国居民股东境内可能是多层持股关系。在股权控制的基础上，再按照实质控制标准进行实质性控制。实质控制标准则是对股权控制标准的补充和超越，以适应控制的各种复杂情况，是实质重于形式原则的应用。实践中，企业的股权构成是多种多样的，表决权股份不是唯一的表现形式，做实质控制判定时需要考虑股票的种类、每股权重、期权等多种因素。对于通过非股权的资金、经营、购销等构成控制的判定更需要在充分掌握和分析事实的基础上做出谨慎的判断。在股权控制测试以及实质控制测试的基础上，还要进行低税率检验。

《企业所得税法实施条例》第一百一十八条明确了低税率检验标准，即：由中国居民股东控制的外国企业的实际税负低于我国法定税率的50%，按照我国税法规定该外国企业所得税应纳税所得额乘以我国企业所得税法定税率，因为国家（地区）间会计制度、法律规定的差异，公式中外国企业所得税应纳税所得额与按照我国税法规定所得税应纳税所得额可能是不同的，需要按照我国所得税法规定调整外国企业应纳税所得额，防止受控外国企业利用低税率区各种税收优惠、特别规定规避低税率检验标准。

（4）归属所得的核算

我国受控外国企业是附白名单的实体检验法，对外国企业实体作整体判定，未通过低税率检验且不符合任何免除条款的受控外国企业归属所得，应按照中国居民企业股东持股比例计入其当期所得。

① 归属所得的核算

因国家（地区）间会计制度、法律规定的差异，归属所得需要按照我国税法规定调整。视同股息分配计入受控外国企业纳税年度终止日所属的中国居民企业股东的纳税年度。归属所得的计算是按照中国居民企业股东实际持股比例和实际持股时间核算。实际持股时间是受控外国企业的中国居民企业股东实际持股天数，持股超过一天即满足归属所得分配条件。归属所得计算公式如下：

中国居民企业股东当期所得＝视同股息分配额 × 实际持股天数 ÷ 受控外国企业纳税年度天数 × 股东持股比例

其中，视同股息分配额是受控外国企业按照我国税法规定计算的应纳税所得额；实际持股天数应按照中国居民股东持股变动情况分段计算。

② 间接抵免

计入中国居民企业股东当期所得即时征税的视同股息分配额中实际上包含了受控外国企业承担的境外企业所得税性质税收，对于符合抵免条件的，应按照财政部、国家税务总局《关于企业境外所得税收抵免有关问题的通知》（财税〔2009〕125号）的规定计算抵免额。

③ 重复征税处理

计入中国居民企业股东当期所得承担的外国企业所得税性质税收可以根据税收协定相关条款、间接抵免规定避免重复征税的发生。已视同股息分配征税后作实际利润分配，将不再计入居民企业股东当期所得。两个或多个实行受控外国企业立法国家对同一受控外国企业归属所得征税，会造成双重或多重征税的事实，对于这种情形，需要两国或多国税务当局根据税收协定启动双边或多边磋商程序。

境内居民企业控制下的多层级外国企业链条上有两个或多个受控外国企业，低层级受控外国企业归属所得已按照我国受控外国企业条款征税，在高层级受控外国企业归属所得中该已税部分不再重复征税。

（5）管理流程

受控外国企业管理流程包括申报、判定、纳税调整与税款征纳三个环节。

申报是获取受控外国企业、中国居民股东信息的主要途径。《对外投资情况表》是取得中国居民企业对外投资信息和判定受控外国企业主要信息源，报表填报人是持有外国（地区）企业股份的中国居民企业。《对外投资情况表》表项内容分为四类，即：中国居民股东和受控外国企业判定信息、低税率检验信息、积极参与经营活动相关判定信息及归属所得计算信息。中国居民个人持有外国企业股权的信息需从个人所得税申报信息中获取。此外，关联申报表中的关联关系、关联交易信息也可为受控外国企业的判定提供辅助。

对于居民企业可以判定其已构成对受控外国企业控制，或以前年度已构成受控外国企业且持股情况、经营没有实质性改变的情形，企业股东需按照其持股比例计算归属所得当期纳税。

① 受控外国企业判定流程

由中国居民企业，或居民企业和居民个人共同控制的外国企业是否构成受控外国企业，可参照图 7-7 的流程判定。

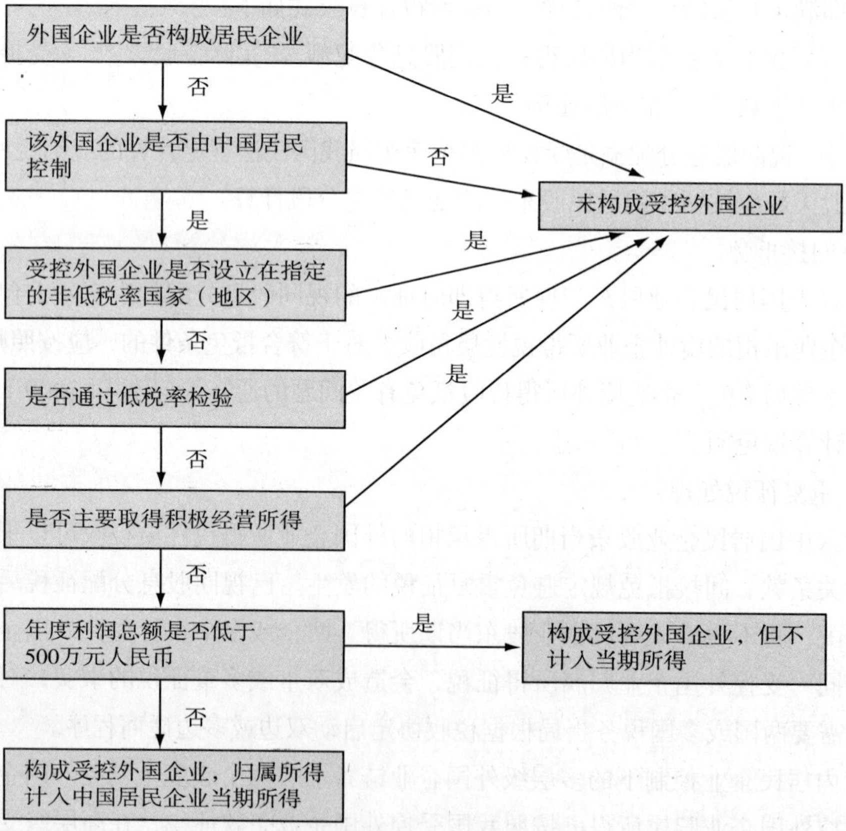

图7–7　受控外国企业的判断

《企业所得税法》关于居民企业判定采取登记注册地标准和实际管理地标准结合的原则，在机制上可以有效打击居民企业通过将总部在法律形式上移出国境的"反置" 避税安排。对于将境外总部再定性为我国居民企业的情形，对该"境外总部"控制下的非居民企业可继续适用受控外国企业条款。按照判定流程，构成受控外国企业的，税务机关需向中国居民股东送达《受控外国企业中国居民股东确认通知书》。对于中国居民股东对外国企业构成控制较为明确的情形，如中国居民企业持有某外国企业 51% 表决权股份，居民企业完全可以掌握该外国企业的设立意图及经营与决策，应自觉履行受控外国企业判定及申报与纳税义务。

② 纳税调整与税款征纳

对于中国居民企业可以判定自身构成对受控外国企业控制的情形，居民企业应自觉履行申报与纳税义务。

对于以前年度构成对受控外国企业控制的居民企业股东，如果持股情况未发生本质性变化且该外国企业经营没有实质性改变，本年度一般仍会构成受控外国企业，应自觉履行申报纳税义务。对于在税务机关反避税调查中发现的受控外国企业，应对居民企业股东作相应纳税调整并承担相应法律责任。

（6）受控外国企业管理实践

为配合"走出去"战略，我国不断完善税收政策，制定实施境外所得计征所得税暂行办法，初步形成了我国企业对外投资税收管理的政策框架，加快税收协定谈签和执行力度，建立情报交换机制，规范相互协商程序，为"走出去"企业解决税务纠纷，维护了企业利益。

目前，税务总局草拟了《关于加强我国"走出去"企业境外投资与劳务税收管理与服务的工作建议》（征求意见稿），在网站上开设了税收协定栏目，正逐步增加境外投资税收指南内容。但与"走出去"企业的需求和科学化、精细化税收管理的要求相比，税收工作还亟待完善。

例如，目前大多数"走出去"企业未到税务机关开具的《中国居民身份证明》，无法享受税收协定规定的税收待遇；有的不了解税收协定，在境外遭遇税收歧视，不知如何维护自身利益，频繁引发国际税务争端，企业利益和国家权益受到损害；有的不了解东道国税收法律法规，不能守法经营，甚至逃避东道国税收，损害我国形象等。

另外，还存在涉税信息收集渠道不畅的问题。我国相关政府部门按照各自权限行使对"走出去"企业的审批、登记和协调职能，这些部门的相关信息是完善和规范"走出去"企业税收管理的基础。

由于税务部门与上述部门没有建立相应的协作机制，因此，不能及时获取"走出去"企业的境外投资信息。同时，我国与外国税务当局的合作机制尚未完全建立，外国税务当局不能及时、全面地向我国税务部门提供“走出去”企业的境外投资经营状况。

6. 资本弱化税务管理

一般来说，融资方式分为来源于股东的股权投资和债权人的债权投资两种。股息作为股权投资的收益，不允许税前扣除，部分国家通过协定约定不对其征收预提税；而借款利息则可作为费用在税前扣除，通过享受协定待遇，从部分国家取得的利息可适用较低的预提税率。资本的上述性质及不同模式下税务处理的不同，导致融资成为规避国际税收的一种手段。

《企业所得税法》在借鉴国际经验的基础上，首次明确了我国反资本弱化税制的基本条款，同时在其配套执行的反避税实务操作指南《特别纳税调整实施办法（试行）》（国税发〔2009〕2号）中，明确提出了资本弱化税务管理的概念，将资本弱化税务管理定义为税务机关对企业接受的关联方债权性投资与企业接受的权益性投资的比例是否符合规定比例或独立交易原则进行审核评估和调查调整等工作的总称。《企业所得税法》中有关反资本弱化条款的出台，也标志着我国有了比较规范的反资本弱化税制。我国的反资本弱化税制采用了固定比率法与独立交易原则相结合的混合法，使我国反避税立法体系更加完整，内容更加完善。

（1）现行反资本弱化税制的基本框架及反资本弱化方法的选择

随着中国经济的进一步发展以及改革开放的深入，跨国公司在华投资逐渐由原来的合资合作走向独资或控股模式，从劳动密集型走向资金密集型。而且，随着我国企业所得税税制改革的深入，对于股本投资的各种优惠政策不断地调整压缩，同时对于资本项目的管制也逐步放开，这些新变化必然会更多地促使跨国投资者选择采用资本弱化的手段去谋求利润的最大化。在新的经济环境下，规范日益突出的资本弱化税收问题，维护国家的税收权益，同时又要避免过多地干预投资者和企业的经营自主权，是摆在税务部门面前的一个重要课题，也进一步催生了我国反资本弱化税制的出台。内外资企业所得税法的合并为反资本弱化税制的出台提供了一个良好的契机。因此，在2008年始实施的《企业所得税法》中，在两法合一的基础上，我国首次制定了相对规范、统一的反资本弱化税制。

① 反资本弱化税制的基本框架

我国现行的反资本弱化税制的基本框架主要体现在《企业所得税法》第四十六条、《企业所得税法实施条例》第一百一十九条，《特别纳税调整实施办法（试行）》（国税发〔2009〕2号）第八十五条至第九十一条，《财政部、国家税务总局关于企业关联方利息支出税前扣除标准有关税收政策问题的通知》（财税〔2008〕121号）中。

《企业所得税法》第四十六条构成了框架的第一层。该条款规定“对企业从其关联方接受的债权性投资与权益性投资的比例超过规定标准而发生的利息支出，不得在计算应纳税所得额时扣除”。该条款是我国反资本弱化税制的最基本指导原则。在此指导原则之下，《企业所得税法实施条例》第一百一十九条形成了框架的第二层。在该层中对于基本指导原则中涉及的两个关键要素：债权性投资及权益性投资的含义进行了明确。框架的第三层由《财政部、国家税务总局关于企业关联方利息支出税前扣除标准有关税收政策问题的通知》、《特别纳税调整实施办法（试行）》第八十五条至第九十一条构成。在该层中，对于反资本弱化税收实务操作中涉及的具体问题，如固定比例的具体标准、计算方法、计算时点、如何证明企业债资比例符合独立交易原则，以及不得税前扣除利息的计算与处理原则等方面集中进行了阐述，构成了反资本弱化税制的实务操作指南。尤其是《特别纳税调整实施办法（试行）》中首次明确提出了资本弱化税务管理的概念，将其定义为税务机关对企业接受的关联方债权性投资与企业接受的权益性投资的比例是否符合规定比例或独立交易原则进行审核评估和调查调整等工作的总称，也就明确了税务机关针对企业的资本弱化行为所要进行的主要工作。

② 反资本弱化税制的适用对象

通常来说，根据资金提供者是否是我国居民以及借贷双方是否存在关联关系可以将反资本弱化税制的适用对象分为四类：企业从关联居民企业融资、企业从关联非居民企业融资、企业从非关联居民企业融资和企业从非关联非居民企业融资。

一般情况下，由于企业与非关联方之间没有关联关系，非关联方无权分享企业的经营利润。因此，基于各自独立利益的考虑，企业向非关联方融资时，双方根据市场需求自主决定经济事项，非关联资金提供者会经过严格的风险评估和风险控制来决定贷款金额、贷款利率、偿还方式、偿还期限和其他贷款条件，因此双方借贷的条件、规模等是符合独立交易原则的，通常无须进行税收调整。

但是企业从关联方融资时却能通过税收筹划，获得整体税负降低的好处。因为企业从非居民关联方融资，支付的利息可以作为成本费用税前列支，非居民关联方的利息收入要缴纳预提所得税。由于通常利息的预提所得税税率低于营业利润的适用税率，因而，企业可以利用与非居民关联方之间融资的筹划达到整体税负降低的好处，这样就存在资本弱化的动因，因此理应作为被约束对象。为规范非居民关联企业通过居民关联企业再贷款给境内居民企业以逃避法律约束的贷款行为，资本弱化税制的适用对象应包括企业与关联居民企业之间的融资和企业与关联非居民企业之间的融资。简言之，资本弱化税制的适用对象应该为企业与其全部关联方之间的融资，我国现行反资本弱化税制的适用对象正是基于上述考虑，将全部关联方之间的融资都包含在内。

③ 反资本弱化方法的选择

对一个具体国家而言，制定的反资本弱化税制并非越严格越好。除了保护税基、维护国家税收权益外，还需要综合考虑国家经济的发展阶段、发达程度、开放水平，国家产业结构和金融体系以及企业规模等各方面的因素。我国在综合考虑了上述因素的基础上，制定出了现行的反资本弱化税制。

在具体方法的选择上，在对 OECD 推荐使用的正常交易法和固定比例法认真分析研究的基础上，兼顾了法律的确定性和适当的灵活性，我国采用了以固定比率法与正常交易原则相结合的混合法。一方面，考虑到我国具有深厚的制定法传统，很难实现像实行判例法的英国一样，要求法官根据具体个案进行主观判断，因此，直接采用正常交易法缺乏基础。另一方面，在具体进行税制设计时，也考虑了我国目前经济发展的宏观状况。虽然多年的改革开放已经明显提升了我国的总体经济实力，但是在相当长的一段时期内仍然需要大量外资来促进我国经济的发展。因此，虽然严格的反资本弱化法规有利于抑制税前的利息扣除从而增加税收收入，但其抑制国际资本自由流动等副作用同样会影响跨国公司对我国企业的投资积极性，从而损害国家的宏观经济利益。因此，结合我国目前的征管实践水平，结合固定比率法易于操作的特点，我国目前还是比较适合采用固定比率法的。但是为了克服该方法缺乏灵活性的固有缺陷，我国最终选择了混合法作为我国反资本弱化税制的基本方法。根据该方法，一方面，企业从其关联方接受的债权性投资和权益性投资的比例必须符合一定的标准，超过规定标准而发生的利息支出，不得在计算应纳税所得额时扣除。另一方面，对于超过标准比率列支的利息部分，如果企业能证明该债务融资条件、利率、金额等符合独立交易原则，也允许其超额利息税前列支。同时，考虑到该方法采用单一比例对所有行业或企业加以约束可能造成的对不同经济部门和行业中某些企业的不合理税收待遇问题，我们实行了两档比率，将金融行业单独独立出来，采用了较高的比率。这些具体规定体现在《财政部 国家税务总局关于企业关联方利息支出税前扣除标准有关税收政策问题的通知》以及《特别纳税调整实施办法（试行）》中。

（2）我国现行反资本弱化税制的具体内容

我国反资本弱化税制的基本指导原则为“对企业从其关联方接受的债权性投资与权益性投资的比例超过规定标准而发生的利息支出，不得在计算应纳税所得额时扣除”。在该基本指导原则下，我们必须明确关联方的判定条件、从关联方接受的债权性投资与权益性投资的具体含义、企业从其关联方接受的债权性投资与权益性投资的比例规定、比例的计算方法、利息支出的涵盖范围以及对超过规定标准而发生的利息支出的税务处理等方面的具体规定。

① 关联方的判定条件

我国反资本弱化税制的基本内容是对企业从关联方取得的超额债务产生的超额利息的税前扣除进行限制。因此，对关联方的判定是进行超额利息计算的基本前提。《特别纳税调整实施办法（试行）》第九条具体明确了我国对关联企业之间关联关系的判定条件。

② 从关联方接受的债权性投资及权益性投资的含义及范围

《企业所得税法实施条例》第一百一十九条对于《企业所得税法》第四十六条中所称的关联方债权性投资、权益性投资的定义进行了明确。

a. 从关联方接受的债权性投资的含义及范围

《企业所得税法实施条例》第一百一十九条将关联方接受的债权性投资定义为企业直接或者间接从关联方获得的，需要偿还本金和支付利息或者需要以其他具有支付利息性质的方式予以补偿的融资。上述规定从融资方式上明确了从关联方接受的债权性投资，既包括直接又包括间接从关联方获得的债权性投资。

通常来说，直接从关联方获得的债权性投资包括一般性投资贷款（即股东以贷款形式对企业的长期投资）、一定期限的短期贷款等。间接从关联方获得的债权性投资包括背对背贷款、无关联第三方提供的关联方担保贷款、混合融资工具等。对于直接从关联方获得的债权性投资中的一般性投资贷款，各个国家的反资本弱化税制中都将其列入关联债务融资的本金中。但对于短期贷款，各国的规定却不尽相同。而且，从广义上讲，关联应付账款以及预收货款等也是关联债权性融资的一种形式。因为应付及预收款项属于经常项目下交易的结果，资金的出入也不需要外汇管理局事先核准，因此跨国公司很容易通过内部转移价格以及技术管理等手段控制境内公司的应付及预收款项，造成事实上游离于外债监管之外的非契约性债务。跨国经营实践中经常可以看到当国内融资成本高于国际市场融资成本时，子公司的应付账款就会增加，表明子公司通过母公司参与了国际市场的融资便利；相反，子公司的应收账款就会增加，表明母公司通过子公司实现了对被投资国低成本资金的利用。尤其是境外母公司财务困难时，占用境内公司的货款将更多。但是，对于这部分款项是否计入关联债务融资本金，各国的规定各不相同。如美国对股东的应付账款，期限在 90 天以内的部分，由于不计息，因此不计入债务融资本金中。澳大利亚规定，企业对其非居民股东的应付账款，如果期限在 30 天以内，即使计息也不计入债务融资本金中。在德国，期限在 6 个月以内的股东贷款，不计入债务融资本金中。而西班牙、加拿大、日本等国，不考虑贷款的期限长短，一律将其计入债务融资本金中。英国通常是不将其包含在债务范围内的，除非信用期限长到足以支付利息。我国外债管理中对这些内容没有明确的规定，因此，事实上造成了管理上的盲区。《企业所得税实施条例》第一百一十九条虽没有明确强调贷款的期限，但是我们采取的是比较宽泛的定义，从定义上看是包括短期借款的。对于不付利息的应付款项及预收款项，我国是不将其计入债务融资本金的，而对于支付利息的应付及预收款项，根据债务的定义，是应该计入从关联方取得的债权性投资的本金范围的。

b. 权益性融资的含义及包含的范围

《企业所得税法实施条例》第一百一十九条对于权益性投资定义如下：权益性投资是指企业接受的不需要偿还本金和支付利息，投资人对企业净资产拥有所有权的投资。这与会计准则中对所有者权益的定义是基本一致的。权益性融资金额一般是根据企业会计报表中的所有者权益的数据加以确定的，其内容包括：实收资本、资本公积金、留存收益、准备金等。从取值上看，多数国家的取值一般以账面价值为准，也有国家（如新西兰）规定以资产的市场价值为准。

我国在对权益性投资取值时使用的是企业所有者权益的账面价值而非市场公允价值。

③ 从关联方接受的债权性投资及权益性投资的取值时点

由于企业可能从关联方获得多笔融资，而每笔融资的期限和融入时间都会存在差异，且一般处于变动状态，因此，债务的计算时点，在理论上应该在持续变动的基础上进行计算。多数国家对于权益性融资的取值时点与债务融资的取值时点相互一致。在实践中，一般只要求按照季度进行计算（金融行业有时要求按照月度进行）。出于资本弱化监管的需求，有时按照年度进行计算也是可行的。但是在任何情况下，税务机关明确这些细节对于监管资本弱化行为是很有必要的。目前，OECD 成员国在债务 / 股本比率计算时，对债务融资以及权益性融资取值时点的选择通常有平均法、最大法、时点法三种方法。西班牙和日本以纳税年度全年按月计算平均贷款余额为基础，这种方法被称为平均法。加拿大以一年中贷款额达到最大的那个时点的贷款资本金总额为基础，这种方法也被称为最大法。德国则以一年中任何时点非居民股东提供的贷款超过安全港的数额为计算基础，这种方法也被称为时点法。

澳大利亚和新西兰规定企业可在最大法和平均法中进行选择。考虑到投资存在的周期性和不稳定性，我国采用了比较适合目前征管水平的平均法，要求在月度平均的基础上按年度进行计算。

④ 关联方借款利息扣除的有关规定

a. 企业支付的关联方借款利息的一般扣除原则

企业在对支付的关联方借款利息税前扣除时，首先应按照相关性与合理性两个基本原则进行一般扣除原则的判断。这两个原则体现在《企业所得税法》第八条和《企业所得税法实施条例》第二十七条。相关性与合理性原则是企业税前扣除任何利息支出时所应首先考虑的一般原则。相关性原则是指企业的利息支出税前扣除的必要条件是该利息支出必须与取得的收入相关。这就意味着，企业向关联方支付的与收入不相关的借款利息支出不允许在税前扣除。而合理性原则要求利息支出要符合生产经营活动的常规，应当是计入当期损益或者有关资产成本的必要和正常的支出。也就是说关联方之间的利息支出要合理，应当是必要和正常的支出。实际上，在对企业利息列支的合理性进行判断时，就包括了对企业关联融资利息的扣除是否存在转让定价问题的判断。如果存在转让定价问题，要首先对此部分的利息支出进行调整，然后再进行资本弱化行为存在性的判断，即根据财税〔2008〕121号文件的规定判断企业的债务/股本比率是否超过了规定比率以及超比率部分的利息支出是否符合独立交易原则。

b. 资本弱化行为存在性的判断

●关联债资比例的具体标准

前面已经提到，我国采用的是固定比率法与独立交易原则相结合的混合方法。制定一个相对合理的债务/股本比率是采用固定比率法或混合法的关键，因为如果该比率定得过高，对于融资规模超过了独立交易原则下可以融到的资金规模的企业会产生税收利益。因此，标准比率的确定在采用固定比率法的国家都是一个难点问题，需要综合考虑多方面的因素。一般来说，规定的标准债务/股本比率越低，说明一国的反资本弱化规则越严格。在确定固定比率时，我国在借鉴其他国家具体做法的同时充分考虑了中国的实际情况，最终采取了相对宽松的政策，最大可能地使固定比率法接近正常交易法，允许纳税人在融资规模超过安全港的规定界限后有权证明其交易符合独立交易原则。同时，在对比率进行计算时涉及的股权融资和债务融资等关键概念进行界定时，采取了比较宽泛的定义。

《财政部　国家税务总局关于企业关联方利息支出税前扣除标准有关税收政策问题的通知》对于企业从关联方接受的债权性投资与权益性投资的比率进行了明确。考虑到金融行业的特殊性，在对关联债权性投资/权益性投资的比率进行确定时，对金融企业规定了较高的比例，将金融行业的关联债权性投资/权益性投资比率定为5∶1，金融行业以外确定为2∶1。根据规定，企业支付的该固定比率内的关联债权性投资利息可以税前扣除，超过该固定比率列支的利息需要进行独立交易原则的符合性判断。企业同时从事金融业务和非金融业务的，其实际支付给关联方的利息支出，应按照合理方法分开计算，没有按照合理方法分开计算的，一律按2∶1的比例计算准予税前扣除的利息支出。2∶1的比率标准与我国中外合资经营企业注册资本与投资总额的比例限制中规定的关联债务/注册资本的最高比率是一致的。

●债资比例标准对不同企业的影响

我国反资本弱化税制中规定的标准债资比例的出台对不同纳税人的具体影响是不同的。由于原来内资企业实施的《企业所得税税前扣除办法》规定关联债权性投资与注册资本的比例是 1∶2，与现行 2∶1 的比例相比，虽然在具体计算口径上存在一定的差异，但是应该说新税法的比率较原来内资企业的 1∶2 还是有了较大的提高，在一定程度上可能给内资企业带来较大的正面效应。而对于外资企业而言，其实际关联融资额度超过该标准比率的，企业超额的利息扣除会受到一定的负面影响，至少会增加其证明超比例部分规模、利率等符合独立交易原则的举证责任。同时，该固定比率的出台也会对一些有真实业务背景的债权性投资产生一定的影响。

例如，集团内部对内部资金进行调剂安排所进行的“现金池”业务，由于债资比率的存在，可能就会受到一定的影响。“现金池”业务作为一种大中型企业集团进行资金集中管理的高端现金管理产品，企业集团母公司以总部的名义设立现金池，在不影响子公司日常业务的情况下，以委托贷款的方式，将所有本地区及跨地区子公司的资金进行统一调配，每日定时将子公司资金上划现金池账户，日间若子公司对外付款时账户不足，银行就可以提供以其上存总部的资金头寸额度为限的透支支付。在现金池中，各成员不同账户上的正负余额可以有效地相互抵消，账户资金盈余的子账户的资金自动地转移到资金不足的其他子账户，这样一来，企业的资金得到了充分的运用，在集团内部就能够满足融资需求，而无需外部融资，既简化手续，也大大降低了融资费用。当子公司账户透支时，作为企业集团的借款母公司账户划拨归还，此时子公司的权益性投资并没有发生改变，但是其关联债权性融资额增加，因此就很容易在实际上超出关联债务 / 股本比率标准的限制。这就意味着子公司将不一定能获得足额的资金划拨，内源性融资的收益就会降低。

由于该标准比率只有两档，被要求具有相对普遍的适用性，因此其适当性会受到很大的关注。但是，由于我国实行的是固定比率法与独立交易原则相结合的混合方法，也就是说如果纳税人能够证明其关联债权性投资金额、利率、期限、融资条件以及债资比例等均符合独立交易原则，就可以不受上述比率的限制，因此，在一定程度上弱化了标准比率大小对不同行业企业的不公平待遇。但是固定比率标准的适当性仍然会对一些个案产生不同的影响，因此，还会随着实践的发展及相关配套政策的改变而适时调整。

● 关联债资比例的计算

关联债资比例是我国设定的安全港标准。在《特别纳税调整实施办法（试行）》中，将其定义为企业从其全部关联方接受的债权性投资（以下简称关联债权投资）占企业接受的权益性投资（以下简称权益投资）的比例。在计算关联债资比例时，要充分注意分子分母的口径、时点、取值标准。前面已经提到计算债务融资及权益性融资的时点方法有平均法、最大法、时点法。我国采用的是平均法。《特别纳税调整实施办法（试行）》第八十六条规定了关联债资比例的具体计算方法。

关联债资比例＝年度各月平均关联债权投资之和 / 年度各月平均权益投资之和

其中：各月平均关联债权投资=（关联债权投资月初账面余额+月末账面余额）/2

各月平均权益投资=（权益投资月初账面余额+月末账面余额）/2

前面已经提到，从关联方获得的债权性投资包括直接和间接从关联方获得的债权性投资。在取值时，按照从关联方获得的债权性投资的各月账面余额的平均数计算年度各月平均关联债权投资之和，作为计算关联债资比例时的分子。通常，权益性投资的取值应该是选择企业资产负债表中所有者权益账面列示的金额。为了避免所有者权益可能出现亏损或为零的情况下导致关联债资比例按照上述公式计算时由于分母出现负值或零，使具体债资比率为负值或公式无法运用的情况，在该文件中特别对权益性投资的取值作了如下的限定：

如果所有者权益的金额小于实收资本（股本）与资本公积金额之和，则权益性投资金额为实收资本（股本）与资本公积金额之和；如果实收资本（股本）金额与资本公积金额之和小于实收资本（股本）金额，则权益投资为实收资本（股本）金额。这样就保证了取值时，分母不可能为零或负值。在计算关联债资比例时，分子采用的是年度各月平均关联债权投资之和，分母采用的是年度各月平均权益投资之和。

c. 不得扣除的关联方利息支出的计算

能够准确计算出不得在税前扣除的超额利息支出金额是反资本弱化税制的核心。《特别纳税调整实施办法（试行）》第八十五条对不得扣除的利息支出的具体计算方法规定如下：

不得扣除的利息支出=年度实际支付的全部关联方利息×（1-标准比例/关联债资比例）

其中：标准比例在《财政部 国家税务总局关于企业关联方利息支出税前扣除标准有关税收政策问题的通知》中有具体规定。关联债资比例的计算也已经在前面述及。但是如果要准确计算出不得扣除的利息支出，还要明确“实际支付利息”的含义。在《企业所得税法实施条例》第一百一十九条、财税〔2008〕121号文件以及《特别纳税调整实施办法（试行）》第九章都提到了“实际支付利息”。根据《特别纳税调整实施办法（试行）》的具体规定，“实际支付利息”是指企业按照权责发生制原则计入相关成本、费用的利息，避免了容易被理解为收付实现制的可能性。同时，对于“利息支出”的范围，也进行了比较宽泛的定义。将实际支付的直接或间接关联债权性投资的利息、担保费、抵押费和其他具有利息性质的费用都纳入其中。

d. 利息与股息税率差的补税规定

根据《特别纳税调整实施办法（试行）》的规定，直接或间接实际支付给境外关联方的超额利息应被视为一方向另一关联方进行的股息分配，并且按照股息和利息分别适用的所得税税率差补征企业所得税。利息与股息税率差的补税规定，是考虑到我国与部分国家签署的税收协定中对来自我国的股息征税的税率要高于对利息课征的预提所得税税率。如我国与澳大利亚、新西兰、挪威等国签订的协定要求，我国对向这些国家支付的股息课征不超过15%的预提所得税，而对支付的利息课征不超过10%的预提所得税。此时如果存在对境外关联方的超比率借款利息支付就需要就税率差补征税款。在《特别纳税调整实施办法（试行）》第八十八条同时明确了相反情形下，即对支付的利息课征的预提所得税税率高于对支付的股息课征的预提所得税税率时，也就是存在已扣缴的所得税税款多于按股息计算应征所得税税款时，多出的部分不予退税。如协定规定对于利息可以按优惠的7%税率征收预提所得税，而股息的预提所得税税率是10%时，按照《特别纳税调整实施办法（试行）》的规定，对于不符合独立交易原则的超额利息支出部分，我国将补征3%的预提所得税。相反，如果利息的预提所得税税率是10%，而股息的预提所得税税率是7%，则对于不符合独立交易原则的超额利息支出虽然在支付时已经按照10%缴纳了预提所得税，即使根据规定被视为了股息，多征的税款也不允许退税。在OECD及联合国范本的税收协定第十一条利息的最后一款都有类似的规定。我国在对外签订的税收协定的利息条款最后一条中也有此规定。也就是说，向境外关联方支付利息时，能够享受税收协定优惠待遇的利息部分只能是符合独立交易原则的利息部分。对于不符合独立交易原则的利息部分，不能享受税收协定中利息条款的待遇即不应被视为利息。但是，一个不可回避的难点是，如果境外关联方来自不同股息税率国家，则分类将会带来较大麻烦。

e. 资本弱化同期资料的具体规定

企业在关联债资比例超过标准比例时如何通过提交同期资料证明其关联债权性投资金额、利率、期限、融资条件以及债资比例等均符合独立交易原则是资本弱化税收管理的难点和焦点问题。由于该项业务涉及面广，在税收实务中单纯通过立法的形式规范其所需提供的具体资料有很大的难度。《特别纳税调整实施办法（试行）》第十五条通过排除法从总体上明确了需要准备同期资料的企业范围，属于下列情形之一的企业，可免予准备同期资料：

年度发生的关联购销金额（来料加工业务按年度进出口报关价格计算）在2亿元人民币以下且其他关联交易金额（关联融通资金按利息收付金额计算）在4000万元人民币以下，上述金额不包括企业在年度内执行成本分摊协议或预约定价安排所涉及的关联交易金额；关联交易属于执行预约定价安排所涉及的范围；外资股份低于50%且仅与境内关联方发生关联交易。

从以上规定可以看出，企业如果仅发生融通资金关联交易，在扣除年度内执行成本分摊协议或预约定价安排所涉及的关联利息收付金额后利息收付金额在4000万元人民币以下的企业，不需要准备同期资料。既发生了关联资金融通，同时又发生了其他关联购销业务的，在扣除年度内执行成本分摊协议或预约定价安排所涉及的关联利息收付金额后，利息收付金额在4000万元人民币以下且在扣除年度内执行成本分摊协议或预约定价安排所涉及的关联购销金额后，关联购销金额在2亿元人民币以下的企业，也不需要准备同期资料。虽然有关联融资业务但是属于执行预约定价安排所涉及的范围的，或者外资股份低于50%且仅与境内关联方发生关联融资业务的企业，也不需要准备同期资料。但是，上述规定要结合《特别纳税调整实施办法（试行）》第八十九条、第九十条的规定进行统一考虑。也就是说，如果企业存在关联融资业务，且根据《特别纳税调整实施办法（试行）》第十五条的规定可免予准备同期资料的如果满足第八十九条的规定，即企业关联债资比例超过标准比例的利息支出，如果在计算应纳税所得额时要进行税前扣除，还应准备、保存并按税务机关的要求提供同期资料，证明关联债权投资金额、利率、期限、融资条件以及债资比例等均符合独立交易原则。因此，企业的关联融资业务是否需要提交同期资料取决于企业的关联债资比例是否超过标准比例。如果没有超过标准比例，就可以按照办法第十五条的规定处理，如果超过标准比例，就要求按照第八十九条的规定准备、保存并按税务机关的要求提供同期资料。

从我国反资本弱化税收法律法规的演变过程看，此次出台的反资本弱化税制对于外商投资企业的影响可能比较大，因为过去没有对外商投资企业的融资规模进行明确的量化限制。对于内资企业来说，较之过去，则有了相对宽松的政策。但是由于超过债资比例的企业可以通过提交能够证明其关联债权性投资金额、利率、期限、融资条件以及债资比例等均符合独立交易原则的同期资料，获得超额利息税前列支的权利，也算是新旧制度之间的一种折中做法。但是，还是要很好地注意税收执行风险。

从经济角度看，反资本弱化税制的目的是规范关联方“经设计”的资本结构带来的扭曲，增加税收收入。但是随着各国降低关税和自由贸易政策压力的增加，反资本弱化的有关规定对资本的自由流动会产生负面的影响。同时，由于越来越多的国家制定了反资本弱化税制，使国际重复征税的可能性加大，而国际重复征税同样会妨碍跨国资本流动。因此，各国也都在努力寻求税收与资本流动性之间的平衡。同时，各国必须依据客观经济条件确定税收法规，避免带来虚假的收入来源。我国在制定反资本弱化税制时参考了许多国家的做法。但是我国的反资本弱化税制刚刚出台，相比已经对此有过多年实际操作经验的国家，我国的反资本弱化税制还需要经历一个不断完善发展的过程。同时，我国还应积极与有关国家协商，适时修订双边税收协定，避免发生重复征税。在公平税负的基础上，力求平衡各国间的税收利益，促进资本的跨国自由流动。流程图如图7–8所示。

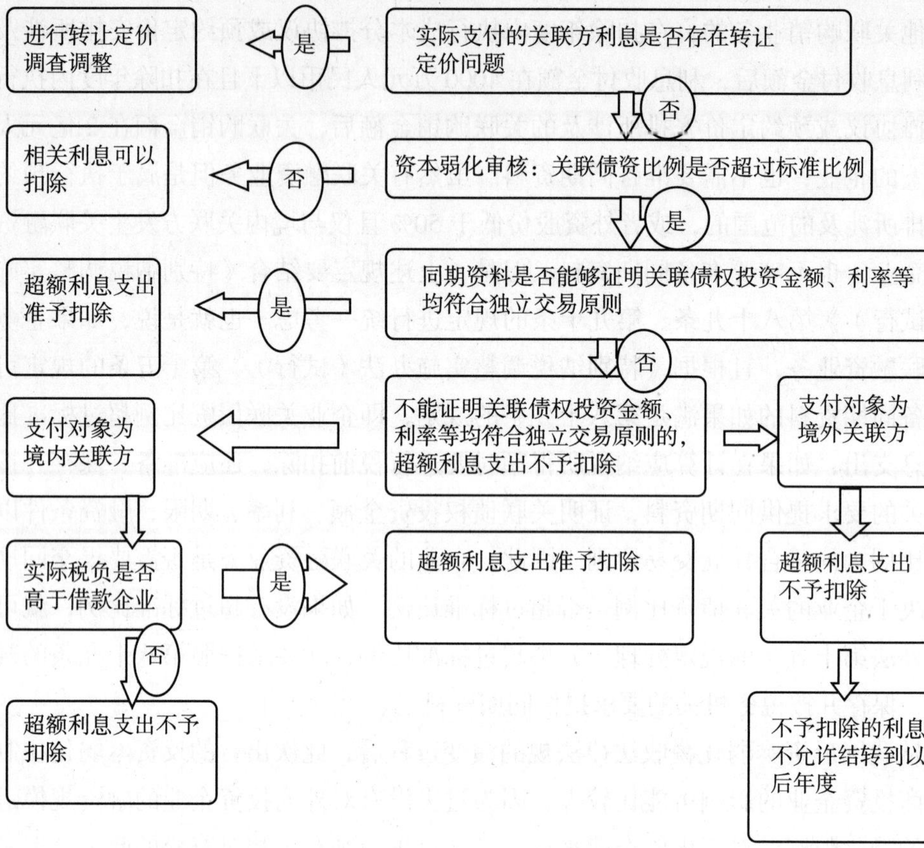

图7-8　转让定价调查流程图

7. 一般反避税条款管理

前面提及的转让定价、受控外国公司、资本弱化等条款都是分别针对某种特定的避税形式而制定的，都属于特别反避税条款，而一般反避税条款虽然也致力于规制避税活动，但着力点却有所不同。这两类反避税条款的关系可以类比窄谱抗生素和广谱抗生素的关系。我们知道抗生素主要是治疗细菌感染的，每种抗生素都有自己的抗菌范围。窄谱抗生素针对性强，而广谱抗生素应用范围大，但针对性不如窄谱抗生素强。一般反避税条款就有点像广谱抗生素，它不是针对哪一种具体的避税行为的，而是用来应对隐蔽的或不可预见的避税可能性而存在的。

一般反避税条款体现在《企业所得税法》第四十七条及《企业所得税法实施细则》第一百二十条。其内容是：企业实施其他不具有合理商业目的的安排而减少其应纳税收入或者所得额的，税务机关有权按照合理方法调整。国家税务总局随后颁布的《特别纳税调整实施办法（试行）》第十章“一般反避税管理”，对避税安排的类型、判定原则、税务处理、一般反避税调查程序、纳税人和第三方的协助义务等方面作出了具体的规定，对纳税人和税务机关都具有重要的指导意义。

鉴于中国尚无实际应用一般反避税条款的经验，本章主要从技术层面来探讨一般反避税管理的相关规定，重点是避税安排的辨识和调整方面的问题，并介绍了有关国家应对避税的经验和做法，希望为今后我国一般反避税条款的实务操作提供借鉴。

（1）一般反避税条款的特点和发展概况

避税在全球范围内都是一个快速发展的产业，经济全球化和金融衍生工具的发展更增加了避税的可能性。不少律师、会计师都致力于研究避税的方法并从中获取丰厚的利润。避税手法日新月异，层出不穷，而立法却往往是相对滞后的，如果要根据每种已经发现的避税手法来进行针对性的立法可能就无法及时有效地堵住法律漏洞。因此，越来越多的国家采用一般反避税条款来对付避税。虽然一般反避税条款因其适用范围的宽泛性和实施上的不确定性而容易成为所得税法中最受争议的部分，但这个特点也使其成为打击避税的最有效的手段。它允许税务机关可以对任何一项交易或一系列交易行为进行分析与重新定性，以反映其真实的经济实质和法律关系，这可能导致与纳税人纳税申报不同的税收结果。

一般反避税条款的基础性原则主要包括：实质重于形式、反映经济实质、防止虚假交易、防止滥用法律、不认可分步交易以及/或缺乏商业目的的交易等。

从全球看，大多数国家都有一般反避税的成文法规定或发展了反避税的判例法。目前，阿根廷、澳大利亚、奥地利、比利时、加拿大、芬兰、法国、德国、匈牙利、意大利、卢森堡、新西兰、西班牙、韩国和瑞典等一些国家制定和颁布了一般反避税成文法。丹麦、法国、印度、荷兰、挪威、瑞士、英国、美国等国家主要依据判例法。但是，英国、美国、挪威最近已考虑引进一般反避税成文法。因此，成文法化似乎是一种趋势。

除大陆法系和普通法系存在系统差别外，即使在同一法系的国家，一般反避税的立法也没有形成统一的模式；在实践中，尽管各国法理和分析不同，但最终结果大致相同。各国立法上的差别主要来源于对税收筹划和避税的不同态度及法院在制约中央政府征税权力中作用的差别。当然，一般反避税条款只能作为最后的一种补救措施，它不能修复税法体系的根本性漏洞和不严密。

一般反避税条款克服了特殊反避税条款对新型避税行为无法适用以及立法滞后的缺点，能对各种无法预料的避税行为进行概括性否认，同时也为行政执法及司法提供依据。其缺点是对法的安定性和可预测性的损害，容易引起税务机关自由裁量权的滥用，妨碍正常的商业行为。因此，一般反避税条款宜慎用，最好能“备而不用”。但是，作为规制避税的终极手段，一般反避税条款仍应在实践中不断完善，以期成为防范避税的“达摩克利斯之剑”，而不是“无牙的老虎”。

（2）一般反避税规则与特别反避税条款的关系

许多国家都既设立一般反避税条款，又制定了一些特别反避税条款。这种情形下可能产生的问题是，该特别条款是否应视为排他性地适用于其规制领域内的避税问题，还是也可援用一般反避税条款。在这一问题上各国做法不一。比利时、荷兰与德国认为至少在特别反规避条款已经清楚地阐明该规则的目的和意图的情况下，不应该再适用一般反避税条款。英美法系国家持不同观点。新西兰、英国、加拿大和美国认为在某一特殊领域里存在反避税条款本身，并不排除一般反避税条款的适用。

从中国的反避税实践和发展趋势考虑，我们认为，作为兜底条款，在特别反避税条款规制的领域，也不应排除一般反避税条款的适用，但顺序应该是先看特别反避税条款是否适用，也就是企业所得税法“特别纳税调整”一章中所规定的转让定价、资本弱化、受控外国公司等反避税条款，如果不适用，再适用一般反避税条款。

（3）一般反避税条款与避免双重征税协定的关系

一般反避税条款作为一种解释性的工具，目的是使其他法条不论是税法条款还是限制税法利益的条款，能够按照立法者的意图得到实施，或者符合协定国的期待。在双重征税协定认可缔约国对特定所得有权征税的范围内，一般原则是允许当其行使协定下的税收管辖权征税时适用国内法规定（包括一般反避税条款），除非明确禁止。另外，按照国际法一般惯例，当他国同样可以从避免协定利益被滥用的行为中受益时，一般反避税条款的适用就是合法的。因此，我国的一般反避税条款也适用于对协定的解释。《特别纳税调整实施办法》第九十二条明确指出，滥用税收协定的企业也是一般反避税调查的对象。如果跨国交易有属于所得税法规范的纳税主体参与时，就允许税务机关和法院为了税收目的对跨国交易进行重新定性。虽然，由于跨国交易固有的复杂性，以及税务机关获得国外交易信息的局限性，国内法中的一般反避税条款在防止国际避税方面并不是最有效率的工具，各种针对性的特别反避税条款似乎更能够有效地填补漏洞。

（4）我国一般反避税管理规定解析

① 避税安排的类型

为了提示纳税人和税务机关关注避税的高风险区域，《特别纳税调整实施办法》第九十二条列举了一些典型的避税安排的类型，包括：滥用税收优惠、滥用税收协定、滥用公司组织形式、利用避税地避税等。

这种概括性宣示的意义在于：避税安排往往是超前的、不断创新的，我们所知的手法可能已经是落后的甚至不再被使用的。因此，在法条中举例说明可能反而会限制了一般反避税条款的适用范围，因为纳税人会设计出与例子不同的避税安排并以此作为抗辩的依据。

另外，这样的分类并不是绝对的，有时一个避税安排就同时结合了两种或多种避税手法。

【案例 2】有一个典型的避税方案名叫“借自己的钱”（borrowing your own money），它的结构如下：

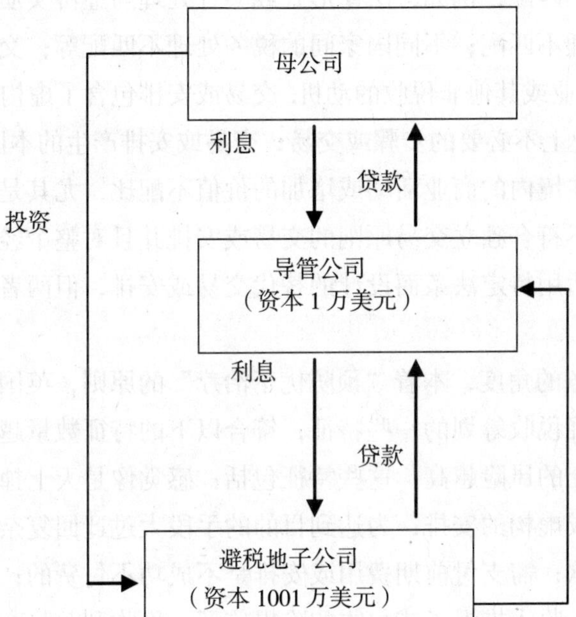

图7–9 避税导管公司

母公司在避税地设立子公司，假设其投入资本 1001 万美元，该子公司又在某个有特定税收优惠的国家（地区）设立一个资本额很少比如 1 万美元的公司（以下简称导管公司），接着，子公司把母公司投资的 1000 万美元借给导管公司，导管公司再把这 1000 万美元转借给母公司。导管公司所在国通常与母公司所在国有税收协定使得母公司支付给它的利息不会被扣缴预提所得税。同时，导管公司支付给避税地子公司的利息根据其国内法的规定通常只会有小额的所得税成本。这样，母公司借的 1000 万美元实际上是自己的钱，但是却可以获得利息费用的税前扣除，该利息所得则被累积在避税地子公司，可以循环使用。这个避税安排实际上涉及了两种避税手法：滥用税收协定（实际上利息的受益所有人是避税地的子公司而非导管公司，但却通过导管公司来享受税收协定优惠）和滥用组织形式（设立没有商业实质的导管公司和避税地子公司）。

② 避税安排的特征

事实上，避税安排往往是有迹可察的，有关国家在反避税过程中总结了避税安排的一些共同特征，我们在实务操作中可以加以参考。今后随着我国反避税管理经验的积累，我们也可以总结出自己国家常见的避税安排的一些特性。如英国税务局发布列举了以下七大类别的可疑交易或安排：交易或安排没有或者几乎没有经济实质；或者导致纳税人的税收后果远远超过其经济状况的变化；交易或安排没有或者几乎没有产生税前利润，它完全或主要靠预期的税收减免来产生巨额的税后利润；交易或安排会导致某种不匹配，例如，法律形式或会计处理与经济实质不匹配；不同纳税人之间的税务处理不匹配；不同国家间的税务处理不匹配等；交易或安排没有或者几乎没有经营、商业或其他非税收的动机；交易或安排包含了虚构的、人为的、过渡性的、预设的或商业上不必要的步骤或交易；交易或安排产生的本国境内收入、所得、费用或损失与其在境内的商业活动或增加的价值不配比，尤其是隶属同一经济实体的关联企业间的不符合独立交易原则的交易或安排并且对整个经济实体没有增加任何价值；为避免适用特定法条而设计的替代交易或安排，但两者的经济效果是相同的。

同时从为纳税人服务的角度，本着“预防优于治疗”的原则，英国税务局也教育和提醒纳税人关注可疑税收筹划的一些特征，符合以下的特征数量越多，避税嫌疑越大，被税务机关查处的风险越高。这些特征包括：感觉像是天上掉馅饼，好得不像真的；涉及人为的或虚构的安排；为达到目的的手段太过迂回复杂；有无风险的固定回报；有保密条款；需支付前期费用或安排是不成功不付费的；据说这个安排是税务局已经批准的；收入推迟了或税收扣除提前了；税收利益与商业活动不配比；离岸公司或信托参与，但没有正当的商业目的的；避税地或有银行保密法的国家介入，但没有正当的商业目的；免税实体例如养老基金的不当参与；设有退出安排以避开税收后果；资金循环回到开始的地方；涉及要以未来利润偿还的低风险贷款；安排的出售方负责借到所需资金。当然，税收筹划具有一个或多个可疑特征或预警信号并不能确定它就是避税安排。税务机关只有全面考虑纳税人的客观事实和情况，才能综合判断。

③ 避税安排的判定

正确使用一般反避税条款的关键在于如何辨识和否定避税行为。无论是对行政机关还是法院，这都是一项艰巨的挑战，它必须建立在对事实和情况进行缜密而客观的分析的基础上。《特别纳税调整实施办法》第九十三条规定了避税安排的判定原则即实质重于形式的原则。下面主要从技术层面进一步讨论与此相关的问题。

根据《企业所得税法》及其实施条例，“不具有合理商业目的的安排”（简称避税安排）通常应该符合以下特征：一是企业必须从安排中获取税收利益，即“减少、免除或者推迟缴纳税款”；二是企业获取税收利益是该安排的主要目的。

《企业所得税法》及其实施条例和《特别纳税调整实施办法》均未对“安排”

进行解释。我们认为，对于安排应该做宽泛的理解，它既可以是一个或一系列交易，也可以是交易的特定步骤或环节；既可以是双方合意的行为，也可以是单方面的行为（如企业分派股利），甚至是不作为（如不在法定期限内主张权利等）。

《企业所得税法实施条例》中的税收利益是指减少、免除或推迟缴纳税款。在税收实务中，其实还有增加退税、税收返还或补贴、制造可用于以后年度抵补的亏损等其他的税收利益。那么，后者是否包括在税收利益的范畴内呢？实际上，对税收利益的宽泛定义有助于税务机关的举证。例如，由于加拿大对税收利益的范围定义很宽泛，几乎没有一个交易不存在税收利益的，这样，不适用一般反避税条款的条件只能是出于正常的商业目的或者不构成对税法的滥用。

从逻辑上说，税收利益要通过与正常情况下或名义上应付的税额进行比较来确定。换言之，税务机关要找到与纳税人的安排经济效果相当的、合理的且不会产生税收利益的替代交易形式。这不仅关系到税收利益的确定，也是判断纳税人安排目的的关键一环。由于涉及虚拟交易以及揣摩纳税人的想法，税务机关可能会遇到很多困难。

如果能发现纳税人事先有清楚的计划或相关的交易作为铺垫会相对容易，在有些情况下，税务机关很难找到所谓的替代交易形式。例如，税务机关可能会发现纳税人在安排不存在时不会采取任何行动，又或发现其他的一些安排也可以达到与原避税安排基本相同的税收结果。相应地，确定税收利益也就比较复杂，甚至根本找不到明显的税收利益。例如，企业通过安排获得了税收抵免，如果没有这项安排，企业很可能不会采取任何行动。又如，企业通过出售一项资产的安排而取得一定的税收利益，那么企业可能会说，正常情况下，如果没有上述安排，它是不会出售该资产的，也就是说不会产生应纳税所得额和应纳税款。这样，就意味着没有税收利益存在。当然，税务机关对此可以主张的合理的替代交易形式应该是：企业出售资产，但没有取得税收利益的情形。

例外情况。税法利用低税负来引导交易形式的选择是税收政策的体现。符合这一政策目的，则为正当。例如，国家为发展中西部地区的经济而提供了相关的税收优惠，而企业在选址时，在其他条件相同的情况下，考虑到税收的影响而选择到中西部投资，那么，即使企业相对而言获得了税收利益，也不应该是一般反避税条款所要规制的对象。因此，对于符合立法目的和精神的税收利益，不应是一般反避税条款适用的范围。

安排是否主要为获取税收利益或者说是否具有合理的商业目的是没有统一辨别标准的，应该按照具体的事实和情况来考察，不能根据纳税人的陈述而定，也不应该只凭主观臆断，或者简单地采用若干指标来判断。例如，如果简单地按照税收利益与税前利润的相对比例来判断，在两者金额相近时，就很难得出正确结论。

另外，考虑到交易的性质不同，不能简单地因为税收利益金额大就认为避税是其主要的目的。

《特别纳税调整实施办法》第九十三条明确了对目的的判断要基于对所有相关的事实和情境的客观考量，并应综合考虑六个方面的内容：安排的形式和实质；安排订立的时间和执行期间；安排实现的方式；安排各个步骤或组成部分之间的联系；安排涉及各方财务状况的变化；安排的税收结果。

这六个方面对目的判断的重要性在每个个案中是不相同的。单独看一个方面，得出的结论可能相反；也可能某一个方面就足以凸显安排的主要目的。这需要借助税务人员的专业判断。例如，在安排的实施方式方面，如果税务人员发现安排的某个步骤或环节很明显的除了税收目的之外没有任何意义；安排达成的经济效果与其法律形式不匹配，如采用了迂回的方式来进行；安排的时间和期限方面，如安排选择在年度最后一天实施等，就可以认定为主要目的是获取税收利益。

此外，主要目的不一定是指纳税人的主要目的，也可以是参与或实施避税安排的其他任何人（如纳税人的关联方）的主要目的。而且，税收目的和商业目的可能同时存在，一项交易行为带有合理的商业色彩这一事实，并不排除交易的主要目的是使纳税人获取税收利益。

④ 避税安排的否定

《特别纳税调整实施办法》第九十四条规定，税务机关应按照经济实质对企业的避税安排重新定性，取消企业从避税安排获得的税收利益。对于没有经济实质的企业，特别是设在避税港并导致其关联方或非关联方避税的企业，可在税收上否定该企业的存在。这里涉及两个问题：如何对避税安排重新定性以及是否对相关交易方进行对应调整。

a. 避税安排的重新定性

这个问题与之前的税收利益问题是相关的。重新定性就是指采用确定税收利益时所找到的替代交易形式来还原避税安排。如果存在多种可能的替代交易形式，因为不同的替代交易形式所确定的税收利益会有差异，那么税务机关应该采用哪一种来调整呢？《特别纳税调整实施办法》对此没有明确。我们认为，基于企业的经济人假设，应该按照可产生最大税收利益的那种替代交易形式来调整，除非有特殊的情况。同时，重新定性还意味着可以忽略或者否定那些没有经济实质的主要出于税收目的的人为交易或某些交易步骤的存在。

《特别纳税调整实施办法》授权税务机关在调整中可以有条件地应用“公司法人人格否认制度”又称“刺破公司面纱”的方法。纳税人利用公司法人格规避税法义务，通常是指纳税人利用新设公司或既有公司的法人人格，人为地改变了税法规范的适用前提，以达到规避纳税义务的目的。为了确保法律的尊严和有效性，维护税收公平，有必要揭开公司的面纱，透过表面揭示隐藏在公司法人人格后面的股东的真实目的，让其承担规避税法的责任。这一规定对于税务机关处理利用“纸上公司（信箱公司）”避税，特别是涉及避税地的案件提供了指引。

b. 相应调整

《特别纳税调整实施办法》没有明确是否允许对避税安排的其他交易方进行对应调整。我们认为，根据税法避免双重征税的原则，参考转让定价相应调整的规定，税务机关应该允许相应调整以消除对同一项所得的双重征税。

⑤ 举证责任和披露义务

在大多数国家，税务机关承担举证责任，为一般反避税条款的实施提供必要的依据（例如，证明交易方获得了税收利益，以及违背税法的意图等）。但是，考虑到一般反避税条款的应用需要对构成要件是否成立作出判断，而目前税务机关和纳税人之间对信息掌握的不对称，导致税务机关很难获取判断所需要的资料，这样，在立法上就应该明确纳税人设置账册，并向税务机关提供特定文件、资料的义务，对于某些特殊的交易还可以提高这种披露义务的要求。美国、英国、加拿大目前都要求对某些类型的交易予以披露（如“避税工具”交易）；美国、澳大利亚、加拿大还公布了予以重点管理的交易，要求税务顾问必须保存从事上述交易的客户名单并对交易进行登记。从英国的经验看，严格地披露法规是应对避税的有力武器。根据英国法律规定：满足一定条件的税收筹划方案的提供者（销售者）必须在税收筹划方案形成后 5 天内报告税务局，如果是自己设计和实施税收筹划的，则须在实施后 30 天内报告税务局，内容包括方案的细节，涉及哪些法条等。税务局登记后对每个方案编号，以后税务顾问销售税收筹划方案给纳税人时必须把相应的方案编号告知纳税人。纳税人在年度申报时也要填写所使用的税收筹划方案的编号。不遵从的税务顾问或纳税人将会被处罚。用税务局的话说：如果你想对你的税收筹划方案保密的话，你就得报告税务局。税务局内部建立了专门的电脑系统管理所有申报的税收筹划方案。反避税专家对每个方案进行动态的风险评估和跟踪管理，高风险的方案将提交一线税务部门进行调查。这样，税务局就能尽早发现有避税嫌疑的税收筹划方案，评估其风险，并在它扩散之前作出反应，是要进行调整调查还是用新的立法来堵漏。

《特别纳税调整实施办法》第九十五条和第九十六条适当借鉴了其他国家的做法，以提高对避税安排的辨别和打击能力。第九十五条规定，税务机关启动一般反避税调查时，应按照征管法及其实施细则的有关规定向企业送达《税务检查通知书》。企业应自收到通知书之日起 60 日内提供资料证明其安排具有合理的商业目的。企业未在规定期限内提供资料，或提供资料不能证明安排具有合理商业目的的，税务机关可根据已掌握的信息实施纳税调整，并向企业送达《特别纳税调查调整通知书》。

由此可以看出，企业应承担其安排具有合理商业目的的举证责任。加拿大也有类似的规定。另外，第九十六条规定，税务机关实施一般反避税调查，可按照征管法第五十七条的规定要求避税安排的筹划方如实提供有关资料及证明材料。它进一步明确了筹划方的披露和协助义务，有助于税务机关获取执法所必要的信息。

实际操作中，要求企业提供的信息应该尽可能详细和完整，至少应包括以下内容：安排的背景资料；安排的说明文件；内部相关资料，如会议记录、简介、电子邮件等；与税务顾问之间的沟通信息；与其他交易方的沟通信息；所有的合同协议，包括补充合同、附属合同等。

⑥一般反避税管理的实施权限

由于一般反避税条款特有的宽泛定义，造成法律解释中的不确定性和执行上差异的可能性，在缺乏足够完善和准确的税收立法的情况下，税务机关可能倾向于借由一般反避税条款决定复杂的问题，从而导致其必须超乎预期地频繁适用。实际上，从立法者本意而言，对于一般反避税条款的期望主要是起到对避税行为进行防范和吓阻的作用，并不是希望频繁使用它来解决问题。鉴于避税与税收筹划之间的界限并不一贯清楚，因此，为了保证法律执行的一致性和客观性，《特别纳税调整实施办法》第九十六条规定，一般反避税调查及调整应层报国家税务总局批准。这与其他国家的规定类似，例如，加拿大有专门委员会来负责审核一般反避税条款的适用，荷兰则要先经财政部同意，然后书面告知纳税人，如果纳税人有异议，可以申请由法庭裁定后才可适用。

【案例3】关于境外间接股权转让的反避税案例

一、案情概要

2003年3月，某自治区某公司（以下简称B公司）与某市某公司（以下简称C公司）共同出资成立液化天然气生产和销售的公司（以下简称A公司）。注册资金8亿元人民币，其中B公司为主要投资方，出资7.8亿元，占注册资金的97.5%，C公司出资2000万元，占注册资金的2.5%。

2006年7月，A公司出资方B公司和C公司与某巴巴多斯的公司（以下简称D公司）签署了合资协议，巴巴多斯D公司通过向B公司购买其在A公司所占股份方式参股A公司。巴巴多斯D公司支付给B公司3380万美元，占有了A公司33.32%的股份。此次股权转让后，A公司的投资比例变更为：B公司占64.18%，C公司占2.5%，巴巴多斯D公司占33.32%。

合资协议签署27天后，投资三方签署增资协议，B公司增加投资2.66亿元人民币（即B公司出售其股权所得3380万美元）。增资后，A公司的注册资本变更为10.66亿人民币，各公司相应持股比例再次发生变化。其中：B公司占73.13%、巴巴多斯D公司占24.99%、C公司占1.88%。

2007年6月，巴巴多斯D公司决定将其所持有的A公司24.99%的股权以4596.8万美元的价格转让给B公司，并与B公司签署了股权转让协议，由B公司支付巴巴多斯D公司股权转让款4596.8万美元。至此，巴巴多斯D公司从2006年6月与中方签订3380万美元的投资协议到2007年6月转让股权撤出投资（均向中方同一家公司买卖股份），仅一年的时间取得收益1217万美元。

二、基本事实

在为转让股权所得款项汇出境外开具售付汇证明时，付款单位代收款方D公司向主管税务机关提出要求开具不征税证明。理由是：根据中国和巴巴多斯税收协定第十三条财产收益的规定，该笔股权转让款4596.8万美元应仅在巴巴多斯征税。

某市国税局及时对此项不征税申请进行了研究，并将情况反映到某自治区国税局，引起了上级机关的高度重视，围绕居民身份的确定及税收协定条款的适用问题开展了调查，发现了种种疑点。

疑点一：巴巴多斯D公司是美国NB投资集团于2006年5月在巴巴多斯注册成立的企业。在其注册一个月后即与中方签订投资合资协议，而投入的资金又是从开曼开户的银行汇入中国的。该公司投资仅一年就将股份转让，并转让收益高达1217万美元，折合人民币9272万元，收益率36%，且不是企业实际经营成果，而是按事前的合同约定的。

疑点二：关于巴巴多斯D公司的居民身份问题，税务机关提出了疑问。为此，D公司提供了由我驻巴巴多斯大使馆为其提供的相关证明，称其为巴巴多斯居民。但该证明文件只提到D公司是按巴巴多斯法律注册的，证明该法律的签署人是真实的；同时该公司还出具了巴巴多斯某律师证明文件，证明D公司是依照“巴巴多斯法律”注册成立的企业，成立日期为2006年5月10日（同年7月即与我国公司签署合资协议），公司地址位于巴巴多斯××大街××花园。但公司登记的三位董事都是美国籍，家庭住址均为美国××州××镇××街××号。

疑点三：巴巴多斯D公司作为合资企业的外方，并未按共同投资、共同经营、风险共担、利益共享的原则进行投资，而是只完成了组建我国中外合资企业的有关法律程序，便获取了一笔巨额收益。从形式上看是投资，而实际上却很难判断是投资、借款或是融资，还是仅仅帮助国内企业完成变更手续，或者还有更深层次的其他经济问题。

三、处理经过

根据中巴税收协定，此项发生在我国的股权转让收益我国没有征税权，征税权在巴方。在D公司是否构成巴巴多斯居民的身份尚未明确的情况下，付款方——股权回购公司多次催促税务部门尽快答复是否征税并希望税务部门配合办理付汇手续。根据付款协议，如果付款方不按时汇款，将额外支付高额的利息。为了避免中方企业遭受不必要的经济损失，某自治区国税局同意某市国税局及付款方提议，对股权转让款先行汇出，但扣留相当于应纳税款部分的款项，余额部分待D公司能否享受税收协定待遇确定后再作决定。

对此，某市国税局一方面进行深入的调查了解，开展对D公司居民身份的取证工作，判定是否可以执行中巴税收协定；另一方面将案情进展情况及具体做法及时向某自治区国税局汇报并通过某自治区国税局向税务总局报告。税务总局启动了税收情报交换机制，最终确认D公司不属于巴巴多斯的税收居民，不能享受中巴税收协定的有关规定，对其在华投资活动中的所得应按国内法规定处理。2008年7月完成了该项9163728元税款的入库工作。至此，此项工作顺利结束。

四、几点启示

（一）国际税务管理工作没有地域和经济发展程度的制约。某自治区地处偏远，经济相对落后，外商投资企业户数少、规模小、涉及国际税务事宜有限，但是如果放松了国际税务工作的管理，就会因为工作的松懈给我国的税收权益带来损失。

（二）责任心是做好国际税务管理工作的基础。随着我国对外开放事业的不断发展，国际税务管理工作面临越来越严峻的挑战，没有自觉维护国家税收权益的责任心就很难应对新形势的挑战。

（三）部门配合是防止税收协定滥用的关键。如果没有相关部门的配合，仅靠税务部门很难做好国际税务管理工作。长期以来，某自治区国税局和某市国税局与自治区及市相关部门，如外经贸、工商行政管理、外汇管理、财政、地税等部门建立了良好的工作机制，各部门间相互配合，互通信息，经常协调解决实际问题，促进了部门间的协作与联系。

（四）税收情报交换是维护国际税收征管秩序和国家税收权益的有效手段。针对此案，税务总局多次向巴巴多斯和美国发出居民身份证明专项情报请求，并最终证实相关公司并非巴方税收居民，为整个案情的定案起到了至关重要的作用。

8. 我国相互协商程序的运作

我国税收协定的谈签工作，始于20世纪80年代初期，1983年与日本签署第一个税收协定，截至2012年7月已正式签署了98个税收协定，并且内地与香港、澳门特别行政区签署了避免双重征税的安排。这些协定中都含有相互协商程序的条款。但是直到2005年，国家税务总局颁布了《国家税务总局关于印发〈中国居民（国民）申请启动相互协商程序暂行办法〉的通知》（国税发〔2005〕115号），才将相互协商程序引入国内法体系。2009年，国家税务总局颁布了《国家税务总局关于印发〈特别纳税调整实施办法（试行）〉的通知》（国税发〔2009〕2号），明确提出了通过相应调整和相互协商程序解决转让定价调整产生的双重征税问题，标志着我国相互协商程序立法的进一步完善。

（1）我国相应调整启动相互协商程序的运作

① 申请启动相互协商程序

申请启动相互协商程序是指中国居民（国民）认为，缔约对方所采取的措施，已经或将会导致不符合税收协定所规定的征税行为，向国家税务总局提出申请，请求总局与缔约对方主管当局通过相互协商解决有关问题。

② 中国居民

中国居民是指按照《中华人民共和国企业所得税》和《中华人民共和国个人所得税法》的规定，就来源于中国境内、境外的所得负有中国纳税义务的企业或个人。

③ 缔约对方

缔约对方是指同中国签订有税收协定（安排），且该税收协定（安排）已经生效执行的国家和地区。

④ 相互协商程序适用的税种

相互协商程序适用的税种按照具体税收协定的有关规定确定。目前，在我国适用企业所得税和个人所得税。相互协商程序适用的税种不限于税种范围条款所规定的税种的，中国居民（国民）也可以就其他税种引起的争议申请启动相互协商程序。

⑤ 可以申请启动相互协商程序的情况

中国居民遇有下列情况之一的，可以申请启动相互协商程序：需申请双边预约定价安排的；对联属企业间业务往来利润调整征税，可能或已经导致不同税收管辖权之间重复征税的；对股息、利息、特许权使用费等的征税和适用税率存有异议的；违背了税收协定无差别待遇条款的规定，可能或已经形成歧视待遇的；对常设机构和居民身份的认定，以及常设机构的利润归属和费用扣除存有异议的；在税收协定的理解和执行上出现了争议而不能自行解决的其他问题；其他可能或已经形成不同税收管辖权之间重复征税的。

⑥ 相互协商程序的申请时限

启动相互协商程序的申请，应在有关税收协定规定的期限内（一般为在下达不符合税收协定规定的第一次征税通知之日起 3 年内）。

（2）相应调整启动相互协商程序的具体运作

① 适用范围

关联交易一方被实施转让定价调查调整的，应允许另一方做相应调整，以消除双重征税。我国企业与境外关联方的关联交易被我国或对方国家（地区）税务当局进行了转让定价调整，需要进行相应调整，涉及与我国签订了税收协定（安排）的国家（地区）关联方的，经企业申请，国家税务总局与税收协定缔约对方税务主管当局根据税收协定有关相互协商程序的规定开展磋商谈判。

我国双边或多边预约定价安排，也是由国家税务总局与税收协定缔约对方税务主管当局根据税收协定相互协商程序的有关规定开展磋商谈判。

② 不适用相应调整的情况

a. 利息、租金、特许权使用费等转让定价涉及的税款

税务机关对企业实施转让定价调整，涉及企业向境外关联方支付利息、租金、特许权使用费等已扣缴的税款，不再作相应调整。

b. 资本弱化调整涉及的不得税前扣除的利息支出

对企业进行资本弱化调整后，不得在计算应纳税所得额时扣除的利息支出以及视同股息分配的利息支出，不适用相应调整。

③ 申请的提出

企业应同时向国家税务总局和主管税务机关提出书面申请，报送《启动相互协商程序申请书》（115 号文件附件），并提供企业或其关联方被转让定价调整的通知书复印件等有关资料。

④ 申请时限

企业应自企业或其关联方收到转让定价调整通知书之日起 3 年内提出相应调整的申请，超过 3 年的，税务机关不予受理。

⑤ 申请的受理和相互协商

税务总局接到申请后，对具备相互协商条件的案件，将与有关缔约对方主管当局进行相互协商；对完全不具备相互协商条件的，将以书面形式经受理申请机关告知申请者；对不完全具备相互协商条件，但进一步补充材料或说明情况后可以进行相互协商的，税务总局将通过受理申请机关与申请者联系。

主管税务机关在接到企业的申请后，应及时向税务总局报告、上报有关资料，并在税务总局的统一部署下开展对企业的调查取证等工作。企业应及时向主管税务机关提供与相应调整相关的事实和论据。在相互协商的进程中，税企双方应及时沟通相关信息，并对出现的问题以及可能的解决方案进行充分地讨论。

⑥ 对相互协商结果的执行

相应调整或相互磋商的结果，由国家税务总局以书面形式经主管税务机关送达企业。

企业接到通知后，应按通知上的相互协商结果进行相应调整。我国相应调整的方法是利用修订后的相关价格重新计算关联企业的应税利润。

三、中国反避税工作实践成果

除了在法律体系上的重大改进之外，几年来，我国反避税工作在税收实践的规范化、专业化上也取得了很大的进步。在实践操作中，改变了过去偏重事后调查的做法，更加注重对反避税模式的研究及事前的防范与管理。通过运用关联申报审核、同期资料抽查和对已调查户数的跟踪管理手段，督促企业自行检查内部的定价原则和方法是否符合独立交易原则，是否存在转移利润问题，起到事先防范避税行为的作用。

（一）反避税案件调查的成果及影响

自《企业所得税法》实施以来，全国结案的案件逐渐增多，金额也不断增加。

2006 年至 2010 年五年间，全国转让定价共调查立案 984 户，结案 852 户，弥补亏损 50.20 亿元，调增应纳税所得额 648.90 亿元，补税入库 76.7 亿元。2010 年仅此一项就促使 324 户企业改变定价或税收策划模式，自行调增应纳税所得额 342.61 亿元。

2010 年，反避税工作对税收增收的贡献合计 102.72 亿元，其中，管理增收 71.68 亿元，服务增收 7.96 亿元，调查增收 23.08 亿元。平均个案补税从 2006 年的 383.62 万元增长到 2010 年的 1461.54 万元，增长 2.81 倍，补税超过千万元的案件 155 个，超过亿元的案件 12 个，通过对外磋商为纳税人消除国际双重征税负担 50.29 亿元。

2011 年各地税务机关通过管理、服务和调查等方式对税收增收贡献 239 亿元，其中调查环节增收 24 亿元，服务环节增收 7 亿元，管理环节增收 208 亿元。通过双边磋商为纳税人消除国际双重征税 32 亿元。

同时，应该看到，我国反避税任务依然任重道远。国家税务总局肖捷局长曾多次指出：要大力推行税收科学化、精细化管理，尤其要加强企业所得税管理和反避税工作，组织力量对关联交易进行反避税调查和审计，着力解决通过转让定价等方式逃避税收问题，维护国家的税收权益。

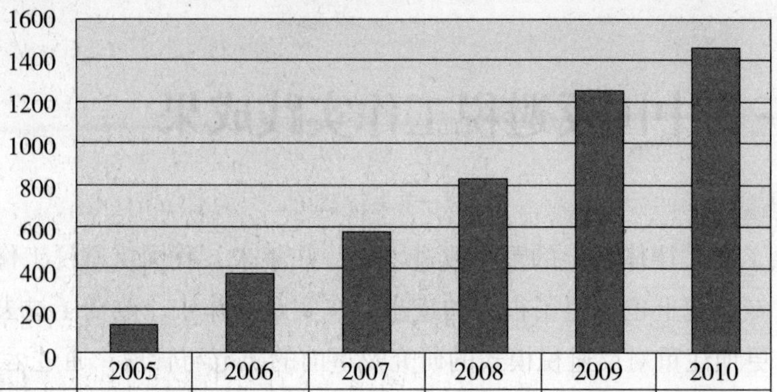

	2005	2006	2007	2008	2009	2010
■ 单户补税金额	127.42	383.62	574.71	815.79	1252.14	1460.52

图7-10　单户补税金额情况（2005-2010）

（二）重点突破大案要案，提升行业整体利润

反避税工作对税收收入的贡献不仅体现在个案调查补税收入的增加上，更重要的是，通过反避税监管、发挥威慑作用可以带动行业整体利润水平的提高，并带来行业企业所得税的整体增加。我国反避税工作的开展受到人员数量和专业经验等条件的限制，调查广度还不能够满足普遍存在的税款跨境流失之需要，因此在工作方针上，采用集中人力物力重点突破行业内具有影响力的大型跨国公司，加大对其查补的力度，利用其行业内部的影响渠道，实现“以点带面”的震慑效应，进而提升整个行业的利润水平。这样可以最大限度地尊重行业经营特点，整合全国反避税智力资源，确保案件调查和调整的统一。

自 2004 年起，国家税务总局对某行业的 8 家具有影响力的企业进行相关问题调查和调整，该动作引起同行业者的密切关注，同行从业者均探询反避税调查具体细节和调整结果，以及可以免除被税务部门进行反避税调查的安全利润率区间。2008 年，国家税务总局对全国 10 个省市的某行业利润水平进行不完全统计，发现经过三年的调查调整后，该行业总体利润率由 2004 年的不到 1%，提升至 2008 年的 5.6%，由此增加企业所得税收入约合 80 亿元。2005 年至 2008 年，通过反避税调查，累计调增外资企业利润 485.04 亿元，弥补公司账面亏损 44.85 亿元，全国涉外企业亏损面也由 2002 年的 52.1% 下降至 2008 年的 40% 以下。

2011 年，税务总局确定了行业联查和集团联查工作重点。其中行业联查主要针对百货零售、汽车配件、电脑代工、房地产等行业开展，并确定重点分析汽车、货代、制药、零售业等行业经营特点，研究行业避税模式，提升行业整体利润水平。集团联查重点分析和突破大案要案，对多家跨国集团实施全国联查，统一调整方案和原则，共享相关信息，以此规范跨国集团的转让定价政策。全年反避税调查立案248件，结案207件，调整补税24亿元。平均个案补税金额1180万元，补税金额超亿元的案件8个，超千万元的案件129个。税务总局定点联系企业调查立案38户，结案27户，补税2.5亿元。

由此可见，反避税工作对税收收入的贡献不仅体现在个案调查补税收上，更重要的是，反避税的威慑作用可以带动行业整体利润水平的提高，进而带来整个行业企业所得税的增加。

（三）预约定价安排的谈签及双边磋商情况

预约定价是转让定价的发展和延伸，是一国或多国税务机关与纳税人就关联交易定价进行确认，可以避免因转让定价调查使税企双方形成的对立局面，并减少征纳双方的税收成本，也反映了税企双方趋向合作的态势。随着我国转让定价调查补税力度的加大，进一步推动了预约定价谈签工作，一些跨国公司为免予被税务机关调查，使未来经营具有确定性，主动提出与税务机关就未来年度关联交易定价进行谈判，以期得到税务机关的认可，其中双边或多边预约定价还要涉及国与国之间的谈判。

1. 预约定价安排的谈签情况

2005年，我们签署了13个单边预约定价安排，并与日本国税厅就某公司的产品关联销售问题签署了首个双边预约定价安排。2007年，针对某大型连锁超市在亏损的情况下仍持续向境外关联方支付特许权使用费的问题进行调查，并就此事与美方进行双边磋商。经过艰苦谈判，最终双方达成一致，只有当该超市门店的利润率达到5%以上时，才能够对外支付利润，这一成果大大提高了连锁超市在我国的经营利润水平，也为我们对国内其他大型零售商的调查积累了经验，并树立了行业标杆。2008年，国家税务总局与丹麦税务局就某公司双边预约定价开展谈判，我方在谈判中提出了维护发展中国家利益的成本节约和市场溢价问题，经过三轮谈判，丹方初步认可了我方提出的两个新理念，并对中国利润作了相应补偿。中丹双方于2009年10月正式签署了该双边预约定价安排，这也是中欧之间的首例双边预约定价安排。2009年，国家税务总局与韩国就某公司签署双边预约定价安排，对该公司2004年至2008年经营利润进行调整，中方向该公司补征企业所得税款4.5亿元，韩方相应退税4.5亿元，从而实现了该部分税源由韩国向中国的转移。2010年至2012年，该公司在华相关企业在维持现有产销规模不变的情况下，预计形成超过20亿元的企业所得税款。

表7-1　预约定价安排签署情况统计表（2005-2010）

年　度	单边预约定价	双边预约定价	合　计
2005	13	1	14
2006	10	0	10
2007	7	3	10
2008	6	1	7
2009	5	7	12
2010	4	4	8

2. 双边磋商情况

反避税双边磋商是我国参与国际税源分配最直接和最直观的方式。双边磋商内容主要涉及双边预约定价和转让定价相应调整两个方面。自2005年以来，我国先后与日本、美国、韩国、丹麦等国开展了双边磋商工作，并与日本建立了反避税定期磋商机制，每年磋商3~5次，涉及近10个案件。

2011年我们与日本、韩国、美国、新加坡、丹麦、挪威、瑞典等7个国家就29个案件进行了10次双边磋商，双方达成一致案件7件，正式签署5件，通过双边磋商实现税收增收7亿元，为跨国公司消除国际双重税收负担约32亿元。天津市国税局配合税务总局在双边磋商中成功运用成本节约和市场溢价等转让定价理念，改变了某集团在中国子公司的定价政策，大幅提升了该集团在中国子公司的利润水平，在预约定价安排期间预计增加税款22.4亿元。宁波市国税局配合税务总局在双边磋商中有效解决了针对某例双边预约定价安排条款双方的理解分歧，维护了我国税收权益。

从2010年起税务总局已连续两年对外发布中英文《中国预约定价安排年度报告》，得到国际上的广泛关注和好评，经济合作与发展组织（OECD）也在其网站转载了该报告。

目前向我国申请双边预约定价安排和转让定价相应调整双边磋商的企业超过120户，涉及15个发达国家。申请双边磋商的企业既有生产制造企业，也有服务业等第三产业的企业。关联交易类型既涉及有形资产的购销，也涵盖无形资产转让和使用、提供劳务和融通资金等。2011年我国共对外签署了12个双边预约定价安排，7个转让定价相应调整的双边协议，尚有50多个双边磋商项目正在审核，涉及美国、日本、瑞典、瑞士、韩国、新加坡等十几个国家。

（四）业务领域不断拓展，促进反避税工作向纵深发展

目前反避税工作的重点是进一步拓展反避税工作领域，着力在企业、行业、交易、区域和措施五个方面实现拓展：从外资企业向内资企业特别是“走出去”企业拓展；从加工制造业向金融、贸易等第三产业拓展；从关联购销交易向关联股权、无形资产转让和融资等交易拓展；从东南沿海地区向中西部地区拓展；从转让定价和预约定价管理向成本分摊、受控外国企业管理、资本弱化和一般反避税等新措施拓展，着重研究解决企业分摊境外成本、利用融资结构、多层控股模式及避税港无经济实质企业进行税收筹划等问题。

目前，运用成本分摊、资本弱化甚至一般反避税条款进行反避税调查的案件已经逐渐开始出现。目前深圳等地已经在进行成本分摊协议案件的调查。陕西省国税局经过近半年数十轮正式或非正式协商谈判后，经过严密的论证和分析，查实了企业过度举债经营、长期亏损、利用资本弱化手段避税的案件。2011 年 11 月 25 日随着 1100 多万元税款在陕西省国税局的顺利入库，国内首个资本弱化避税案件顺利结案。一般反避税条款也已经在部分省市的案件调查中开始运用。

（五）推广应用定量分析方法

目前的反避税调查工作，已经开始加强对经济分析方法研究的深度，并将其逐渐运用在调查和对外磋商案件中。现在的研究重点是研究解决无形资产和股权计价、市场溢价、价值链分析、成本节约、超额利润分割等反避税难点问题，提高案件审核质量和对外谈判的说服力。

2011 年税务总局确定评估股权和无形资产为反避税工作的重点内容之一，并在调查和磋商中积极探讨成本节约、市场溢价、超额利润分割等有利于我国税收权益的议题，有效提高了案件审核和对外磋商质量。草拟了“收益法”操作指南和模板，为无形资产和股权计价等提供了有效的技术支持。

（六）强化信息建设，搭建反避税数据库

OECD 原则要求反避税调查人员在调查案件过程中搜集大量的公开市场数据进行对比分析，以符合独立交易原则的市场交易数据为依据，对被调查企业是否存在

避税行为进行测试。由于我国各地税务系统仅仅掌握本辖区内的企业申报经营数据，跨地区的数据共享机制尚未形成，加上缺少全国汇总的企业申报数据，造成我国反避税调查的可比信息来源不足，税务系统内部数据在反避税领域的利用率极低。

由于我国上市公司不足2000家，反避税调查可比信息的筛选，只能更多地依靠在境外资本市场上市的公司，该类公司的生产经营地、主要市场和制造成本等与中国相比，存在较大差异，所以需要调查人员做大量的额外的定性分析和数据修正工作，这一方面大幅增加了反避税工作的技术难度，另一方面也使得被调查公司或外国税务部门对该类数据的可比性进行质疑，谈判难度大大提高。征纳双方的信息不对称是反避税调查的瓶颈。办案人员在对各跨国公司集团来华设立的子公司进行立案调查时，难以得知境外关联公司的具体经营策略及相关交易信息，这需要双方积极拓宽信息来源渠道，注重对现有信息的整合，提高利用效率。

通过近几年的努力，我国反避税信息框架基本完成，初步构建了多元的反避税公开可比信息库。一方面建立部门间信息共享机制，加强与国家统计局、海关总署、国家外汇管理局等政府部门的联系与合作，向国家统计局购买了全国工业企业信息库。同时，购买了比利时BVD数据库和美国标准普尔数据库，包含全球65000家上市公司的财务信息，以此作为构筑反避税数据库的重要基础。另一方面，还利用国家间情报交换机制，互换情报，以此为渠道收集国外关联关系和再销售价格等信息。

（七）反避税案件专家会审工作机制初步建立

经过数年的实践，反避税案件监控管理系统在案件规范管理上发挥了很大的作用，但是也存在一些不足之处。首先，税务总局反避税专职人员人手不足。全国每年立案结案数百件，监控管理难度较大，很难做到每个案件都由专人负责监管。其次，反避税案件发展和专职人员分布东中西部不均衡。中国反避税工作主要集中在跨国企业相对集中的东部沿海地区，东部地区反避税专职人员人数较多，经验也较丰富。随着西部大开发和促进中部崛起等战略的推进，东部沿海地区的经营成本提高，导致跨国企业纷纷到西部建厂，中西部地区也面临着转让定价的机遇和挑战。但是中西部地区反避税专职人员较少，有些地区甚至没有专职人员，在总体上缺乏反避税案件调查经验，有些地区甚至难以独立承担案件调查工作。

为了配合税务总局“内控机制”建设，减少税收执法风险，进一步提高反避税案件调查的规范性和平衡性，我国自2012年起建立反避税案件“专家小组会审制度”，即针对每个案件，全国统一调配反避税专家成立专家小组进行审核。这个制度的优点在于：一是有利于提高反避税案件调查的质量和规范性。转让定价调查的特点是找出可比的价格或利润，有时需要确定合理的区间，建立“专家小组会审制度”可以防止调查调整的随意性。二是有利于整合人力资源，平衡东中西部的发展。“专家小组会审制度”可以在全国范围内整合人力资源，调动全国各地专家，集中智力优势审核案件，既有利于充分发挥专家才干，也有利于带动中西部地区调查水平的提高。三是有利于防止地方行政干预，减少执法风险。有些地方开展反避税调查会受到地方政府的干预，建立“专家小组会审制度”由国家税务总局统一组织专家审案，决定权不在当地税务局，可以缓解当地税务局案件调查的压力，避免地方政府“说情”干预。同时案件由集体审定，不是由一两个人决定，既有利于实现全国反避税工作的统一协调，又有利于减少案件调查人员的执法风险。

目前，我国反避税工作已经建成涵盖法律法规、管理流程、办案程序、队伍建设等多方面内容的基本架构，逐渐形成以事实和数据为依据，以杜绝税收跨境流失为目标，以争取我国应有税收权益为原则的整体工作理念和工作方式，基本完成了一个“探索—规范—发展”的历程。

（八）加强对外宣传，扩大国际交流

近几年，我国反避税工作在立法和实践方面取得了较大的进步，得到了国外税务部门和国际组织的关注和认可。积极参加 OECD、联合国、IFA 和 SGATAR 等国际会议，参与规则制定，重点参与编写联合国《发展中国家转让定价手册》，提出市场溢价、成本节约、市场型无形资产等维护发展中国家权益的观点。受 OECD 邀请，派员为发展中国家进行反避税培训，在培训中将成本节约、市场溢价、营销型无形资产、合约加工等转让定价理念以及中国在反避税案件上的处理经验做了详细介绍和有效推广。利用国际反避税信息中心（JITSIC）渠道获取反避税相关信息，福建、吉林、陕西省国税局在反避税案件的调查中通过 JITSIC 渠道获取了重要的参考信息，有效地提高了调查案件的质量和进度。为了宣传我国反避税工作理念，提升我国在国际税收领域的影响力，我们积极参与国际规则的制定，积极参与编写联合国《发展中国家转让定价手册》。

（九）注重专业培训，强化人员队伍建设

反避税工作要求办案人员能够熟练运用经济分析和可比性分析技术、熟悉财务会计并掌握谈判技巧。美国、英国、加拿大等国是由经济分析师、审计分析师、法律顾问等专业人员组成的小组开展反避税工作。我国反避税队伍建设需要面对并解

决专职人员少和人员专业素质低的问题。我国非常重视对反避税人员的培养，采取多种形式加强培训和交流，更新反避税工作理念、提高查案水平和能力。自2005年起，国家税务总局启动全国税务系统税务专业人员培训——“六员培训”，反避税专业人员被纳入“六员”系列，并在全国开展了为期三年、每年三期的培训工作。

2008年，反避税人员被列为“五员培训”之一，强化了对反避税人才的培训工作，大大提高了反避税人员的业务水平和实战能力。

四、中国反避税发展前景展望

经过20多年的探索，我国反避税工作已经完成涵盖法律法规、管理流程、办案程序、队伍建设等多方面内容的基本架构，但与发达国家相比，在许多环节仍显得薄弱和滞后。这些差距和不足限制了我国反避税工作开展的广度和深度，使其不能够满足快速增长的涉外经济需要，在与跨国集团和发达国家税务部门相抗衡、争取国际税源的过程中，处于相对劣势的地位。今后，将通过以下方面的努力，不断加强反避税工作的规范化、专业化。

（一）继续完善反避税法律体系的建设

当前反避税工作的重心是纠正涉外企业通过关联交易规避税收义务的行为，因此法律法规更多地集中于企业所得税方面，对于个人所得税和营业税两大税种尚缺少明确的法律条文规定。因此，在个人所得税和营业税两大税种的法律修订过程中，应增补涉及反避税工作内容的相应条款，使反避税工作的税种涵盖面更为广泛和明确，也为现实中查处跨境规避营业税和个人规避个人所得税的行为提供法律依据。

此外，在《税收征管法》和《个人所得税法》等的修订工作中，应努力将反避税涵盖税种范围由单一的企业所得税扩大到个人所得税、增值税、营业税等，使反避税工作的税种涵盖面更为广泛和明确，并加强与《企业所得税法》的衔接。

（二）强化关联申报审核、同期资料管理，做好反避税信息化建设

建立我国企业经营信息数据库，并考虑在确保数据安全的前提下，将该汇总数

据下发各地供反避税工作岗位进行数据分析对比使用，以提高系统数据使用效率，改变目前可比信息筛选完全依靠境外第三方数据的局面。

掌握涉税信息是加强境外投资企业和外派人员税收征管的关键，而境外投资企业和外派人员的大量信息主要掌握在外经、财政、外事和公安等政府部门，因此，政府部门之间要加强沟通协调，建立审批抄送通报、管理信息共享的制度。争取海关、统计、商务、外管、国资委等政府相关部门的支持与配合，建立部门间信息共享制度，扩大数据涵盖面，弥补税务系统信息不足。

同时，要做好反避税基础工作。一是在提高纳税人关联申报率的基础上，强化关联申报审核工作，督促纳税人依法履行关联申报的法定义务。二是加大对同期资料的检查力度，重点审核定价体系的描述、功能风险分析、定价方法的选择、定价的数据支持以及纳税人其他相关信息，进一步规范同期资料管理工作。三是严格执行保密法等规定，对纳税人信息资料和调查调整情况履行保密义务。涉及具体案件宣传的，应层报税务总局审核。四是按照税务总局确定的反避税综合考核指标体系，做好反避税管理、服务和调查环节考核指标的综合分析和统计工作，将监控跨国公司利润水平作为反避税工作重点，促进反避税三位一体工作的规范开展。

（三）拓展反避税工作新领域

1. 重视第三产业和无形资产的调查

反避税工作将着手加大对第三产业关联交易的调查力度，如酒店经营等行业，从而改变当前中西部地区“无案可做”的局面。通过实际调查分析过程的参与，以实战经验提高办案人员的专业水平，缓解中西部相对较低的反避税调查水平与涉外企业的不断增加之间的矛盾。

同时，加大对无形资产及股权转让等关联交易的关注度，改变当前单纯以有形资产购销作为调查重点的反避税工作模式。鼓励各地积极对无形资产和股权合理的作价方式进行探索，以办案压力督促办案人员丰富自身知识结构，进而缓解单一的调查经验及行业知识与日益丰富的关联交易类型之间的矛盾。

2. 开拓成本分摊、受控外国企业等新领域

督促各地在成本分摊、受控外国企业、资本弱化等新业务领域进行积极的尝试和探索，对于较为典型的案件，将在全国范围内抽调办案经验丰富、专业水平高的人员，共同参与案件的审核过程，实现上述新业务领域的突破性进展。

3. 重视新价值理念的研究和实践

目前，国际通行的反避税理念是以OECD指南为蓝本，强调研发等技术独创活动的价值驱动力，对于成本和市场的价值创造缺少认同，更多的是代表发达国家的利益。鉴于我国为新兴市场国家，经济持续高速增长，市场潜在购买力巨大，并且存在丰富的人力资本和广阔的土地资源等经济特征，我们将加强成本节约、市场溢价以及来料加工成本核算等价值理念的研究，在可行的条件下寻求高校、科研所等社会力量的帮助，将上述理念成熟化、理论化，并积极引入双边磋商过程。着重强调发展中国家尤其是新兴市场国家在市场购买力、廉价土地和劳动力等方面的优势，要求发达国家认同并尊重这种经济模式应该获得相应的价值回报，维护国家应有的税收权益。

（四）健全反避税工作机制

健全统一的工作规程是促进反避税顺利推进和深化的制度性保障。为进一步规范和加强特别纳税调整管理，提高特别纳税调整重大案件的调查调整质量，加强执法监督，税务总局出台了《国家税务总局关于印发〈特别纳税调整重大案件会审工作规程（试行）〉的通知》（国税发〔2012〕16号）。此外，为贯彻落实反避税工作制度，促进反避税工作的统一规范，税务总局还下发了《特别纳税调整工作制度》和《重大案件会审制度》，进一步完善反避税工作机制。

今后，应从以下几个方面着手，进一步完善目前我国反避税工作机制：

1. 继续推动行业联查及区域联查

通过前期部分行业联查的经验总结，行业联查已经成为我们较为成熟并且收效甚大的工作方式。今后，反避税工作将着力加大行业联查和集团跨区域联查的力度，实现案件调查的全国联动，制定较为统一的调整原则和方案，避免出现同一行业或者同一集团的不同子公司调整力度的区域性差异。

首先，要求办案人员注重单案办理过程中的行业可比信息收集、整理、分析的过程和质量，力争较为全面地掌握公司所属行业的原材供应、生产工艺、竞争格局和市场波动等情况。

其次，应由国家税务总局牵头，抽调专家，共同分析讨论办案过程中掌握的信息，研究该行业在华整体经营情况，商讨实施行业联查的可行性，并拟订和部署初步行业联查方案。

2. 落实专家小组会审制度

为进一步提高反避税调查的规范程度，集中全国反避税人力资源，加强案件质量监控，应建立反避税专家会审制度。目前，我国已在部分地区和部分环节尝试实行“专家小组会审制度”，取得了较好的效果，应逐步在全国范围推广，并最终过渡到完全的专家小组会审。

应采取以下过渡措施：一是继续坚持所有反避税案件必须在立案和结案两个环节通过案件监控管理系统逐级层报税务总局审核；二是各省市要根据本地工作实际建立本地的专家小组会审制度，对于本地案件的立案、调查、结案各环节进行统一评估审核，如判断企业立案的可行性、企业避税疑点的确定、拟订调查调整方案等；三是各省市层报税务总局审核的结案案件必须经过本地专家小组会审；四是对于全国范围内的行业联查、大型集团跨地区调查等重大案件，由税务总局（国际税务司）抽调全国反避税专家，进行集体会审。具体做法是：

首先，各省市在下辖市区税务局推荐的基础上，结合个人查案经验及水平，选拔出 10~20 名反避税专家。专家日常仍主要负责各自本职工作，必要时按照省局工作部署，定期参加案件会审会议，对于省内案件的立案、调查、结案各环节进行统一评估审核，如判断企业立案的可行性、企业避税疑点、拟订调查调整方案等。

其次，对于一些重大案件，如全国范围内的行业联查、大型集团跨地区调查、年度关联交易额巨大的企业等情况，各地立案后，由税务总局国际司确定负责每一案件的 4~5 名专家，与案件所在地调查人员共同组成案件工作小组，具体负责案件的调查调整工作，结案方案仍须层报税务总局审核。另外，在案件调查过程中，可根据需要聘请行业专家，以提供外部咨询和专业建议。

3. 探索行业避税规律，加大培养行业专家的力度

反避税专职人员的匮乏是制约我国反避税工作发展的主要瓶颈之一，法规的完善、调查范围的增大、补税力度的提高，都需要配备专职人员。反避税工作的核心内容是经济分析，这需要反避税人员不断学习和长期实践积累。相比之下，流动性较强的兼职人员在工作持续性上难以保障，专业素质的培养和办案经验的积累更是无从谈起。

近五年由于各国对反避税工作的重视，四大会计师事务所全球转让定价人员的数量增加了 2 倍，我国境内近 3 年增加了 3 倍。尽管近几年我们在专职队伍建设方面取得了一定进展，但从整体来看还是分散的，特别是外资经济较发达的地区，尚未形成真正合力，完全不能够满足经济形势发展的需要。新《企业所得税法》实行后，反避税范围大大拓宽，受控外国企业、成本分摊、资本弱化、一般反避税等新业务

领域有待付诸实施，但以现有的人员规模远远不能满足这些业务增长的需要，如果因人员限制而不去执行或不能很好地执行新法，反避税条款将会形同虚设，国家税收将大量流失。专家小组会审制度的实施也面临队伍建设的巨大障碍。

为解决这一问题，税务总局正在积极采取措施：一方面选调、录用专业人才，另一方面加强现有人员的培训，大力推进我国反避税专业队伍的建设。继续加强行业联查和集团跨区域联查，实现案件调查的全国联动，深入分析不同行业的避税规律，有针对性地采取措施，挤压避税筹划空间，规范商业运作。税务总局将尝试分地区部署重点行业研究，探索并逐步形成分地区的行业专家组，在全国建立重点行业分析团队，着手建立全国反避税行业专家库。加大在实际工作中锻炼并培养反避税专业人才的力度，培养行业专家和行业反避税领军人物，指导全国在该行业的案件审核。

“十二五”期间，要将充实反避税专职人员作为反避税工作的重中之重，不断充实税务总局和地方局的专职人员，在全国建立一支500人左右的反避税专职队伍，为实现反避税工作的专业化管理提供人才保障。特别要借鉴国外的做法，增加定量分析人员，在税务总局和各省市组建经济分析师团队，研究解决研发型无形资产、营销型无形资产、股权、市场溢价和成本节约等对利润贡献度的量化工作。要通过多种形式的培训和国内外交流不断提高专业人员的业务水平。

4. 推广运用“收益法”，做好关联企业间股权转让的反避税调查工作

各地税务机关要按照《国家税务总局、国家工商行政管理总局关于加强税务工商合作 实现股权转让信息共享的通知》（国税发〔2011〕126号）的要求，积极与工商部门联系，及时了解企业股权转让的相关信息，按照独立交易原则运用“收益法”强化对关联企业间股权转让的反避税调查工作。加强对市场法的研究和尝试，实现运用多种评估方法对股权定价加以论证。

5. 编写专门的反避税培训教材

迄今为止，我国反避税培训教材几乎是一项空白，高等院校尚未开设专题课程，税务系统内部培训也大多以OECD指南为范本，聘请国内外专家进行专题性讲座。为扩大反避税工作在国内各界的认知度，提高系统内部办案水平，应适时推出反避税培训教材。

第八章

中国非居民税收管理制度创新

非居民企业税收管理，是指一国税务当局依据以企业所得税法为主要内容的国内税法和以税收协定为主要内容的国际税法，对非居民企业取得来自该国境内的所得或收入行使来源地管辖权的税收征收管理活动。中国对非居民企业的税收管理，伴随着对外开放的进程已日益深入。对外开放初期，为适应国家鼓励利用外资的需要，我国对非居民企业实行比内资企业更加优惠的税收政策，加之来自非居民企业的税源规模较少，非居民企业所得税的政策处于不规范、管理处于松散的状态。2008年中国实施《企业所得税法》，首次把纳税人区分为居民企业和非居民企业，并取消非居民企业的超国民待遇后，非居民企业所得税政策更加规范，税源不断增加，中国税务当局注重对非居民企业实行专业化管理，非居民企业税收政策与管理问题日益引起非居民企业、国外税务当局、国际组织和国际“四大”税务中介机构的高度关注。

一、非居民企业税收管理现有成果

（一）非居民企业税源日益增加

非居民企业，顾名思义是非中国居民身份的企业、经济组织，也就是外国的居民企业和经济组织。非居民企业税源体现为外国居民企业取得我国境内的各类所得，既包括积极经营所得，也包括消极投资所得。非居民企业税源取决于非居民企业在中国的投资和经营规模。对外开放特别是利用外资带来非居民企业税源的增加。新中国建立60余年，从闭关锁国到对外开放经历了一个曲折的过程，非居民企业税源也呈现从无到有、从有到多的特征。

新中国建立初期，在主要依靠自己的力量恢复和发展国民经济的基础上，努力发展对外贸易，注意利用国外的资金和技术。当时我国从前苏联获得大约14亿美元的贷款，用于引进156项成套设备。20世纪60年代初期，我国花几亿美元从西方国家引进一批急需的石油、化工、冶金、电子和精密机械等技术和设备，开拓了一些新的技术领域。另外，我国当时还保留着一些1949年前设在中国的外资企业，如英国在华的麦加利银行和汇丰银行[1]。这时的非居民企业税源不仅量小，而且结构单一，主要表现为外国企业取得的借款利息。“十年动乱”期间，我国利用外资工作停滞不前，非居民税源也就无从谈起。

① 陈顺兴：《中国涉外税收》，中国财政经济出版社1990年版。

改革开放以来，我国在利用外资、引进国外先进技术、管理经验和人才方面取得突破性进展。1993 年至今，我国利用外资流量长期居于发展中国家之首、世界第二的位置，在创造经济社会稳定快速发展奇迹的同时，也书写了利用外资和引进国际先进技术的世界神话，非居民企业税源大幅增加。

1. 非居民企业税务登记户数大量增加

非居民企业税务登记户数，是指在中国境内设立机构、场所从事经营活动并在税务部门办理登记的非居民企业户数。由表 8-1 及图 8-1 可知，2002-2010 年在我国设立机构、场所的非居民企业数量大幅增加，年均增幅 13.32%，2010 年比 2002 年增长 1.72 倍。其中，外国企业及其他组织在中国设立的常驻代表机构户数占非居民企业总户数的 80% 左右，2010 年比 2002 年增长 1.81 倍，年均增幅 13.8%；提供劳务的户数（是指在中国境内从事承包工程作业和提供劳务的非居民企业），2010 年比 2002 年增长 11.71 倍，年均增幅达到 37.4%。

表8-1　2002-2010年度非居民企业税务登记户数　　单位：户

户数 年度	非居民企业户数		
	合计	代表机构	提供劳务
2002	10474	8145	68
2003	10833	9002	127
2004	14690	12067	479
2005	16904	14277	219
2006	20397	16840	169
2007	22908	21750	206
2008	27084	20077	381
2009	28317	22506	547
2010	28472	22905	864

资料来源：根据国家税务总局非居民企业所得税汇算清缴数据整理。

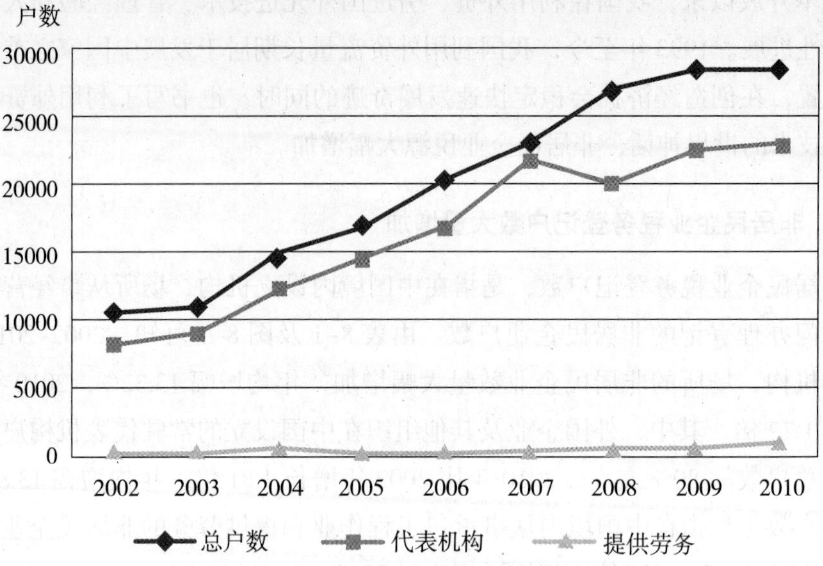

图8-1　非居民企业户数增幅情况

2. 非居民企业在我国境内投资及收益大幅增加

中国利用外资的渠道很多，概括起来可以分为利用国际间接投资和国际直接投资两大类。国际间接投资是指投资者通过贷款、发行股票和债券等活动进行的对外投资活动。国际间接投资与国际直接投资的主要区别是：间接投资者只能获得债券、股票等的利息、股息和红利，而对投资企业不拥有管理控制权；直接投资除了直接承担企业盈亏责任外，对企业还具有经营控制权。

改革开放以来，我国利用间接投资所占比重呈现由高走低又逐步回升的态势。国际间接投资主要是对外借款，1991 年以前，我国对外借款基本上处于比较平稳的发展态势，所占比重超过外商直接投资；从 1992 年起，外商直接投资首次超过对外借款，占利用外资总额的比重由 1991 年的 37.79% 上升到 1992 年的 57.32%，成为以后中国利用外资的主要形式，对外借款数额基本上呈起伏态势，所占比例一直小于外商直接投资，但近年来所占比重有所回升，2007 年达到 42.03%[①]。

下面以我国国际收支平衡表有关数据说明非居民企业来我国从事直接投资和间接投资以及取得的收益情况。我国现行国际收支平衡表由经常项目、资本和金融项目、储备资产和净误差与遗漏四个部分组成。其中，经常项目包括货物和服务、收益和经常性转移三个项目。从利于非居民企业所得税政策与管理研究出发，以下只涉及经常项目中的服务、收益两个项目以及资本和金融项目。

① 崔新建：《中国利用外资三十年》，中国财政经济出版社2008年版，第102~103页。

服务贸易包括运输、旅游、通信、建筑、保险、金融服务、计算机和信息服务、专有权使用费和特许费、各种商业服务、体育文化和娱乐服务以及政府服务等交易行为。收益包括职工报酬和投资收益，投资收益又包括直接投资项下的利润利息支出和再投资收益、证券投资收益（股息、利息等）和其他投资收益（利息）。由表 8–2 和表 8–3 可知，我国对外支付服务贸易与收益项目外汇规模大致分为三个阶段：

表8–2 1985–1996年我国对外支付服务贸易与收益项目外汇金额

单位：亿美元

年份	服务项目			投资收益
	合计	运输	劳务承包	
1985	29.87	12.92	0	0.82
1986	28.87	9.32	0	3.13
1987	32.17	13.28	0	4.59
1988	45.82	16.01	0	6.52
1989	51.74	25.69	0	4.01
1990	58.87	22.32	0	4.26
1991	61.2	24.07	0	8.8
1992	128.73	41.5	0.2	19.08
1993	153.99	54.95	0.22	23.1
1994	201.67	88.06	0.98	29.06
1995	290.84	130	8.03	131.03
1996	277.19	103.17	8.57	146.21
合计	1360.96	541.29	18	380.61

资料来源：根据1985–1996年《中国国际收支报告》整理。

一是成长阶段（1985–1991 年），服务贸易金额由 1985 年的 29.87 亿美元上升至 1991 年的 61.2 亿美元，其中没有发生一笔劳务承包工程项目，投资收益由 1985 年的 0.82 亿美元上升至 1991 年的 8.8 亿美元，说明非居民企业取得来源于我国的投资收益较少，表明这一阶段我国对外开放水平较低，也印证了我国 1991 年以前以吸引间接投资为主的事实。

二是提高阶段（1992–2001 年）。1992 年，服务贸易项目大幅增加，服务贸易进口首次突破百亿美元大关，承包工程项目实现零的突破，投资收益由 1991 年的不足 10 亿美元增加至近 20 亿美元，首次实现直接投资超过间接投资的利用外资格局，之后保持持续快速上升的势头。

三是稳步发展阶段（2002–2010 年）。2001 年我国加入 WTO，标志我国对外开放进入新阶段，外资涉及的领域不断扩大，服务贸易项目不断增多。期间间接投资又进入较快的发展阶段，非居民企业取得的投资收益时有起伏但稳步上升，特别是 2006 年以后无论是服务贸易还是投资收益都呈现大幅增长的态势。其中，2010 年服务贸易支出 1933 亿美元，比 2009 年增长 22%；收益项目支出 1142 亿美元，比 2009 年增幅达 74.88%。

表8–3　1997–2010年我国对外支付服务与收益项目　　单位：亿美元

年份	服务项目								收益项目		
	合计	运输	建筑服务	保险服务	金融服务	专有权利使用费和特许费	咨询	广告及宣传	合计	职工报酬	投资收益
1997	279.68	99.44	12.09	10.46	3.25	5.43	4.68	2.41	167.15	0.00	167.15
1998	266.73	67.63	11.20	17.58	1.63	4.20	7.58	2.65	222.28	2.04	220.24
1999	315.88	78.98	15.40	19.21	1.67	7.92	5.24	2.19	228.00	5.23	222.78
2000	360.31	103.96	9.94	24.71	0.97	12.81	6.40	2.02	272.16	6.79	265.37
2001	392.66	113.24	8.47	27.11	0.77	19.38	15.02	2.58	285.63	8.52	277.11
2002	465.28	136.12	9.64	32.46	0.90	31.14	26.31	3.94	232.89	9.50	223.39
2003	553.06	182.33	11.83	45.64	2.33	35.48	34.50	4.58	239.33	11.20	228.13
2004	721.33	245.44	13.39	61.24	1.38	44.97	47.34	6.98	240.67	13.82	226.85
2005	837.95	284.48	16.19	72.00	1.59	53.21	61.84	7.15	283.24	18.17	265.07
2006	1008.33	343.69	20.50	88.31	8.91	66.34	83.89	9.55	394.85	23.30	371.55
2007	1301.11	432.71	29.10	106.64	5.57	81.92	108.56	13.37	573.42	24.93	548.49
2008	1589.24	503.29	43.63	127.43	5.66	103.19	135.36	19.41	601.77	27.36	574.41
2009	1589	466	59	113	7	111	134	20	653	21	632
2010	1933	633	51	158	14	130	151	20	1142	15	1128

资料来源：根据1997–2010年《中国国际收支报告》整理。

3. 非居民企业税收收入快速增长

非居民企业数量的增加，特别是非居民企业投资收益的增加，必然带来非居民企业税收收入的大幅增长。表 8–4 反映 2002–2011 年非居民企业在我国缴纳的税收收入情况。税收收入合计包括非居民企业缴纳的各种税收收入总和，主要是营业税、增值税和企业所得税，2011 年比 2002 年增加 7.43 倍，2002–2011 年年均增幅 25.16%。企业所得税收入既包括在我国境内设立机构场所非居民企业缴纳的企业所得税，也包括未设立机构场所由我国境内支付单位源泉扣缴的企业所得税，2011 年比 2002 年增加 14.31 倍，2002 年至 2011 年年均增幅 32.2%；其中源泉扣缴企业所得税增幅较大，2011 年比 2002 年增加 18.31 倍，2002–2011 年年均增幅 35.14%。

表8–4　2002–2011年非居民企业税收收入情况表　　单位：亿元

收入 年度	非居民企业税收收入		
	总收入	企业所得税	源泉扣缴企业所得税
2002	108.72	53.44	37.07
2003	134.34	76.56	54.48
2004	199.91	109.18	74.22
2005	235.71	150.53	86.18
2006	283.15	182.82	107.67
2007	315.48	208.26	139.7
2008	384.07	268.43	173.92
2009	560.18	416.11	345.75
2010	778.56	629.9	516.05
2011	1025.89	871.66	752.88

资料来源：根据国家税务总局税收收入统计快报整理。

图 8–2 反映的是非居民企业税收收入增幅情况，其中 2008 年和 2009 年增幅明显高于 2007 年及其以前年度，主要原因为 2008 年实施的《企业所得税法》，取消对非居民企业取得我国境内股息收入免税优惠，并对非居民企业取得境内外资银行的利息所得恢复征税。2010 年和 2011 年均保持 30% 以上的增幅。除了上述政策增收因素外，税务部门对非居民企业实施专业化管理、出台一系列管理规范、加大日常管理力度也是非居民企业税收收入大幅增长的重要原因。

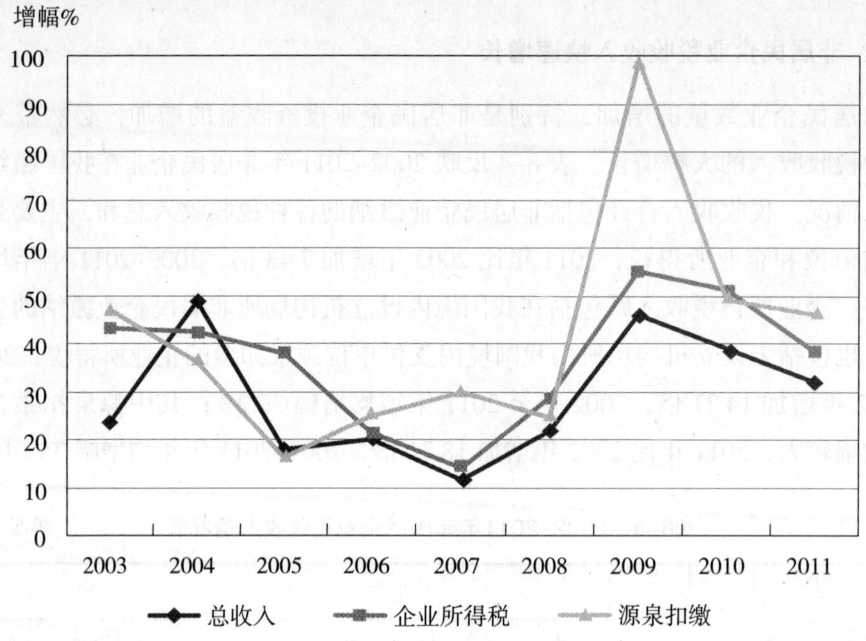

图8-2　非居民企业税收收入增幅情况

（二）非居民企业税收管理法规日趋完善

改革开放初期，我国对外开放表现为“一边倒”的格局，采取的是“引进来”战略，我国居民“走出去”的寥寥无几。与此相适应，我国加快适用于外资企业及外国居民的税收立法进程，并且充分体现了为吸引外资而对外国居民实行超国民待遇的税收政策导向，简而言之，就是优惠较多，管理偏松。1980年9月，第五届全国人民代表大会第三次会议发布《中华人民共和国中外合资经营企业所得税法》，适用于外商在中国境内与中国企业共同建立的具有中国法人地位的合资经营企业。1981年12月，第五届全国人民代表大会第四次会议发布《中华人民共和国外国企业所得税法》，适用于外商采取合资经营企业以外形式的外国企业。1991年4月，第七届全国人民代表大会第五次会议发布《中华人民共和国外商投资企业和外国企业所得税法》，把原有的两个涉外企业所得税法予以归并，统一适用于所有类型的外资企业，该部法律一直实行到2007年末。在此期间，我国对内资企业所得税的立法进程较为迟缓，只是国务院颁布的《企业所得税暂行条例》而一直没有进入全国人大立法程序。

20世纪末特别是21世纪初以来，随着我国社会主义市场经济体制的建立和完善，对外开放出现新格局，在继续加大“引进来”力度的同时，我国居民“走出去”的规模和数量逐步增加。与此相适应，2007年3月，第十届全国人民代表大会第五次会议通过《企业所得税法》，2007年11月国务院通过了《企业所得税法实施条例》。《企业所得税法》及其实施条例自2008年实施，适用于内资和外资企业，结束了我国内外资企业所得税制度不统一的历史，形成内外资企业公平竞争的税收环境。

为了更好地保障我国税收管辖权的有效行使，新《企业所得税法》首次把企业所得税纳税人分为居民企业和非居民企业，开创了我国税收立法史上的先河。该部法律借鉴国际惯例，明确了非居民企业的定义和类别，界定了境内外所得来源地的判定标准，减少了非居民企业所得税优惠，充分体现了与我国实行"引进来"与"走出去"战略并举相适应的新要求。

目前，非居民企业税收法律体系较为完备，既有全国人大颁布实施的法律即《企业所得税法》，也有国务院颁布实施的行政法规即《企业所得税法实施条例》；与此同时，为贯彻落实上述法律法规，国家税务总局既颁布实施了部门规章即国家税务总局第19号令《非居民承包工程作业和提供劳务税收管理暂行办法》，又下发了30余份规范性文件，形成了内容涵盖法律、法规、部门规章和规范性文件等的法律层级齐备的非居民企业税收法律体系。

（三）非居民企业税收管理不断强化

为贯彻实施《企业所得税法》，落实好非居民企业所得税政策，国家税务总局于2008年在国际税务司设立非居民税收管理处，全国各级税务机关设立非居民税收管理岗位，非居民税收管理专业化机制日益健全。

非居民企业取得来自中国境内的所得，按照所得性质分为三大类：一类是积极所得，是指非居民企业在中国境内从事生产经营活动和提供劳务取得的所得，包括经营所得和劳务所得；另一类是消极所得，是指非居民企业既未在中国境内设立机构、场所又未从事生产经营活动取得的所得，包括股息、利息、特许权使用费和租金等所得；第三类是财产所得，是指非居民企业因拥有、使用、转让手中的财产而取得的所得[①]。中国遵循分类管理原则，对不同类型非居民企业采取与之相适应的管理方式。

1. 强化对设立机构场所非居民企业的税收管理

非居民企业在中国境内设立机构场所从事生产经营活动的类型主要有：从事承包工程作业和提供劳务的场所，外国企业在中国境内设立的分支机构、常驻代表机

① 朱青：《国际税收》（第五版），中国人民大学出版社2011年版。

构，单独设立或与中国境内居民企业共同设立的非法人制创业投资企业，以及单独设立或与中国境内居民企业或居民个人共同设立的合伙企业。由于合伙企业税收政策和管理措施尚未出台，非法人制创业投资企业税收政策与管理亦需要与合伙企业统筹考虑，以下就设立机构场所的其他非居民企业的管理措施逐一阐述。

（1）加强承包工程作业和提供劳务的税收管理的主要措施

非居民企业承包工程作业通常包括在中国境内承包建筑、安装、装配、修缮、装饰、勘探及其他工程作业，提供劳务通常包括在中国境内从事加工、修理修配、交通运输、仓储租赁、咨询经纪、设计、文化体育、技术服务、教育培训、旅游、娱乐及其他劳务活动。与外国企业在我国设立的分支机构和代表机构不同，外国企业来华承包工程作业和提供劳务的时间较短，绝大多数以项目为单位，由此带来这部分税源更具流动性和隐蔽性强的特征，通常涉及根据税收协定关于常设机构的条款来判定纳税义务，需要税务部门采取更具针对性的措施。

2008 年《企业所得税法》实施后，之前有关外国企业承包工程作业和提供劳务的企业所得税政策和管理规定的法律依据发生改变，税务总局以此为契机，结合工作需要，对原有规定进行清理，于 2009 年发布第 19 号令，即《非居民承包工程作业和提供劳务税收管理暂行办法》，这也是税务总局制定的关于非居民企业税收管理的第一个部门规章。

2010 年税务总局颁发了《非居民企业所得税核定征收管理办法》（国税发〔2010〕19 号）。首先，明确核定征收与据实申报的关系，即纳税人自行申报纳税是其应尽的义务，核定征收是税务机关对不能特别是不愿遵从据实申报义务纳税人的惩罚性措施。其次，规范核定利润率，之前规定的核定利润率过低（一般为 10%~15%）是纳税人愿意认同税务机关采取核定征收的主要原因，现行规定大幅度提高核定利润率，并把底线锁定为不得低于 15%，对于一般性的工程作业和劳务，核定利润率为 15%~30%，对从事管理服务的核定利润率为 30%~50%。第三，即使税务机关采取核定征收方式，如发现核定利润率低于实际水平，仍可予以调整，这就可以防范利用核定征收方式少征税款的风险。

此外，税务机关重点防范了以下风险：一是隐瞒收入。主要发生在贸易项下的进口业务之中。如中国境内的居民企业或机构进口大型设备，有的需要境外出口商派员到中国境内负责安装，但在款项支付和收据上全部体现为设备价款，不能准确反映安装业务收入从而规避相关税收。对此，要求非居民企业准确划分设备价款与安装业务收入，否则应以不低于设备价款的 10% 视为安装业务收入；二是混淆境内外劳务所得。对于非居民企业在中国境内取得的劳务所得，只有劳务发生地在中国境内的，中国才拥有企业所得税征税权。为此，非居民企业采取的手法是，在与中国境内客户签订的提供劳务合同中，载明全部或部分劳务发生在境外，但实质上在中国境内提供，以实现规避所得税纳税义务或减轻税收负担的目的。对此，如果非居民企业不能提供资料和有效的证明，税务机关有权视为劳务全部发生在境内。2009年，天津塘沽国税局通过这种方式防范了一起把境内劳务筹划为境外劳务避税的案例。来自中国香港地区的某设计公司承包塘沽某房地产公司的商品房图纸设计业务，双方签署合同约定境内劳务与境外劳务工作量的比例为2∶8，即80%的工作量在香港完成。税务人员在开具对外支付税务证明时，认为香港公司的上述安排有避税嫌疑，于是开展一系列调查取证，如查看出入境记录、到现场查看勘探人员的照片、会议记录以及图纸上签字人姓名等，最终发现香港公司根本未从境外派员到境内现场，派来的人均为其设在内地的代表机构的工作人员，这些人也从未去过香港。在充分拥有证据的情况下，该香港公司不得不承认所有设计业务均在境内提供，本想通过虚拟合同方式蒙混过关，没想到塘沽国税局税务人员这么专业和认真负责，最终补缴了税款。此案例说明，即使非居民企业通过现代信息手段，税务机关也应该跟踪调查信息流向，审核接收邮件、接听电话和传真的记录，判定境外劳务的真实性。

（2）加强外国企业分公司税收管理的主要措施

《企业所得税法》实施以前，对于外国企业分公司的税收政策与管理，适用外资企业所得税法律法规；2008年以后，则保持与居民企业基本一致的规定，如实施按季预缴、年度申报和汇算清缴的税收管理方式，在收入确认、税前扣除、税收优惠等方面均与居民企业一样适用《企业所得税法》。但外国企业分支机构毕竟属于非居民企业，是外国总公司的派出机构，其生产经营活动、财务、人员受外国总公司直接管理，利于总公司调整收入和成本费用，从而在总公司与分公司之间调配利润、实现税收负担最小化的税收筹划，在税收政策与管理上仍具有一定的特殊性和相对的独立性。

① 实行与居民企业有别的所得税纳税申报制度

相对居民企业而言，外国企业分公司不仅数量更少，而且从事的行业和业务规模较小。为简化纳税申报程序，优化纳税服务，税务总局2008年制定下发了非居民企业所得税申报制度（国税函〔2008〕801号），外国企业分公司除填报主表外，年度申报时只需填报《营业收入及成本费用明细表》和《弥补亏损明细表》两份附表，而居民企业所得税年度申报需要填报11份附表。

② 实行汇总纳税制度

《企业所得税法》第五十一条规定：非居民企业在中国境内设立两个或者两个以上机构、场所的，经税务机关批准，可以选择由其主要机构、场所汇总缴纳企业所得税。《企业所得税法实施条例》第一百二十六条规定了构成主要机构、场所的两个同时具备的条件：一是对其他各机构、场所的生产经营活动负有监督管理责任；

二是设有完整的账簿、凭证，能够准确反映各机构、场所的收入、成本、费用和盈亏情况。目前，对于符合上述条件的在中国境内设立两个以上的分公司的外国企业，经申请并经税务机关核准可以汇总纳税，这其实是对非居民企业的一项税收优惠措施，因为分公司之间的盈亏可以相互轧抵。

③ 防范逃避税风险

由于外国企业在中国境内设立的分公司，是外国总公司的派出机构，其生产经营活动、财务、人员受外国总公司直接管理，利于总公司调整收入和成本费用，对此，税务机关重点在归属总分公司所得方面加大工作力度：

一是防范分公司收入转移至境外总公司。重点防范以下风险：境外总公司通过境内分公司为其境外客户提供经营活动取得的收入很容易筹划为境外总公司的收入，而不在境内分公司体现；境内分公司为境外总公司提供劳务或者承担境外总公司指定的任务，境外总公司本应计算境内分公司的收入，但未在境内分公司账簿上体现；境外总公司与境内分公司共同为境外总公司的客户提供服务，但收入的定价权由总公司控制，从而把本应归属境内分公司的收入转移至境外总公司。

二是防范总公司把不合理的成本费用分摊至分公司。依据《企业所得税法实施条例》第十五条规定，主管税务机关对分公司负担、支付给境外总公司的管理费，限定为实际发生且与分公司生产经营有关的费用，并提供总公司出具的费用归集范围、定额、分配依据等证明文件，对于不合理分摊的，不准在分公司的税前进行扣除。

（3）加强外国企业常驻代表机构税收管理的主要措施

外国企业常驻代表机构（以下简称代表机构），是指按我国有关外国企业常驻代表机构的规定，经国务院有关部、委、局批准并在工商行政管理部门登记，设立在中国境内的外国企业及其他经济组织的常驻代表机构，属于与该外国企业业务有关的非营利性活动的办事机构，不具有法人资格。代表机构属于一类特殊的非居民企业，占设立机构、场所非居民企业户数的比例较高，是各级税务机关国际税务管理的重要事项之一。2008 年实施《企业所得税法》后，对于代表机构这一类较为特殊的非居民企业，既需要遵从企业所得税法相关规定，也应实施更加规范的管理办法。对此，税务总局于 2010 年出台了《代表机构税收管理暂行办法》（国税发〔2010〕18 号）文件。主要内容如下：

① 取消免税

企业所得税法、营业税条例和增值税条例没有对在中国境内设立机构场所的非居民企业设立免税待遇。因此，要求作为非居民企业的代表机构，应当就其归属所得依法申报缴纳企业所得税，就其应税收入依法申报缴纳营业税和增值税。

② 规范税务登记

鉴于有的外国企业在中国境内设立代表机构不需要工商部门批准也不需要办理

工商登记，只需政府相关部门批准即可，为此，要求各类代表机构自领取工商登记证件或有关部门批准之日起30日内，向其所在地主管税务机关申报办理税务登记，并规范了办理税务登记需要提交的相关资料和变更与注销税务登记的要求。

③ 建立账册

要求代表机构应当按照有关法律、行政法规和国务院财政、税务主管部门的规定设置账簿，根据合法、有效凭证记账，进行核算。

④ 摆正据实申报与核定征收关系

据实申报与核定征收并非并存的两种征收方式，两者法律地位不同：据实申报是纳税人应尽的义务，核定征收是税务机关的权力。为此，要求代表机构按照实际履行的功能和承担的风险相配比的原则，准确计算其应税收入和应纳税所得额，在纳税期限内向主管税务机关据实申报缴纳企业所得税、营业税和增值税。对账簿不健全，不能准确核算收入或成本费用，以及无法据实申报企业所得税的代表机构，税务机关有权采取以下两种方式核定其应纳税所得额：一是按经费支出换算收入，二是按收入总额核定应纳税所得额。同时规定，代表机构的核定利润率不应低于15%；对于采取核定征收方式的代表机构，如能建立健全会计账簿，准确计算其应税收入和应纳税所得额，报主管税务机关备案，可调整为据实申报方式。

⑤ 规范代表机构享受税收协定待遇及程序

对于只从事准备性、辅助性业务活动并符合一定条件的代表机构，可以享受税收协定中不构成常设机构待遇，不用缴纳企业所得，但仍应依照非居民享受税收协定待遇管理的有关规定办理备案手续。

⑥ 防范逃避税风险

与分支机构不同的是，外国企业在中国境内设立的常驻代表机构直接受境外总公司管理，经费由总公司拨付，除了允许在华从事经营活动的极少数常驻代表机构（如律师事务所）外，绝大多数常驻代表机构的账簿上没有反映收入，只记载经费支出。这为境外总机构利用常驻代表机构进行不良税收筹划提供机会：一是中国居民企业或个人先在避税地、低税地或对境外所得不征收企业所得税的国家或地区注册一个没有实质经营活动的空壳公司，后以该公司名义在中国境内设立常驻代表机构，其业务由中国居民企业或个人操作，以期把所有应归属中国境内所得全部转移至总机构所在地；二是境外总机构与中国境内客户签订业务合同，业务收入由中国境内客户直接支付给总机构，但部分经营活动由中国境内的常驻代表机构操作。为防范上述风险，一方面，税务机关利用实际管理机构标准，把境外总机构判定为居民企业，从而把转移至境外的所得“拉回”境内征收所得税；另一方面，遵从独立交易原则，把境外总机构和代表机构视为两个独立的法人，正确归属各自所得。

2. 强化源泉扣缴管理

取得消极投资所得的非居民企业，由于未在中国设立机构场所，难以遵从申报纳税义务，而且取得的所得通常由中国境内企业支付，为利于税源监控和提高税收征管效率，对其实行源泉扣缴制度，即以境内向非居民企业支付所得的单位作为扣缴义务人，在支付时扣缴税款。为规范源泉扣缴管理，国家税务总局于2009年制定实施了《非居民企业所得税源泉扣缴管理暂行办法》（国税发〔2009〕3号），主要内容如下：

（1）加强税源管理

一是规范扣缴登记，要求扣缴义务人与非居民企业首次签订取得消极所得的业务合同或协议（以下简称业务合同）的，自业务合同签订之日起30日内，向其主管税务机关申报办理扣缴税款登记；二是设定资料报备义务，要求扣缴义务人每次与非居民企业签订业务合同时，自签订业务合同（包括修改、补充、延期合同）之日起30日内，向其主管税务机关报送《扣缴企业所得税合同备案登记表》、合同复印件及相关资料；三是设立账簿及档案，要求扣缴义务人设立代扣代缴税款账簿和合同资料档案，准确记录企业所得税的扣缴情况，并接受税务机关的检查。

（2）规范征收管理

一是规范税款扣缴，要求扣缴义务人每次代扣代缴税款时，向其主管税务机关报送扣缴企业所得税报告表及相关资料，并自代扣之日起7日内缴入国库；二是规范税款计算，计算公式为：扣缴企业所得税应纳税额 = 应纳税所得额 × 实际征收率，其中应纳税所得额应依照《企业所得税法》第十九条规定计算，实际征收率是指《企业所得税法》及其实施条例等相关法律法规规定的税率，或者税收协定规定的更低的税率；三是规范外汇折算，要求扣缴义务人对外支付或者到期应支付的款项为人民币以外货币的，在申报扣缴企业所得税时，按照扣缴当日国家公布的人民币汇率中间价，折合成人民币计算应纳税所得额；四是规范含税所得计算，扣缴义务人与非居民企业签订业务合同时，凡合同中约定由扣缴义务人负担应纳税款的，应将非居民企业取得的不含税所得换算为含税所得后计算征税；五是规范税款追缴：首先，如非居民企业拒绝代扣税款，扣缴义务人应当暂停支付相当于非居民企业应纳税款的款项，并在1日之内向其主管税务机关报告，并报送书面情况说明；其次，扣缴义务人未依法扣缴或者无法履行扣缴义务的，非居民企业应于扣缴义务人支付或者到期应支付之日起7日内，到所得发生地主管税务机关申报缴纳企业所得税；第三，对于非居民企业未依照规定申报缴纳企业所得税，由申报纳税所在地主管税务机关责令限期缴纳，逾期仍未缴纳的，申报纳税所在地主管税务机关可以收集、查实该非居民企业在中国境内其他收入项目及其支付人的相关信息，从其他支付人应付的款项中，追缴该非居民企业的应纳税款和滞纳金。

（3）强化后续管理

一是建立台账。主管税务机关应建立扣缴企业所得税管理台账，加强合同履行情况的跟踪监管，及时了解合同签约内容与实际履行中的动态变化，监控合同款项支付、代扣代缴税款等情况；必要时应查核企业相关账簿，掌握股息、利息、租金、特许权使用费、转让财产收益等支付和列支情况，特别是未实际支付但已计入成本费用的利息、租金、特许权使用费等情况，有否漏扣企业所得税问题。二是实施专项检查。主管税务机关可根据需要对代扣代缴企业所得税的情况实施专项检查，实施检查的主管税务机关应将检查结果及时传递给同级国家税务局或地方税务局；专项检查可以采取国、地税联合检查的方式。三是适时进行情报交换。税务机关在企业所得税源泉扣缴管理中，遇有需要向税收协定缔约对方获取涉税信息或告知非居民企业在中国境内的税收违法行为时，应适时发挥税收情报交换作用。

（4）实行风险管理

对于股息、利息、特许权使用费等消极投资所得，针对各类所得可能出现的税收收入流失风险，税务机关应采取相应措施予以应对。

① 股息方面

一是防范滥用2008年以前的股息所得免税政策。2008年以前，由于外资企业所得税法对外商投资企业（以下简称外资企业）实行比内资企业更加优惠的税收待遇，其中对于外商从外资企业取得的股息免税。因此，在界定外资企业身份时，设立的门槛是外国投资者出资比例在25%以上，依据为《中华人民共和国中外合资经营企业法》第四条第二款：在合营企业的注册资本中，外国合营者的投资比例一般不低于25%。也就是说，外国投资者出资比例低于25%的中外合资企业不视为外资企业对待。为此，税务总局于2003年专门制发了《关于外国投资者出资比例低于25%的外商投资企业税务处理问题的通知》（国税函〔2003〕422号），明确规定：外资低于25%的企业适用税制一律按照内资企业处理，不得享受外商投资企业税收待遇；外资低于25%的企业办理税务登记一律按照内资企业处理。因此，对于外资低于25%的居民企业取得的2008年之前的股息，不应享受免税待遇。据此，浙江省杭州市国税局对某外资出资20%的境内银行支付给外方的股息征收了企业所得税。另一例子发生在福建省莆田市，2006年外方收购某内资企业100%股权，内资企业有4亿余元人民币的未分配利润一并转给外资企业，当外资企业把4亿余元人民币的股息分配给外方时，外方要求享受免税待遇，但主管税务机关认为该笔股息不是外方在中国投资期间获取的，补征了4000余万元人民币的企业所得税。

二是防范延迟支付或不对外支付延迟纳税或避税。《企业所得税法》规定，企业在对外支付股息时需扣缴外方股东的企业所得税。为规避纳税义务或延迟纳税，特别是在人民币升值的背景下，少数外资企业作出利润分配决定后，不及时把股息支付给外方股东，继续在中国境内留作他用。对此，税务机关在实践中的做法是，只要外资企业发生了利润分配，外资企业就应扣缴股息所得税。还有一种情形，由于《企业所得税法》规定，符合条件的居民企业之间分配股息属于不征税收入，这样分配给中方股东的股息不需缴纳企业所得税，所以少数中外合资企业在作出利润决定时，出现一种只向中方股东分配或多向中方股东分配股息的怪异现象。对此，税务机关从实质重于形式原则出发，只要中外合资企业作出利润分配决定，就按照“同股同利”原则视同对外方股东分配了股息并征收企业所得税。

三是防范变更股东身份避税。目前按照税法规定，非居民个人取得中国境内外资企业的股息免税。为此，拥有在境外发行股票的境内上市公司（主要是外资企业，在中国香港发行H股）股票的非居民企业，通过变更为非居民个人（在境外变更股东身份较为容易），就完全规避了中国企业所得税纳税义务。针对这种情形，税务机关要求上市公司提供详细的股东身份，发现随意变更股东身份避税的一律追征企业所得税。

② 利息方面

首先是防范滥用免税待遇。原外资企业所得税法背景下规定的税收优惠主要是以下三项：一是国际金融组织贷款给中国政府和中国国家银行的利息所得，免税；二是外国银行按照优惠利率贷款给中国国家银行的利息所得，免税；三是外国企业取得中国境内外资金融机构的利息所得，免税，依据是税务总局1997年发布的《关于外资金融机构支付利息暂缓征收预提所得税的通知》（国税发〔1997〕186号），此文是应对当时爆发的亚洲金融危机采取的宏观调控措施之一。2008年实施的《企业所得税法实施条例》规定的免税待遇也是三项：一是国债利息；二是外国政府向中国政府提供贷款取得的利息所得；三是国际金融组织向中国政府和居民企业提供优惠贷款取得的利息所得。《企业所得税法》取消了对外国银行取得利息所得的免税待遇，增加对国债利息免税待遇，保留外国政府和国际金融组织取得利息所得的免税，并且对于国际金融组织设定优惠贷款条件，或者说国际金融组织提供的非优惠贷款取得的利息仍然缴纳企业所得税。据此，各级税务机关加大对非居民企业享受利息所得免税的管理力度，主要措施为：一是明确中国政府的指向，要求使用外国政府和国际金融组织贷款的居民企业，提供贷款的详细合同，查核外国政府和国际金融组织的证明；二是审核优惠贷款，一般以低于同期商业贷款利率为准。

其次是防范贸易项下的避税行为。对于货物贸易中采取分期付款、延期付款、信用证担保等方式，中国居民企业占用境外客户的资金而产生利息，虽然该部分利息直接构成货物的成本，在进口环节海关部门已征收增值税和关税等有关税收，但毕竟是非居民企业取得了利息所得，税务机关要求境内企业扣缴企业所得税。如×

市国税局2011年对某外资企业向境外商品供货方支付的因分期付款产生的利息，征收非居民企业所得税4000余万元人民币。

③ 特许权使用费方面

a. 防范混淆技术服务和技术转让避税。技术服务属于劳务性质，对非居民企业取得的这部分所得比照劳务所得适用企业所得税政策，以劳务发生地作为界定来源于境内外所得的标准，《企业所得税法》只对中国境内发生的劳务履行税收管辖权，以营业利润作为计税依据，适用25%税率；而对非居民企业取得的技术转让、设备租金所得适用特许权使用费所得税政策，以负担、支付所得的企业或者机构、场所所在地和个人住所所在地确定境内外所得的依据，无论非居民企业技术转让发生在中国境内还是境外，只要中国境内上述使用人支付或负担的就属于来源国中国境内的所得，以收入全额作为计税依据，适用10%税率。

为防范非居民企业把本应属于特许权使用费的所得筹划为技术服务费以免税或减轻税收负担的行为，税务机关采取的辨别方法是：首先从两类所得的性质和特征入手，同时结合支付金额和支付方式辨别。如果支付金额大于常规劳务性质的收入（成本费用加上适当的利润率），按照销售收入或销售数量的一定比例对外支付劳务费，则基本上判定为特许权使用费。如四川省宜宾市国税局2011年对某外国企业承包的大型设计项目进行税收管理时，发现中外双方签订的是技术服务合同，外方以劳务主要在境外完成要求税务机关出具免税证明。对此，主管税务机关加大工作力度，发现技术服务的成果是外方提供的图纸和文档，且合同中规定中外双方拥有所有权，也就是说中方不能随意处置图纸和文档，也不得据此申请知识产权保护，并且支付的金额巨大，不符合劳务费的性质，最后说服非居民企业缴纳所得税900余万元人民币。

b. 防范侵蚀国内所得税税基。对于非居民企业取得中国境内居民企业的特许权使用费收入，虽然按照10%缴纳企业所得税，但居民企业能够在税前扣除，即直接减少居民企业所得税税基，相应减少了适用25%税率的应纳税所得额。这样，为居民企业通过与其关联的非居民企业间的虚假交易进行恶意税收筹划提供了空间，将导致减少15%的税收负担，逃避国家税收。2009年，北京市崇文区国税局在受理某居民企业对其境外关联非居民企业支付商标使用费开具对外支付税务证明时，就发现一起利用税率差减轻纳税义务的案件，并追征税款1306万元。基本情况如下：2007年2月，北京某房地产公司（以下简称A公司）与注册在开曼群岛的B公司签署品牌许可协议，规定A公司按照销售某房地产项目实际签约额的8%向B公司支付商标使用费共计1.74亿元人民币；2008年7月，A公司向崇文区国税局先期申请支付B公司商标使用费8709万元人民币，而且已代扣代缴本次支付应缴纳的非居民企业所得税。税务人员通过细致审核A公司的申请资料，发现B公司已纳税支付行为背后存在一些非合理性因素：一是支付时间不合理。B公司于2008年2月在中国香港注册商标，而A公司和B公司之间的品牌许可协议签署时间却是2007年2月。很明显，协议签署在前，商标注册在后，这不符合商业惯例。二是收取高额商标使用费不合理。表面上，B公司系商标的所有者，但该品牌无论注册前后，作为商业标识均只在中国大陆境内使用，而且A公司一直在境内使用该品牌进行房地产项目开发和营销，其品牌效益在境外从未得到认知和体现。因此该商标实际上应属于境内成长品牌，虽然由B公司在境外注册，但仅以此理由收取高额的商标使用费不合理。三是A公司和B公司的功能、风险、收益不匹配。B公司与A公司是关联企业，且其主要股东是A公司法人的妻子，没有具体的经营业务，实质是一家空壳公司。基于这些信息，税务人员判定B公司对该品牌价值增长并没有作出实际贡献，因此收取高额的商标费与其履行功能和承担的风险不匹配。最终认定A公司向注册在避税地的关联企业B公司非合理支付高额商标品牌使用费，系通过采用B公司收取特许权使用费的方式，达到转移利润、降低税收成本的目的。

c. 防范采取抵消交易方式避税。税收实践中，×市国税局于2011年发现了一起非居民企业通过隐形支付或抵销交易方式规避特许权使用费所得税纳税义务的行为，避税模式如图8-3所示。

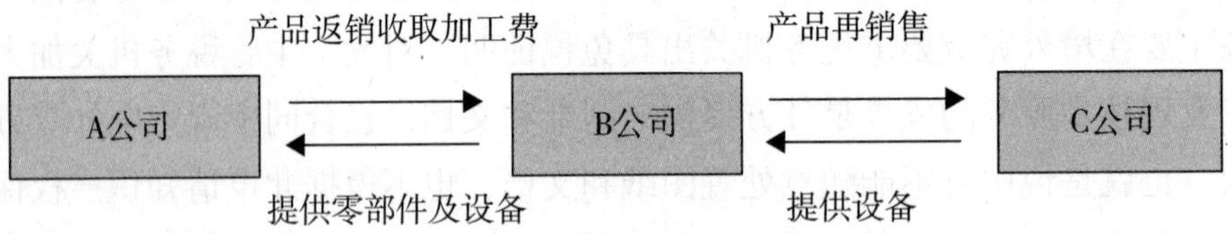

图8-3　抵消交易避税图

A公司是非居民企业B公司在中国境内设立的全资子公司，A公司在来料加工项目中无偿使用B公司提供的生产设备，同时该来料加工项目生产的产品统一返销给B公司，这批设备的所有权属于非居民企业C公司。A公司与B公司之间属于产品购销交易关系，这种无偿租用设备行为属于税法规定的抵消交易行为，由于A公司既不体现设备租金，又不对外支付租金，B公司规避了其应取得租金的所得税。对此，国家税务总局依据《企业所得税法》第四十一条的精神，即企业与其关联方之间的业务往来，不符合独立交易原则而减少企业或者其关联方应纳税收入或者所得额的，税务机关有权按照合理方法调整，在颁发的《特别纳税调整实施办法》第四十条作出规定：企业与关联方之间收取价款与支付价款的交易相互抵消的，税务机关在可比性分析和纳税调整时，原则上应还原抵消交易。据此，×市国税局采取成本加成法对设备租金收益进行还原，以设备使用折旧额（设备原值×10%）作为成本，再加上一定的毛利（2%）作为设备使用的应付租金，并要求A公司扣缴了相应税款。

3. 加强非居民企业股权转让所得税管理

近年来，由美国2007年爆发的次贷危机引发的全球金融危机不仅未得到根本缓解，欧洲主权债务危机又相继起伏，由此带来的跨国资本流动变得更加特殊。为应对本国捉襟见肘的财政困境，欧美等发达国家从发展中国家撤资成为一种趋势，也使得外国企业转让中国居民企业股权变得更加活跃。这些居民企业大多数是20世纪八九十年代由外国企业在中国设立的外商投资企业，也有的是20世纪末和21世纪初在境外发行股票或成立上市公司的内资企业，从而使得非居民企业股权转让所得税政策与管理成为当前的热门话题。新《企业所得税法》实施以后，在总结前两个阶段相关规定的基础上，税收法律法规对非居民企业股权转让所得征收企业所得税作出了相应规定。

（1）法律依据更加明确

与《外商投资企业和外国企业所得税法》及其实施细则相比，新《企业所得税法》及其实施条例对非居民企业取得转让中国境内居民企业股权所得征收所得税作出更加明确的规定。首先，单列转让财产所得类型，一改之前把股权转让所得视同“其他所得”的历史，使得股权转让所得在税法中拥有正式身份；其次，明确非居民企业取得来源于中国境内股权转让所得的判定规则，体现在《企业所得税法实施条例》第七条中，只要被非居民企业转让股权的投资企业在中国境内，中国就拥有对其股权转让所得征收所得税的权力；第三，明确一般反避税规定，据此可推定非居民企业间接转让中国居民企业股权取得的所得，如果不具有合理商业目的，税务机关即可以调整或者说可以征收所得税；第四，明确适用10%的税率。

（2）规范企业重组业务涉及的股权转让税收管理

主要体现为财政部和税务总局2009年制定实施的《关于企业重组业务企业所得税处理若干问题的通知》对跨境重组特殊性税务处理作出规定[①]。对于非居民企业转让中国居民企业股权，需要同时符合以下三个条件才能享受特殊性税务处理优惠，即保持原有计税基础不变无需计算股权转让所得缴纳企业所得税：第一个条件是符合以下两种情形：一是非居民企业把其拥有居民企业的股权转让给其100%直接控股的另一非居民企业，且没有导致以后该项股权转让所得税负担变化；二是非居民企业把其拥有居民企业的股权转让给与其具有100%直接控股关系的另一居民企业。第二个条件是同时达到以下两个比例：一是股权出让方购买的股权不低于被投资企业全部股权的75%；二是股权支付金额占交易支付总额的85%及以上。第三

① 参见财税〔2009〕59号文件。

个条件是具有合理商业目的和实质经营活动。这一规定与国税函发〔1997〕207 号文件相比，条件更加严厉，要求更加具体，体现从严从紧对待非居民企业股权转让享受特殊性税务处理优惠的态势。

（3）加强非居民企业股权转让所得税管理

税务总局 2009 年制定了《关于加强非居民企业股权转让所得企业所得税管理的通知》[①]，这是我国税务机关第一个针对非居民企业股权转让所得征收企业所得税的管理性文件，针对性和专业性较强。该文的特点是，既对新《企业所得税法》实施前的相关文件进行清理，又结合当前需要解决的若干问题作出回应。与此前相关规定的不同之处主要有：第一，对股权转让所得作出规范，特别规定股权转让人随股权一并转让股东留存收益权的金额如被投资企业有未能分配的利润或税后提存的各项基金等，不得从股权转让价中扣除。第二，对计算股权转让所得的币种作出规范，原则上以非居民企业向被转让股权的中国居民企业投资时或向原投资方购买该股权时的币种为准。第三，利用《企业所得税法》一般反避税规定对非居民企业间接转让中国居民企业股权征管企业所得税作出要求，体现在该文件的第五、第六条规定中。此外，还对非居民企业向其关联方转让中国居民企业股权，以及整体打包转让中国居民企业股权行为的税务处理作出相应规定。近年来，各级税务机关通过加大对非居民企业转让股权所得管理，不仅有效防范了逃避税，而且组织的税收收入较为可观，其中非居民企业在境外直接转让中国某境外上市公司股票取得的所得缴纳所得税近 22 亿元人民币，是迄今为止单笔最大的非居民企业所得税款；2010 年江苏省扬州市国税局组织征收非居民企业间接转让中国居民企业股权所得税 1.73 亿，是国税函〔2009〕698 号文件下发后组织的首笔非居民企业间接转让股权所得税，该案例被英国出版的《国际税收论坛》杂志评为最具影响力的案件之一，2012 年山西省国税局组织征收了迄今为止全国单笔最大的非居民企业间接转让股权所得税 4.03 亿元人民币。

二、非居民企业税收政策和制度改革

前面提及，为贯彻实施新《企业所得税法》，我国自 2008 年以来采取了一系列措施，包括完善法规、强化管理、防范避税等，非居民企业税收管理取得一定成效。经过四年多时间的实践，特别是随着管理力度的逐步加大，非居民企业所得税管理

① 参见国税函〔2009〕698号文件。

中的问题逐步显现，税收管理的质量和效率仍不够乐观，非居民企业逃避税现象仍时有发生，税务机关及人员执法随意性仍不同程度存在。主要原因是非居民企业所得税税收政策尚不够完善，体现在以下几个方面：

（一）非居民企业身份和境内外所得来源地的判定规则不够明确

可以说，2008 年实施的《企业所得税法》，对非居民企业所得税的规定尽管较为全面和具体，但有的仍不够明确，有的还无法满足实际工作的需要，尚未完全解决有法可依的问题。

1. 非居民企业身份的规定不够清晰

依据《企业所得税法》，非居民企业的判定标准为同时具备两个条件：一是依据外国（地区）法律在中国境外注册成立的企业，二是该企业的实际管理机构不在中国境内。不符合上述条件之一的就是居民企业。由于居民企业和非居民企业在所得税纳税义务和税收征管上有区别，因此，准确判定居民企业和非居民企业身份，不仅有利于税收管辖权的正确行使，而且也是防范纳税人规避或减轻纳税义务的重要手段。对于在中国境外注册成立的企业，税务部门易于识别；而对实际管理机构和营业代理人的规定则较为模糊，需要国家财税部门进一步明确标准。

一是实际管理机构定义不够明确。《企业所得税法》设立了实际管理机构的定义，即“是指对企业的生产经营、人员、账务、财产等实施实质性全面管理和控制的机构”[①]。《企业所得税法实施条例》只作出原则规定，尽管 2009 年税务总局出台了境外中资控股企业依据实际管理机构认定居民企业标准，但在批准认定时往往只限于国有企业控股的境外注册企业，目的是照顾这些企业享受居民企业获取股息免税待遇，不具有普遍意义。以典型的离岸企业为例，企业通常设立在避税地或对境外所得不征收企业所得税的国家和地区，主要目的就是避税（通过高买低卖，把利润做到离岸中心，把亏损留给国内企业）以及把境内并购企业资产转至境外，其中不乏采取转让其返程并购的中国居民股份方式。据商务部资料显示：2008 年对华投资前十位的国家和地区中，以实际投入外资金额计算排名，英属维尔京群岛位列第二为 159.54 亿美元，开曼群岛位列第五为 31.45 亿美元，萨摩亚位列第八为 25.5 亿美元，毛里求斯位列第十为 14.94 亿美元[②]。由于对我国在这些离岸中心的涉税信息缺乏有

① 《企业所得税法实施条例》第四条。

② 商务部网站：2008年1~12月全国吸引外商直接投资情况。

效监控与情报交换，因此很难计算出离岸中心或避税地滥用给国家带来的税收损失，这助长了纳税人进行有害税收筹划和恶意避税的动机和行为，为开放经济条件下的国家税收征管带来挑战。实践中利用离岸中心或低税地偷逃法定纳税义务的问题时有发生[①]。

上述离岸公司尽管在境外注册，但在离岸中心没有实质经营活动，其法人及主要控制方生活在中国境内，其资产主要是被并购的境内企业，决策控制地应该位于中国境内。对此，除了采取国际税收征管协作措施外，最有效的措施还是依据实际管理机构标准把上述企业认定为中国居民企业，对其来自全球（主要是中国境内）的所得行使税收管辖权，即到中国缴纳企业所得税。这就需要具体界定实际管理机构的内涵和外延。

二是营业代理人规定过于原则。《企业所得税法》中的营业代理人标准基本上沿用原《外商投资企业和外国企业所得税法实施细则》中的类似规定，不同的是后者直接把营业代理人作为外国企业设立在中国境内的机构场所，而《企业所得税法》则把营业代理人视为在中国境内设立的机构场所。《外商投资企业和外国企业所得税法实施细则》第四条规定：营业代理人是指受外国企业委托代理，从事经营的公司、企业和其他经济组织或者个人，包括经常代表委托人接洽采购业务，并签订购货合同，代为采购商品；与委托人签订代理协议或者合同，经常储存属于委托人的产品或者商品，并代表委托人向他人交付其产品或者商品；有权经常代表委托人签订销货合同或者接受订货。《企业所得税法实施条例》第五条规定："非居民企业委托营业代理人在中国境内从事生产经营活动的，包括委托单位或者个人经常代其签订合同，或者储存、交付货物等，该营业代理人视为非居民企业在中国境内设立的机构、场所。"主要考虑到营业代理人的特殊性，即无须像机构、场所一样在中国境内依照法定程序注册成立，因此《企业所得税法》把营业代理人视同机构场所处理，更为合理。同时，进一步明确单位和个人均可为营业代理人，代理活动必须是经常性行为，以及代理活动遵从实质重于形式原则等规定。但对于营业代理人标准的解释，仍不够具体，如对于"生产经营活动"、"经常"在实践中难以把握，需要予以规范和明确。

2. 境内外所得来源地判定标准不够明确

对于非居民企业，依据《企业所得税法》第三条第二款和第三款的规定，一般遵从来源地税收管辖权，即对非居民企业来源于中国境内的所得行使征税权。因此，界定所得来源地的规则是对非居民企业履行所得税管辖权的依据。《企业所得税法

① 廖体忠：《加强离岸税收管理刻不容缓》，《涉外税务》2009年第4期。

实施条例》第七条规定了所得来源地判定规则，但有的不够清晰，主要体现以下几个方面：

（1）销售货物所得来源地判定规则

对于非居民企业取得的销售货物所得，《企业所得税法实施条例》第七条规定，按照交易活动发生地确定来源于中国境内、境外的所得。但税法至今没有对交易活动发生地作出明确解释，这也是导致对非居民企业取得货物销售所得处于管理盲区的原因。因为，征纳双方对于交易活动发生地的理解，可能出现致使征纳双方难以适从的四种观点：一是货物销售合同签订的所在地；二是货物交付所在地；三是货物所有权转移地；四是销售货物行为发生的场所，即销售货物的机构场所。特别是随着互联网技术在商务中的运用，交易双方通过网络就可以进行商品和服务的买卖活动，给税务机关获取交易信息带来很大难度，有时甚至无法确定交易人的所在地和交易发生地，以致无从确定应由哪国政府对货物销售所得征收税款。当前，非居民企业从中国境内销售由境内企业生产货物的行为增多，对于如何判定并急需明确取得来源于中国境内货物销售所得的税收政策问题，集中体现在以下两种货物销售行为之中：

① 非居民企业在中国境内购买并销售货物。如，甲公司是一家在中国境外注册的企业，乙公司是甲公司设在中国境内的从事生产制造的全资控股子公司，丙公司是一家在中国境内注册的外商独资企业，乙公司为丙公司提供半成品。该半成品的销售流程是：甲公司与乙公司和丙公司分别签订销售货物合同，丙公司为减少库存，如需要货物，则要求甲公司从乙公司处购买货物并存放在一物流园区租赁的仓库，并在最短时间里把货物从仓库交付给丙公司。如何确定上述销售货物的境内外所得，可能出现以下情形：

如以销售货物合同签订所在地作为境内外所得的判定依据，甲公司完全可以把合同签订地设在中国境外，中国税务当局就没有征税权；

如以货物交付所在地作为境内外所得的判定依据，由于货物交付地在中国境内，中国拥有征税权；

如以货物所有权转移地作为境内外所得的判定依据，由于货物的所有权是从境外的甲公司转移至境内的丙公司，转移地在中国境外，中国没有征税权；

如以销售货物行为发生的场所作为境内外所得的判定依据，由于甲公司在中国境内没有设立固定的机构场所，只是把租赁的仓库作为货物的中转地，该仓库是否可以作为销售货物行为发生的场所，税法也未明确。

② 非居民企业委托境内企业加工后销售到境外。如对于承接“三来一补”（是指来料加工、来件装配、来样生产及中小型补偿贸易四种加工贸易形式的总称）境内企业中的“三来”企业，境外企业把原材料、零配件等运至境内企业加工成成品

后运至境外销售，产品生产地点在中国境内，销售地点在境外，产品利润主要或一部分由境内企业创造，但境内企业收取的仅仅是微薄的加工费收入，大部分利润由境外企业获取。对于非居民企业取得的由境内企业作出重大贡献的产品销售所得，中国到底是否应该拥有部分企业所得税征税权，一直未明确。

其实，对于从内地来料加工在中国香港销售货物征收企业所得税问题，香港税务部门有明确规定[①]。香港税务局遵从属地原则，即在香港产生或者源自香港的利润需要征收所得税，而在境外产生的利润无须征税。根据香港税法规定，香港公司作为来料加工外方，把来料加工的货物销售所得的50%视为来自内地并予以税收豁免，只对销售所得的50%征收企业所得税。香港税务当局专门规定了来料加工流程及税务处理要求，具体如下：第一，香港公司是从事制造业务的法人组织，即从事营销和生产货物活动；第二，境内的来料加工厂是非法人组织，是香港公司的附属机构；第三，境内来料加工厂的生产设备由香港公司无偿提供；第四，香港公司购买原材料运送到内地加工厂生产，在制作过程中，拥有原材料、半成品和成品的所有权；第五，所有制成品一般需出口运回香港公司，由香港公司销售；第六，香港公司账务反映香港和内地活动的利润，内地公司的账务反映内地加工业的利润；第七，香港公司在香港进行部分营运及制造活动，亦参加内地的制造活动；第八，香港公司的利润来源于在香港和内地的活动，香港税务局允许以50∶50比例分摊出售成品的利润并征收所得税；第九，香港公司在内地的活动可以视为在内地设立了常设机构，可能需要承担纳税义务。

由上可知，香港税务局将香港公司从与内地公司的来料加工中获取的利润中的一部分，视作香港公司提供资金、技术、设备和原料，参与内地公司的管理、购销、设计、生产等活动而取得的，这些利润的来源地为内地，根据属地原则，香港税务局不对这些利润征收所得税，予以豁免。为简便计算，并没有根据实际核算两地利润来源比例，而是以香港和内地对半分的方式确定比例。实质上，香港公司销售来料加工产品货物所得享受的50%税收豁免，香港税务局已明确规定这部分所得来自内地，只是内地税务部门没有明确这部分所得税征税权而已。

（2）转让财产所得来源地判定规则

《企业所得税法实施条例》第十六条把转让财产收入定义为企业转让固定资产、生物资产、无形资产、股权、债权等财产的收入，但第七条界定转让财产所得境内外来源地原则时，把财产区分为不动产、动产和权益性投资资产。其中权益性投资资产与股权（或股份）可以一一对应，对于固定资产、生物资产、无形资产和债权如何归类到不动产和动产范围没有规定，需要予以明晰，否则会影响对这些财产转

① www.ird.gov.hk/chi/pdf：香港税务局税务条例释义及执行指引第44号（修订本）。

让所得来源地的判定。

① 转让不动产所得方面的问题

《企业所得税法实施条例》第七条明确规定：不动产转让所得按照不动产所在地确定。这是因为不动产所得的产生与其来源国之间总是存在十分紧密的经济联系。据此规定，非居民企业无论是否在中国境内设立机构场所，只要取得不动产所得，都应在中国境内缴纳企业所得税。但这一规则存在一个明显不足，就是没有将非居民企业出售不动产控股公司的股票（一般为公司价值的50%以上是不动产）取得的收益视为不动产所得。这样很容易出现一种规避纳税义务的税收筹划，如在非居民企业与其在中国境内的不动产项目之间设立一中国公司，非居民企业则通过出售中国公司的股票规避不动产所得的来源地，因为非居民企业出售股票的所得来源地为其居民所在国。同时，不动产外延的界定不够清晰，如非居民企业转让中国境内的生物资产和勘探、开采矿产资源的权利取得的所得是否属于不动产范围，亦需要明确。

② 转让动产所得方面的问题

关于动产转让所得来源地规则，《企业所得税法实施条例》第七条规定：按照转让动产的企业或者机构、场所所在地确定。这条规则包含两个方面内容：一是对于在中国境内没有设立机构场所的非居民企业，取得来自中国境内的动产转让所得，中国政府没有所得税征税权，由非居民企业所在国家行使所得税管辖权；二是对于在中国境内设立机构场所的非居民企业，转让其中国境内的动产所得，归属于该机构场所，在中国缴纳企业所得税。但是，这一规则过于原则，主要体现为没有对动产进行细分。

动产的范围相当宽泛，既包括有形资产（如存货），也包括无形资产（如专利），既包括固定资产（如机器设备），也包括流动资产（如债权）。对于不同类型的动产适用一个固化的所得来源地界定规则，不利于国家税收主权的维护。例如，债权的性质当属动产范畴，非居民企业从中国境内企业（通常为金融资产管理公司）购买不良资产（性质属于债权）再转让取得的所得，除其在中国境内设立机构场所从事这项业务应在中国按照积极所得缴纳企业所得税外，由非居民企业所在国家或地区拥有征税权。实际上，这些不良资产的背后是以企业抵押的资产作保障，而不是通常意义上的债权或动产。所以，对动产进行细分并分别界定所得来源地标准，既利于操作，又利于更好地维护国家税收权益。

③ 缺乏对间接转让财产所得的规定

《企业所得税法实施条例》对于转让财产所得来源地判定的规则，没有区分直接转让和间接转让，对于非居民企业间接转让中国境内财产取得的所得，通常理解为中国没有征税权。实践中，又依据一般反避税条款，按照实质重于形式原则，如对非居民企业间接转让主要由中国境内不动产价值组成的股份以及实质转让中国境内居民企业股份的所得，“拉回”到中国征税，这不仅带来管理难度，也容易引起境外企业抱怨，应该在法律中予以明确。

（二）没有明确分公司向总公司支付税后利润征税规定

外国企业设立的分公司与子公司在法律地位上不同，分公司与总公司同属一个法人实体，它是总公司的派出机构或附属机构，具有商业上的独立性，但无法律上的独立性。《企业所得税法》对于外国分公司支付给境外总公司的利润是否征收企业所得税，没有明确规定。按照常理推定，既然是分公司，与其境外的总公司自然为同一法人，故其支付给总公司的利润不作为支付股息处理，视为同一法人内部的资金往来，不应征收企业所得税。实际上，分公司与子公司同属于外国总公司设立在中国境内从事经营活动的实体，只不过在业务活动规模上有些许差别。以外资银行为例，我国银行业对外开放实行循序渐进的方式，外资银行进入中国往往通过依次设立代表处、分行、独立法人银行方式，即先在我国建立代表处，负责收集情报，待条件具备后建立分行，分行业务规模较成熟后，再在我国建立独立的法人银行。根据中国加入 WTO 的承诺，自 2006 年底开始外资银行在我国享受国民待遇，取消对外资银行开展人民币业务的地域限制，允许向中国客户提供服务，允许外资银行办理异地业务，并允许外资银行非法人分行改制为法人分行。外资银行中非法人分行与法人资格分行的主要区别为：一是资金方面，法人外资银行需要 10 亿元的注册资本，非法人分行需要其总行分配至少 2 亿元作为经营资本；二是业务方面，主要是分行不得从事银行卡业务，吸收中国境内公民的定期存款每笔不少于 100 万元人民币。由上可知，外资银行分行业务独立性较强，在业务方面与外资法人分行的区别较小，但后者除在中国缴纳企业所得税外，还需对其分配给总行的利润源泉扣缴 10% 的企业所得税。

对于外国分公司汇给境外总公司的税后利润，有些国家明确要征收企业所得税。例如，美国税法规定，外国公司在美国的分支机构向境外汇出利润时要向美国政府缴纳 30%的分支机构利润税；加拿大税法规定，外国分公司的税后利润如果不在加拿大再投资，则要缴纳 25%的企业所得税；法国也对非欧盟成员国的公司设在法国的分公司课征 25%的利润汇出所得税；越南在 1999 年以前对外国分公司汇出境外的税后利润也要课征 10%（后减到 7%）的汇出所得税。上述国家之所以对分公司的汇出利润课征企业所得税，主要是为了平衡分公司与子公司的税负，减少税收损失。从这一目的出发，一些国家虽不对外国分公司课征企业所得税，但却对外国分公司按高于本国居民公司的税率征收所得税，如印度、肯尼亚、南非和德国等[①]。

（三）源泉扣缴制度不够完善

前面提及，《企业所得税法》及其实施条例均专设源泉扣缴章节，规范对非居民企业取得中国境内所得的源泉扣缴制度。源泉扣缴制度旨在从源头上控管税源，但与实际要求尚存距离，有的难以操作，有的则无法操作。

1. 指定扣缴制度需要完善

《企业所得税法》第三十八条沿用原外资企业所得税法规定，即“对非居民企业在中国境内取得的工程作业和劳务所得应缴纳的所得税，税务机关可以指定工程价款或者劳务费的支付人为扣缴义务人。”但在实施条例第一百零六条中，又限制了指定扣缴的范围，只局限于以下三种情形：一是预计工程作业或者提供劳务期限不足一个纳税年度，且有证据表明不履行纳税义务的；二是没有办理税务登记或者临时税务登记，且未委托中国境内的代理人履行纳税义务的；三是未按照规定期限办理企业所得税纳税申报或者预缴申报的。实践中操作性较弱，应该修订企业所得税法实施条例，对于预计来华承包工程作业或提供劳务的期限不足一个纳税年度的非居民企业，一律实行由劳务费支付人扣缴企业所得税制度。这也避免对有的非居民企业办理税务登记规定的不可操作性，提高税源监控力度和税款征收的及时性。

2. 股权转让所得源泉扣缴制度难以操作

对于未在中国境内设立机构场所的非居民企业，转让其拥有的中国境内居民企业的股权，按照《企业所得税法》规定，实行由支付方即股权受让方在支付时源泉扣缴企业所得税的办法，但在扣缴义务时间、股权转让所得计算以及如何扣缴方面未见规定，操作难以到位，主要表现为以下两个方面：

（1）没有股权转让方的协助，股权受让方无法计算股权转让所得。股权转让所得等于股权转让价减除股权成本价后的余额。在股权转让价方面，如果按照市场价转让，股权转让价就是股权受让方支付给股权转让方的金额；但如果股权转让方和受让方是关联方并且以低价或平价转让，税务机关需要评估股权转让价，股权受让方就无法及时履行扣缴义务。在股权成本价方面，股权受让方无权要求股权转让方提供，如果股权转让方以商业机密为由不告知股权受让方，股权受让方也无法计

① 朱青：《国际税收》（第五版），中国人民大学出版社2011年版。

算股权转让所得，自然无法履行扣缴义务。

（2）如果股权转让方和受让方都是非居民企业，转让行为及价款支付均在中国境外发生，此时要求股权受让方到中国境内履行扣缴义务的可能性和现实性都难以支撑，况且还存在第一点所说的股权转让所得计算的难度。因此，无论从优化纳税服务角度还是可操作性方面，都应该修改《企业所得税法》，对于非居民企业取得来源于中国境内的股权转让所得，实行由非居民企业自行申报纳税的方式。

（四）合伙企业中非居民企业合伙人的所得税政策与管理规范缺失

2006年8月27日，第十届全国人民代表大会常务委员会第二十三次会议审议通过了《中华人民共和国合伙企业法（修订案）》，自2007年6月1日起施行。其中规定，合伙企业是指自然人、法人和其他组织依照本法在中国境内设立的普通合伙企业和有限合伙企业。合伙企业中的合伙人分为两类：普通合伙人和有限合伙人，普通合伙人依法对合伙企业债务承担无限连带责任，有限合伙人依法对合伙企业债务以其认缴的出资额为限承担有限责任。普通合伙企业由普通合伙人组成，有限合伙企业由普通合伙人和有限合伙人组成。对合伙企业的生产经营所得和其他所得，只对合伙人从合伙企业取得的部分征收所得税，由合伙人分别缴纳。由于合伙人可以是自然人、法人和其他组织，由此产生对法人和其他组织合伙人征收企业所得税、对自然人征收个人所得税问题。

为进一步加大利用外资力度，修订后的《合伙企业法》允许外国企业或者个人在中国境内设立合伙企业。2009年8月9日国务院第77次常务会议通过了《外国企业或者个人在中国境内设立合伙企业管理办法》，自2010年3月1日起施行。其中规定，外国企业或者个人在中国境内设立合伙企业，是指2个以上外国企业或者个人在中国境内设立合伙企业，以及外国企业或者个人与中国的自然人、法人和其他组织在中国境内设立的合伙企业。这标志着中国的合伙企业制度对境外投资者正式敞开了大门。相比之下，传统的外资企业投资模式主要基于一般的有限公司制度，企业设立成本高，在企业组织、经营运作等方面受限较多；而对有着制度灵活性偏好的境外投资者，特别在以合伙形式作为国际惯例的行业（如创业投资和股权投资基金行业等），外商投资合伙企业制度的吸引力不言而喻。然而，相对于我国较为成熟的有限公司制企业所得税体系而言，合伙制企业由于制度发展较晚，相应的税收政策尚不够完善，尤其对于境外投资人涉及的非居民所得税问题，缺乏清晰、完整的政策指引，为合伙企业制度的发展造成了一定阻碍。

1. 合伙企业层面的企业所得税政策缺失

财税〔2008〕159号文件规定，合伙企业生产经营所得和其他所得采取“先分后税”的原则，但在法人和企业组织可以作为合伙人的条件下，仍按照个体工商户的税前扣除标准来计算合伙企业层面的所得，显然既不合法也不合理。合伙企业层面的税前扣除标准和应纳税所得的确认，包括收入、成本费用、资产收益和损失、税收优惠、入伙、退伙、破产清算等问题亟待解决。同时，《合伙企业法》规定，合伙人既可以用货币、实物、知识产权、土地使用权或者其他财产出资，也可以用劳务出资，但如何计算劳务出资成本的税收政策缺失。

2. 对法人和其他组织为合伙人的所得税政策缺失

目前，计算合伙企业生产经营所得的政策全部沿用了《个人所得税法》中个体工商户适用的政策。如财政部、国家税务总局2008年12月23日下发的关于合伙企业合伙人所得税问题的通知（财税〔2008〕159号）中明确规定，合伙企业生产经营所得和其他所得采取“先分后税”的原则，具体应纳税所得额的计算按照《关于个人独资企业和合伙企业投资者征收个人所得税的规定》（财税〔2000〕91号）及《关于调整个体工商户个人独资企业和合伙企业个人所得税税前扣除标准有关问题的通知》（财税〔2008〕65号）的有关规定执行。主要原因是：2007年6月1日以前合伙企业的合伙人由自然人组成，征收的是个人所得税；2007年6月1日后，尽管合伙企业的合伙人可以是法人和其他组织，但数量较少，出台适用法人和其他组织为合伙人的所得税政策需求不够强烈；当然，主观上的原因还是国家财税主管部门研究制定相应办法进程较缓。

3. 对专门从事股权投资的合伙企业及合伙人的所得税政策缺失

现行规定对合伙人从合伙企业分得的所得全部视同生产经营所得，显然不适用消极投资所得。原因主要为：外国企业在中国境内从事创业投资适用《外商投资创业投资企业管理规定》，该规定于2002年10月由当时的外经贸部（现商务部）、税务总局等五部委联合颁布并自2003年3月1日起实施。为明确外商创投企业税收政策，税务总局于2003年下发《关于外商投资创业投资公司缴纳企业所得税有关税收问题的通知》（国税发〔2003〕61号）。其中规定，如果组建为法人的创投企业，应以创业投资企业为纳税人；组建为非法人的创投企业，可由各投资方分别申报缴纳企业所得税，也可由创投企业申请并经税务机关批准统一申报缴纳企业所得税。对于分别申报缴纳企业所得税的非法人创投企业，外方投资者应按在我国境内设立机构场所的外国公司计算缴纳企业所得税；但对于没有设立创投经营管理机构，不直接从事创业投资管理、咨询等业务，而是将其日常投资经营授予一家创业投资管理企业或另一家创投企业进行管理运作的，可按在我国境内没有设立机构场所的外国企业申报缴纳企业所得税。问题是2007年以后，外商从事创业投资活动可以采取合伙形式，加以近年来国际私募基金非常活跃，到中国从事股权投资的数量与规模与日俱增，对从事消极投资的外国企业取得所得仍比照生产经营所得，显然不够合理。北京市政府在财政部、税务总局没有出台相关规定的情况下，明确合伙制股权基金中个人合伙人取得的收益，按照“利息、股息、红利所得”或者“财产转让所得”项目征收个人所得税，税率为20%①。这表明北京市尊重合伙制股权基金的所得性质，即股权基金主要从事股权投资，其所得性质应视同股息所得或财产转让所得，并且这一性质在自然人合伙人的层面得到保留。但北京市的文件不能代表“全国粮票”，需要国家财税主管部门出台相关规定予以明确。

4. 执行合伙事务的合伙人和不执行合伙事务的合伙人的所得税政策没有进行区分

对于有限合伙企业，《合伙企业法》规定由两种合伙人组成：一是普通合伙人，负责合伙的经营管理；二是有限合伙人，通常不负责合伙的经营管理，仅以其出资额为限对合伙债务承担有限责任，这对于解除投资者承担无限连带责任的后顾之忧、吸引外资显然有一定促进作用。在财政部和税务总局没有作出明确规定的情况下，上海和天津市政府相继出台规定，区别对待有限合伙企业中执行合伙事务的普通合伙人和不执行合伙事务的有限合伙人②。上海和天津市政府规定，对执行合伙企业事务的普通合伙人比照个体工商户的生产经营所得计算缴纳个人所得税，对不执行合伙企业事务的有限合伙人按“利息、股息、红利所得”依20%税率计算个人所得税。上海和天津市政府的立场表明，对不执行合伙事务的有限合伙人（自然人）的投资视同被动的投资行为，其从合伙企业分配的投资所得实质上是一种投资收益，而执行合伙事务的普通合伙人（自然人）通常直接参与合伙企业的经营活动，其从合伙企业分配的投资所得实质上是一种经营所得。但上海和天津市的规定毕竟是“地方粮票”，需要国家财税主管部门出台规范性文件予以明确。

5. 税收征管规定缺失

在合伙人全部为自然人的合伙企业情形下，合伙人申报缴纳所得税的时间和地点按照现行规定执行没有问题。在合伙企业的合伙人既有法人和其他组织又有自然

① 北京市财政局、北京市国家税务局、北京市地方税务局、北京市工商行政管理局《关于促进股权投资基金业发展的意见》（京金融办〔2009〕5号）。

② 《上海市金融办、市工商局、市国税局和市地税局关于本市股权投资企业工商登记等事项的通知》（沪金融办通〔2008〕3号）及《批转市发改委等六部门拟定的天津市促进股权投资基金业发展办法的通知》（津政发〔2009〕45号）。

人的情形下，对法人和其他组织的合伙人显然不适用《个人所得税法》的有关规定。那么，合伙人从合伙企业分配的所得申报缴纳所得税的时间和地点是依据《个人所得税法》还是依据《企业所得税法》的相关规定，需要明确。

6. 合伙人本身是合伙企业的税收政策缺失

目前，对于合伙人本身是合伙企业的所得税政策没有作出规定。问题一，如果合伙企业（以下称为合伙企业甲）的合伙人自身是合伙企业（以下称为合伙企业乙），那么合伙企业乙从合伙企业甲分配的所得，是视为法人和其他组织取得的所得缴纳企业所得税，还是对合伙企业乙实行“穿透”原则，以其合伙人作为所得税纳税人。问题二，如果合伙企业乙的合伙人仍然是合伙企业，可否一直穿透到合伙人的税收身份明确为止，即要么是自然人，要么是法人和其他组织。以上，不仅涉及合伙人适用《个人所得税法》和《企业所得税法》的问题，还直接关系到合伙人享受税收协定待遇问题，如合伙企业乙注册在与中国没有签订税收协定的国家（地区），而其合伙人注册在与中国签订税收协定的国家（地区），那么合伙人可否享受税收协定待遇，需要明确。

（五）税收征管协助法制建设滞后

我国对非居民企业来华承包工程作业和提供劳务一般实行准入制度，需经不同层级的相关政府职能部门审批或备案，并且境内机构和个人对非居民企业支付收入时需经外汇管理部门批准或报备。因此，这些部门的涉税信息对于非居民企业税收管理相当重要，直接关系到这部分税源的分布和监管。实践证明，建立部门配合的税收征管协助制度是做好非居民企业税收管理行之有效的法律保障。目前，最具代表性的法规有两个：一是税务总局和国家外汇管理局联合颁发的《关于服务贸易等项目对外支付提交税务证明有关问题的通知》（汇发〔2008〕64号），要求境内机构和个人向境外单笔支付等值3万美元以上服务贸易、收益、经常转移和资本项目外汇资金，应当向主管税务机关申请办理《服务贸易、收益、经常转移和部分资本项目对外支付税务证明》；二是《山东省地方税收保障条例》（以下简称《条例》），这是我国第一部省级地方性税收法规。《条例》最大的亮点之一是对政府相关部门设定协税义务，健全相关部门之间的税源信息交换和共享制度，实现涉税信息的互联互通；亮点之二是把政府部门的税收协助义务纳入政府考核范围并设立法律责任。

汇发64号文件和《条例》的执行，对于强化非居民企业税收管理发挥了较大作用。但汇发64号文件是税务和外汇两个部门联合颁发的规范性文件，本身缺乏法律依据，且不具持续性；《条例》是省级地方行政法规，尽管成效显著，但毕竟只在一个省内生效。要形成最高层级政府机关即国家各部委办肩负税收协助责任的制度，还需要加强税收协助的法制建设。

三、非居民企业税收管理完善路径

非居民税源流动性和隐蔽性较强，税务机关对非居民企业的税收管理难度较大，并且非居民企业进行恶意税收筹划规避或减轻企业所得税纳税义务的方式不断发生变化，这就需要国家财税主管部门进一步加快非居民企业所得税法制建设进程，防范政策不完善导致的税收收入流失风险；同时，税务部门应采取分类管理和风险管理措施，实施专业管理，配备高素质的非居民税收专业人员，加大培训力度，对每一类型所得可能存在的流失风险进行深入研究，不断探索创新防范税收流失风险的应对方法，切实维护好国家税收权益。

（一）完善法律法规

1. 应遵从的原则

非居民企业税收管理在法律依据、征收管理、防范避税等方面均与居民企业不同，具有较大的特殊性。因此，在完善法律法规方面应遵从以下原则：

（1）坚持以维护税收管辖权为主线

非居民企业所得税管辖权涉及非居民企业身份的判定、境内外所得来源地的界定、纳税义务的大小、税收负担的轻重以及税收管理的效率等内容，应作为研究完善非居民企业所得税政策与管理法规的出发点和落脚点。

（2）坚持国际税法与国内税法的紧密结合

在按照国内税法相关规定对非居民企业实施税源监控和常规管理的基础上，遵照利于对外开放政策的落实、国家税收权益的维护和税收管理的便捷原则，修订完善《企业所得税法》和税收协定，尽量使两者在非居民企业所得税管辖权方面保持一致性。

（3）坚持国外成功经验与国内实际的紧密结合

中国作为一个发展中国家，相比发达国家而言，在规范完善非居民企业税收政策与管理方面缺乏经验和人才。应该充分汲取发达国家的成功做法，结合中国实际，完善中国非居民企业税收政策与管理规范。

（4）坚持分类研究与系统分析的紧密结合

首先，设立机构场所与未设立机构场所非居民企业所得税纳税义务不同，把两大类型的非居民企业紧密结合分析，有利于防范规避纳税义务的风险；其次，把居民企业与非居民企业税收问题紧密结合，因为非居民企业取得的来源于中国境内的所得多数属于居民企业的税前扣除项目，因此通过居民企业税收管理控管非居民企业税源十分有效。

2. 修订完善《企业所得税法》

虽然《企业所得税法》实施不足5年，但鉴于非居民企业税源发生较大变化，一些规定显得滞后，满足不了依法治税的需求，需要重点完善《企业所得税法》以下几方面内容：

（1）细化实际管理机构判定标准

建议采用如下标准，即境外注册公司具有下列情形之一的，可认定其实际管理机构位于中国境内：

一是境外注册公司的高层管理人员特别是董事长或总经理主要居住在中国境内。有的国家在设定和判定实际管理机构标准时，比较看重董事会的开会地点。但在交通运输非常发达和信息技术发展迅猛的条件下，董事会开会地点完全可以被境外注册公司控制，如选择有利于其税收利益的地点召开董事会，有的甚至通过电话视频会议，难以确定具体地点。但把高层管理人员的主要居住地作为实际管理机构的主要标准，比较现实，也符合法理，因为高层管理人员是境外注册公司的决策者，长期居住在中国境内就可视同其管理决策地位于中国境内。

二是境外注册公司在境外没有实际经营活动，并且50%及以上的财产由中国境内居民企业控制或由中国境内居民企业的资产构成。境外注册公司在境外没有实际经营活动，主要资产又位于中国境内或由中国居民企业控制，可以说明其在境外是一个空壳公司。是否具有实际经营活动，可以参照在注册地是否缴纳企业所得税，是否在注册地取得收入和发生成本费用。如果在注册地没有缴纳企业所得税或只缴纳小额的企业所得税，说明其在注册地没有或几乎没有收入；如果没有成本费用（包括经营费用、管理费用、财务费用）或只有小额的经营费用，说明没有发生或只发生微量的经营活动，没有或只有数量极少的工作人员。如果境外注册公司的主要资产由中国境内居民企业控制，足以说明该公司是由中国境内居民企业在境外注册成立的空壳公司；如果境外注册公司的主要资产由中国境内居民企业的资产构成，足以体现该公司存在返程并购中国境内居民企业的行为。

三是在中国境内设立常驻代表机构，且在中国境内从事经营管理活动。如果境外注册公司在中国境内设立的常驻代表机构负责日常经营活动，发生大量的经营管理费用，列支高层管理人员的工资薪金等费用，并且成为境外注册公司账簿记载地或管理地，那么可认定境外注册公司的实际管理机构所在地位于中国境内。实践中，有的境外注册公司的高层管理人员就是长期居住在常驻代表机构所在地并行使决策权。

需要注意的是，对于境外注册的投资性公司，虽然其功能主要是投资，不需要太多的人力，但如果其投资控股的唯一资产或主要资产就是中国境内的居民企业，取得的收益全部或绝大多数来自中国境内居民企业支付的股息红利，那么也可以据此判定其实际管理机构位于中国境内。因为，境外注册投资公司的唯一资产或主要资产既然位于中国境内，对其资产行使管理权的地点也自然位于中国境内，可以推断其主要经营活动场所位于中国境内。

（2）细化营业代理人判定标准

第一，明确营业代理人要件。首先，营业代理人视同机构、场所处理时应同时具备三个要件：一是受托的营业代理人必须与外国企业签订委托代理类协议，受托方包括中国境内的单位和个人。二是代理活动必须是经常性的行为。所谓经常，既不是偶然发生的，也不是短期发生的，而是固定的、长期发生的行为。三是进行了具体的代理活动，包括代表委托人与他人签订协议或者合同、储存属于委托人的产品或者商品、代表委托人向他人交付其产品或者商品。同时应明确，只要上述代理活动经常性发生，即使营业代理人和委托人之间没有签订书面的委托代理合同，也应认定其存在法律上的代理人和被代理人的关系。

第二，与税收协定相衔接。税收协定属于国际税法，即使按照国内税法即《企业所得税法》规定判定非居民企业营业代理人构成机构场所，也不得与税收协定相冲突。因此，在判定非居民企业营业代理人构成机构场所时需要与税收协定保持一致。关于营业代理人构成常设机构的规定，OECD或联合国税收协定范本都认可一个共同点，即同时具备以下两个条件就构成了常设机构：一是必须要有非独立地位代理人的存在；二是必须具有以被代理人的名义与第三人签订合同的权力并且经常行使该权力，该代理人从事的活动不是准备性的、辅助性的活动。《中美税收协定》第五条关于常设机构的规定作了上述的说明。但《联合国税收协定范本》还作出了两点与《OECD税收协定范本》不同的规定：其一，对非独立代理人，即使没有以缔约国另一方的企业即被代理人的名义签订合同的权力并经常行使这种权力，但经常在代理人所在国家保存货物或商品的库存，并代表该企业经常从库存中交付货物或商品，应认为在缔约国一方设有常设机构；其二，缔约国一方的保险企业，除再保险外，如通过适用第七款独立地位代理人以外的人在另一国领土内收取保险费或接受保险业务，应认为在缔约国另一方设有常设机构。因此，如果中国与缔约国对方签订的税收协定是依据《联合国税收协定范本》的规定，则在处理来自缔约国对方的居民企业委托的代理人从事的经营活动征税问题时，应该参考相关协定的特殊规定。

（3）明确界定非居民企业取得销售货物所得的境内外来源地标准

原则上，把交易活动发生地界定为在中国境内销售货物的机构、场所（对于税收协定缔约国对方居民则适用常设机构标准）。无论非居民企业销售货物的产权转移地、合同订立地、支付地如何商定，只要其通过在中国境内设立的机构、场所（或者常设机构）销售货物，则一律视为来源于中国境内的所得并缴纳企业所得税。反之，如果非居民企业未在中国境内设立机构、场所，或者虽设立机构、场所但取得的销售货物所得与其所设机构、场所没有实际联系的，中国对其取得发生在中国境内的货物销售所得不具有企业所得税征税权。

对于非居民企业在中国境内购买且在境内销售货物的行为，其租用存放货物的仓库应该属于其在中国境内设立的机构、场所，至于是否构成常设机构，则应具体问题具体分析①：

一是准确理解准备性或辅助性活动场所。税收协定对于常设机构的定义范围作出了例外规定，即税收协定缔约国一方企业在缔约国另一方仅由于仓储、展览、采购及信息收集等活动的目的设立的具有准备性或辅助性的固定场所，不应被认定为常设机构。从事准备性或辅助性活动的场所通常具备以下特点：一是该场所不独立从事经营活动，其活动也不构成企业整体活动基本的或重要的组成部分；二是该场所进行的活动，仅为本企业服务，不为其他企业服务；三是其职责限于事务性服务，且不起直接营利作用。

二是非居民企业总部自身从事货物贸易，其在中国境内租用的仓库应认定为常设机构。因为租用仓库销售货物的业务性质与非居民企业总部的业务性质完全相同，所以该业务性质不属于准备性或辅助性活动。

三是非居民企业总部自身不从事货物贸易，其在中国境内租用的仓库同时兼营商品销售，亦应判定为常设机构。因为，这种租用仓库交付货物行为形式上属于不构成常设机构的活动，但其从事了构成常设机构的货物销售活动，则应视其构成常设机构。

（4）细化转让财产所得的境内外判定规则

一是细化转让不动产所得境内外判定规则。参照税收协定规定，将非居民企业出售不动产控股公司的股票（一般为公司价值的50%以上由不动产构成）取得的收益视为不动产所得。

二是细化转让无形资产所得的来源地规则。首先，原则上遵循居民国标准，也

① 国家税务总局关于印发《〈中华人民共和国政府和新加坡共和国政府关于对所得避免双重征税和防止偷漏税的协定〉及议定书条文解释》的通知（国税发〔2010〕75号）。

就是《企业所得税法实施条例》第七条第三项中的规定：按照转让无形资产的企业或机构、场所所在地确定。其次，以无形资产转让所得款项收取标准为依据，区分所有权转让和使用权转让分别对待。如果无形资产转让所得款项与中国境内企业使用情况直接相关，即按照境内企业使用的效率等因素（如按照销售数量或销售收入的固定比例）确定所得款项，则应视为使用权转让，适用特许权使用费的来源地界定规则，即按照负担、支付所得的企业或者机构场所所在地确定。

三是细化债权转让所得来源地规则。非居民企业转让中国境内居民企业债权取得的所得，原则上遵循居住地标准。但如果非居民企业转让的债权属于境内法院判决后的债权，则视同取得来源于中国境内的所得；同时，转让债权通常需要非居民企业派人来境内或委托境内机构处置具体业务，应视为在境内设立机构场所行为。

四是明确间接转让股权的来源地判定规则。第一，非居民企业间接转让中国居民企业股权，如果股份的价值主要由中国境内不动产构成，应该属于来源于中国境内的所得；第二，非居民企业间接转让中国居民企业股权，如果被转让的境外企业属于不具有实质经营活动的公司，则应判定该笔所得来源于中国境内。

（5）明确利息、租金和特许权使用费所得来源地规则

① 明确所得来源地判定规则。《企业所得税法实施条例》规定，利息所得、租金所得和特许权使用费所得的境内外所得确定原则为：按照负担、支付所得的企业或者机构、场所所在地确定，或者按照负担、支付所得的个人的住所地确定。首先，负担和支付所得的企业或机构场所不在一地的情况下，负担和支付何者孰优？例如，中国居民企业在境外承包工程作业，已构成境外的机构场所，在境外工程作业时租用一外国企业的工程设施，租金在境外直接支付给该外国企业。如果“负担”优，由于其负担的企业在中国境内，该笔租金自然可视为来自中国境内的所得；如果“支付”优，则因在境外支付，就不能视为来自中国境内所得。再如，境外注册的外国企业甲公司设立在中国境内的分公司或常驻代表机构属于《企业所得税法》的非居民企业，甲公司在境外融资并把一部分给该分公司使用，分公司负担相应的利息，由于支付利息的甲公司在境外，“负担”和“支付”何者孰优来决定境内外所得就显得非常重要。其次，如负担、支付所得的个人既在中国境内有住所地也在中国境外有住所地，何者孰优，没有明确。

对此，一是确立“负担”孰优的原则作为判定境内外所得的标准，即只要非居民企业取得的利息、租金和特许权使用费由中国境内机构和个人负担，直接影响到境内机构和个人的所得税税前扣除，无论支付发生在境内还是境外，均属于取得来源于中国境内的所得；二是负担、支付上述所得的个人，以其国籍或居民身份为确定境内外所得的原则。

② 完善应付未付所得款项的税收政策。按照《企业所得税法实施条例》第十八

条和第二十条规定，利息收入的实现时间按照合同约定的债务人应付利息的日期确认，特许权使用费的实现时间按照合同约定的特许权使用人应付特许权使用费的日期确认。同时，对于在合同约定的应付时间内，境内居民企业未支付给非居民企业的上述所得，《企业所得税法》及其实施条例规定了到期应支付亦应履行扣缴企业所得税义务规定，并把到期应支付解释为支付人按照权责发生制原则应当计入相关成本费用的应付款项。据此，即使非居民企业未在合同约定的支付时间内取得上述所得，只要境内居民企业把上述未支付款项计入成本费用，就视同其取得了境内的上述所得，具有所得税纳税义务。国家税务总局2011年第24号公告就此进一步作出规定，对于境内居民企业应付未付非居民企业的上述款项，如果在居民企业年度所得税申报时计入税前扣除，就应扣缴企业所得税，这在一定程度上避免了征税和退税的麻烦。如果上述应付未付款项，在计入境内居民企业当期成本费用时就扣缴企业所得税，有可能发生合同失效或毁约行为，即境内居民企业不再支付款项，税务部门则需要退税。

以上是实质重于形式原则的体现，既然上述未支付的款项计入居民企业的成本费用，直接增加居民企业的税前扣除，减轻25%的税收负担，因此对非居民企业扣缴10%的企业所得税理由似乎充分。但从理论上说，非居民企业没有取得上述所得，就不应在中国履行企业所得税纳税义务，境内居民企业不应对尚未支付给非居民企业的上述所得扣缴所得税。不应把影响居民企业税前扣除的上述款项与非居民企业纳税义务紧密挂钩，除非非居民企业有避税企图。

有鉴于此，应修改《企业所得税法》及其实施条例如下：对于境内居民企业发生的应付未付非居民企业利息、特许权使用费款项行为，在年度所得税申报时尚未支付的，应冲回其计入的成本费用，不得税前扣除。这样，既明晰非居民企业的纳税义务，合乎法理，又可避免退税；同时，还可规避居民企业虚构合同享受税前扣除从而减轻企业所得税负担或延迟纳税的行为。

（6）明确对分公司支付境外总公司的税后利润征收企业所得税

为公平外国在我国设立的分公司与子公司之间以及非法人分支机构和法人分支机构之间的税收负担，维护我国税收权益，应借鉴国外做法，对分支机构汇回总公司的税后利润，比照股息、红利所得征收企业所得税。

（7）提高消极所得适用税率

除避税地外，绝大多数国家国内税法对非居民企业取得的消极所得适用税率远远高于10%，如美国为30%，2011年1月1日起法国由25%提高到30%，但通常在对外签署的税收协定中规定较低税率，一般为10%，真正体现税收协定的对等优惠。我国《企业所得税法》沿用原涉外企业所得税法规定的税率为20%，同时在《企业所得税法实施条例》中降低为10%。这样，国内税法已经优惠的税率与世界主要国家对外谈签的税收协定的限制税率基本一致，就为税收协定缔约国对方提出进一步降低税率提供可乘之机，直接导致出现股息5%税率的被动局面。因此，建议取消《企业所得税法实施条例》中的10%优惠税率，遵从《企业所得税法》的20%税率，为掌控税收协定股息税率的主动权奠定法律基础。同时，取消股息5%的税收协定优惠税率。鉴于对税收协定对方的非居民企业适用5%的优惠税率导致税收协定滥用和引发国际税收争端，除为鼓励"走出去"战略对我国对外投资较多的国家实行更加优惠的税收协定税率外，把对外签署税收协定中的股息税率一律改为10%。对于香港、澳门和台湾地区，出于政治和促进上述地区经济发展考虑，建议在国内税法中提供更加优惠的税率，在内地与上述地区签署和即将签署的税收安排中税率也调整为10%。这样，我国在与外国政府和税务主管当局谈签修改税收协定时，外国政府无法以税收安排中更加优惠税率为由挤压我国进一步降低税率，既增加了主动权，又更好地维护了我国税收权益。

（二）强化税源监管

为防范非居民企业逃避税风险，应采取分类管理原则，对不同类型非居民企业及其取得的所得实施风险管理，探究实施一条适合非居民企业的专业化管理机制。

1. 加强对设立机构场所的非居民企业税收管理

（1）加强从事承包工程作业和提供劳务的非居民企业税收管理

对于非居民企业从事承包工程作业，由于有固定机构场所，便于税务机关核查，非居民企业难以逃避纳税义务。但对于提供劳务，《企业所得税法》以劳务发生地作为判定非居民企业所得税的纳税义务，即只对在中国境内发生的劳务拥有征税权，加之税收协定又有构成常设机构的限制。这样，非居民企业通过把境内劳务转化为境外劳务，以及缩短劳务时间，使不构成常设机构规避纳税义务的现象较为普遍。特别在信息技术发达的情况下，更助长了把一些本应在中国境内发生的劳务转移至境外。如房地产设计，非居民企业完全可以通过电子邮件把中国境内需要设计的对象的场景传给境外设计师，或者由中国境内企业送至境外；再如咨询业务，也可以通过电话、电子邮件、传真、网络等现代信息手段在境外完成。上述劳务，既不需要派员来中国境内，或者来华停留时间低于构成常设机构的时间，获取的高额利润也就不需要在中国缴纳企业所得税。

对此，第一，可以按照实质重于形式原则判定非居民企业所得税纳税义务。因为，任何一项劳务，无论通过何种现代技术手段，都需要中国境内企业或个人的协助，如发送电子邮件、接听电话、网上沟通等，实质上中国境内企业已经代非居民企业从事了部分劳务，可以把境内企业的这种行为判定为非居民企业的营业代理活动，把该部分利润归属中国缴纳企业所得税。

第二，采取实地检查方式跟踪劳务活动。

第三，正确归属境内外所得。税收管理实践中发现，对于同一劳务既在境内发生又在境外发生的，非居民企业通常把境外劳务部分的收入定得过高，把境内劳务部分的收入定得过低，实现减轻纳税义务的目的的案例不胜枚举。之所以能够这么做，理由之一是境外劳动力成本更高，二是境外需要投入更多的人力。上述理由似乎充分，但税务人员要求非居民企业提供境外投入人力的数量和工薪证据时，有的案例发现境外人员的日薪高达900欧元，而境内人员的日薪不足100元人民币，境外人员日薪为境内人员的80余倍，并且提供不出按照上述金额缴纳个人所得税的完税证明，最终揭穿非居民企业通过虚构境外人数和工薪抬高境外收入的假象。因此，对于境内外同时发生的劳务行为，税务人员需要对境外投入劳务人员的数量、工资薪金及其个人所得税完税证明进行审核，把虚构部分的收入归属到中国境内征收企业所得税。

第四，加强税法宣传和税收执法监督。主要是向中国境内企业宣传好税务总局第19号令，告知其税收协助的义务及法律责任，同时加大执行力度，对于境内劳务受让方未及时把与非居民企业签订、修改的劳务合同及相关资料向税务机关报告的行为予以处罚。

（2）加强对外国企业分公司的税收管理

鉴于境外总机构与境内分支机构之间容易通过转让定价、资本弱化、费用分摊等方式转移利润，也就是在营业收入、成本费用上做文章，实现集团税收负担最小化，可以采取以下措施：

第一，充分掌握总机构在全球设立的分支机构及税收管理情况。总机构与超越国界设立的分支机构系两个独立的法人，应该遵从独立交易原则，正确归属两者的利润。由于总机构通常不仅在中国设立分支机构，也会在其他国家设立分支机构，可以要求分支机构提供其总机构在全球设立分支机构的情况，并通过情报交换手段请其他分支机构所在国家税务当局提供该分支机构收入、成本费用和利润情况。必要时，可采取国际税收征管互助手段，与相关国家实施联合税务审计。

第二，进一步规范分支机构的税前扣除。虽然《企业所得税法》及其实施条例对企业税前扣除作出规定，但不够具体，税务总局后续下发了一系列有关居民企业税前扣除的规范，如财产损失税务处理规定等。对于分支机构的财产损失可以比照居民企业的有关规定，但还需考虑分支机构与境外总机构关系的特殊性，如容易把境外总机构的财产转移至分支机构参与损失报废等以增加分支机构的税前扣除金额等，进一步明确分支机构的财产损失规定。对于其他税前扣除项目，如无形资产摊销、管理费用列支等亦须进一步明确。

第三，强化扣缴义务。分支机构对境外总机构支付的利息、特许权使用费、租金等虽然按规定可以在税前扣除，但由于上述费用同时是境外总机构取得来源于中国境内的应税所得，需要在我国缴纳企业所得税，由分支机构对外支付时扣缴，因此，税务机关除审核上述费用是否合理列支外，还应对分支机构是否履行源泉扣缴义务进行审核，这在一定程度上可以防范利用多列支费用侵蚀分支机构税基的行为。

第四，采取反避税措施。重点针对设立在避税地或低税地（比中国企业所得税税率更低的国家和地区）或行使单一地域税收管辖权国家（对居民企业的境外所得不征收企业所得税，只对来源于本国的所得征税）的总机构，采取转让定价、成本费用分摊、资本弱化等特别纳税调整规定，准确合理归集分支机构的营业收入、成本费用和利润。

第五，完善汇总纳税规定。《企业所得税法》及其实施条例对于非居民企业在中国境内设立两个及两个以上的分支机构，如果符合条件，经过其共同的上级税务机关批准，可由其主要分支机构汇总缴纳企业所得税。这实质上是对分支机构的税收优惠，体现为对分支机构之间的盈利和亏损可以轧抵后计算应纳税所得。但对于主要分支机构的条件，如分支机构如何证明，税务机关如何审核，都不够具体，需要明确，以防范税收优惠滥用。形式上，最起码需要境外总机构的授权委托书，授权一个分支机构对其他分支机构负有监督管理责任；实质上，从组织结构特别是人财物方面，主要分支机构对其他分支机构的业务、人员、财产等资源拥有调配权，也就是说主要分支机构的负责人应该拥有履行监管其他分支机构负责人的权力。税务处理上，相当于中国境内的总分机构模式，主要分支机构承担相当于境内总机构的职责和财务管理功能，账簿、凭证能够准确反映其他分支机构的资产负债等财务状况。

（3）加强对代表机构的税收管理

外国企业代表机构税收风险在于与总机构之间的所得划分。

① 正确归属代表机构收入或所得。一方面，代表机构不具有独立的法律主体，原则上不能对外签订具有经济意义的合同，只能从事为总机构的生产、贸易、咨询服务等业务相关的联络等活动；另一方面，代表机构毕竟是境外总机构的派出机构，如果总机构因为代表机构的上述活动取得相应的收入，应正确归属到代表机构缴纳企业所得税。这符合《企业所得税法》第三条第二款的规定，即“非居民企业在中国境内设立机构、场所的，应当就其所设机构、场所取得的来源于中国境内的所得，以及发生在中国境外但与其所设机构、场所有实际联系的所得，缴纳企业所得税”。

要正确归属代表机构的收入或所得，首先，应把代表机构与其境外总机构视为两个独立的法人；其次，按照独立交易原则核算代表机构和境外总机构的收入、成本；再次，通过代表机构履行的功能和承担的风险分析确定代表机构的收入或所得；最后，代表机构应该建立账册，按照上述原则准确反映其收入或所得，依法申报缴纳企业所得税。

与此同时，可以依据实际管理机构标准，对于境外总机构为空壳公司而由境内代表机构实际履行职责的行为，把境外总机构认定为中国居民企业，进而把境外总机构的所得纳入该居民企业缴纳企业所得税。

② 实施分类管理。由于代表机构的境外总机构从事业务活动的性质，直接影响代表机构的业务活动及其征税和不征税行为。对代表机构按照境外总机构的功能职责进行分类，采取相应的税收管理方式，既是提高税收管理效率的有效手段，也是优化纳税服务的迫切需要。一是对于境外总机构自身属于非经营性活动的代表机构，主要是国际组织、外国政府、非营利机构和民间团体设立的代表机构，如果遵从国务院有关代表机构的管理法规，提供外国机构所在国主管税务当局或政府部门确认的代表机构性质的证明，可实行按年申报一次财务报表和所得税申报表的办法，没有所得的则零申报。二是对于境外总机构从事经营活动但中国政府监管较为严厉的代表机构，主要是外资金融机构和保险公司设立的代表机构（是其设立分公司的前置条件），国家相关部门应制定《外资金融机构驻华代表机构管理办法》和《外资保险机构驻华代表机构管理办法》，规定代表机构及其工作人员不得与任何单位或自然人签订可能给代表机构或其代表的外资金融机构带来收入的协议或契约，不得从事任何形式的经营性活动。因此，一方面，代表机构按季据实申报（含零申报），税务机关无需采取核定征收方式；另一方面，税务部门与国家银监会和保监会定期交换信息，跟踪了解代表机构的业务活动，一旦发现其未遵从相关规定，即可采取核定征收方式。三是对于境外总机构从事经营活动且政府相关部门没有发布实施行业监管法规的代表机构，要纳入正常税收管理程序实行专业化管理，派员深入了解其从事的业务活动和履行的功能职责，并对代表机构纳税申报信息实施风险评估，按照其履行的功能和承担的风险归属所得，防范逃避税行为。特别是应尽量少采取经费支出换算收入方式核定代表机构应税所得，因为代表机构从事活动本应取得的应税收入往往直接由客户支付给境外总公司，总公司则通过多拨入经费形式给予适当补偿，因而在代表机构的账簿上不反映这部分收入，如果仅就代表机构自身负担的经费支出换算收入，则远远低于其实际收入从而出现少缴税款行为。

③ 正确判定常设机构。按照税收协定有关规定，判定代表机构是否构成常设机构，如果代表机构被判定为不构成常设机构，可不申报缴纳企业所得税，但应遵从《非居民享受税收协定待遇管理办法（试行）》（国税发〔2009〕124 号）的规定，在发生纳税义务之前或者申报相关纳税义务时，向主管税务机关备案。

2. 加强对取得消极所得的非居民企业的税收管理

（1）加强股息所得税管理

鉴于非居民企业缴纳的股息所得税位居非居民企业所得税的首位，为适应我国对外开放新形势，更好地履行税收管辖权，防范这部分税收收入流失，我国应在完善国内税法和税收协定、建立健全规范化税收管理机制和防范逃避税方面采取切实有效的措施。

① 明确股息所得实现时间及调整扣缴制度。首先，明确非居民企业股息所得实现时间并视为非居民企业纳税义务发生时间。关键是细化对居民企业作出利润分配决定的日期。对于上市公司而言，由于财务透明且要发出股息分配公告，可以实际支付非居民企业之日作为非居民企业取得股息的实现时间。对于非上市的外资企业而言，应以其董事会作出利润分配决定的日期为非居民企业取得股息的实现时间；如果董事会未作出利润分配决定，但外资企业已进行利润分配账务处理，则以账务处理日期作为非居民企业取得股息的实现时间；如果董事会不作出利润分配决定，外资企业也未进行利润分配账务处理，则以其实际向非居民企业支付日期为非居民企业取得股息的实现时间。其次，改变税款征收方式。把支付人支付时扣缴税款调整为在居民企业向非居民企业作出利润分配决定之日即非居民企业取得股息的实现时间扣缴税款。这样，可以从制度上防范非居民企业取得股息但不及时对外支付（如利润再投资）以延迟纳税的行为。

② 完善个人所得税政策。《企业所得税法》规定非居民企业取得中国境内的股息所得具有纳税义务，但《个人所得税法》及其相关法规及规范性文件规定，对持有 B 股或海外股的外籍个人，从发行该 B 股或海外股的中国境内外资企业取得的股息、红利所得，暂免征收个人所得税。这样，中国境内的非外资上市公司所发行的 B 股或海外股，在向其股东派发股息、红利时必须区分非居民企业和外籍个人，不仅给中国上市公司带来额外负担，而且致使税收漏洞，因为非居民企业很容易在境外变更为外籍个人避税。如在中国香港地区，股东可以在券商处开户买卖股票，也可以在登记结算中心开户买卖股票，内地居民凭借身份证、护照或通行证即可开户。因此，取消外籍个人取得中国境内外资企业股息、红利免税优惠，保持与《企业所得税法》相一致的规定，既是防范非居民企业逃避股息所得税的有效措施，也是公平税收负担的需要。

③ 完善税源监控机制。非居民企业取得的股息所得均来自境内居民企业的税后利润及作出利润分配的决定，为此，各级税务机关应把所有外资企业和境内外上市公司纳入常规税源管理范围，采取以下针对性措施：一是加大税法宣传力度。要求上述境内居民企业严格按照税务总局《关于非居民企业所得税源泉扣缴管理暂行办

法》（国税发〔2009〕3号）办理税款扣缴义务、设立代扣代缴税款账簿和合同资料等档案，准确记录向非居民企业利润分配情况。二是实行跟踪管理和纳税评估。税务机关应定期到上述居民企业进行税法辅导和调查，了解其盈利水平及利润分配情况，建立管理档案，记录利润分配的决定时间、数额、对外支付股息信息及资金流向，并与历史记录进行比对，分析居民企业利润分配数量变化情况及原因，重点关注并及时依法处理以下问题：a. 发现上述居民企业只对境内居民股东分配利润而对非居民企业不分配的，应视同对非居民企业分配股息并追缴所得税款；b. 发现对境内居民企业多分配利润而对非居民企业少分配的，应按照同股同价的原则调整非居民企业应分配的股息并追缴所得税款；c. 发现股息所得并非流向非居民企业所在国家，而是流向税收协定优惠税率为5%的国家和地区，应审核其受益所有人身份，防范税收协定滥用。

（2）加强利息所得税管理

今后一个时期，我国将保持稳健货币政策和积极财政政策、突出把握好稳中求进的工作总基调。保持稳健货币政策，意味着我国采取宏观经济调控措施特别是加大对房地产市场的调控力度政策保持稳定，继续采取紧缩银根、严格信贷的政策，这直接导致房地产企业资金链紧张，转向国外金融机构借款，使我国居民企业向境外机构融资的态势进一步增强，非居民企业取得境内居民企业利息所得数量会进一步增加。因此，加强利息所得税管理的任务较重。

① 规范免税管理。首先，规范有权代表中国政府对外签署贷款合同或协议的机构的名称，如财政部、商务部抑或其他部门；其次，设立优惠贷款条件，可以国际通行的伦敦银行同业拆借利率为准，如果国际金融组织提供中国政府和居民企业的贷款利率低于这一标准，则享受免税待遇；再次，明确国际金融组织名称，税务总局通过列举名称的方式向征纳双方予以公告，如国际货币基金组织、世界银行、亚洲开发银行等；最后，实行免税备案制度，凡认为符合免税条件的外国政府和国际金融组织，应自行或委托境内利息支付方或代理人把具有免税资质的机构名称报主管税务机关备案。

② 加强金融业税收管理。鉴于银行业务的复杂性，可采取聘请国际金融专家组成金融业务税收团队，专门研究金融衍生工具产品的细节，分析非居民企业取得利息所得的时间和环节，形成非居民企业来自金融衍生工具产品利息所得政策与管理办法。当前，应重点解剖境内居民企业与境外金融机构开展的掉期交易业务，针对掉期交易的形式，明确纳税人、纳税义务实现时间和扣缴义务人及扣缴税款时间。

③ 加强货物贸易中利息所得管理。非居民企业在与境内居民企业发生货物贸易中取得的利息，完全可以理解为外国企业因中国境内企业占用其资金取得的收入，属于《企业所得税法实施条例》第十八条界定的“因他人占用本企业资金取得的收

入”，应该缴纳企业所得税。据此，无论境内外双方通过何种资金结算方式，无论该笔利息是否计入货物价格，都改变不了该笔资金的上述属性，应判定非居民企业取得了利息所得。

同时，应重点加强对海外代付业务利息所得税的管理。海外代付业务，也称买方付息贴现业务，是境内银行利用与境外联属银行的关系，在国内进口商出具信托收据并承担融资费用的前提下，由境内银行指示境外联属银行代进口商在信用证结算方式下支付进口货款所提供的短期融资方式。进口商可以借助银行的桥梁，打开使用国际金融市场低成本资金的通道，减少资金占用，满足境外出口商及时收回货款的需求，确保在招标中以较大的优势胜出。一般而言，海外代付业务多见于使用远期和即期信用证付款的进口商品合同中①。由于境外联属银行属于取得来源于中国境内的利息所得，利息由境内进口商承担由境内银行对外支付。鉴于海外代付业务涉及货物贸易，境内银行对外支付时不需要到税务机关开具税务证明，容易成为税收征管的盲区。为此，税务机关应加强对代付业务利息所得税的管理。首先，向境内居民企业特别是从事进出口贸易的企业和境内银行宣讲税收政策，让其知晓境外银行取得的利息所得在中国境内负有企业所得税纳税义务，以及境内进口商或境内银行具有税款扣缴义务。其次，加大对境内居民企业的税收检查力度，特别是以查阅境内银行与境外联属银行之间签订的海外代付合同或协议为突破口，核实境外银行取得的利息所得金额和境内机构扣缴企业所得税情况。

（3）加强特许权使用费及租金所得税管理

引进外国先进技术需要对外支付大量的特许权使用费，对于外国企业获取具有高额利润的特许权使用费，应坚持鼓励技术输入与税收收入之间平衡的政策导向，按照来源地税收管辖权原则，对非居民企业征收所得税并取消一切税收优惠。这也是发展中国家共同的要求，即制定符合自身阶段性发展的政策性目标，实现鼓励技术输入与税收收入之间的平衡，以及技术输出与避免双重征税之间的平衡，以取得经济发展与税收政策的平衡。同时，非居民企业并不因发展中国家对其取得的特许权使用费征税而加重税收负担，因其所在国家采取居民税收管辖权对这部分所得征收企业所得税，最终体现发展中国家与发达国家之间税收利益的博弈。

① 规范特许权使用费的外延。在现有《企业所得税法》既有定义的基础上，比照《OECD 税收协定范本》和我国对外谈签税收协定的规定，拓展特许权使用费的外延，包括以下三个方面内容：一是使用或有权使用任何文学、艺术或科学作品，包括电影影片的版权、任何专利、商标、设计或模型、计划、秘密配方或程序所支付的作为报酬的各项款项；二是使用或有权使用有关工业、商业或科学经验的情报

① 《紧盯外资银行海外代付业务　大连国税局加强预提税管理》，《中国税务报》2012年3月2日第1版。

所支付的作为报酬的各项款项；三是使用或有权使用工业、商业或科学设备所支付的款项。把设备租金纳入特许权使用费，使得税收协定与《企业所得税法》保持一致，既利于税收执法，也利于减轻纳税负担。

② 明确技术转让涉及所得的类型。目前的国际税法理论和实践是建立在假设所得已经归类到特定所得类型的基础上，根据不同所得类别来确定居民国和收入来源国之间的征税权分配与归属及相应的征收方式。这种方式使得跨国纳税人可以通过操纵特定交易的形式，降低全球税负。通常，技术所有权人决定转让技术以提升技术的利用价值，可通过下列形式完成：一是以技术入股方式参与技术受让方的经营活动；二是销售技术，即一次性转让技术的所有权；三是销售以自身技术或无形资产为基础所生产出来的产品；四是授权技术；五是销售技术后租回自行使用，即售后租回；六是提供技术服务；七是有形资产租赁[①]。

上述技术转让方式，在企业所得税上的区别如下：如果属于技术所有权转让，我国把征税权全部让渡给非居民企业所在国，即《企业所得税法实施条例》第七条的规定：动产转让所得按照动产转让的企业或机构、场所所在地；如果属于销售产品，则以交易活动发生地为境内外所得的确认标准，我国难以有征税权；如果属于劳务提供，则以劳务发生地为境内外所得的确认标准，而劳务发生地通常在境外，我国没有征税权。因此，最主要的是把技术转让七种形式的收入性质正确归纳到销售产品、动产转让、提供劳务和技术使用权转让。

第一，以判定技术所有权是否发生实质性转移，区分销售所得、动产转让所得与特许权使用费。技术所有权转让，是技术所有权人将其发明的所有权、独占权出售他人。一旦转让发生，技术出让方就不再对专利发明拥有任何权利，而技术受让方则成为该专利发明的所有权人，有权取得因发明专利而产生的所有独占专利，并受知识产权法的严密保护，据此，可以确认技术销售属于货物销售行为，技术入股中的上述行为属于动产转让，授权技术属于特许权使用费项目。反之，如果技术转让行为发生后，该项技术可同时供多个使用者使用，而不是技术受让方拥有所有权和独占专利所有，销售技术和技术入股所得均属于特许权使用费范畴。

对于销售以自身技术或无形资产为基础所生产出来的产品，尽管从经济实质而言，其相应的所得是销售收入，而非特许权使用费，但也可视为含有一定程度的隐性的技术转让。这需要审核产品的销售收入与其相应的成本费用是否匹配，如果销售利润率过高，并不能排除存在特许权使用费纳入产品销售收入的行为，这样，非居民企业完全可以以交易活动发生地在境外为由，规避特许权使用费应缴纳的10%的企业所得税。

---

① 许秀芳：《国际技术转让所得课税法律问题》，北京大学出版社2007年9月版。

第二，区分技术服务与技术转让。通常，技术服务仅涉及技术所有权人使用其拥有的技术和专有知识，通过提供劳务的形式赚取服务费，技术服务受让方没有直接取得使用技术的权利。但在专利权尚不存在的情况下，如技术提供方按照技术使用方的实际需要或要求，以技术服务提供的方式，研究开发出特定的技术，以换取技术服务费，对此，如果研究开发出来的技术所有权归属技术使用方所有，可以认定为技术服务；如果技术所有权归属技术提供方独占或双方共享，且技术使用方需要为提供方保密，即无权随意处置和转让第三方，则可把技术服务费认定为特许权使用费。

对于境内机构与非居民企业签订的技术服务合同，还应依据经济实质重于形式的原则，判定技术服务和技术转让。如果非居民企业按照境内机构销售产品的数量或金额的一定比例收取服务费用，可以判定为特许权使用费所得，因为这不符合技术服务的常规，实质是境内机构销售使用其技术生产产品的行为；对于产品检测、产品进入国外市场准入的技术服务合同中，非居民企业既不派员到中国境内对产品实施检测，境内机构也无须把产品寄至境外检测的，非居民企业收取的技术服务费实质上应该是特许权使用费，属于境内机构使用其颁发的检测证明或市场准入证明行为。同时，非居民企业提供技术服务，需要投入一定的人力、物力和财力，技术服务费价格的确定应遵循商业行规，即收益水平应与市场上同类技术服务基本一致，如果非居民企业获取了高额利润，不排除一定程度上存在技术转让所得，这需要结合技术服务费的价值构成予以判断。

第三，区分佣金和营销型无形资产。佣金是商业活动中的一种劳务报酬，是具有独立地位和经营资格的中间人在商业活动中为他人提供服务所得到的报酬。国际税收实践中，经常出现境内机构与非居民企业签订佣金合同，非居民企业在境外为境内机构提供居间服务，如联络客户、采购货物等，收取大额的佣金。在有的案例中，特别是境内外机构为关联企业的情形下，出现以收取佣金为名转移利润至境外避税的行为，因为非居民企业在境外不从事任何居间活动，只把既有的客户名单和销售渠道提供给境内机构。对于这种行为，根据《OECD 转让定价指南》解释，属于营销型无形资产转让，应视为特许权使用费范畴。营销性无形资产是一类性质有所不同的、特殊的商业性无形资产，是指有助于产品或劳务商业性开发利用的商标或商业名称、客户名单、分销渠道，以及在产品推广中具有重要价值的独特的名称、标志和图片。一些营销性无形资产（例如商标）可能受到有关国家的法律保护，只能在经所有者允许后用于相关产品或服务。因此，对于属于营销性无形资产的转让而收取的佣金，应视为特许权使用费对待。

③ 防范避税。按照税法规定，非居民企业向我国境内企业提供设备和技术，取得由境内企业用产品返销或交付产品等方式偿还价款的特许权使用费，属于取得来

源于中国境内的所得，应该在中国缴纳企业所得税。建议国家税务总局进一步作出规定，明确将进口不作价设备行为规定为设备跨境租赁行为，并借鉴反避税工作中采取的对产品和劳务转让定价方法，对设备租赁收益进行还原，然后按10%税率计算征收非居民企业所得税。

④ 强化税源监控。境内机构对外支付特许权使用费既是境外机构的所得，又是境内机构的税前扣除项目，依据《企业所得税法》关于税前扣除遵从合理相关性的原则，应对特许权使用费的真实性、合理性和相关性进行审核，防范转移境内居民企业利润逃避税行为。一是识别风险。税务机关应充分利用境内机构对外支付出具税务证明手段，特别关注对外支付大额特许权使用费行为，纳入高风险税收流失嫌疑，要求境内外机构提供详细资料。二是合理性分析。对境内外机构提供的资料，注意以下合理性分析：首先，辨别双方是否存在关联关系；其次，境外机构是否注册在避税地，是否为空壳公司；最后，通过功能风险分析，鉴别境外机构收取特许权使用费的理由是否充分。

3. 加强股权转让所得税管理

对于未在中国境内设立机构场所的非居民企业，转让其拥有的中国境内居民企业的股权，按照《企业所得税法》规定，实行由支付方即股权受让方在支付时源泉扣缴企业所得税的办法。但在扣缴义务时间、股权转让所得计算以及如何扣缴方面尚须明确，措施如下：

（1）改变征收方式，即把由股权受让方源泉扣缴改为股权转让方申报纳税。

（2）实行由被转让股权的中国居民企业报告和协助非居民企业履行纳税义务制度。无论是《企业所得税法》还是《税收征管法》，在对非居民企业征收股权转让所得税时，都未要求被转让股权的中国居民企业履行报告或协助义务，给税收征管带来较大难度。因为，如果股权转让方和受让方都是非居民企业，税务机关难以发现股权转让行为，除非股权转让方和受让方主动到被转让股权的中国居民企业所在地税务机关申报纳税。其实，对于非居民企业的股权转让行为，被转让股权的中国居民企业最知情，并且也掌握股权转让价和股权成本价，同时也需要按照有关法规获取商务部门的批准并到工商管理部门办理股权变更登记。因此，为提高税收征收管理效率，应该实行由被转让股权的中国居民企业向其主管税务机关报告并协助股权转让方履行申报纳税制度。这需要修改《税收征管法》或《企业所得税法》，或者在上述法律的实施细则或实施条例中予以明确，同时对于不按规定履行报告和协助征收税款义务的被转让股权的中国居民企业，赋予税务机关予以处罚的权力。

4. 加强合伙企业中非居民企业合伙人所得税管理

（1）合伙企业层面所得税处理的基本原则

随着合伙企业制度在我国的日益完善和发展提速，特别是外国企业作为合伙人的数量越来越多，有关所得税处理思路急需梳理和厘清。综合上述考虑，结合中国实际，建议在坚持“先分后税”大原则下，运用实体说解决“先分”及税收征管问题，运用集合说解决“后税”问题，对合伙企业和合伙人所得税的处理原则主要如下：

① 把合伙企业视为居民企业。

合伙企业层面的所得税政策主要解决“先分后税”中的“先分”问题，基本原则是按照《企业所得税法》的相关政策予以明确，也就是说在解决“先分”问题上，把合伙企业视同居民企业对待。主要基于以下考虑：

一是合伙企业与一般的有限责任公司（即《企业所得税法》下的居民企业）只是法律形式不同，两者都可以从事法律允许的生产经营活动，而合伙企业的经营活动比个人独资企业和个体工商户要复杂得多。因此，在计算合伙企业生产经营所得时参照《企业所得税法》的规定更为合适。

二是有利于防范企业投资者规避或减轻纳税义务。在计算合伙企业生产经营所得时如果继续延用《个人所得税法》的有关规定，不仅过于简单，如固定资产折旧方法只采取平均年限法和工作量法，各项资产的计税基础主要以合同价确定等，而且很多问题不够明确，如资产损失的扣除、各项资产的计税基础、特别纳税调整等缺乏明确的指引，为企业投资者规避或减轻纳税义务提供可乘之机。因此，将合伙企业和有限责任公司两种投资形式的税收政策放在同一平台上进行处理，有利于维持税收政策的中性原则。

三是增加税务处理的确定性。鉴于《企业所得税法》的政策比较规范，操作性较强，而个人所得税制又面临改革的现状，把合伙企业视为居民企业进行税务处理，可增加合伙企业及其合伙人的税收确定性，也便于税务机关征管。

② 把合伙企业视为纳税实体实施税收管理。

在我国现行的合伙企业所得税制中，有关征管程序方面的措施比较薄弱，在过于强调“先分后税”原则下，容易出现重视合伙人、忽视合伙企业的弊端。因此，在税收管理中应该把合伙企业视为纳税实体。也就是说，虽然合伙企业本身不是纳税人，但仍需要按年度向税务机关报告相关的涉税信息，这可协助税务机关对合伙人的纳税申报信息进行有效的交叉比对，减少合伙人错报、漏报涉税信息的风险。

一是明确合伙企业的涉税资料报告义务。如要求合伙企业按年度向主管税务机关提交财务报表，以及合伙企业年度经营收益或损失在各合伙人之间的分配报告，最好是设计一套简明规范的报表体系；要求合伙企业保留合伙企业利润分配的台账记录，等等。

二是以合伙企业作为享受税收优惠待遇的申请主体。如果税收政策规定合伙企业可以享受有关税收优惠待遇，应允许合伙企业参照居民企业同等处理；但应限于享受《企业所得税法》中的加计扣除项目和固定资产加速折旧等费用扣除方面的优惠；同时，对于自然合伙人在合伙企业领取的工资不得在计算合伙企业应纳税所得额时作为税前扣除项目。

三是所得税扣缴义务。合伙企业不仅负有对雇用的员工代扣代缴个人所得税义务，发生对非居民企业支付《企业所得税法》第三条第三款规定的所得时，还应负有扣缴企业所得税的义务等。

③ 合伙人所得性质的确认原则。

世界上多数国家的所得税制度都采取了分类征收的体系，最为常见的是把所得分为积极所得和消极所得，或者说是经营所得和非经营所得。在分类所得税征收体系下，由于不同性质的所得适用不同的税收处理方法，所得性质的认定直接影响最终税负的多少。因此，合伙人的所得是存续合伙企业确认的所得性质，还是需要重新认定，是合伙企业所得税制的一个主要内容。

在中国现行的《企业所得税法》下，由于居民企业在申报缴纳企业所得税时一般不区分所得性质，除一些税收待遇较为特殊的项目外（如股息、利息等），所得性质的判定对拥有居民企业身份的合伙人一般没有太大影响。但对于非居民企业，仅就其来源于中国境内的所得缴纳企业所得税，首先需要对所得进行分类，因为不同类别所得的来源地判定规则不一致，或者说不同所得的纳税义务不同；其次，非居民企业申请享受税收协定待遇时，也必须在明确所得类别的情形下，才能适用相应条款。因此，对具有非居民企业身份的合伙人取得所得性质的判定更为重要。另外，相对于企业所得税，我国的个人所得税属于较为典型的分类所得税制，所以上述问题对于自然人合伙人的影响也会更为明显。

一是对居民企业合伙人，其通过从事投资活动的合伙企业所取得的符合条件的股息、红利等权益性投资收益，享受《企业所得税法》规定的免税待遇。

二是对非居民企业合伙人，其从中国境内合伙企业取得《企业所得税法》第三条第三款规定的所得，适用10%的税率计算征收企业所得税，并适用税收协定下的优惠税率。

三是对包括非居民个人在内的自然人合伙人，合伙企业对外投资取得的利息、股息、红利、财产转让收益等，应按“利息、股息、红利所得”和“财产转让所得”应税项目计算缴纳个人所得税。

（2）非居民企业合伙人在中国境内构成机构场所的判定

《企业所得税法》在对非居民企业的税务处理上，分为两种情形：一是对于在中国境内设立机构场所的非居民企业，按照经营所得征收25%的企业所得税；二是对于未在中国境内设立机构场所的非居民企业，仅就其来源于中国境内的所得征收10%的企业所得税。因此，非居民企业合伙人在中国境内是否构成机构场所直接影响其税负的高低。

非居民企业合伙人分为普通合伙人和有限合伙人，由于普通合伙人要执行合伙事务，直接参与合伙企业的经营活动，其从合伙企业分配到的投资所得实质上是一种经营所得。据此，可以判定作为普通合伙人身份的非居民企业在中国境内设立机构场所，就其从合伙企业取得的所得按照经营所得征收企业所得税。对于有限合伙人而言，因其不执行合伙事务，不直接参与合伙企业的经营活动，但合伙企业主要业务活动都在中国境内开展，那么对其从中国境内合伙企业取得的所得按照消极所得还是经营所得进行税务处理，关键在于确认其在中国境内是否设立机构场所并与该机构场所有实际联系。

关于有限合伙人的税务处理在各国存在较大差异，而且通常涉及税收协定的运用和国际税法的协调，因此在税收政策制定中应更加谨慎。

① 区别对待。

现阶段应暂避免对非居民有限合伙人实施“一刀切”的税务处理措施，即一概认定为在中国境内设立机构场所或构成常设机构。为鼓励境外投资者投资中国境内资本市场，我国已经设立了合格的境外机构投资者制度（以下简称QFII），而境内的合伙制基金及其合格境外有限合伙人（以下简称QFLP）有望成为QFII的落地版本，并进一步将投资领域拓展到境内非上市股权市场。在目前的理论和实务中，基本上将QFII认定为在境内未构成机构场所的非居民投资者进行税务处理。鉴于境内合伙制基金的QFLP在风险、功能上与QFII并无本质差异，因此如果对QFLP作出相反认定，可能不利于现有政策的延续性，同时将导致QFII与QFLP的税负差异。之前天津、上海、重庆等地出台的地方性合伙制基金税务处理规则某种意义上也包含了上述考虑，不妨在非居民的背景下予以借鉴。

② 防范合伙人利用税务处理的差异规避或减轻纳税义务。

由于普通合伙人与有限合伙人基于上述或其他原因产生的税负差异，可能出现同一利益主体通过交易安排，如同一境外投资集团，采取把受其控制的一个境外企业作为境内合伙企业的有限合伙人，而把受其控制的另一境外企业作为境内合伙企业的普通合伙人，如果有限合伙人的税负低于普通合伙人，则加大有限合伙人对境内合伙企业的投资份额，从而实现降低集团整体税负的目的。因此，税务部门可以考虑采取并强化合伙协议备案的常规税务管理，以避免合伙人收益分配与其功能严重不相匹配的情况；在跨境背景下，对合伙企业可以引入《企业所得税法》中有关特别纳税调整规定，强化反避税措施。主要是：明确非居民合伙人的年度关联交易信息披露的义务，包括关联方信息披露，与合伙企业或其他合伙人之间的关联交易内容等；明确非居民合伙人履行同期资料准备义务等；必要时，针对特定形式的合伙制结构，采取不遵循纳税透明实体原则，对其所得性质重新认定。

（3）境外合伙企业适用税收协定的处理

作为非居民身份的境内合伙企业的合伙人，如果又是境外的合伙企业，如何适用税收协定问题，直接关系到境外合伙企业及其合伙人的经济利益，也直接关系到国家之间的税收利益分配，故广受境外合伙企业、国际会计师事务所以及外国税务当局的高度关注。

鉴于涉及税收协定条款的理解与适用，解决境外合伙企业税收协定适用问题最直接、最有效的手段就是对现有税收协定进行修改，在税收协定中明确合伙企业的居民身份，或参照《OECD税收协定范本》注释建议，补充有关合伙企业税收协定适用的内容，等等。但考虑到税收协定修订工作的难度和时效，结合中国实际，现阶段可通过以下措施予以解决：

① 在国内税法中明确境外合伙企业的纳税主体资格。

建议采取对等原则认定境外合伙企业的纳税主体资格，如果境外合伙企业所在国国内法把来自中国的合伙企业视为纳税实体，中国国内法亦把境外合伙企业视为纳税实体对待，如果境外合伙企业所在国国内法把来自中国的合伙企业视为透明体即以合伙人作为纳税主体，中国国内法亦采取穿透原则以境外合伙人作为纳税主体。这是因为中国正处于加大“走出去”步伐的阶段，一方面，有利于我国企业“走出去”，另一方面，不易招致外国税务当局的反对。

鉴于各国企业组织结构并非完全一致，认定合伙企业居民身份及税务处理标准不一，为有利于税收征管，减轻基层税务机关的工作难度，税务总局应组织力量对境外合伙企业的身份进行鉴别，并结合对方税制实际来判定合伙企业的纳税主体资格。可以参照英国、美国等国家的实践经验，由税务部门对税收协定缔约国常见的企业类型进行研究，在此基础上作出分类并予以公布，如哪些企业具有合伙企业的名称，哪些企业虽然名称不同但实质上具有合伙企业性质，以及哪些企业在母国系税收透明实体，等等。这将使得纳税人和基层税务机关在税收协定申请或审批中有规可依，减少各地区之间、各税务机关之间出现税务处理上的差异，保持税收政策实施的一致性，这也是优化纳税服务的重要举措之一。

② 明确境外合伙企业税收协定适用原则。

考虑到中国作为来源国，可能与境外合伙企业所在国或合伙人居民国存在国内法差异，进而给合伙企业的税收协定待遇适用带来障碍，建议借鉴OECD推荐的做法，明确规范境外合伙企业的税收协定适用原则，即在维持税收中性的基础上，结合对方国家的所得税制，允许对方国家的合伙人或合伙企业作为缔约国居民申请享受税收协定待遇，并在此基础上进一步细化具体的申请或审批操作规程。

③ 明确投资性合伙企业税收协定适用规则。

作为引导国内产业结构良性发展的手段之一，合伙企业已在中国的投资领域显现良好的发展势头。为此，建议采纳 OECD 有关集合投资主体的税收协定适用观点，允许将投资性合伙企业或其合伙人视为受益所有人享受税收协定待遇。鉴于合伙制企业成立地与合伙人居民地的差异，税务部门可以考虑设置一些前置性条件以减少可能的避税行为对税基的侵蚀，如设定税收协定待遇只可适用于当地投资者占到较高比例的合伙企业，等等。

第九章

中国企业“走出去”的国际税收制度设计

“走出去”战略是党中央、国务院根据经济全球化新形势和国民经济发展的内在需要作出的重大决策，是发展开放型经济、全面提高对外开放水平的重大举措，是实现我国经济与社会长远发展、促进与世界各国共同发展的有效途径。

1997年党的“十五大”报告提出：“更好地利用国内国外两个市场、两种资源，积极参与区域经济合作和全球多边贸易体系，鼓励能够发挥我国比较优势的对外投资”。2001年我国《国民经济和社会发展第十个五年计划纲要》指出：“健全对境外投资的服务体系，在金融、保险、外汇、财税、人才、法律、信息服务、出入境管理等方面，为实施‘走出去’战略创造条件”。2002年党的第“十六大”报告提出：“坚持‘走出去’与‘引进来’相结合的方针，全面提高对外开放水平”。2007年党的“十七大”报告指出：“坚持对外开放的基本国策，把‘引进来’和‘走出去’更好地结合起来，扩大开放领域，优化开放结构，提高开放质量，完善内外联动，互利共赢、安全高效的开放型经济体系，形成经济全球化条件下参与国际经济合作和竞争的新优势”。2011年我国《国民经济和社会发展第十二个五年规划纲要》进一步提出要加快实施“走出去”战略，积极参与全球经济治理和区域合作，指出“按照市场导向和企业自主决策原则，引导各类所有制企业有序开展境外投资合作”和“加快完善对外投资法律法规制度，积极商签投资保护、避免双重征税等多双边协定”，以及“加强与主要经济体宏观经济政策协调，积极参与国际规则和标准的修订制定，在国际经济、金融组织中发挥更大作用”。

这些纲领性文件为中国企业“走出去”的国际税收制度建设明确了指导思想和战略要求，在此指引下，我国支持企业“走出去”的国际税收制度改革不断深化，国际税收制度建设取得了长足的进步。同时，我国的国际税收制度也面临着新的形势和挑战，需要在今后的税制改革中不断改革和完善。

一、税收制度支持中国企业“走出去”的必要性

（一）落实“十二五”规划，服务对外开放大局的需要

1.“十一五”期间我国利用外资规模不断攀升

积极有效利用外资，是我国对外开放基本国策的重要组成部分。“十一五”期间，我国吸收外资已从弥补“双缺口”为主转向优化资源配置、促进技术进步和推

动市场经济体制完善，从规模速度型向质量效益型转变，从而通过利用外资实现新发展，使规模和质量得以全面提升。“十一五”期间，我国外商直接投资累计达到4260亿美元，年均增长11.9%，是“十五”期间的1.6倍；2010年全国新批设立外商投资企业27406家，同比增长16.94%；实际使用外资金额1057.35亿美元，同比增长17.44%。我国吸收外资的全球排名由“十五”末的第四位上升至第二位，并连续18年位居发展中国家首位。目前，跨国公司在华设立的研发中心已超过1400家，比“十五”末增长近一倍。

2.“十一五”期间我国“走出去”发展势头良好

实施“走出去”战略，是我国进入改革开放新阶段的重要特征，同样也是对外开放基本国策的重要组成部分。其主要内容是推动企业以对外投资、对外经济合作等多种方式走出国门。“十一五”期间，我国深入实施“走出去”战略，对外投资合作取得新进展，“走出去”的规模和效益进一步提升。

一是业务规模发展迅速。在对外直接投资方面，非金融类境外投资的流量已由2002年的27亿美元增加至2010年的590亿美元，年均增速达47%，跃居发展中国家第一位、全球第五位；截至2010年底，我国非金融类境外投资累计达2600亿美元，广泛分布在全球177个国家和地区，共设立境外企业1.6万家，资产总额累计超过万亿美元。“十一五”期间，对外承包工程完成营业额2971亿美元，2010年达到922亿美元，是“十五”末的4.2倍。“十一五”期间是我国境外投资快速发展的时期，5年累计境外投资2200亿美元，占我国全部境外投资的85%；其中，2010年590亿美元，比上年增长36%，是“十五”末的4.8倍。

二是经营主体结构优化，投资方式日益丰富。我国骨干企业国际竞争力大幅提高，2010年，43家中国内地企业入选《财富》世界500强。中央企业继续发挥主导作用，据统计，截至2009年，中央企业境外资产总额占中央企业总资产的19%，当年实现的利润占中央企业利润总额的37%；在中国企业的海外并购投资中，中央企业占据了大半壁江山。与此同时，民营及地方企业投资热情不断高涨，在能源资源、电子通信、汽车制造等众多领域有突出表现。地方企业对外直接投资163亿美元，同比增长73%，是全国增幅的2倍。在世界最大的225家承包商中，我国企业由1989年的3家增加至2010年的54家，完成海外营业额占225强海外营业总额的13.2%，首次跃居全球第一。对外投资由单个项目建设逐步向区域化、集群式模式发展，带动国内产业发展和部分富余产能转移，形成对外投资的规模效应。跨国并购成为对外投资的新亮点，其主要目标涉及能源资源、营销网络和技术品牌三大方面。2006~2010年，非金融类跨国并购投资额年均增长21%。

3. “十二五”期间我国对外开放水平将进一步提升

“十二五”规划纲要指出，要坚持“引进来”和“走出去”相结合，利用外资和对外投资并重，提高安全高效地利用两个市场、两种资源的能力。一方面，要贯彻落实积极有效利用外资的方针，更加注重引进先进技术、管理经验和人才、智力资源，进一步发挥外资的竞争效应、示范效应和技术溢出效应，实现吸引外资由主要依靠要素成本和政策优势向主要依靠市场和软环境优势转变。另一方面，更加重视“走出去”。2010 年，我国境外投资增幅大大超过外商直接投资增幅，吸引的外商直接投资是“十五”末的 1.8 倍，而同期的对外投资是“十五”末的 4.8 倍。

我国更加重视“走出去”，是由国内外经济社会发展形势和“走出去”的作用决定的。

第一，“走出去”面临难得的发展机遇。从外部环境来看，我国对外经济合作面临的外部环境有所好转：国际政治经济秩序正经历深刻变革，中国影响力明显上升；世界经济和产业结构正发生重大调整，为“走出去”抢占发展制高点提供空间；各方与我国扩大投资合作的意愿增强，“走出去”企业面对的舆论环境有所改善；因流动性过剩、大型企业危机、跨国企业长远发展的战略意识加强等，新一轮全球并购大潮已经形成，中国企业海外并购前景广阔。从内部条件来看，我国对外开放日益扩大，经济实力显著增强，企业加快“走出去”的条件成熟，动力增强：开放型经济持续快速发展，为加快“走出去”步伐提供了良好的物质条件；转变对外经济发展方式进入关键期，“走出去”压力和动力并增。原材料、劳动力、节能环保等要素成本上升压力依然较大，“走出去”已经成为越来越多的企业寻求发展空间的必然选择；我国企业实力不断发展壮大，为“走出去”加快发展奠定了微观基础。

第二，“走出去”作用愈加突出。一是促进我国经济社会发展。对外投资合作的快速发展有效促进了国内经济和对外贸易的增长，部分缓解了国内资源不足和产能过剩的矛盾。2006~2009 年，我国非金融类境外投资企业累计实现销售收入 1.6 万亿美元，累计实现进出口总额 5542 亿美元；对外承包工程带动出口约 110 亿美元，其中绝大部分为大型成套设备和机电设备；每年我国在外劳务人员汇回收入超过 40 亿美元，每年有 400 多万人的生活困难因此得到改善。同时，众所周知，我国重要能源资源人均占有量低，难以满足经济发展需要。2010 年我国原油和铁矿石对外依存度分别为 54% 和 68%。据专家测算，到 2020 年，在最重要的 45 类矿产品中，我国仅 6 种能够基本自给。近年来我国在境外开展了大量的能源矿产勘探和开发项目，获得了较多的能源资源勘探权、开发权和大量的石油、天然气、铁、铜、铝等权益产品，为保障国内供给、打破经济发展的瓶颈约束，起到十分关键的作用。二是推进互利双赢与和谐发展。2009 年，境外中资企业实现境外纳税 106 亿美元，解决当地85万个就业岗位。“走出去”战略的实施，可以促进东道国产业升级和自主发展能力提高，帮助东道国提高资源附加值、建设基础设施、弥补资金缺口，为当地经济社会发展作出积极贡献。“十二五”期间，我国将进一步提高利用外资水平，优化外资产业结构，创新利用外资管理模式，大力发展服务外包，实现利用外资稳定增长，为我国加快转变经济发展模式、实现产业结构优化升级作出应有贡献。

国际税收管理是伴随着我国对外开放而产生和发展起来的。我国对外开放30多年来，前期以引进外资为主，与此相适应，国际税收工作以外资企业为主要对象实施管理和服务。随着经济全球化的发展，我国对外开放已从改革开放初期主要依靠“引进来”发展到现在“引进来”与“走出去”相结合的新阶段。这就要求税务部门必须主动适应新形势，使其服务服从于对外开放大局，尽快转变国际税收工作的理念，调整目标和任务，既要完善和落实吸引外商投资的税收政策，更要进一步强化“走出去”税收服务和管理工作，全面做好国际税收各项工作。

（二）发挥税收职能作用，维护国家税收权益的需要

在经济全球化背景下，跨国投资、贸易、资金、人员交流活动的日趋频繁，必然带来税源的国际化和税制安排的国际化，税收工作不仅要履行筹集财政收入、调控宏观经济、调节收入分配的基本职能，还有一项重要的职能，就是肩负着防范和打击跨境逃避税，维护国家税收权益的重任。

1. 世界各国纷纷采取措施保护本国税基

随着经济的全球化和企业的国际化、集团化，许多跨国企业尤其是知名的国际大公司，在逃避纳税义务方面，往往不再简单采取做假账、隐匿收入等手段，而是利用其跨国业务的特点和优势、不同国家和地区的税收制度差异以及国际税收监管的漏洞，更多地采取种种跨国避税办法，例如，在“避税天堂”或低税率国家、地区注册控股公司或空壳公司，将利润滞留在避税港，或者通过关联企业转让定价（低价出、高价进）转移利润以及采取资本弱化、受控外国企业、协定滥用等手法避税。

这些问题既增加了税收征管的难度，也使各国税务当局认识到国际税收管理和国际税收合作的必要性。如何加强对国际税源的管理，保护本国税基，已成为经济全球化背景下各国税务管理部门的一项重要工作。伴随着对国际税源争夺的日趋激烈，各国纷纷增加国际税收工作人员特别是反避税专职人员，从立法和管理两个方面大力强化国际税收管理。

美国国内收入局在全国有反避税人员1475人，并配有120名专职经济分析师；加拿大全国有500多人；澳大利亚有700多人的专业队伍。我国四大会计师事务所转

让定价部门的人员近三年增加了58%，合计已达596人，是我国税务系统反避税人员的2.6倍。美国总统奥巴马在2009年5月要求国内收入局增加800名国际税收调查人员，重点调查跨国转让定价避税和跨国金融交易，防止金融危机状况下跨国公司将利润更多地转移到其他国家，同时把原隶属于大企业局的国际税收管理机构提升至与大企业局并行的级别，组建大企业暨国际税收管理局。日本政府在近五年削减包括国税厅税务人员在内的公务员10%的情况下，国际税收调查人员大幅增加了27%。

与此同时，随着贸易和金融市场的自由化、信息技术的进步，以及运输和物流管理效率的提升，经济全球化的程度越来越高，由于世界各国的税收征管都是建立在基于国家主权基础上的，这就会产生经济全球化与税收国家化之间的冲突，为此，税收情报交换成为各国维护税收权益的强有力手段。世界主要经济体特别是OECD成员国内部对情报工作高度重视，利用情报交换，已挽回了大量的税收收入流失。全球金融危机以来，英、美等十几个发达国家率先立法，加强情报交换，敦促低税地或避税地国家（地区）拿出诚意，开展情报交换工作。美国先后推出的国外账户税收遵从法和禁止避税地滥用法，都是针对其纳税人利用离岸账户藏匿所得的措施，具体做法即是要求以低税赋和银行保密法著称的离岸金融中心必须应美方要求提供税收情报，挖掘纳税人藏匿所得，对其征税，维护其合法税收权益。如2013年1月1日起实施的国外账户税收遵从法，要求所有外国金融机构与美国国内收入局（IRS）签订协议，每年向IRS报告其美国客户的账户信息，否则，IRS将对其来源于美国的所得征收30%的预提所得税。美国政府还因瑞士银行拒绝为美国内收入局提供相关银行信息对其罚款7.8亿美元。英国和德国先后与瑞士银行达成协议，每年按一定税率为英、德政府就两国居民在其账户存款征收预提税，转交对方。这一以情报交换为基础的征税协助做法受到许多国家的推崇。

近年来，利用“避税天堂”逃避税收已引起国际社会和各国税务机关的高度重视。OECD在二十国集团的支持下，于2009年成立税务透明度与情报交换全球论坛，旨在向避税港施加压力，促使避税港开展税收情报交换，以堵塞信息黑洞，打击利用避税港逃税的行为。论坛现有101个成员，被国际社会称为国际税收征管协作联合国，所有发达国家、主要发展中国家和几乎所有低税（或避税）地国家（地区）都被囊括其内，中国是其副主席成员。该论坛的主要目的在于通过征管协作协调各成员之间的国际税收利益，敦促低税地或避税地国家（地区）承诺并确实开展有效情报交换。论坛下设同行审议小组负责，对上述101个成员税收透明度和情报交换分法律法规与情报交换实践是否达标两个阶段审议，对未达标者列入灰名单或黑名单，通过G20平台实施制裁。

OECD财政事务委员会最近成立了情报交换与税法遵从工作组，共有39个成员，世界主要经济体都在其中，中国是其第一副主席成员。该小组是技术研究小组，负责为 OECD 和非 OECD 成员提供情报交换技术支持和指导，为各国协调税收权利提供技术保障。

为加强有关国家税务机关反避税工作的协调与合作，由几个主要国家发起（美国、英国、日本、韩国、澳大利亚、加拿大、中国），建立了国际联合反避税信息中心（JITSIC）。目前我国已经派一名税务官员长驻该机构工作，促进我国与其他国家的反避税信息交流与合作。

2. 我国维护国家税收权益的任务极为繁重

一方面，随着税收国际化趋势的深入发展，国与国之间的税源竞争日益激烈。各国为了维护本国的税收主权，不断加大国际税收立法和管理力度，如果我国不采取相应措施，积极参与国际税收规则的制定，重视加强国际税收管理工作，在税收管辖权的界定和国际税源的竞争中就会处于不利地位，本属于我国的税源就有可能流失到国外，甚至会给我国经济安全带来影响。

另一方面，对跨国纳税人的管理难度不断加大。当前，对一些流动性较大的非居民税源监控难度明显增大，居民身份、常设机构、所得来源等判定日益复杂，跨国纳税人避税的态势有所增强，尤其是国际偷逃税的手段更加隐蔽和多样化，侵蚀我国税基的风险不断加大。此外，“避税港”带来的恶意税收筹划也不容忽视。近年来随着我国对外投资逐渐增多，在维尔京、开曼群岛等避税港开办公司达到避税目的的案例逐渐增多。2005 年，我国实际利用外资额和对外直接投资净额分别为 603 亿美元和 112 亿美元，到 2009 年已分别达 918.04 亿美元和 565.3 亿美元。与此同时，2009 年涉外企业的亏损面为 39.74%，虽然比 2005 年下降了 8 个百分点，但是微利或者利用优惠年度跳跃性盈利现象比较普遍。企业与避税港的联系日益密切，2009 年我国从三大避税港（维尔京、开曼和萨摩亚）吸引的外资占全国利用外资总额的 17.49%。所有这些都给维护我国税收主权带来挑战，特别是一些跨国公司的避税行为，不仅逃避我国的税收，还扭曲了公平竞争的市场机制，损害了我国投资环境。因此，做好国际税收工作，积极参与国际间税收协调和合作，制止恶意税收筹划，防范企业避税行为，是维护我国税收权益和经济安全的重要手段。

（三）贯彻新时期税收工作指导思想，推进税收管理专业化

1. 法律依据的特殊性

国际税收管理的法律依据不仅是《企业所得税法》和《个人所得税法》等国内

税法，还必须依据税收协定、税收情报交换协议等国际税法和公认的国际惯例。当国内法与国际法发生冲突时，依据公认的国际惯例，则国际法需优于国内法。

2008 年实施的《企业所得税法》，一个显著的特征就是丰富了国际税收法律内容，不仅首次把纳税人区分为居民企业和非居民企业，对非居民企业税收政策与管理作出了规范，而且专设特别纳税调整章节，对反避税措施作出了规定。

税收协定是国际税收管理的基础性法律依据，旨在通过缔约国双方之间划分征税权，消除或减轻对纳税人的重复征税，从而促进缔约国之间的生产要素流动和经济技术合作，同时也在缔约国之间建立起税收征管协作机制，共同防止国际逃避税行为。我国与近十个低税国家（地区）开展了税收情报交换协定的谈判工作，其中与英属维尔京群岛、巴哈马、马恩岛、根西、泽西、百慕大和阿根廷的税收情报交换协定已经签署，情报交换协议的实施拓宽了我国从境外特别是避税地和低税地获取有用涉税信息的渠道，为防范和打击跨境逃避税提供了坚强的法律依据。

2. 管理对象和手段的特殊性

国际税收管理的对象是跨境纳税人的跨境所得。跨境纳税人由非居民企业及个人、“走出去”企业及个人组成。非居民企业是依照外国（地区）法律成立且实际管理机构不在我国境内的外国企业和其他经济组织，包括两类：一是在中国设立机构场所的企业，如外国企业在中国的分公司、代表处以及从事承包工程和提供劳务的机构场所；二是未在中国设立机构场所但取得来源于中国境内所得的企业，如取得我国利息、股息、租金、特许权使用费以及股权转让收益等的外国企业。非居民个人是在我国境内没有住所或有住所但居住时间不足一年的外籍个人。非居民税源具有流动性、隐蔽性和突发性强的特点，税收收入容易流失境外且难以挽回，各国均将其列入税收高风险领域并配备专业人员实行专业化管理。对于“走出去”企业及个人，主要是针对其在境外取得所得的税收管理，如对其在境外缴纳所得税性质的税款实行国内税收抵免，防范其所得不及时汇回国内汇总纳税。与此同时，服从服务于对外开放大局，进一步研究制定有利于企业“走出去”的税收政策和服务体系，是当前“走出去”税收管理的重点。

对跨国企业的税收管理，除了日常税源管理外，一个特别重要的管理手段就是反避税。目前，国际上普遍采取的反避税措施有六项：转让定价、预约定价、成本分摊、资本弱化、受控外国企业和一般反避税措施，这也是我国《企业所得税法》所规定的反避税措施。

一是转让定价调查，主要调查跨国集团所属的境内外公司之间关联交易定价是否合理，是否存在通过人为控制交易价格（如“高进低出——提高原材料进口价格、降低产品销售价格”）将利润转移到国外的情形。这是最常见的反避税措施。

二是预约定价安排，是指企业为了避免未来年度被税务机关进行转让定价调查，在关联交易发生前，向税务机关提出申请，与税务机关谈判并签署协议，来确定未来一定时期（通常3~5年）关联交易的定价方法及相应税收问题。企业向一国提出申请而达成的预约定价，是单边预约定价；企业向两国或多国税务机关提出申请而达成的预约定价，是双边或多边预约定价。预约定价可以避免因转让定价调查使税企双方形成对立局面，并减少征纳双方的税收成本，也是税企双方合作的一种方式。双边或多边预约定价还可以有效地避免国际重复征税。正是由于预约定价有这些优势，因此比较受税企双方的欢迎，近年来各国预约定价发展较快，预约定价的签署数量也越来越多。

三是成本分摊协议，由于开发无形资产或服务的成本较高，往往很难由一个企业自行承担。为了分担成本、共享收益，集团内的各关联企业之间往往要达成一项共同开发的协议，并明确参与各方如何分担成本、享有未来收益，签署成本分摊协议已经日益成为集团公司的一种经营方式，但从税务管理的角度，各国税务主管当局都要求本国的参与方在开发前期分担的成本（可以税前扣除）和未来享受的收益（计入所得税基）一致，如果不一致，税务机关要进行调查并作适当调整。

四是资本弱化，主要是为了防止企业通过关联企业间的融资，过多增加借款，而减少自有资本投入，从而过多增加税前列支的利息，减少应缴税收。各国通常会规定借款和自有资本的最高比例（债资比例），超过规定比例部分的利息不允许税前列支。我国规定的标准债资比例，金融企业为5∶1；其他企业为2∶1。

五是受控外国企业管理，主要是针对“走出去”企业的反避税措施，是防止对外投资企业在避税港设立子公司，并将利润滞留在避税港，延迟缴纳我国税收。

六是一般反避税措施，是指上述特别反避税措施的兜底措施，对于特别反避税措施无法制约的避税筹划和安排，可以启用一般反避税措施。一般反避税措施通常采用“实质重于形式”的税收原则，审核避税安排的实质，是否以避税为目的。例如，对于主要以避税为目的的“空壳公司”，启用一般反避税措施，可以在税收上否认该公司实体的存在。

3. 管理方式的特殊性

国际税收管理范畴，除了对跨境纳税人跨境税源管理外，还涉及国家及地区之间的税收协调。国际税收协调的内容主要包括：一是税收管辖权的协调。一般而言，一国对其居民纳税人履行居民税收管辖权，要求其全球所得在该国汇总纳税，如果该居民纳税人在境外经营取得所得，来源国则实行有限的税收管辖权，如税收协定针对股息、利息、特许权使用费（含租金）、财产收益等所得设定了低于国内税法征税规定的优惠条款。这样，如果来源国不遵从协定规定擅自对居民企业境外所得提高税率，就可通过居民国主管税务部门与来源国税务部门进行协调解决重复征税问题。二是防止税收歧视方面的协调。协定中一般规定有非歧视待遇条款，为居民企业境外经营活动提供税收法律保障，以保证投资者在东道国获得公平的税收待遇，保护投资的安全以及投资者的信心。当投资者在境外受到税收歧视时，可以用税收协定来保护自己的合法权益，争得公平的税收待遇。如要求东道国对外国国民、居民或子公司来源于本国所得征税不能高于本国国民、居民或子公司；当纳税人在国外受到不公正的待遇时，可以向税务机关提出申请，请求启动相互协商程序来保护自己的权益。三是国际税收征管协作。是指在经济全球化的条件下，税务主管当局为了应对税收征纳双方活动范围不对称的问题，与其他国家（辖区）合作，在一定限度内互相利用对方的征管资源，以提高对纳税人跨境交易的税收征管水平，防止国际偷逃税而进行的税收征收与管理合作，主要包括情报交换和税款征收互助。目前我国的国际税收征管协作仅限于情报交换。

正是由于国际税收管理的上述特殊性，需要我们健全国际税收管理机构，规范国际税收岗位责任体系，完善国际税收工作机制，配备高素质的专业人员，这既是落实国际税收工作专业化管理的内在要求，也是实行税收专业化管理的重要组成部分。

二、中国企业“走出去”的税收制度建设回顾

（一）我国支持企业“走出去”税收制度的建设历程

1. 起步阶段（1978~1994 年）

（1）所得税制度

改革开放初期，面对少量的对外投资和对外承包工程与劳务合作，我国曾制定了相应的税收法律法规予以规范和支持。例如，1985 年财政部下发《关于对国营对外承包公司征收国营企业所得税的暂行规定》，强调经国务院批准成立的公司在中国境内、境外取得的生产经营所得和其他所得，应分别计算征收国营企业所得税，即对境外所得统一按 20% 的税率（比境内所得适用税率低）征收国营企业所得税。此外还有许多减免税规定，比如，对公司自国务院批准成立后的下一个财政年度起，5 年内免征境外收入的所得税；公司享受的 5 年免征照顾期满后，按照规定征税确有困难的，经当地税务机关审查同意并报经财政部批准后，可以酌情减征所得税等。

（2）出口退税制度

出口退税制度是一国对出口环节的货物，将其在国内生产或流通环节已经缴纳的间接税退还给纳税人的一项税收制度。改革开放前，我国在很长时期实行进口不征税、出口不退税的政策。改革开放后，这种政策已经不再适应新时期的需要，若继续实行，则必然导致进口失去控制、出口出现亏损的局面，因此我国逐步恢复出口退税制度。这一时期变化较为频繁的是出口退税的体制负担。既有中央和地方共同负担，也有全部由中央政府负担的年份。其中，1991 年还实行按照企业的隶属关系分担退税政策，即隶属于中央的外贸企业的退税由中央负担，隶属于地方的外贸企业的退税由中央负责 90%，地方只负责 10%。1992~1993 年，地方外贸企业的出口退税中央和地方分别负责 80% 和 20%。应该说该时期所建立起来的相对比较完善的出口退税制度，对促进企业出口或企业"走出去"都产生了重要的影响。

（3）国际税收协定

国际税收协定一般是指国与国之间签订的避免对所得和资本双重征税和防止国际避税或偷逃税的协定。我国国际税收协定的谈签工作始于 20 世纪 80 年代初。1981 年 1 月我国与日本首次进行了避免双重征税协定的谈判，1983 年 9 月与日本正式签署税收协定。中日税收协定是我国对外签订的第一个全面性的避免双重征税协定。截至 1993 年底，我国所谈签的税收协定共 30 个。该时期所谈签的对象主要是日本、美国和欧洲等发达国家，目的是贯彻执行改革开放政策，吸引外资，引进技术，同时尽可能地维护来源地征税权，最大限度地保护我国的税收利益。

2. 建立阶段（1994~2008 年）

（1）所得税制度

1995 年，财政部、国家税务总局颁布的《境外所得计征所得税暂行办法》（以下简称《暂行办法》），对我国有境内外所得纳税人的应纳税额的计算等问题进行全面规范，对税收抵免办法、境内外的亏损弥补和结转、纳税人应提供的有效凭证、税收饶让抵免、可申请减免等情形都进行了比较详尽的规定和解读。应该说，《暂行办法》的出台基本形成了我国企业"走出去"的涉税框架，为鼓励我国企业"走出去"提供了法律依据和制度保障，之后的关于境外所得抵免办法和规定基本是在该《暂行办法》基础上的修补和完善。

（2）出口退税制度

随着我国增值税、消费税改革的深入，出口退税制度也在根据经济发展需要进行不断地改革和调整，具体包括：

第一，在分担体制方面。增值税是共享税，中央和地方按照 75%：25% 的比例分享收入，可是在退税方面则由中央政府独自承担，这种不对称的做法增加了中央政府的负担。于是从 2004 年 1 月 1 日起实行改革，即规定按照 75%：25% 的分成比例由中央和地方财政分别承担出口退税。然而，这种做法在实践中存在许多问题，国务院在 2005 年又进一步改革出口退税的分成比例，中央仍然占大头，为 92.5%，地方只负责退 7.5%。

第二，在退税方法方面。由 1994 年刚开始实行的“先征后退”的办法改成 1997 年开始实行的“先征后退”与“免、抵、退”相结合的办法。

第三，在出口退税率和范围的调整方面。我国对出口退税率的调整是根据经济形势及财政收支情况的变化而进行的。例如，1995 年底，面对国家财政比较吃紧，税制改革后存在的少征多退等现象，全面调低了出口退税率。1998 年，在亚洲金融风暴的冲击下，为促使对外贸易走出持续低迷状况，全面提高“高耗能、高污染和资源性”以外产品的出口退税率。1999 年，为鼓励国内企业实施“走出去”战略，对我国企业以现有技术、设备投资为主，在境外以加工装配的形式，带动和扩大国内设备、技术、零部件、原材料出口的国际经贸合作方式的境外带料加工装配实行出口退税。2003 年底，将出口退税率再次调低，目的是解决不合理的结构问题以及争取解决出口退税的欠账情况。2005 年，逐步调低和取消了部分“两高一资”产品的出口退税率。2006 年对资源类产品出口加强了限制，提高了高新技术、机电产品、重大技术设备、生物医药和农产品等的退税率。2007 年 4 月，继续取消部分“两高一资”产品的出口退税，但是降低了部分容易引起贸易摩擦的商品的出口退税率，以降低由于外贸顺差增长过快引起的贸易摩擦风险。

（3）国际税收协定

1994 年至 2008 年，我国对外税收协定的谈签工作得到进一步发展。这一期间谈签的协定多达 57 个，谈签的对象主要是发展中国家。此外，与中国澳门和中国香港特别行政区分别于2003年和2006年签订了税收安排。这一时期我国在继续扩大“引进来”的同时，逐步扩大“走出去”，在中亚、非洲和拉美等一些国家或地区开展了工程承包和对外劳务合作业务。在税收协定的谈签过程中，我国为了维护本国纳税人的权益，促进企业“走出去”，开始站在投资国的立场，在权衡其他条款的基础上，增加一些有利于对外投资者的条款，例如相互饶让条款等，逐步发挥协定对我国“走出去”企业的作用。

3. 发展阶段（2008 年至今）

（1）所得税制度

2008 年我国颁布了《中华人民共和国企业所得税法》，对于企业境外投资涉及的税务处理进行了许多调整，主要体现在：

① 税收抵免法的调整

我国现行境外所得税抵免制度主要体现在以下法律法规中：第一，《企业所得税法》及其实施条例。在《企业所得税法》第三章及其实施条例中有专门条款规定抵免制度。第二，财政部和国家税务总局于2009年12月25日联合颁布的《关于企业境外所得税收抵免有关问题的通知》（财税〔2009〕125号）。第三，国家税务总局于2010年7月2日单独颁布的《关于发布〈企业境外所得税收抵免操作指南〉的公告》（国家税务总局公告〔2010〕1号），该公告适用于所有行业的境外所得税抵免。第四，财政部与国家税务总局2011年5月先后颁布了两份针对特定行业的境外所得税抵免的突破性文件，分别是《关于我国石油企业在境外从事油（气）资源开采所得税收抵免有关问题的通知》（财税〔2011〕23号）和《关于高新技术企业境外所得适用税率及税收抵免问题的通知》（财税〔2011〕47号）。前者规定了石油企业可以采取“分国不分项”计算抵免限额，也可以采取“不分国不分项”计算综合抵免限额，而且石油企业可以抵免的层级由原先的三层增加至五层。后者规定对申请并经认定的高新技术企业，在计算境外抵免限额的时候，可按照15%的优惠税率计算境内外应纳税总额。

② 加强境外投资税收管理与服务

加强境外投资税收管理与服务工作是对党中央、国务院实施企业“走出去”战略的贯彻和落实。现阶段，我国颁布了《国家税务总局关于做好我国企业境外投资税收服务与管理工作的意见》（国税发〔2007〕32号）和《关于进一步做好“走出去”企业税收服务与管理工作的意见》（国税发〔2010〕59号），以体现对“走出去”企业的支持。

③ 规范反避税管理

颁布了《特别纳税调整实施办法（试行）》，对转让定价税务管理、成本分摊协议税务管理、受控外国企业税务管理、资本弱化税务管理、一般反避税规则等方面进行了规范。这种反避税管理的加强虽然对于以避税为目的的企业“走出去”是一种打击和抑制，可能会暂时造成我国企业“走出去”数量的减少，但从规范国际市场秩序、为纳税人创造公平竞争环境的角度来看，加强反避税管理对于企业“走出去”具有积极的影响，有利于规范我国企业“走出去”的动机，进而改善我国“走出去”企业的结构。

（2）出口退税制度

随着国际金融危机影响的不断扩大，我国外需持续减少。为防止出口大幅下滑，我国2008年8月至今连续7次调高出口退税率，特别对机电、纺织服装等传统出口优势产业及高新技术等高附加值产业予以重点扶持。

（3）国际税收协定

自2008年以来，我国在税收协定签订方面也有新发展。一方面，继续有选择地谈签新的税收协定，重点考虑我国“走出去”企业的需要，主要选择与发展中国家签订税收协定。例如从2008年起我国先后与塔吉克斯坦、埃塞俄比亚、土库曼斯坦、芬兰、赞比亚、马耳他等国家签订了税收协定。另一方面，由于近年来我国和缔约对方国家的经济都发生了较大变化，各国税制也有所调整，有的协定内容已不能满足现实的需求，因此对20世纪80年代签署的税收协定进行修订。例如，我国相继同英国、捷克、新加坡、比利时等国家开展了对税收协定修订的谈判工作。

（二）我国支持企业“走出去”的税收机制现状

近年来，为加快落实促进企业“走出去”的发展战略，我国不断完善国内税收政策，充分发挥税收协定作用，扩大国际税收合作范围，为我国企业“走出去”提供了有力的税收支持。

1. 国内税制与税收协定

（1）国内税制

① 企业所得税

《企业所得税法》第二十三条、第二十四条明确了境外税收抵免制度的适用范围和抵免方法，包括直接抵免和仅适用股息的间接抵免。《企业所得税法实施条例》第七十一条至第八十一条进一步明确了境外抵免的计算公式、境外所得税税额、分国不分项原则、5年抵免起始的计算、间接抵免20%的控股条件等。

2009年底，财政部和税务总局联合下发《关于企业境外所得税收抵免有关问题的通知》（财税〔2009〕125号），对企业境外分支机构取得的各项所得以及企业来源于境外的股息、红利、租金、特许权使用费、财产转让等所得的纳税义务发生时间、应纳税额、抵免限额和实际抵免额等问题进行了规范，并且对间接抵免规则进行细化，即我国居民企业取得的境外股息红利所得所负担的境外税额回国后可以进行三层间接抵免，较好地解决了“走出去”企业跨境股息红利所得的国际重复征税问题，降低了“走出去”企业的税收负担。此外，为解决“走出去”企业缴税凭证确认难的问题，明确对符合规定条件的境外所得可采用“简易办法”实施税收抵免。2010年，税务总局出台了《企业境外所得税收抵免操作指南》（国家税务总局公告2010年第1号），进一步明确了境外税收抵免计算的具体操作，包括取得境外收入有关的合理支出和费用的扣除方法、境外所得的确认年度、境外间接抵免负担税额的计算以及申请享受境外税收抵免需要报送的材料等，使境外所得税收抵免更具操作性。

《企业所得税法》实施以来，某些境内企业为了实现境外上市筹措资金或者境外从事生产经营活动，常常采取在境外多层次注册公司的组织架构。如果此类企业能够根据实际管理机构标准被认定为中国居民企业，则能够享受居民企业之间分配股息免税待遇，同时也承担居民企业的税收义务，有利于我国企业“走出去”。为了落实这一规定，2009 年 4 月，税务总局下发《关于境外注册中资控股企业依据实际管理机构标准认定为居民企业有关问题的通知》（国税发〔2009〕82 号），落实了政策，明确了境外注册中资控股居民企业的实际管理机构标准、认定后的待遇及审批管理程序。2011 年，税务总局下发《关于印发〈境外注册中资控股居民企业所得税管理办法〉（试行）的公告》（国家税务总局公告 2011 年第 45 号），明确了“走出去”企业依法申请享受居民企业待遇的具体程序和管理规定。

2011 年，税务总局还就高新技术企业和石油企业的境外所得税收优惠予以明确。与财政部联合下发《关于高新技术企业境外所得适用税率及税收抵免问题的通知》（财税〔2011〕47 号），明确高新技术企业的境外所得可以适用 15% 的优惠税率，在计算境外抵免限额时，可按照 15% 的税率计算境内外应纳税总额。与财政部下发《关于我国石油企业在境外从事油（气）资源开采所得税收抵免有关问题的通知》（财税〔2011〕23 号），对“走出去”的石油企业试行“不分国不分项”的抵免计算方法，同时增加股息已缴税款间接抵免层级至第五层。这两个文件的下发将促进高科技企业和和能源资源企业的发展。

② 进出口税收

对企业以实物投资出境的设备及零部件，实行出口退（免）税政策。2009 年，税务总局发布了《关于生产企业开展对外承包工程业务出口货物退（免）税问题的批复》（国税函〔2009〕538 号），明确了在境外承包工程的“走出去”生产企业出口的自产货物和非自产货物均可享受退税政策，同时明确了退税货物范围、免税货物范围和征税货物范围。这些政策和措施，都体现了国家从税收方面给予“走出去”企业的支持与激励。

③ 营业税

经国务院批准，税务总局和财政部下发了《关于个人金融商品买卖等营业税若干免税政策的通知》（财税〔2009〕111 号），明确对我国境内单位或者个人在境外提供建筑业、文化体育业（除播映）劳务暂免征收营业税。2010 年，税务总局与财政部、商务部联合下发《关于示范城市离岸服务外包业务免征营业税的通知》（财税〔2010〕64 号），对注册在北京等 21 个中国服务外包示范城市的企业从事离岸服务外包业务取得的收入自 2010 年 7 月起至 2013 年 12 月 31 日免征营业税。2011 年，税务总局发布《关于纳税人资产重组有关营业税问题的公告》（国家税务总局公告 2011 年第 51 号），明确包括“走出去”企业在内的纳税人资产重组中不征收营业税的适用范围。

④ 税种调整

为建立健全有利于科学发展的税收制度，促进经济结构调整，税务总局和财政部发布了《关于印发〈营业税改增值税试点方案〉的通知》（财税〔2011〕110 号）和《关于在上海市开展交通运输业和部分现代服务业营业税改增值税试点的通知》（财税〔2011〕111 号）。2012 年又有 10 个省市试点“营改增”。通过规定服务贸易出口实行零税率或免税制度，有利于减轻试点地区“走出去”企业税收负担，支持“走出去”企业现代服务业的发展。

（2）税收协定

税收协定是跨国经济活动中国家征税权划分的依据，也是维护国家税收权益和企业对外投资利益的重要法律保障。对“走出去”企业来说，税收协定不但为企业创造了在投资国优惠的税收环境，也为企业在境外遇到税务纠纷时，寻求我国税务机关出面与对方协商解决提供了法律依据。税务总局不断完善国际税收协定网络，为“走出去”企业创造良好的国际税收环境。2011 年，我国与乌干达、埃塞俄比亚、土库曼斯坦、德国、芬兰、英国、瑞士、荷兰、博茨瓦纳等国家进行了税收协定谈签或修订。截至 2012 年 7 月底，我国已经对外签署 98 个双边税收协定以及与港、澳的 2 个税收安排，其中 95 个协定以及与港、澳的安排已经生效执行。这些协定已基本覆盖了我国主要的投资来源地和对外投资目的地，从而为“走出去”企业提供了税收权益制度保障。

2. 税收管理服务

在完善税收政策、加强税收管理的同时，税务总局不断加强税务机关服务职能，为“走出去”企业提供指导和帮助。2010 年，出台《关于进一步做好“走出去”企业税收服务与管理工作的意见》（国税发〔2010〕59 号），指导各级税务机关采取有力措施，强化服务职能，建立有效机制，保障税务机关与“走出去”企业沟通的及时性和有效性。同时，简化相关程序和手续，积极帮助企业解决处理涉外税务争端，将各项支持企业“走出去”的政策落到实处。

（1）加强税收政策宣传，为“走出去”企业提供信息和政策辅导

国家税务总局网站上开设了境外投资税收宣传专栏，及时更新有关信息。各地税务机关也通过各种形式，积极宣传相关税收政策，并在税收政策方面为“走出去”企业答疑解惑。从 2011 年开始，税务总局支持北京纳税服务中心上线试运行，抓好“12366”税收业务知识库的更新维护工作，确保业务覆盖全面、分类科学合理、内容准确规范、知识点清晰实用。

（2）做好重点企业服务工作，为“走出去”企业做大做强发挥积极引导作用

2008 年，国家税务总局大企业税收管理司定点联系大企业，并为其提供个性化

的税收服务。这些定点联系企业大多数是在境外有投资经营业务的“走出去”企业，做好为这些重点企业的服务工作，有利于增强服务的针对性和实效性，也有利于及时掌握情况研究政策，从整体上提高税收为“走出去”企业服务的水平。2011 年，国家税务总局对 24 家企业进行了税务风险内控调查和评估，引导企业建立有效的税务风险内控机制，防范和化解税务风险。

（3）简化相关工作程序，为“走出去”企业享受税收协定优惠提供便利

为了使我国“走出去”的企业能够在缔约国对方及时有效地享受税收协定规定的优惠待遇，我国制定了新的更为简洁的税收居民身份证明式样，并同时通报给所有缔约国对方。2011 年，通过双边磋商为纳税人消除双重征税负担 32 亿元。

（4）运用双边磋商机制，为“走出去”企业境外税务争端提供维权服务

企业在与我国签有税收协定国家投资或经营时，如果认为该国税务机关征收的税款或采取的税收措施与税收协定规定不相符，可以向国内的主管税务机关或省级税务机关提出申请，由我国与缔约国对方主管税务当局进行协商，解决有关问题。

启动协商程序通常需要经过两个步骤。首先，投资者应将所受到的歧视待遇或不当征税措施的案情通过主管税务机关层层提交给我国税务主管当局，即国家税务总局。大多数协定规定了提交案情的期限，除个别协定外，应在不当征税措施第一次通知之日起 3 年内提出。其次，我国税务主管当局如确认投资者受到了不公平待遇，将通过信函或会谈等形式同对方税务主管当局进行协商，争取达成一致。从实际情况看，我国投资者在国外受到的不当征税往往是由于当地税务局或税务人员执法不规范造成的，通过与对方税务主管当局的磋商，一般能够达成协议，妥善解决税务纠纷。通过上述机制，我国已经成功地解决了多起我国企业在境外投资所遇到的涉税纠纷，维护了企业的合法利益。

【案例 1】1998 年，我国某公司在几个亚洲国家设立的子公司都受到了不同程度的税收歧视，有些不该征税的征了税，不属于应税项目的列入了应税范围。某国还冻结了我国公司的银行存款，使我国船舶滞留在港口，每天交纳几十万美元的港口使用费。该公司将有关案情提交给国家税务总局后，我方迅速与对方展开协商，妥善地解决了这一纠纷，为我国公司挽回了经济损失。

【案例 2】某航空公司俄罗斯税案。

2003 年 3 月，俄罗斯税务部门向中国某航空公司驻莫斯科办事处出具了税务检查结果及处罚通知书，要求其补缴 1999 年以来的车辆道路使用税、住房基金及社会文化设施税以及上述税收的滞纳金合计约 78.12 万美元，并处罚金 3272 万卢布。随后，俄税务局冻结了办事处在俄的银行账户。该航空公司就俄税务局对其征税的处理向俄法院起诉，经过最高法院终审，以败诉告终。税务总局与俄税务主管当局紧急磋商未有结果，经协商有关部门，采取对等原则征税。北京市地方税务局对俄罗斯航

空公司进行相应调查，根据《营业税暂行条例》的规定，随即从俄航冻结账户中扣款近两千万元人民币。我方采取对等征税行动成功迫使俄联邦最高仲裁法院重新开庭审理本案，并判决中国某航空公司胜诉，俄税务部门应退还从办事处账户上强行划走的税款及罚款和滞纳金。

在俄方将所征税款全额退还后，税务总局提出鉴于涉税纠纷的产生是由于两国间民航协定税收条款的理解和执行存在问题，建议两国民航协定主管部门应尽快进行磋商，避免类似情况再次发生。随后，两国民航部门就新的中俄民航协定的税收条款达成一致，经国务院批准，税务总局在新的中俄民航协定正式签署后安排了对俄航驻华办事处的相关退税工作，从根本上避免此类情况再次发生。

【案例 3】中国某通讯公司俄罗斯税案。

2009 年 4 月 24 日，俄罗斯联邦第 47 税务局向中国某通讯公司驻俄罗斯代表处出具税务审查报告，判定：① 该公司驻俄代表处在俄罗斯境内准备、签订销售合同，在俄境内构成常设机构，应就该合同所实现的全部利润在俄缴纳企业所得税；② 销售合同的货物交付地点为俄罗斯境内仓库，属于在俄境内实现货物销售，应该缴纳增税。两税合计 1539 万美元（在 2009 年 9 月 17 日的莫斯科税务局行政二审裁定中，此数额在增加滞纳金和罚款后变更为 2275 万美元）。

接到企业要求税务机关帮助解决上述涉税纠纷申请后，税务总局即开始了与俄财税部门的相互协商。经反复交涉，2009 年 11 月 28 日，该公司收到俄税务总局的最终复议结果：俄税务总局判定该公司不构成常设机构，因此在俄没有任何纳税义务。该结果甚至超出企业的预期，最终企业在俄未承担任何税收。

【案例 4】中国某电气集团案。

2006 年 12 月，国家税务总局接到中国某电气集团公司负责人的感谢信，感谢国家税务总局与巴基斯坦税务主管当局达成中巴避免双重征税协定第二议定书草案，使它们承建的水电工程得以在成本中列支工程融资利息 1000 万美元，并免除 10% 的利息税，约合 100 多万美元。

具体情况是，中国某电气集团在巴基斯坦承建了一项水电工程，项目贷款由中国进出口银行提供，贷款利息约为 1000 万美元。该电气集团工程承包单位在支付该项利息时，向巴基斯坦税务当局提出，中国进出口银行属于政府全资拥有银行，应享受税收协定规定的免税待遇，并将该项利息支出列入工程成本。但巴基斯坦税务当局认为，两国税收协定专门对政府免税银行做了列举，列举中并没有中国进出口银行，不能免税。如果工程承包方不代扣利息所得税，其利息支出不能列入成本。该电气集团得到巴基斯坦税务当局的答复后，及时向国家税务总局提出帮助磋商的请求。国家税务总局向巴基斯坦税务当局提出，由于两国税收协定签署较早，当时还没有成立中国进出口银行，因此当时协定列入的免税国家银行不可能有中国进出口银行。但中国进出口银行完全符合协定免予征税的机构性质，应享受免税待遇。巴基斯坦税务当局对到手的税款也不肯轻易放弃，双方展开了艰苦谈判。最终在国家税务总局的努力下，巴方妥协，双方签署了协定议定书，将中国进出口银行等银行补充到协定可享受利息免税待遇的国家银行范围。议定书签署后，中国进出口银行的工程贷款利息所得获得了免税待遇，同时中国某电气集团也将利息支出顺利列入了成本。

三、中国企业"走出去"税收制度发展展望

（一）税收制度的进一步完善

1. 完善企业所得税制，加大支持企业"走出去"的力度

（1）避免重复征税方法的短期与长期选择

① 避免重复征税方法对支持企业"走出去"的效果分析

a. 税收抵免法的非完全性限制了对企业"走出去"的激励

税收抵免法基于居民管辖的原则，也称为"世界范围法"，其最大的优点是坚持资本输出中性原则，对来自全世界范围的所得都征税的同时避免重复征税，对投资者进行投资区位决策，比如在国内还是国外投资，以及国外投资选择中投资于哪个国家或地区不会产生干扰和影响。

投资者在进行资本的全球配置时总会倾向于将资本流入边际资本收益率高的国家或地区，以获取资本收益最大化，一直到投资于各国或地区的资本边际收益率相等为止。资本输出中性基于促使国际资本有效配置的目标，要求税收政策不应对资本输出进行干预和扭曲，而任由资本按照市场法则自由选择投资区位，让资本流向经济效率较高的国家或地区。实行税收抵免法可以实现资本输出中性，投资者无论投资于哪个国家或地区，都不会干扰国际资本的有效配置。

然而，各国在制定税收政策时一般均坚持国家福利原则，所制定的税收抵免政策并不是完全意义的抵免法，而是采取有延期的或者限额的外国税收抵免法。当纳税人在东道国的税负处于投资国税收确定的限度内时，应就差额的部分缴入投资国国库，如果投资国政府没有给予东道国税收饶让，纳税人就不能享受东道国降低外国公司纳税义务的那些投资激励。当纳税人在东道国的税负处于投资国税收确定的限度之外时，超限额部分不能及时进行抵免。这种抵免法对企业"走出去"的鼓励

是不彻底的，是有限的。税收学家克劳斯·沃格尔在1984年曾经对投资国坚持居民管辖权对全球所得课税并采取税收抵免法避免重复征税等做法进行批判，认为外国税收抵免法有利于投资国而不利于东道国，因为它会将纳税人在东道国所享受的优惠政策不能落到实处，还必须要在投资国补交税款，从而不利于国际资本的自由流动①。

而且，采取税收抵免法也不利于"走出去"企业的利润汇回。跨国公司为了避免收益汇回国内被课税，干脆直接将这些投资收益用于东道国的再投资，尤其在东道国有鼓励外商再投资的税收优惠政策下，这种倾向更加强烈。如果企业"走出去"的利润资金长期滞留国外，对国内经济辐射和影响作用就会削弱，从而违背了我国鼓励企业"走出去"的初衷。

b. 免税法支持企业"走出去"的效果受投资国经济基础限制

免税法坚持来源地税收原则，也称为"领地法"，是全部或部分的征税权给予所得来源国的一种避免重复征税的办法。由于免税法使投资国完全或部分放弃对本国居民国外所得的征税权，使纳税人主要负担所得来源国的税收，因此能有效地避免对跨国企业的国际重复征税，减轻境外投资者的税收负担，提升其境外生存与发展空间。同时，由于实行免税法，投资国政府不必对本国居民来源于国外的所得进行大量的调查审核工作，从而简化了征纳双方的操作程序，降低了纳税人的税收遵从成本，从而有效地支持企业"走出去"。

采取免税法有利于一国资本输入中性原则的实现。资本输入中性原则是基于资本输入国的角度来考察国际资本有效配置的原则，认为对于国内和国外投资者的所得应同等对待，实行国民待遇原则，不得向外国投资者提供优惠待遇也不得歧视。投资国实行免税法，从本国纳税人的角度，能使本国居民企业海外直接投资所得承担的税收负担，与所得来源国当地企业承担的税收负担相同，有利于本国居民企业与当地企业展开公平竞争；从东道国的角度，保证纳税人在东道国进行直接投资所享受的当地优惠政策不会受到投资国税收政策的影响，对于纳税人在东道国的税收支出全部予以承认，有利于东道国吸引外资。

但是，免税法坚持资本输入中性原则，对境外来源所得部分或者完全免税，对资本输出国的财政是一种损害，需要输出国政府拥有比较雄厚的经济基础作保障。而且，免税法也为跨国纳税人进行国际避税提供许多机会，从而会损害投资国的税收权益。

c. 扣除法有利于居住国的福利最大化但对企业"走出去"不利

扣除法是以资本输出国（投资国）福利最大化，坚持国家中性标准而采取的避

① ［美］赫伯特·斯坦：《21世纪税收政策》，海洋出版社1991年版。

免重复征税的办法。所谓“国家中性标准”是基于资本输出国的角度来考察资本有效配置的标准。实现国家中性的标准条件是要求跨国投资者投资于国外的税后资本收益率等于投资于国内的税前资本边际收益率。只有在扣除法下，才能实现这种国家中性标准。然而，扣除法虽然可以保证国家效率的实现，但由于不能彻底消除投资者国际重复征税问题，从而使投资者面临的国外投资税收负担重于国内投资，降低企业“走出去”的积极性。

根据上述三种方法对于避免重复征税的效果评价，结合我国的国情，应在支持企业“走出去”发展战略的指导下，分两个阶段选择和完善避免重复征税的制度。短期而言，继续实行税收抵免法，因为相比较而言，在避免重复征税效果和兼顾投资国、来源国和“走出去”企业多方利益方面税收抵免法表现最佳。应根据现存的问题和纳税人的现实需求对我国税收抵免法加以完善。长期选择而言，应实行混合制度，即灵活运用税收抵免、免税、扣除等方法，以促进我国企业“走出去”多元目标的有效实现。

②短期选择——完善现行税收抵免法

a. 实行“分国不分项限额抵免法”与“综合限额抵免法”选择制

我国是否应采取“综合限额抵免法”取代现行“分国不分项限额抵免法”，要结合我国“走出去”企业的组织结构和经营状况进行具体分析。从纳税人的角度，如果其设在几个东道国的分支机构都有利润产生，采用“综合限额抵免法”比较有利。因为纳税人可以利用在某一高税率东道国缴纳的超过抵免限额的部分去填补在另一低税率东道国缴纳的不足限额部分，从而使所有的抵免限额全部得以利用。如果采取“分国不分项限额抵免法”，由于各个国家的抵免限额不能相互调剂使用，来自高税国的实际缴纳税款可能高于抵免限额而不能及时获得抵免，来自低税国的实际缴纳税款则可能小于抵免限额而造成一定的浪费，导致纳税人整体税收负担较重。但是，如果其设在几个东道国的分公司存在既有盈利又有亏损的情况，采用“综合限额抵免法”对纳税人未必有利，因为其中某一东道国分公司的亏损会冲减来自另一东道国分公司的盈利，从而减少其抵免限额，增加在境内缴纳的税款[①]。

现阶段，我国企业“走出去”的步伐刚刚开始，需要大量资金用于购置固定资产和生产所需的原材料以扩大生产规模，开拓市场和日常经营管理所需开销也较大，这导致许多“走出去”企业在发展初期盈利能力有限，有盈有亏的情况居多，选择“分国不分项限额抵免法”对于纳税人而言比较有利。但考虑到“分国不分项限额抵免法”的各种弊端，可以借鉴20世纪60~70年代美国所实行的“分国不分项限额抵免法”与“综合限额抵免法”选择制，规定纳税人可以选择其中一种办法进行税收抵免，

① 朱青，《国际税收》（第五版），中国人民大学出版社2011年版。

办法一经选定，需要经过严格的审批方可更改。目前我国对石油企业已经开始试行这种选择制度。财税〔2011〕23号文件规定，石油企业可以选择“分国不分项”或者“不分国不分项”等办法就来源于境外特定经营活动的所得计算其抵免限额和境外已经缴纳的税额。上述方式一经选择，5年内不得改变。基于支持企业“走出去”的角度出发，应该根据我国“走出去”企业的政策需求，逐步拓宽这种“分国不分项限额抵免法”与“综合限额抵免法”选择制的行业范围，待时机成熟再推广至所有“走出去”企业。

b. 简化境外应纳税所得额的确认规程

不论是“分国不分项限额抵免法”还是“综合限额抵免”，都存在操作较为复杂的弊端。解决这种复杂性应遵循管理从简的原则，按照东道国的税法和会计制度为依据计算企业的成本费用和损失，以确定企业境外应纳税所得额。由于国际上存在税收竞争，世界各国的企业所得税制无论从结构上，还是从具体的计税原则和制度要素设计上都表现为一定程度上的趋同性，尤其在我国2008年采用新的企业所得税法后，在存货计价方法、损失的处理、固定资产折旧计提方法以及其他费用扣除等方面，我国与世界许多国家的企业所得税制有很多相似的地方。因此，没有必要将外国应纳税所得再按照我国税法进行重新调整，应充分调动中外中介机构协税护税的作用，要求企业已作调整的境外应纳税所得额应经过东道国本地或者我国具有一定资质以上的会计、税务、律师等中介机构的审核和认证，并明确中介机构的认证法律责任；对于某些重要收入或成本费用确认可要求企业提供全球公认的“四大”会计师事务所的鉴定报告。这种简化境外应纳税所得额的确认规程的做法可减轻征纳双方核查纳税凭证和调整纳税申报表的工作量，降低征纳双方的税收成本，同时繁荣了税务中介市场。

c. 明确境外税额的折算汇率

在当前我国人民币普遍升值的背景下，从鼓励纳税人“走出去”和规范税收管理的角度，应规定境外税额采取当期汇率进行折算，即按照利润分配所属的纳税年度最后一日的人民币汇率中间价折算进行抵免。对于在低税区或者避税地建立基地公司并利用延迟纳税进行避税被我国税法认定为外国受控企业的，应分配而未分配、应汇回而不汇回的利润应在国内对之进行征税并允许按照现行税法和税收协定的有关规定办理外国税收抵免。现行税法对该视同股息分配额的汇率折算有明确的规定，即采取纳税年度最后一日的人民币汇率中间价进行折算，如果受控外国企业的纳税年度与外国居民企业不一致，应将视同股息分配所得计入受控外国企业纳税年度终止日所属的中国居民企业股东的纳税年度，但是对其境外已缴的税额折算汇率同样没有明确的规定。根据上述建议，在允许纳税人自由选择抵免税额年度的制度下，应明确规定该境外缴纳税额折算汇率以所选择的抵免年度最后一日的人民币汇率中间价进行折算。

d. 调整和修正间接抵免的限制条件

第一，增加允许间接抵免的层级。间接抵免的层级设置越少越有利于征管，目前的三层间接抵免的规定对于我国现行的税收征管水平已经提出了很高的要求，如果允许间接抵免的层级设置越多，将会加大征管成本。但是，考虑到一些行业组织结构的特殊性，其在海外由于附属机构层级较多，所缴纳的税收不能充分获得抵免而税负较重，因而应适当增加其抵免层级。财税〔2011〕23号文件规定，允许石油企业在境外从事油（气）项目投资、工程技术服务和工程建设的油（气）资源开采活动取得股息所得抵免由现在的三层抵免延伸到五层抵免。建议根据我国“走出去”企业的需要，进一步扩大允许抵免层级延长的适用范围，以鼓励更多企业适应东道国投资环境的需要，选择多种投资方式和企业组织形式“走出去”。

第二，放宽允许间接抵免的持股比例和规定持股时间。增加抵免层级是从短期角度进行考虑，是一种权宜之计。从长远角度出发，为了彻底消除“走出去”企业被重复征税的现象，使企业能灵活地选择“走出去”的投资方式，在征管条件许可的情况下，应该不必规定其抵免层级的多少，而只要对直接或间接持股比例进行一定的调整。考虑到我国“走出去”企业，尤其是规模较小、融资较为困难的企业对境外公司参股或者持股比例的不能控制性，建议我国从长期角度出发，规定不管是否与中国签订税收协定，直接持股或间接持股比例在10%以上就允许获得间接抵免。还可以借鉴美国的做法，规定我国母公司间接持有外国附属公司的股权应在5%（含）以上，低于5%的附属公司所产生的公司所得税不允许抵免我国居民母公司的税收。

为了防止间接抵免由于持股比例门槛的降低而被纳税人从事投机性活动以规避税收，应补充规定允许间接抵免的连续持股时间。按照我国的具体情况，可以规定允许间接抵免的连续持股实践至少要在一年以上。

第三，完善境外完税凭证管理模式。为了避免重复征税，减轻纳税人税收负担，鼓励企业“走出去”，应合理确认纳税人的境外完税信息。根本的解决办法是完善现行完税凭证管理模式，加强我国国家税务总局与各国税务局的联系和情报交换，由目前单纯的完税凭证管理过渡到信息管理。在中国企业“走出去”较为集中的国家或地区，可以建立税收调查合作机制，或者在各国驻外机构中特设税收情报局或特派一名税务专员，专门搜集并反馈当地税收动态和税务管理状况。只有加强企业“走出去”税源的管理，有效地掌握企业在外国投资经营缴税的真实情况，我国才能合理准确地认定纳税人所提供的完税证明。当然，对于确实无法提供合法完税凭证的纳税人，可选择核定扣除的办法，核定扣除的比例可以结合纳税人的信用等级、东道国的税收管理水平以及其他在同一东道国生产经营的相似行业的纳税情况在12.5%~25%之间进行综合评定，尽量保证税收抵免的真实性和完全性。

e. 加大超限抵免额结转的激励力度

可以选取两种办法加大超额抵免额结转的激励力度。一种是延长超限抵免额向后结转的年限，另一种是超限抵免额在向后结转5年期满后仍然有未抵完的可以作为费用在当年的应税所得中一次性扣除。两种做法均可以对居民企业的利益作最快、最充分的补偿，有利于提高“走出去”企业的自身积累水平，也更能达到鼓励企业“走出去”和健康“走下去”的目的。

③ 长期选择——实行混合制

从长远的角度考虑，随着我国综合国力的增强，结合企业“走出去”的政策需求，借鉴国际经验，可由现在单一的税收抵免制转向税收抵免与免税法相结合的混合制。当今世界有很多国家都在经历着这样的一种变革趋势。一些在国内法中以免税法为主的国家，对于不满足免税条件的所得可采用抵免法或扣除法进行减轻外国税收。实行混合制存在一些操作上的难点，具体应注意解决以下两个问题：

第一，所得来源的划分。如果实行单一税收抵免制，所得的划分基本分两种情况：一是实行分国不分项所得限额抵免时，境外所得需要在国家之间划分；二是实行分项综合所得限额抵免时，境外所得要按性质进行划分。如果实行单一免税法，通常是按照来源地是否与本国签订税收协定进行划分。但是，如果实行混合制，所得来源的区分情况要复杂得多。比如，对来源于与我国签有税收协定的国家和来源于其他国家的所得进行区分；对来源于国外的所得按性质进行区分；对来源于高税国家还是低税国家的所得进行区分等。如果不能有效区分，很容易引发国际避税行为，纳税人可能通过改变上报收入来源地的做法获得投资国的免税待遇；通过转让定价办法将高税国家的利润转移到低税国家，或者将低税国家的费用转移至高税国家以避税；通过借款和安排内部融资结构以利用税率差或者资本弱化的好处等。

第二，税收协定调整问题。由于我国目前与缔约国签订的大部分税收协定一般都明确承诺，对来源于协定缔约国的所得我国会采取税收抵免的措施来避免双重征税。在向混合制转变的过程中，应及时修订税收协定，以协调税收协定与国内税法的关系。

（2）坚持“区别对待，重点磋商”的原则实施税收饶让

在我国对外开放政策开始重视鼓励企业“走出去”的背景下，我国的税收饶让抵免政策应遵循“区别对待，重点磋商”的原则进行完善。

所谓“区别对待”，是指对不同经济发展水平的国家在税收饶让政策方面采取的原则不相一致。考虑到我国目前到发达国家进行的投资较少，并且发达国家的税负一般较高，一般很少税收优惠，因此，在与发达国家谈签税收协定时原则上仍然坚持对方给予我国饶让，当然如果对方要求给予饶让，在双方磋商的基础上可以加入双边的税收协定中。对于发展中国家，我国作为资本输出国，目前的做法是基本

不再主动提出将税收饶让条款写进税收协定中。例如，在2000年至2008年间我国所签订的22个税收协定中，只有6个有相互给予税收饶让条款。但是，从鼓励企业“走出去”的角度应当拓宽东道国税收饶让范围，在签订税收饶让协定时借鉴一些国家的做法给予一定的时间限制，以增加税收协定的灵活性。如澳大利亚、英国、比利时、瑞典等国家与我国签订的税收协定中明确规定，税收饶让的有效期为协定生效后的10年，我国目前与斯里兰卡签订的税收协定中规定相互给予对方税收饶让的期限可以到2015年。

所谓“重点磋商”，指的是给予税收饶让的方式是选择“单边给予”还是“双方磋商”。“单边给予”又有两种方案：一是只要与我国签订有税收协定都可以给予对方饶让；二是对于与我国签订有税收协定，但是没有税收饶让条款的国家，只要纳税人能有效证明其在东道国实际减免了税收，也可以获得我国的饶让。“双方磋商”规定是否给予税收饶让，取决于缔约国双方是否将饶让条款写进税收协定中。“单边给予”的方式在现实中存在一定的弊端。如果选择只要与我国签订避免双重征税协定，就给予饶让，则对那些投资于未与我国签订协定的国家的投资者而言是不公平的；如果选择只要能提供有关证明就给予饶让，将会增加我国核定成本，对于国外相关证明的审核是一项难度较大的工作。但是，现行“双方磋商”的方式中所规定的范围较窄，不能满足广大“走出去”企业的需求。因此，选择“双方磋商”，适当扩大税收饶让范围，既有操作性，又比较规范。同时，“双方磋商”方式的运用能增强该项政策的调节功能，对于我国鼓励企业积极投资的国家或者地区，政府可以加强与该国家或者地区谈判磋商，给予该国或地区税收饶让政策。例如，我国为了优化国内产业结构，将一些失去成本优势并具有过剩产能的产业转移到其他国家以继续延伸比较优势，应当给予这些国家税收饶让；反之，对于我国目前不鼓励或者限制其投资的国家或地区（尤其是一些被世界公认的“避税港”），不给予其税收饶让政策，以限制我国企业对这些“避税港”进行投资以规避国家税收的行为。

（3）激励企业“走出去”的优惠措施设计

激励企业“走出去”既要讲究公平原则，同时也应贯彻效率原则，换言之，即不可能对所有“走出去”的企业不分产业、区域、方式等一视同仁给予优惠措施。因此，当前我国应遵循一定的导向性原则制定有区别的激励企业“走出去”的税收优惠政策。例如，从产业的角度，当前应重视对高新技术产业，资源性产业，文化产业，先进制造业，国内相对过剩的成熟产业，金融、电信、交通、通信等服务行业、基础设施海外建设等“走出去”给予优惠政策支持。从区域的角度，应改变现在过多集中于亚洲，尤其是集中于避税港投资的区域格局。在继续扶持向发展中国家“走出去”的同时，鼓励企业加大对欧美等发达国家的投资，尤其是鼓励在发达国家从事研究与开发技术型的投资经营活动。从投资方式的角度，应重点鼓励合营或者联营的方式“走出去”，以降低企业跨国经营的税务风险，因为合营或者联营比独资的方式更有优势融入东道国参与竞争。从投资类别的角度，现阶段应着力鼓励纵向“走出去”，主要是因为纵向“走出去”比横向“走出去”更有利于创造出口需求。从投资主体的角度，应鼓励投资主体结构向中小企业或私营企业转变。中小企业或私营企业“走出去”资金比较薄弱，面临的风险更大，更需要政府给予扶持。具体到企业所得税制，应从亏损结转、加速折旧、提取风险准备金、延期纳税等多方面制度去设计与完善。

① 允许经营性亏损的境内外弥补或延长结转年限

在理论上，风险与收益的关系可以用“预期收益率＝无风险利率＋风险补偿”来表示。如果政府只对企业的风险收益征税，而没有对风险损失扣除的规定，这种税制无疑抑制企业从事风险投资的积极性。相反，如果政府愿意为企业承担风险，规定了许多风险损失扣除等，企业就会积极进行这种风险投资[①]。实践中，各国普遍采用了损失补偿制度以鼓励公司投资于风险资产。对于本国企业，不管是境内还是境外经营亏损或资本亏损，所采取的方式主要有以下几种：a. 退税补偿。退税补偿制度对投资的鼓励程度最大，是指投资者将当年发生的亏损向前结转，用以前年度的利润弥补，与弥补的损失所对应的以前年度利润已经缴纳的税款退还给纳税人。b. 结转补偿。目前，大多数国家（地区）都采用这一方法，即投资者可以用以后年度的利润来弥补本年度的亏损。外国资本损失可以用于弥补国内或者外国的资本利得。结转补偿方式与退税补偿方式相比较，对支持企业投资的力度要小，因为损失结转至以后年度意味着现在发生的损失无法获得及时补偿。此外，存在通货膨胀的情形，如果没有将现在损失与物价挂钩实行指数化，则有可能增加应税利润，从而不利于企业税负的减轻。c. 混合补偿。即把上述两种方式结合起来，投资者可以用以前和以后几年的利润来抵补亏损。

我国现行税法对企业“走出去”发生的经营性亏损实行境内外不准弥补和结转的做法，是因为征管能力所限，但同时也表明政府分享的只是企业的利润而不去承担企业投资损失，这对于企业而言是不公平的。这种税制促使企业更倾向于投资“安全”资产，而不是风险性投资。而且，不允许境外分公司的亏损冲减境内的利润一般是实行免税法以避免重复征税的国家的做法，而我国现阶段主要实行税收抵免法以避免重复征税。因此，我国应借鉴国际经验，对“走出去”企业发生亏损进行合理处理。有两种方案可供选择：其一是允许境内外盈亏互补。应有效区分是积极投资还是消极投资，对消极投资所产生的经营性亏损，维持现有的做法；对积极投资所产生的经营性亏损处理采取三步骤：首先，用该企业所在国的同属一总公司的其

① Domar, E.D., R.A. Musgrave. Proportional Income Taxation and Risk-Taking, Quqrterly Journal of Economics 58, p388-422,1944.

他企业的同类所得或者其他所得进行弥补；其次，用该企业境外同属一总公司的其他企业的同类所得或者其他所得进行弥补；最后，对尚不能弥补完的亏损可以由境内利润弥补。其二，适当延长境外结转年限。鉴于我国征管现状，不能有效实施境内外弥补制度的情况下，可以进行上述三步骤的第二步之后，规定未弥补完的亏损可以结转以后年度继续弥补，可适当延长结转年限。

② 建立加速折旧制度

我国现行《企业所得税法》规定，固定资产只有技术进步的原因才能缩短折旧年限或者采取加速折旧。这对于“走出去”企业，尤其是资源寻求型“走出去”企业可能产生不利的影响。例如，我国石油、矿产类企业在对外投资时经常面临这样的情况：一方面，对外投资的主要是基础设备，这些投资金额较高、回收期长；另一方面，基础设备的损耗比一般生产企业大，而且由于固定资产的存续时间较长，不能像存货那样采取不同的计价方法规避通货膨胀的威胁而造成较大的损耗和风险，如果不能采取加速折旧，会增加企业“走出去”的成本，影响企业持续“走出去”的能力。因此，应有选择地对“走出去”企业中固定资产比重较高且损耗较快的企业给予加速折旧的优惠。在具体的方法上可以采取双倍余额递减法，也可以借鉴许多国家的投资减免（investment allowance）的做法，规定在一定期限内全部折旧完，或者第一年规定折旧比率较高，以后按直线法在一定期限平均计提折旧。

③ 建立海外投资风险准备金制度

海外投资损失准备金是指满足一定条件的“走出去”企业，可以将一定比例的对外投资或每年一定比例的应税收入计入准备金，给予免税待遇。当企业发生损失时，用该准备金弥补；如未发生损失，该准备金积存一定年限后逐年计入当年的应税所得进行纳税。企业“走出去”从事海外经营，由于受东道国政治、经济、文化背景的影响，必然面临许多比在国内更多的风险。比如，在东道国建设基础设施和公共设施项目，前期需要进行大量的投入，并且周期很长，投资风险可想而知。因此，运用风险投资一般理论与借鉴许多国家的成功经验，建立海外投资风险准备金制度，有利于降低企业的海外投资风险和损失，进而提高其境外投资生产的能力和积极性，增强“走出去”企业抵御海外投资风险的能力。目前较多发达国家如法国、日本等采取了海外投资损失准备金制度或类似政策鼓励企业“走出去”。建立海外投资损失准备金制度可以成为对我国“走出去”企业税收优惠及支持政策的有益补充。

④ 建立延迟纳税制度

延迟纳税是指对于居民企业国外经营的应分配但未分配，或应汇回但未汇回的利润在居住国不课税，允许其在汇回国内时再对之征税。延迟纳税制度有利于促进东道国税收激励政策的实施，能够刺激跨国公司投资于低税国家或地区，对国外投资公司的海外再投资也是一种激励，同时，只有实行延迟纳税制度才能确保“走出去”

企业与外国，尤其是那些实施“参与免税”的欧洲国家的跨国公司以及低税国当地的企业展开公平竞争，从而使自己不处于竞争劣势地位。很多发达国家，如美国和日本都建立了延迟纳税制度。建议我国今后应对“走出去”企业采取延迟纳税制度，以帮助“走出去”企业解决资金欠缺和周转的问题，提高企业“走出去”的积极性。当然，对企业“走出去”采取延迟纳税制度会增加企业避税的机会，对此，世界各国的普遍做法是制定CFC规则进行反避税。具体可以借鉴美国比较折中的做法，对于那些极易被利用作为避税工具的受控外国公司(CFC)的所得不实行延迟纳税制度，而是实行自然累积征税制度；对于CFC规则以外的外国公司获得的所得给予税收延迟纳税制度。

2. 完善出口退税制度，降低企业“走出去”成本

对跨国企业出口的设备、商品（除了限制性商品外）和服务，可以实行零税率政策，以促进“走出去”企业带动我国产品和服务的出口，从而扩大内需。

（1）进一步明确某些“走出去”方式的退税问题

在目前营业税与增值税并存的情况下，区分具体情况对服务贸易出口免征或不征营业税，使得服务贸易不含税或者少含税出口。增值税扩围改革完成之后，实行与世贸组织规则相接轨的进口全额征税，出口税率为零的征退税制度，保持出口退税政策的长期稳定，以利于“走出去”企业的发展。

对于一些特殊的投资方式，如融资租赁，应在税法上明确对融资租赁等方式的退税制度和具体规程，进一步加大退税力度。此外，对以国际补偿贸易形式对外投资的企业中涉及的机器设备的出口退税也应加以明确。

（2）提高大型成套设备零部件的退税率

应提高大型成套设备零部件的出口退税率，以鼓励我国境外大型承包工程项目的发展。目前对大型成套设备零部件出口退税率为13%，低于其他的整机生产，例如汽车生产的出口退税率（17%），这不利于我国成套设备部件的出口，进而影响我国对外承包工程的税收成本。建议将大型成套设备零部件的出口退税率提高到17%。

（3）允许服务业出口实行退税政策

借助增值税转型和扩大增值税范围改革的契机，应解决长期以来存在的我国服务业产品出口免税但不退税的问题，以促进我国服务业的对外发展。

（二）税收管理和服务制度的进一步完善

1. 扩大信息服务的范围和增强宣传力度

（1）拓宽信息来源渠道，建立强大的税收信息库

在中国企业投资比较集中、业务量大而且税制比较复杂的国家或地区派驻税务专员，专门收集和整理分析当地税收资料和信息。加强我国与相关国家或地区的税务机关和中介机构的合作，拓宽涉税信息服务资源，定期收集东道国的税收制度、征管制度、执法和服务情况等动态信息，建立强大的税收信息库，满足“走出去”企业及时、准确、全面地掌握相关国家税收信息的需求。

（2）建立企业“走出去”涉税政策一般宣传机制

针对企业“走出去”对被投资国税收法律以及税收协定了解不够等实际情况，税务机关应主动宣传和讲解境外投资基本知识，建立企业“走出去”涉税政策一般宣传机制。宣传的内容要全面，不仅要及时向企业宣传和解释东道国的税收政策和动态信息，而且要向企业宣传有关境外投资经营的税收优惠政策，避免“走出去”企业因不能及时了解税收优惠政策而增加税收成本；要向企业宣传我国与东道国签订税收协定情况，并告知纳税人在东道国面临税收纠纷时如何启动维权程序。宣传的形式应多样化，强化以网络为主渠道，省级以上的国家税务局网站应结合当地产业结构、企业特色、投资东道国集中地等情况建立“走出去”企业税收信息宣传栏，在办税服务厅内增加境外投资经营方面的信息咨询项目。

（3）建立“走出去”企业税收政策个性化信息培训和辅导机制

针对特定业务经营、规模较大、影响范围较广的“走出去”企业，按照不同的投资地点、投资产业和投资发展阶段等进行科学的分类并提供专门的培训和辅导，帮助企业正确评估税务风险和税收收益，以便作出正确的经营决策。

（4）建立“走出去”企业的涉税处理案例库

将“走出去”企业经常遇到的税务风险信息进行归类整理，以案例的方式总结经验教训，有效增强企业防范税务风险的意识和处理境外税收问题的能力，避免税收利益的损失。

2. 提高税收管理和服务的效率

为“走出去”企业建立规范且高效率的流程化服务，应专门建立国际税收管理机构，培养高素质的专业化服务团队，将境外投资企业的税收事项全部纳入国际税收部门进行统一管理。

（1）基础信息管理

对境外纳税人加强源头管理，建立规范的境外投资登记和备案制度。要求在境外设立经营机构的企业进行税务开业、变更和注销登记，借以掌握企业境外生产经营状况，有效杜绝漏征和漏管的现象。协调国际税收部门与其他税务部门的工作，建立税务部门与政府其他部门的沟通和协作，争取税务信息的有效共享，提高为“走出去”企业的办税效率。

（2）申报管理

以简单高效为目标，出台专门法律明确境外所得的纳税申报内容和具体要求，制定具体的、便利的操作规程，明确罚则和征纳双方的义务，最大限度地降低纳税人的纳税遵从成本。

明确境外所得的纳税申报义务，规范境外所得申报纳税的具体内容和要求，对申报的内容、方式、举证责任以及未按规定申报的处罚等制定明确的操作规程，并按境外投资类型进行细化。年终汇算时，除原规定应报送的资料外，还应附带所在国的公证会计师查账报告。

（3）凭证管理

尽快出台完善的适合境外投资经营的出具凭证、认定凭证的管理办法，有效解决纳税人办理境内外税收事项中涉及的税收凭证无法获得东道国或者居住国认可的问题。可结合企业境外所投资国家的国内税制和执法情况进行分类管理。例如对来源于A类国家的凭证高度信任，来源于B类国家的凭证一般信任，来源于C类国家的凭证不信任。这样，一方面提高了税务机关对国外凭证管理的效率，另一方面也减轻或避免了纳税人的税务风险。又如，应加强我国与其他国家税务机关的沟通和协调，尽快取得各国完税凭证的规范样式和各国税务机关的签章样式，以便我国税务机关鉴别纳税人所提供的完税凭证的真实性。另外，对于企业以援外项目“走出去”无法取得当地完税证明的，应敦促当地的驻外机构积极为这些企业提供证明服务，税务机关也应本着实事求是的原则审核纳税人境外完税凭证。

3. 增强维权服务的实操性

（1）加强与境外税务机构的情报交换

对境外所得实施有效征管，关键在于获取企业境外经营的相关信息。但是企业境外经营形式多样，情况复杂，税务机关很难全面掌握其境外投资经营的信息资料，无法建立有效的税收征管基础。我国应根据税收协定的规定，对于缔约国提供的情报积极回复，必要时要求对方提供专项情报。

（2）规范对“走出去”企业的税收专业援助

制定比较规范的制度，设置运作有效的机构，给“走出去”企业提供制度化和

规范化的税收专业援助。可以考虑在省地市税务机关设置专职岗位，给各地“走出去”企业专门提供咨询服务，并建立畅通的自下而上的信息和受理援助申请的传递和反馈机制，为“走出去”企业提供及时、专业的税收援助，使“走出去”企业的诉求及时得到妥善解决。

（3）积极启动相互协商程序

为了维护我国居民在境外从事生产经营活动的税收权益，我国已制定《中国居民（国民）申请启动税务相互协商程序暂行办法》，以帮助企业解决在缔约国对方遇到的税务问题。首先，我国税务机关应加大对暂行办法和相互协商的程序的宣传力度，具体解释中国居民可以启动协商程序的条件，鼓励“走出去”企业在面临税收问题时应积极通过官方的形式，向国家税务总局提出与有关缔约国税务当局进行协商。其次，税务机关应建立相互协商案例库。当“走出去”企业在缔约国遇到与案例库中某些类似的情况时，能参考其中的做法有效启动协商程序。最后，减少启动协商的程序和避免提供冗杂的资料，讲究协商程序启动的及时性和有效性。

（三）国际税收协调与合作制度的进一步完善

为了有效地促进我国企业“走出去”，针对目前我国税收协定的谈签和执行中的种种问题，应从以下几个方面完善我国现行的国际税收协定制度：

1. 坚持所得来源国与居住国共享征税权的原则签订税收协定

过去我国对外签订税收协定一般多考虑自身作为受资国的利益，强调属地优先征税的原则，而当我国作为资本输出国时，继续强调属地优先征税原则，不利于维护我国税收权益，可能会增加“走出去”企业的税收负担。因此，应维护居住国和收入来源国双方的税收权益，坚持征税权共享，属地与属人相结合的原则签署税收协定。例如，现行许多税收协定在确定常设机构的范围时，建筑安装和装配等工程如果超过6个月，该工程就构成常设机构。在原先我国企业“引进来”较多的情况下，该约定对我国的税收权益是利好，因为外国企业在我国提供建筑安装等工程业务时很容易成为我国的纳税人。但是，随着我国越来越多的企业走出国门，如果继续执行该期限，我国“走出去”企业很容易就被认定为缔约国（东道国）的常设机构，需要在东道国缴纳税收，从而增加税收负担。事实上，许多发达国家一般按照《OECD税收协定范本》规定的12个月确定常设机构的范围，有些国家如美国和日本甚至延长到24个月。因此，建议我国新修订的或新签订的国际税收协定按照OECD范本规定的12个月确定常设机构的范围。

2. 加快税收协定的谈签和修订速度

为适应我国企业“走出去”的需要，应加快税收协定的谈签和修订速度，提高税收协定缔约国占企业“走出去”涉及全部国家的比重。我国2008年实行的《企业所得税法》，与之前签订的税收协定存在许多不协调之处，增加了执行成本和解释成本，使“走出去”企业在启动税收协定维护权益时无所适从。基于此，应对过去已经签订的税收协定根据新税法的内容与原缔约国进行协商修订。建议一方面继续加快对已签订的双边税收协定的修订进度，通过双边磋商，适度增加保护居民国税收权益的条款；另一方面，应根据我国“走出去”企业现实的区域分布状况和我国中长期国外发展战略，加快与尚未和我国签订税收协定的国家的谈判进度。同时，调整税收协定内容以实现税收协定的多重目标。例如，增加税收协定适用的税种，补充税种无差别的规定等。

3. 加强税收情报交换协定的签订

随着我国企业“走出去”进程的不断深入，为了防范国际避税和偷逃税以及避免国际双重征税，加强同其他国家的税收情报交换已经成为我国税务部门必须认真对待的一项工作。税收情报交换的国际交换通常有两种形式：一种是日常的税收情报交换，需要税务机关定期全面地与另一国的税务当局进行情报交换，工作量极大，对税务机关的行政管理能力和税务执行能力有较高的要求；另一种是按特别要求进行的税收情报交换，具有一定的针对性，一般根据实际需要要求缔约国另一方或者应对方的要求提供税收情报。鉴于我国现行的税收征管水平尚不够高，我国应该着重选择后者与缔约国进行税收情报交换。

值得注意的是，由于国际间税收情报交换会涉及纳税人的经营状况、财务状况和税收情况的交换，纳税人会十分抵触这种机制的建立，因此，在税收情报国际交换中需要解决的一个重要难题，是如何在对纳税人进行信息保护和税务机关获取有效情报之间取得平衡。一方面，作为管理者的税务机关，有义务为纳税人保守商业机密；另一方面，作为税收情报协定的一方，在税收协定的另一方申请税收情报交换时，也有义务将纳税人的有关情况告知对方。

4. 建立规范的相互税收协商程序并加强执行力度

建立相互协商程序条款的主要目标是，通过缔约国双方税务当局的行政协助以解决协定在执行中出现的纠纷，达到消除双重征税以及防止或减少国际偷逃税和避税行为的目的。实践已经证明，当我国“走出去”企业在缔约国对方遭遇税收纷争或者不公正待遇的时候，建立相互税收协商程序，能够保障企业得到较为公平合理的裁判。

现实中，由于相互协商程序不具有强制性，而且大多缺乏对时限的具体规定，很多“走出去”企业难以通过这一条款达到保障自身利益的目的。由于各种原因，很多企业对于税收协定内容的了解并不深入，当在境外面临税收问题、产生税务风险时，许多企业的第一时间并不是启动税收协定中规定的协商程序，而是依靠自身的力量进行解决。这反映出我国税收协定宣传力度不足以及税收协定有效执行能力有待提高等问题。因此，在与缔约国签订税收协定时应完善关于相互税收协商程序的条款，并加大对税收协商程序的宣传。同时，应本着实事求是的原则，及时根据纳税人的申请启动相互协商程序，在完全了解情况的前提下积极配合缔约国税务当局所提出的要求，帮助纳税人完备相关证明，必要时还可以提请缔约国所在的本国大使馆以帮助企业争取在缔约国的平等地位。税务机关应把相互协商程序作为税务评估体系的一种非常重要的部分，在现实中有效发挥作用。

5. 加大企业境外国际税收协定的执行力度

国内税务机关不仅要服务和督促我国跨国纳税人有效运用国际税收协定，同时也要监督各缔约国按照税收协定规定的权利和义务进行有效执行，以减少“走出去”企业的税务风险。具体而言，应进一步完善国际税务争端协商程序，通过国家税务当局之间的相互磋商有效解决国际税收争端。

附　录

国际税务协同创新学术平台建设：
中央财经大学国际税务研究中心发展规划

2008年，世界金融危机爆发，全球经济大循环遭遇根本性的制度障碍，包括税源在内的国际经济竞争加剧。2011年，中央财经大学成立国际税务研究中心，希望以中央财经大学深厚的财经学术传统和国际税务研究中心的灵活机制为基础，以国家税务总局对国际税务管理保障机制的需求为目标，以教育部和财政部推动高校协同创新能力的政策为动力，集中各方资源建设“中国税收管理国际化协同创新基地”，推动国际税收秩序的完善并提高中国在国际经济中的地位。

一、学术背景

2011年，中央财经大学组建国际税务研究中心，专司世界税收比较研究和国际税收发展研究，为创建“中国税收管理国际化协同创新基地”打下基础。

（一）财经重镇：中央财经大学

中央财经大学是新中国成立后中央人民政府创办的第一所新型高等财经院校，当前是教育部直属的国家“211工程”重点建设高校和国家“优势学科创新平台”项目首批试点高校。至今为止，已为国家经济建设和社会发展培养了9万余名各级各类高素质人才，被誉为“中国财经管理专家的摇篮”。学校形成了以经济学、管理学和法学学科为主体，多学科协调发展的学科体系。学校拥有经济学、管理学本科专业自主设置权，拥有8个国家特色专业建设点。学校根据国内外高等教育发展趋势和我国社会经济发展需要，结合自身发展优势，经过科学论证，明确了学校的发展战略目标：将中央财经大学建设成为有特色、多科性、国际化的高水平研究型大学。

作为我国经济学、管理学学科领域的重要科研创新基地，学校充分发挥国家部委和地方政府决策的“思想库”和“智囊团”的作用，为国家经济建设和社会发展提供了强大的理论保证和有力的智力支持。“十一五”以来，学校承担了181项国家社会科学基金项目、自然科学基金项目以及教育部人文社会科学重大课题攻关项目等重大科研课题。学校举办的各类论坛和高水平国际研讨会在国内外产生了重要影响。

进入新世纪，根据建设创新型国家对拔尖创新人才需求的新形势，学校注重对学生创新精神与实践能力的培养，探索人才培养新模式，设立了人才培养模式试验区，着力培养具有国际视野的创新人才，取得了良好的成效。2006年和2007年，学校相继成为教育部“国家大学生文化素质教育基地”和“国家大学生创新性实验计划项目”首批高校。2010年，学校成为国家“财经应用型创新人才培养模式改革试点”院校和教育部“专业学位研究生教育综合改革试点”院校。随着经济全球化浪潮的快速推进，学校实施国际化战略，大力开展多形式、多层次的国际交流与合作，已与遍及世界五大洲的高校、政府机构、国际组织、跨国企业等建立了密切的合作关系。

（二）科研新军：国际税务研究中心

中央财经大学国际税务研究中心是在国家税务总局指导支持下，依托中央财经大学税务学院并联合相关研究力量组建的学术研究机构。2011年9月22日，中央财经大学税务学院主办“中国加入WTO十周年国际税收发展回顾与展望”学术报告会暨中央财经大学国际税务研究中心成立仪式。国家税务总局总经济师张志勇先生与国际税务司司长龚祖英女士在会上做了主题报告并分别被聘请为中央财经大学国际税务研究中心的学术委员会名誉主任和学术委员。

1. 发展战略

中央财经大学国际税务研究中心以国际税务作为学科基础，致力于研究世界各国关注的税务问题，以及国际体系中各国的国际税务战略与政策，特别是中国在国际体系中应有的国际税务战略与政策。

中央财经大学国际税务研究中心的正式成立，要实现政治与经济、理论与实务、国际与国内的“三结合”的发展战略，建设国际税务信息搜集、策略研究、与人才培养的重要基地，致力于打造成一个跨学科、跨机构、跨业界、跨国界的、全面开放的科研交流立体平台。

2. 工作任务

➢ 支持或协助组织教材、论著、资料、译作、工具书、丛书、刊物等的编、写、译工作；向报刊和出版社推荐优秀的国际税务科研成果；举办优秀科研成果评选活动。

➢ 以国际税务为主干学科，整合其他相关学科，注重实证科学方法，开展以应用性课题为主的综合研究。

➢ 举行学术报告会、讨论会、座谈会和国际税务交流会，举办各种形式的对外课程班、系列沙龙讲座、国际税务高峰论坛，积极普及国际税务基本知识。

➢ 联系有关的研究机构和实际工作部门，交流情况，交换资料，组织协作，提供咨询组织业务培训。

➢ 开展国际税务培训合作交流，精心培养我国急需的高级国际税务专业人才。

➢ 创办研究中心独立网站，创办内部杂志，打造立体科研、学习交流平台。

3. 组织管理

中心设立由国内外资深的国际税务学者组成的学术委员会，负责审核中心的章程、发展规划、课题论证与结项申请、研究成果评奖、学术规范自律等项事务。

研究中心学术委员会名誉主任由国家税务总局总经济师张志勇担任；主任由中央财经大学副校长李俊生教授担任；研究中心第一批学术委员包括国家税务总局国际税务司长龚祖英、财政部税政司副司长王建凡、国家税务总局国际司原副司长王裕康、中国人民大学朱青教授，以及中央财经大学税务学院汤贡亮教授、杨志清教授、张京萍副教授和曹明星副教授。研究中心主任由中央财经大学税务学院院长助理曹明星副教授担任。

二、政策支持

因应全球化新的发展趋势，国家税务总局强调税务管理保障机制建设，教育部推动高校协同创新能力的提升，为我们创建"中国税收管理国际化协同创新基地"提供了战略思路和政策支持。

（一）国家税收管理战略需求：国家税务总局"2012意见"

2012 年 5 月 22 日，国家税务总局下发了《关于加强国际税收管理体系建设的意见》（国税发〔2012〕41 号），阐明了国际税收管理体系建设的总体思路是：以邓小平理论和"三个代表"重要思想为指导，深入贯彻落实科学发展观，围绕强化跨境税源管理、维护国家税收权益的主线，规范职责体系，健全机构设置，完善反避税工作、非居民税收管理、"走出去"税收服务与管理、国际税收征管协作机制，强化国际税收法律制度保障、信息保障和人才保障机制，推进国际税收管理科学发展。

《意见》特别强调了强化国际税收管理体系建设的保障机制，主要包括以下三个方面：

1. 强化国际税收法律制度保障

要有针对性地开展税收协定谈签与修订工作，加大与我国企业境外投资较多国家税收协定谈签力度，全面审视并有选择地修订已签税收协定，重点修订易被滥用的协定及相关条款；加快与低税、避税地税收情报交换协定谈签进程，逐步更新已有税收协定情报交换条款。完善国内程序法、实体法涉及的国际税收内容，积极参与税收征管法和个人所得税法的修订工作，强化跨境税源监控手段，增补反避税条款，扩充反避税立法范围，进一步完善各项反避税措施的操作办法；进一步完善非居民及个人税收政策和管理规范。实现国际税收工作的法律化和制度化。

2. 强化国际税收信息保障

要通过整合内部资源、加强部门合作和国际税收征管协助、采集纳税人财务数据，充分利用报纸、杂志、电视、网络等媒体以及境内外上市公司信息，拓宽信息获取渠道，为国际税收管理提供基础信息，并遵循总局 CTAIS 和金税工程三期建设统一要求，规范和完善业务需求，形成日常管理和决策分析功能齐备的国际税收信息管理体系，实现国际税收管理的规范化和信息化。

3. 强化国际税收专业人才保障

一是配备必要数量的国际税收管理人员。结合聘任制和专业技术类公务员试点工作，税务总局国际税务司应加强反避税人才队伍建设，全国税务系统到 2013 年底形成一支反避税专业队伍，分成若干团队，分别负责不同行业的反避税调查、对外磋商和国际联合反避税信息中心的后台支持；在全国外向型经济较发达的部分地区设立反避税小组，负责周边地区的反避税管理和重大的反避税调查工作，并协助税务总局开展区域和行业联查、行业分析及行业避税规律探索以及创新方法研究；在跨境税源较为集中的省、地两级税务机关可采取适当倾斜的政策为国际税收管理机构配备满足工作需要的专业人员；把精通国际税收业务的人才或经过境内外培训的专业人员配备到上级或同级国际税务管理机构或岗位；除职务晋升外，一般情况下不对国际税收人才轮岗或交流。二是塑造一支高素质的国际税收管理专业人才队伍。要按照总局税务人才培养战略，制定国际税收管理人才培训规划，培养和造就一支政治过硬、业务熟练、管理专业、作风优良、廉洁奉公的高素质的国际税收人才队伍。加大业务培训力度，有条件的地区可依托高校或国际组织举办中长期培训，有计划地向发达国家派送一定数量的有培养前途的中青年税务干部，进行理论与实践相结合的中长期培训和工作实习；注重专业技能的培训和岗位练兵，加强案例分析、交流和推广，在实践中不断创新工作方法，积极锻炼和培养人才；建立健全国际税收管理人才管理机制，分类建立人才库，对经过境内外各层级培训的人才实施跟踪管理，注重人才的培养效果。三是加强国际税收管理专业团队建设。为充分发挥国际税收管理专业人才潜能，省、地级税务机关可以组建一支国际税收管理专业团队，专业人才由上级或同级国际税务管理部门集中统一调配使用，最大限度地在跨境税源管理的案例实践中锻炼、培养、使用干部。

（二）国家教育发展战略部署：教育部“2011计划”

为推动协同创新，促进高等教育与科技、经济、文化的有机结合，大力提升高等学校的创新能力，支撑创新型国家和人力资源强国建设，2012 年 3 月 15 日，教育部联合财政部下发了《关于实施高等学校创新能力提升计划的意见》（教技〔2012〕6 号），决定实施“高等学校创新能力提升计划”（以下简称“2011 计划”）。

1.“2011 计划”的指导思想

按照“国家急需、世界一流”的要求，瞄准科学前沿和国家发展的重大需求，以重点学科建设为基础，以机制体制改革为重点，以创新能力提升为突破口，大力推动协同创新，充分发挥高等教育作为科技第一生产力和人才第一资源重要结合点在国家发展中的独特作用，支撑经济社会又好又快发展。

2.“2011 计划”的基本原则

需求导向。紧密围绕科技、经济和社会发展中的重大需求，通过协同创新，重点研究和解决国家急需的战略性问题、科学技术尖端领域的前瞻性问题以及涉及国计民生的重大公益性问题。

全面开放。面向各类高等学校开放，不限定范围，不固化单位，广泛吸纳科研院所、行业企业、地方政府以及国际创新力量等，形成多元、开放、动态的组织运行模式。

深度融合。引导和支持高等学校与各类创新力量开展深度合作，探索创新要素有机融合的新机制，促进优质资源的充分共享，加快学科交叉融合，推动教育、科技、经济、文化互动，实现人才培养质量和科学研究能力的同步提升。

创新引领。以机制体制改革引领协同创新，以协同创新引领高等学校创新能力的全面提升，推动高等教育的科学发展，加快世界一流大学和高水平大学建设步伐，促进国家自主创新、科技进步和文化繁荣。

3.“2011 计划”的总体目标

充分发挥高等学校多学科、多功能的优势，积极联合国内外创新力量，有效整合创新资源，构建协同创新的新模式与新机制，形成有利于协同创新的文化氛围。建立一批“2011 协同创新基地”，集聚和培养一批拔尖创新人才，取得一批重大标志性成果，成为具有国际重大影响的学术高地、行业产业共性技术的研发基地、区域创新发展的引领阵地和文化传承创新的主力阵营。推动知识创新、技术创新、区域创新的战略融合，支撑国家创新体系建设。

4.“2011 计划”的重点任务

➢ **构建协同创新平台与模式**

以人才、学科、科研三位一体的创新能力提升为核心，坚持“高起点、高水准、有特色”，充分利用高等学校已有的基础，汇聚社会多方资源，大力推进高等学校与高等学校、科研院所、行业企业、地方政府以及国际社会的深度融合，探索建立适应于不同需求、形式多样的协同创新模式。根据此种要求构建以下平台和模式：

（1）面向科学技术前沿和社会发展的重大问题；

（2）面向行业产业经济发展的核心共性问题；

（3）面向区域发展的重大需求；

（4）面向我国社会主义文化建设的迫切需求。

➢ **建立协同创新机制与体制**

坚持政府主导与市场机制相结合，突破制约高等学校创新能力提升的内部机制障碍，打破高等学校与其他创新主体间的体制壁垒，把人才作为协同创新的核心要素，通过系统改革，充分释放人才、资本、信息、技术等方面的活力，营造有利于协同创新的环境氛围。基于此种要求建立以下新机制和体制：

（1）构建科学有效的组织管理体系；

（2）探索促进协同创新的人事管理制度；

（3）健全寓教于研的拔尖创新人才培养模式；

（4）形成以创新质量和贡献为导向的评价机制；

（5）建立持续创新的科研组织模式；

（6）优化以学科交叉融合为导向的资源配置方式；

（7）创新国际交流与合作模式；

（8）营造有利于协同创新的文化环境。

三、发展规划

“2011 计划”的实施，是加快创新型国家建设的重要支撑，将推动我国教育与科技、经济、文化紧密结合的战略行动。中央财经大学国际税务研究中心将深入贯彻这个教育发展战略，凭借传统学术优势，依托财政部和国家税务总局的政策指导，结合重点企业的战略合作，联合国际先进机构，整合各种战略资源，建设“中国税收管理国际化协同创新基地”。

具体规划和实施方案如下：

（一）协同创新总体规划

1. 组织框架

基地名称	中国税收管理国际化协同创新基地（CITCIC） China International Taxation Cooperative Innovation Center	
牵头单位	中央财经大学国际税务研究中心	
合作单位	国家机关	国家税务总局国际司、财政部税政司、商务部外商投资促进局等
	国际组织	国际财政协会（IFA）、国际财政文献局 (IBFD)、经合组织税收政策与管理中心（OECD）等
	科研院校	北京大学财经法中心（法学院）、中国人民大学（财政金融学院）、中国政法大学财税法中心（民商经济法学院）、奥地利维也纳经济大学（国际税法研究院）、荷兰蒂尔堡大学（欧洲税务学院）、荷兰莱顿大学（国际税法中心）、美国纽约大学（法学院）、美国西北大学税法中心（法学院）等
	合作企业	中国石油天然气勘探开发公司 (税收保险分部)、中税咨询集团（道正财税文化创新公司）、汉唐财税研究院、国际会计师事务所、国际律师事务所等

2. 目标与任务

中心的总体目标是：通过打造中国税收管理国际化背景下税收管理学科的理论体系，培育中国税收管理国际化背景下税收管理行业的人才梯队，组建中国税收管理国际化背景下税收管理业界的交流平台，建设中国税收管理国际化协同创新基地。

为此，需要通过开展关于国际税收管理的协同创新，推动在组织管理、人事制度、人才培养、人员考评、科研模式、资源配置方式、国际合作以及创新文化建设等各个方面的改革，具体形成以下系列成果：

- 中国国际税收管理创新的研究基地
- 税源国际化与税收管理创新研究团队
- 国际比较视野下中国转型改革税收战略目标与路径的课题体系
- 国际税收竞争协调下中国国际税收管理发展战略研究报告系列
- 借鉴欧美的国际化税收管理教材体系和师资队伍
- 齐名欧美的国际税收管理人才培训体系和基地
- 适应“引进来”与“走出去”经济发展战略的税务管理人才
- 联系世界税收管理专家的中国交流平台
- 引领国际税务管理专家的中国税务管理组织

3. 依据与意义

组建“中国税收管理国际化协同创新基地”，是中央财经大学实施“2011 计划”，贯彻党和国家的教育发展战略，加快创新型国家建设，推动我国教育与科技、经济、文化紧密结合的具体战略行动。

本中心的建设立足于新时期中国的国家经济发展战略和国家国际税收管理发展战略。

首先，全球化、金融危机背景下的国家经济发展战略需要。目前，世界正经历多极化、经济全球化的深入发展过程，金融危机更是使得当今世界转入大变革大调整时期，世界经济格局发生着新的变化，综合国力竞争和各种力量较量更趋激烈。税收作为国家的经济血脉，是联系整个中国国内经济转型以及国际经济秩序调整的关键枢纽，我国国内税收制度的改革完善和相关国际税收体制调整是其中的重大战略要素之一。

其次，多方协同、系统创新的中国国际税收管理体系建设需要。国家税务总局最新发布的《关于加强国际税收管理体系建设的意见》（国税发〔2012〕41 号），要求推动立体化的国际税收研究平台建设，以强化国际税收法律制度、人才、信息“三个保障”，借此加强反避税、非居民管理、企业“走出去”服务和国际税收征管协助工作，实现国家税收主权得到维护、管理效益明显提升、世界税收领域地位提高的战略目标。

本中心的建设有利于中国经济与社会转型以及推动中国扩大在国际税收管理领域的影响力。

首先，通过国际比较完善税制、引导中国经济社会转型。鉴于我国当前处于国内经济与社会的深刻转型时期，以经济学、法学和管理学的交叉视角，联合国内各界税收专家，从国际比较的宏观视野，深入研究世界范围内的税收发展规律，实施税制改革，完善经济体制，推动和谐社会建设。

其次，借助国际协调保障税源、扩大中国国际税收影响。鉴于经济的全球化发展和金融危机下国际经济竞争与合作的新形势，我国在经济转型时期推进"走出去"和"引进来"的发展战略，就必须深刻理解国际税收竞争与合作的发展规律，积极参与国家税收管理实践，切实保障国家税收资源，并不断扩大我国在国际税收管理领域的影响力。

4. 可行性分析

本项目建设体现"2011 计划"所强调重要特色，具有扎实的研究与执行基础。

核心组织：作为核心组织单位，中央财经大学国际税务中心由副校长李俊生教授任学术委员会主任，整合税务学院、财政学院、法学院、政府管理学院、国际经济与贸易学院等特色重点学科，依托财政部和国家税务总局的直接政策指导，结合重点企业的战略合作，能够灵活、高效、扎实地推动项目的实施。

战略导向：本项目的设立源于经济全球化背景下中国税收管理改革的战略需求，其目的是直接有效满足国内经济转型和国际经济秩序调整急剧扩张的国家税收决策对指导理论、国家机关与市场税务对高端人才，以及国际税收竞争与合作对协调组织等方面的迫切需求。

多方协同：从协同各方来看，本项目具有典型的跨学科（经济学、管理学、法学）、跨业界（科研院校、国家机关、企业机构）、跨国界（中国、欧洲、美国）全面开放、多方融合的特点，真正符合国家"2011 计划"的战略要求。

体系创新：从创新各点来看，本中心坚持政府主导与市场机制相结合，致力于打破当前体制壁垒，把人才作为协同创新的核心要素，通过系统改革，充分释放人才、政策、资本、信息、技术等方面的活力，营造有利于国际税收管理协同创新的环境，推动国内经济转型与国际经济协调。

扎实基础：具体而言，牵头单位中央财经大学除了自身深厚的财经专业资源，同时还是中国税收教育研究会的会长和秘书长单位，团结了全国最重要、最广泛的税收教育科研力量。在合作单位中，国家税务总局、财政部税政司及其管理工作是项目的政策与需求源泉；北京大学财经法中心（法学院）是中国财税法学研究会的会长单位，是全国领先的财税法基础理论研究与施教机构；中国政法大学财税法中心及其依托的民商经济法学院是中国政法研究与教学重镇，在政法院校中具有领先地位；奥地利维也纳经济大学国际税收研究院坐镇维也纳经济学派发祥地，是研究欧盟统一税制的重要基地；美国西北大学税法中心（法学院）坐镇芝加哥经济学派发祥地，是美国国内税制与国际税制研究的重要基地；中国石油天然气勘探开发公司（税收保险分部）是中国国际业务最复杂、税务管理体系最健全的国有企业之一；中税咨询集团道正财税文化创新公司是中国财税市场服务领域颇具创新潜力与合作精神的民间企业之一；国际财政协会（IFA）是世界最大的财政税收非官方会员组织；国际财政文献局 (IBFD) 是世界最大的财政税收数据库、信息网络。

5. 阶段性任务

第一阶段（约到 2013 年）：资源整合，打造协同平台

积极协同各方建立紧密战略联系，尤其与世界著名的国际税收管理教学、科研和组织机构建立实质性联系，积极参与他们举行的各种活动，在科研、教育、交流合作方面打好基础。具体工作任务包括：

➢ 依托国家税务总局指导，联合维也纳经济大学、欧洲税务学院、美国纽约大学等开展国际比较视角的重大税制改革研究；

➢ 借助 IBFD 协助，联合北京大学、中国政法大学等组织翻译和编写国际税收管理系列教材；

➢ 邀请 OECD、IBFD 等国际税务组织的专家来华讲课，开展国际税收（含国际税务与国际税法方向）税务专业人员的培训合作交流，精心培养“国际税务管理师（CITA）”等我国急需的高级国际税务专业管理人才；

➢ 积极申请国际税收组织会员资格，参加 IFA、IBFD、OECD 等国际组织举办的国际税收管理论坛、年会。

第二阶段（约到 2016 年）：项目组织，实施创新方案

精心组织战略性课题研究，积极邀请国际合作方参与中国国际税收论坛，连续发布中国国际税收发展报告，组建教研合作的国际机构，在国际税收管理的科研、教育、交流合作方面阐释中国立场，保护中国权益。具体工作任务包括：

➢ 发布《中国国际税收发展战略研究报告》

➢ 开展国际税制改革、转让定价、反避税联合课题研究

➢ 设立中国国际税收专业博士（DIT）培训项目（外国人为主）

➢ 组织“国际税务总裁（CITE）”培训项目（跨国公司为主）

➢ 组织中欧、中美“国际税收论坛”

➢ 组织中日韩“东亚 IFA 论坛”

➢ 建立国际税收硕士项目合作组织（MITPCA）

第三阶段（约到2020年）：成果推广，扩展项目影响

通过打造中国特色的体系科学的国际税收管理理论、组织全球税收对话（World Tax Dialogue）、主持全球IFA年会、竞选国际税收管理组织领导职位、培训欧美国际税收管理人才，推广中国特色文化的税收发展理念、扩展中国税收制度体系的影响力。

（二）协同创新重点项目

为了建设中国税收管理国际化协同创新基地，我们需要抓好以下几个重点项目：

1. 协同创新培养国际税务专业硕士

本项目目标是创建中国国际税收专业硕士，通过借鉴并引入欧美成功做法，培养我国国际税收急需的高级专业人才。培养机制上有以下特点：（1）跨专业选拔人才，包括税收学、财政学、税法学、会计学等；（2）教师来源于高校、政府、中介、企业的高级专家，包括国外专家，每个学生两位导师，一个在学校，一个在实务界；（3）课程体系重新编排，包括会计学、法学、税收学、国际税收学的主要内容，培养综合素质；（4）可以根据需要选择LLM或是MIT硕士学位证书；（5）采取集中时间和集中地点授课，打破按学期拉长授课的模式；（6）论文写作可以是项目方案，案例研究，增加实务含量。

2. 协同创新组织国际税务研究团队

本项目拟组织国内外来自政府、高校、研究机构、中介、企业的高级税务专家，共同打造体系的研究团队。主要研究领域与目标包括：（1）中国国际税收反避税；（2）中国企业走出去的国际税收战略；（3）转让定价与企业税收战略；（4）中国经济转型的税制改革；（5）国际税收秩序的改善；（6）中国在世界上国际税收领域的地位的提升。

3. 协同创新培训国际税务管理人才

本项目目标是为政府和企业培训中高级管理人才，培训机制主要有以下内容：（1）CIT Administrators国际税务管理师，为中级管理人才培训，对象是税务官员、税务会计师、税务律师、税务咨询师等；（2）CIT Executives国际税务总裁，为高级管理人才培训，对象是高级税务官员、大型国企、跨国企业总裁及财务总监等；（3）培训师资来自OECD/IBFD等国际税收组织、来自中国的各界税务专家；（4）脱产学员可以同时获得 LLM 或 MIT 硕士学位。

4. 协同创新打造国际税务互动平台

本项目旨在建立各个层级的国际税务专业人才互动交流的平台，主要平台包括：（1）IFA 中国秘书处的建立及维护；（2）中日韩三国 IFA 论坛；（3）中美、中欧战略对话国际论坛；（4）全国国际税收专业论坛；（5）企业税务人员沙龙。

5. 协同创新建设国际税务信息中心

本项目目标是配合政府、高校、企业的需求建立国际税收资源信息基地，信息资源主要包括：（1）国际税收法律库；（2）各国税法体系库；（3）国际税收研究著作数据库；（4）国际税收论文库；（5）国际税务管理人才库。

我们相信，只要我们大胆规划、耐心实施，持之以恒地贯彻这一战略目标，最终能够建立起中国特色的国际税务管理创新体系，服务于国家利益和经济社会发展。

参考文献

[1] Alicja Brodzka, Sebastiano Garufi. 税收情报交换与财政透明时代：软法措施的使用和税收事务中善治的增强．世界税收信息，2012（4）.

[2] Avi-Yonah Reuven S.International Tax as International Law: An Analysis of the International Tax Regime. Cambridge University Press. 2007.

[3] Avi-Yonah, Reuven S. Globalization, Tax Competition, and the Fiscal Crisis of the Welfare State. Harvard Law Review, 2000, Vol.113(7), pp.1917-26.

[4] Horst,T, The Theory of the MNE: Optimal Behavior under Different Tariff and Tax Rates, Journal of Political Economy, 1971, 79, pp1059-1972.

[5] KPMG.Global Corporate and Indirect Tax Survey 2011, available at www.internationaltaxreview.com.

[6] OECD, Committee on Fiscal Affairs. Harmful Tax Competition: An Emerging Global Issue. Paris: OECD, 1998.

[7]毕海霞．外商直接投资收益汇出与国际收支的风险分析．金融教学与研究，2007（2）.

[8]陈捷．构建税收服务体系支持中国企业“走出去”．涉外税务，2011(12).

[9] 邓力平．国际税收竞争：基本分析、不对称性与政策启示．北京：经济科学出版社，2009.

[10] 邓力平．涉税国际治理体系回顾与展望——写在中国加入WTO十周年之际．涉外税务，2011（9）.

[11] 樊丽明，郭健．国际服务外包：交易成本与税收调节．税务研究，2010（9）.

[12] 古广东．中国企业对外直接投资对出口贸易影响分析．亚太经济，2008（1）.

[13] 国家税务总局税收科学研究所．中国税收研究报告2007年．北京：中国财政经济出版社，2008.

[14] 郝昭成．世界税收制度发展基本特征．涉外税务，2011（6）.

[15] 何杨．国际税收的全球治理与中国实践——以转让定价为视角的研究．北京：经济科学出版社，2011.

[16] 胡立法，唐海燕．外商直接投资、对外直接投资与国际收支——基于国际收支平衡的我国对外直接投资．财贸研究，2006（4）.

[17] 江小涓．中国对外开放进入新阶段：更均衡合理地融入全球经济．经济研究，2006(3).

[18] 江小涓．我国对外投资的战略意义与政策建议．中国外汇管理，2000(11).

[19] 靳东升，龚辉文．经济全球化下的税收竞争与协调．北京：中国税务出版社，2008.

[20] 李春根，鲍少杰．对外直接投资、“走出去”企业与税收扶持．当代经济管理，2010(12).

[21] 李新．推进企业“走出去”的税收政策研究．财政研究，2008(5).

[22]李雪晖．我国企业对外投资所得税税收政策探讨．管理观察，2008(11).

[23] 联合国跨国公司与投资司．1995世界投资报告．北京：对外经济贸易出版社，1996.

[24]梁军，谢康．中国“双向投资”的结构：阶段检验与发展趋势．世界经济研究，2008(1).

[25] 刘凯敏，朱钟棣．我国对外直接投资与技术进步关系的实证研究．亚太经济，2007(1).

[26] 卢仁法，许善达．促进中国企业对外投资合作税收问题研究．北京：中国税务出版社，2009.

[27] 毛中根，段军山．FDI投资收益汇出与潜在国际收支危机的理论及经验分析．国际金融研究，2005(3).

[28] 沈小平，邓远军．新《企业所得税法》下完善对外投资合作中的税收问题研究．税务研究，2009(2).

[29]孙潇．我国对外直接投资中的政策障碍及对策研究．华北金融，2009(5).

[30] 汤贡亮．中国税制改革30年，迈向国际化与法制化的趋势．中央财经大学学报，2008(5).

[31] 王珍．外商直接投资对我国国际收支的潜在危险分析．国际贸易，2006(9).

[32] 王金城，孙亚华．完善税收抵免制度 促进企业对外投资．涉外税务，2011(7).

[33] 王逸．鼓励海外直接投资税收政策的研究述评．扬州大学税务学院学报，2009(1).

[34] 徐平华．资源环境约束下的中国产业政策选择．中共中央党校学报，2007(5).

[35]许春淑．我国对外投资涉税制度问题探析．山西财经大学学报，2009(11).

[36] 杨斌．国际税收．上海：复旦大学出版社，2003.

[37] 杨志安．我国企业对外直接投资涉税问题探析．涉外税务，2008（12）.

[38] 尹音频，高瑜．"走出去"税收激励与制度优化．涉外税务，2009（3）.

[39]克里斯·爱德华兹．国际税收竞争：政府在21世纪的约束．张文春，迟强，译．Cato Policy Analysis 2002，No. 431.

[40]张文春．税收对跨国投资效应的理论分析．吉林工商学院学报，2008(5).

[41] 赵伟，古广东，何元庆．外向FDI与中国技术进步：机理分析与尝试性实证．管理世界，2006（7）.

[42] 中国国际税收研究会．世界税收发展研究报告．北京：中国税务出版社，2011.

[43] 中国国际税收研究会．中国居民企业对外投资与劳务税收研究报告．北京：中国税务出版社，2010.

[44] 中国国际税收研究会．中国居民企业对外投资与劳务税收研究报告（续篇）．北京：中国税务出版社，2012.

[45]中国国际税收研究会．跨国税收的国际借鉴研究．北京：中国税务出版社，2008.

[46] 中国国际税收研究会主办，中央财经大学税务学院协办．世界税收信息，2011-2012年各期．

[47] 朱青．中国企业"走出去"面临的税收问题．涉外税务，2012（1）.

